JN082801

大学生のためのアカデミック・スキルズ入門

レポート・図表・プレゼン作りに追われない

情報リテラシー

[Office アプリの Word・Excel・PowerPoint を 365 日駆使する]

加藤正吾 著

三恵社

はじめに

〇本書の対象者

本書は、自ら情報リテラシーを身に付けたいと強く望む学生向けに作成しました。情報処理演習や情報リテラシーなどの情報教育の教科書に利用可能です。また、社会人の自己研鑽用のテキストとしても利用可能です。本書は、単なるアプリケーションソフトウェア（アプリ、またはソフトウェア）の操作方法を書いたマニュアル本ではありません。本書の目指す最終到達目標は、データから情報を読み取る見方、伝えたいことを口頭や文書で伝える基礎能力を身に付けることです。

スクリーンプリントや説明に用いたメニューは、Windows OS 上で、Office 365（または Microsoft 365）の Word、Excel、PowerPoint を使用して、解説を行っています。Word、Excel、PowerPoint の3つのアプリには共通した操作が多くあります。メニューのコンテキストメニューやツールタブは共通した操作仕様になっています。一度覚えれば他のアプリにも応用可能です。また、図形や画像は、PowerPoint で主に説明していますので、Word や Excel で図形や画像を扱いたい場合は PowerPoint の項目を目次や索引で確認して参照してください。検索と置換のように同じ機能でもそれぞれのアプリで説明することで理解が深まると思われるものは、一部重複して説明している場合もあります。さらに、段落による箇条書きのように、Word での編集記号の意味を理解すると、PowerPoint では表示されない段落記号をイメージして編集しやすくなる場合もあります。他のアプリの説明内容も相互に参照しながら学習することで、相乗効果が得られます。一方、箇条書きのように共通性が高い機能にもかかわらず、Word と PowerPoint では詳細な点で機能に差異があるものもあります。共通性が高いだけに戸惑うこともありますが、異なるアプリだと割り切るところも必要です。そういった点にも注意して学習するようにしてください。

Microsoft 365 サブスクリプション版は、改訂や新しい機能の追加が行われているため、本書のスクリーンプリントのイメージとは異なる場合があります。Office 2019 や Microsoft 365（Office 365）の更新プログラムの適用時期によって異なるツールタブについては、補足としてメニューの表示方法の違いを説明しています。

従来のバージョンで生じていた Excel におけるコンマとカンマの表記の混在（p.163）は、最新版では解消しています。Word における表の挿入（p.107）のコマンドのカンマ表記は残っています。また、タブセレクター（p.74）をクリックし、順次切り替わるアイコンの最後の2つの順番と機能の関係に乱れが生じている点は、解消していません。本来は、Word 2019 のバージョンと同様に、本書に記載した順番にアイコンが表示されなければなりませんが、インデントを設定する2つのアイコンの表示の順番だけが入れ替わっています。機能の順番は入れ替わっていないため、アイコンの形状と機能がちぐはぐになっています。Microsoft 社に報告していますが、解消していません（2020 年 12 月現在）。本書では、乱れが早期に解消すると考え、Word 2019 のバージョンでの正しい順番で機能を説明しています。

●その他

細心の注意を払って解説等を作成しましたが、使用者の環境で、すべての動作を保証するものではありません。使用するパソコン環境での利用の可否は自己責任で判断してください。また、推奨するその他アプリの利用（インストール）にあたっては、各利用者の自己責任で判断してください。オンラインサービスにおけるユーザー登録についても、各個人の判断で行ってください。

○本書の使い方

読むことです。読むことで、次から次へと操作方法がわかります。また目次や索引も読むことです。どのような機能があるのか、何か変わった名称があるのかを、まず知ることです。

本書は、5章に分かれており、章の中は、主に以下の7つの項目によって、内容が示されています。練習や問題以外も、読みながら、実際の内容をアプリで試行していくことで、操作方法や概念が理解できるよう書いてあります。必要なところだけを目次や索引から探して、実行することや読むということもできますが、全体を通じて読むことで、簡単な内容から複雑な内容への理解を深めることができるようになっています。

節

章を複数の節に分けてあり、操作上やレポート・図表・プレゼン作りのスキルに対するグループ名称です。右ページの右上に節の名称が記載されていますので、ざっとページをめくる際に参照してください。

■大項目

コマンド名だけではなく、レポート・図表・プレゼン作りで注意すべき項目名であることもあります。なお、中項目を省略して内容が書かれているところがあります。目次を見ることで、一覧できます。

●中項目

大項目の中で、いくつかポイントとなる項目です。一部には、●の印がなく、一つ目といった名称である場合があります。

○小項目

中項目ほどではありませんが、ポイントとして項目が分けてあります。

注意点

コマンドの実行方法を覚えるだけではなく、その利用上の注意点などが主に書かれています。

メモ：知っておくとちょっと便利な機能やコツなどが書かれています。

練習または問題

説明した項目の中で練習や課題として、問題が挿入されています。

その他の注意点

1. メニューの選択順を「○○」→「△△△」というように矢印で、表現しています。
2. 「コピーして貼り付けること」と、「切り取って貼り付けること」を、それぞれ、「コピー＆貼り付け」と、「切り取り＆貼り付け」と表記しています。
3. 一つの用語で異なる意味に用いられるもののうち、もっと頻出するのが、タブという用語です。区別して書かれていません。以下の3つの意味があります。
   ①リボンインターフェイスのメニューとしてのタブ（例えば p.7）、またはツールタブ（例えば p.111）
   ②[Tab]キーによって設定されるタブ（例えば p.74）、またはタブ区切り（例えば p.74）
   ③ダイアログボックス内のタブ（例えば段落のボックス内の「インデントと行間隔」のタブ、p.67）
4. 他のページを参照する場合に、次のページのようにすぐ見つかる項目以外は、参照用にページ番号が書かれています。

＜補足＞
Microsoft の Office アプリのメニューのデザインの改訂が行われており、ツールタブの表示方法とデザインが、利用しているバージョン（ビルド）によって異なっています。クイックアクセスツールバーに表示されていたオブジェクト（図形、画像、グラフ、数式など）に対するツールタブのためのメニューのデザイン表示がなくなり、リボン内にのみ、新しくタブが表示されるデザインに改訂されています。これはオリジナルの英語版のバージョンアップによるもので、例えば、2つ目の表に関するタブでは、「Table Tools」の「Design」と「Layout」が、「Table Tools」の表示がなくなり、「Table Design」と「Layout」に変更され、日本語版として公開されているためです。今後もこのような変更は行われると考えられるため、メニューやデザインの変更には柔軟に対応してください。

＜ヘッダーとフッターに関するタブ＞
新）　旧）

ツールタブ「ヘッダー/フッターツール」の「デザイン」タブが、「ヘッダーとフッター」タブに。

＜表に関するタブ＞
新）

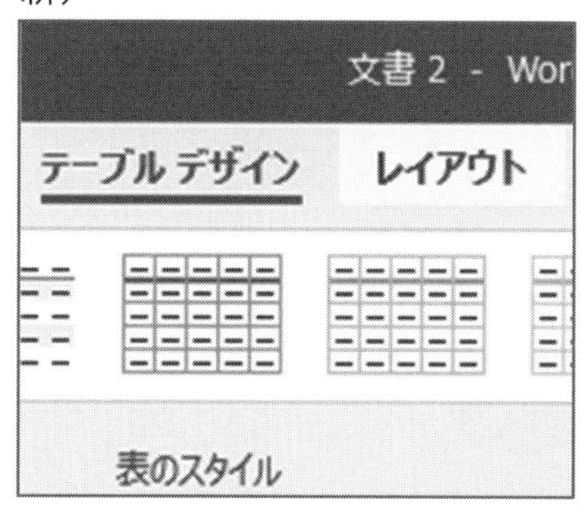

旧）

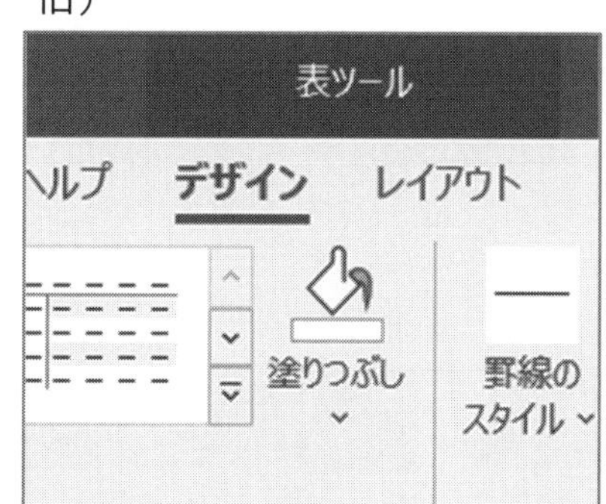

ツールタブ「表ツール」の「デザイン」タブと「レイアウト」タブが、「テーブルデザイン」タブと「レイアウト」タブに。

＜数式に関するタブ＞
新）

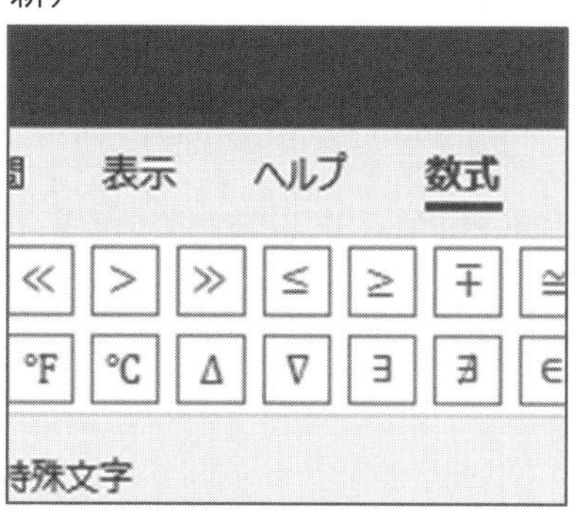

旧）

ツールタブ「数式ツール」の「デザイン」タブが、「数式」タブに。

＜グラフに関するタブ＞

新）

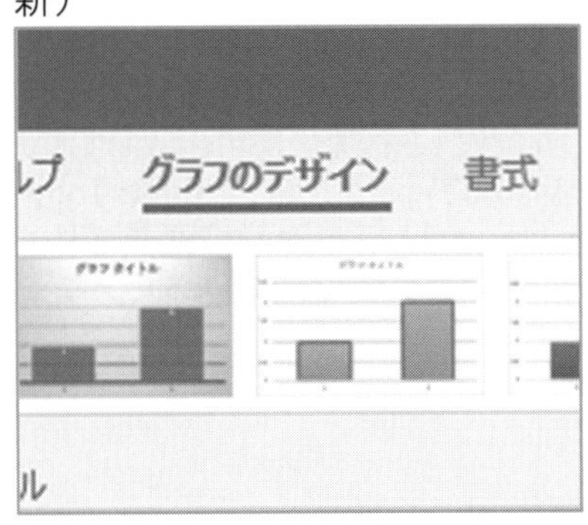

旧）

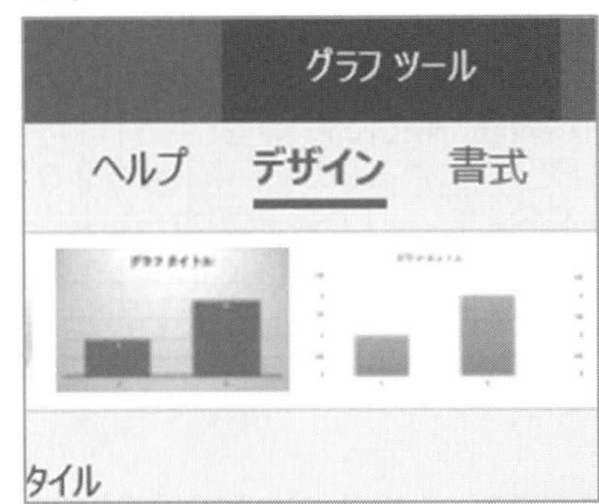

ツールタブ「グラフツール」の「デザイン」タブと「書式」タブが、「グラフデザイン」タブと「書式」タブに。

＜図形に関するタブ＞

新）

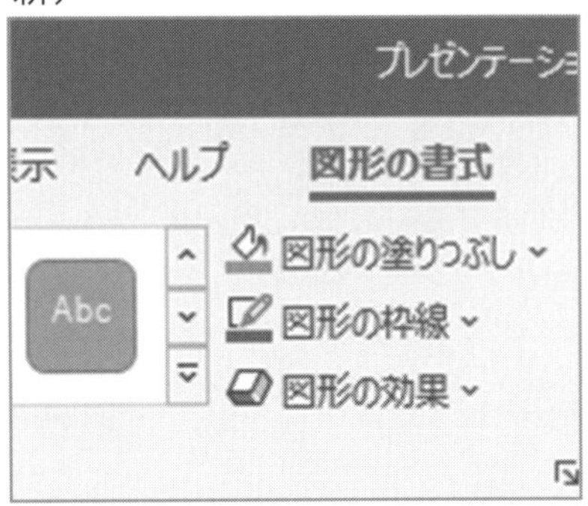

旧）

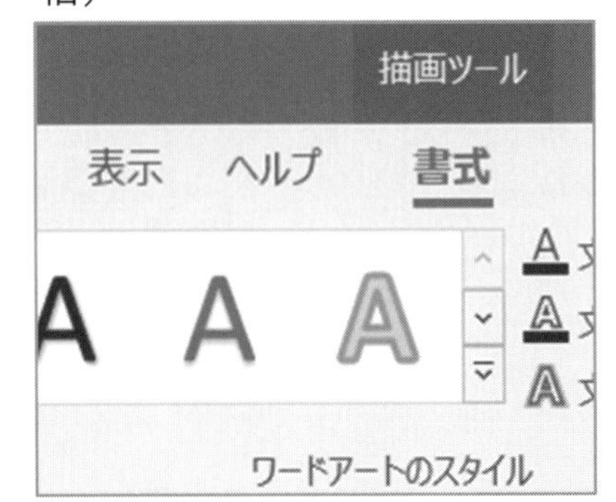

ツールタブ「描画ツール」の「書式」タブが、「図形の書式」タブに。Word や Excel で図形を扱う際も同様です。

＜画像に関するタブ＞

新）

旧）

ツールタブ「図ツール」の「書式」タブが、「図の形式」タブに。Word や Excel で画像を扱う際も同様です。

本書で取り上げたツールタブは、これら6種類ですが、他のツールタブも同様に変更されています。

目次

第3章　文書作成 58

第1章

情報リテラシー

第１章　情報リテラシー

情報リテラシー獲得の意義およびパソコン操作の基本を学習します。

第１節　情報リテラシーとは

■情報リテラシー

「リテラシー」とは、普通、「読み書き能力」と訳されます。「情報リテラシー」として使われる場合は、当然それだけの意味にとどまりません。「情報リテラシー」とは、以下のような手順を使って、「データから情報を正しく判断し、正しく発信していく能力」のことを一般に言います。

１．既存のデータを調べる・入手する・実験調査によりデータを自ら取る・データを扱えるようにする

データとは数値だけではありません。テキスト（文字）、数値、図表、写真、動画、音（声、音楽）など様々な様態をとります。また、入手の方法も情報ネットワーク社会からだけではありません。新聞などの紙媒体、テレビやラジオなどの動画や音声媒体、聞き取り調査のように、直接、人から話を聞く場合も当然含まれます。

情報という言葉は氾濫していますが、ここでデータとの違いをしっかりと区別した方が情報リテラシーをより理解しやすくなります。よく「情報の氾濫」といいますが、これは間違いで、「データの氾濫」と呼ぶのが適切です。あるデータが、ある人・ある場所・ある条件などで、意味を持ち、解釈されてはじめて「情報」となります。つまり、あるデータが、誰にでも同じ情報として受け取られるわけではないことを理解する必要があります。

２．データの真偽・適切さを評価する・解析する・思考する・批判する・情報を作り出す

データが論理的で科学的に収集されているかどうかを判断することが重要です。新聞やテレビなどのメディアからの情報（データ）であっても、その真偽を問う姿勢が求められます。松本サリン事件やパソコン遠隔操作事件において、警察発表のみにもとづいた取材によって、容疑を否認しているにもかかわらず、不充分な捜査とメディアによって無実の人が、犯人に仕立てられたことを忘れてはなりません。また、作り出した情報の正確さや妥当性を仲間や先輩・後輩とともに検討していくことが、独りよがりな間違いを減らし、相手の理解を得るために必要となります。そのためには、他者ときちんとコミュニケーションを取ることも必要です。

３．情報をまとめる・表現する・公開する・活用する・伝える

一方的に伝えるのではなく、伝わるようにするにはどのようにしたらよいかをよく考えなければなりません。また、伝えたい相手によって、適切な表現方法を選択します。相手の年齢や事前に知っている知識の度合いにあわせて、表現方法や用語を選択する必要があります。自分達のグループにしか通用しない言葉や表現方法のみを使ってばかりいては、何も伝わりません。

■情報ネットワーク社会の特殊性

●同時性・共有性・自己決定性・匿名性が高い情報ネットワーク社会

インターネットに代表される情報ネットワークは、瞬時の情報伝達を可能とするため、生活時間、空間（距離）、組織等を意識せず、条件さえ整えば、いつでも、どこでも、どのような相手とも自由に情報交換や意思疎通や共同作業ができます。

情報・知識を含むデータがインターネット上でデータベースとして共有され、さらにコミュニケーションがネットワーク上で行われるため、情報ネットワーク社会では非常に短い期間での意思決定を求められることがあります。

このように情報を共有することで、情報を分析した上で主体的に判断する機会を各自が得ることができます。あふれるデータの中から必要な情報を取り出す取捨選択・真偽判断能力がないと自己決定が正しく行えないということになります。また、自分の考えを他者に認めてもらうためには、意見や考えを他者に伝える必要があります。お互いの意見を検討し、認め合うという作業を、情報ネットワーク社会の中でも、自由に行える能力が必要です。

さらに、情報ネットワーク社会でも「モラル」は重要です。匿名性が高い情報ネットワーク社会は、あまりに現実社会とはかけ離れた構造をしているため、自分の存在をあたかも仮想のように感じるかもしれません。しかし、その仮想と錯覚しがちな情報ネットワーク社会でも、サインイン（ログイン）や Web サイトの閲覧をすると、記録が情報ネットワークには残ります。足跡をいっぱいつけて、無責任な発言をすれば、誰がそれを発言したかはすぐわかります。情報リテラシーを欠いている人は、その足跡だらけなことやその無責任さにも法的責任が伴うことに気がつきません。SNS 上では、感情を抑えきれない書き込みが多数ありますが、脅迫罪や名誉毀損なども現実社会と同様に適用されます。つまり、情報リテラシーを欠き、匿名だと思い込んで無責任な発言を繰り返していると、人の心を傷つけ、適切な行動を取ることができないと評価され、最悪、犯罪者となってしまいます。

■はじめの最後に

コンピューターやアプリケーションソフトウェアの機能は、「未知の現象を明らかにし、考えを伝える」ための手段・道具です。情報リテラシーを獲得するためには、単にコンピューターの技能を取得するだけではなく、取得した技能を「手段」や「道具」として活用して、情報を生み出し、考え、表現することを行い続けなければなりません。大学生の皆さんは、これをレポート作成やゼミや卒業論文作成の中で行えばいいのです。情報リテラシーを使いこなせば、就職活動や卒業研究などに活用できます。

本書を単なるアプリケーションソフトウェアの操作方法を学ぶと思って手に取った皆さん、パラダイムシフトしてください。情報リテラシーを獲得し、現実社会へ羽ばたくテクニックを手に入れてください。

第2節　パソコンの基本操作

パソコンの電源を入れてください。パソコンの設定によっては、電源投入後、ログオン作業が必要です。

■ハードウェアとアプリ

ディスプレイやハードディスクやキーボードなどのハードウェアを意識せずに利用するためのソフトウェアがシステムソフトウェアです。一般に OS と呼ばれるものです。Microsoft 社の作った OS が Windows 10 です。

　このOSであるシステムソフトウェア上でユーザーが実際に利用するソフトウェアがアプリケーションソフトウェアと呼ばれます。アプリケーションソフトウェアは、アプリと呼ばれたり、ソフトウェアと呼ばれたりします。本書では、アプリと呼ぶ場合は、アプリケーションソフトウェアのことを指します。

■パソコンの配置

デスクトップパソコンの場合は、ディスプレイの向きを、各自、調節してください。可動する範囲で各自の体格にあわせてください。ディスプレイは少し、見下ろすぐらいがいいと言われています。キーボードはディスプレイの近くにおいて、できるだけ肘まで腕を机に置くスペースを確保するとキーボード入力の時の負担が減少します。ノートパソコンでも同様です。

　パソコン操作でディスプレイを見つめると、瞬きが減る現象があります。時々、視線を遠くへ移したり、意識的に瞬きをしたりして目の緊張を和らげ、背伸びをしたりして体勢もリラックスするように心がけてください。

■コマンドの実行

「コマンドを実行する」と表現する場合は、かつてはキーボードからの入力によって実行される命令のことのみを指しましたが、本書ではマウス操作により、メニューを選択して、命令を実行することもコマンドを実行すると表現しています。

■動作が不安定な場合への対応

パソコンがハングアップ(フリーズ)して、ソフトウェアが動作しない場合や異常に遅い動作をするような場合は、[Ctrl]キー、[Alt]キー、[Delete]キーを一つずつ、[Ctrl]キーから順番に押したキーを離さず、3つのキーを押してください。タスクマネージャーにより、動かないアプリを選択し、タスクの終了を選んでください。最新の Windows では、一つのアプリがハングアップしても、そのアプリを終了すると、他のアプリはそのまま使用できること多くなりました。いずれのバージョンでも、強制的に終了したアプリで編集していたデータは保存することができないことがほとんどです。データの作成中は、こまめにファイルを保存するように心がけてください。

■ショートカットキー

主に、二つ以上のキーの組み合わせで、コマンドを実行するキーのことをショートカットキーと呼びます(【付録】ショートカットキーp.256 参照)。

■キーボード

キーボードのタイプによって、配列やキーの上の表記には、違いがありますが基本的な配置は統一されています。

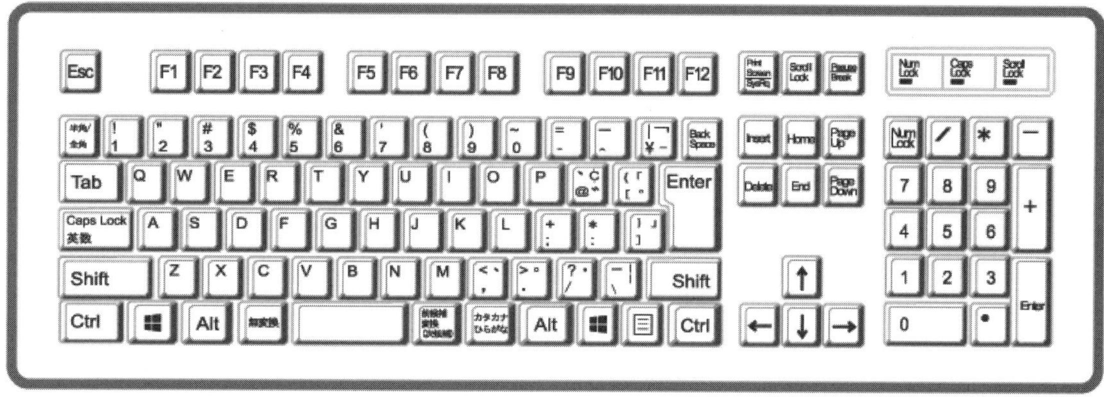

●[Esc]：エスケープキーと呼ばれ、操作内容を途中で取りやめる(キャンセルする)。

●[半角/全角|漢字]：日本語入力の切り替えを行う。

●[Tab]：タブキーと呼ばれ、タブを設定する。次の入力欄へ移動する際にも利用する。

●[Caps Lock]：[Shift]キーを押しながら、このキーを押すと、大文字と小文字入力を切り替えられる。

●[Shift]：アルファベットの大文字小文字を一時的に変更して入力する時に使用する。また、キーボード上段の数字キーに書かれた記号入力に用いる。

●[Ctrl]：コントロールキーと呼ばれ、このキーを押しながら、アルファベットキーを組み合わせて押すと、様々なコマンドを実行できることが多い(ショートカットキーと呼ばれる)。

●[Back Space]：文字入力の際に、カーソルの前にある文字を消すために使用する。

●[Delete]：文字入力の際にカーソルの後ろにある文字を消すために使用する。また、ファイルやグラフなどを削除する操作にも使用する。

●[Enter]：日本語変換での文字の確定や操作の確定、改段落などに使用する。

●[F1]～[F12]：ファンクションキーと呼ばれ、アプリ毎に様々なコマンドが割り当てられ、操作に使用できる。ノートパソコンでは、[Fn]のキーと組み合わせて使用することで、各種設定の変更を行うことができる。

●[Alt]：オルトキーと呼ばれ、リボンでのタブやメニューを選択でき、アルファベットを利用してメニュー選択等が行える。

●[Space](何も文字が書かれていない少し長めのキー)：日本語入力の漢字変換や英文でのスペースの入力に使用する。

●[↑][←][↓][→]：カーソルキー(または方向キー)と呼ばれ、文字入力でのカーソルの移動や選択しているウィンドウや画像などの移動にも使用できる。

●[変換]キー：一度確定した文字変換の再変換候補の表示に使用する。文字変換の[Space]キーの代わりにも用いることができる。

●[無変換]キー：「全角カタカナ」と「半角カタカナ」に切り替えることができる。

●テンキー：キーボードの右側に配置されているキーで、数値データ入力を行うことが多い表計算アプリで多く使用する。※ノートパソコンのキーボードに専用のテンキーが付いていない場合も、文字キーにテンキーの機能を割り当てられていることが多い。その場合は、[NumLock（NumLk）](ナンバーロックキー・ナムロックキー)を利用することにより、テンキーと同じ働きをする。

■マウス

○左クリックする

左のマウスボタンを1回押します。リボンでのタブのメニューの選択や、セル、図形、画像などを選択する操作です。また、ファイル保存などのコマンド実行時に表示されるダイアログボックスのメニュー選択にも用います。単に「クリックする」という場合は、「左クリックする」ことを指します。

○ダブルクリックする

左のマウスボタンを2回、すばやく押します。アプリの起動や関連づけされているファイルを開く操作です。

○右クリックする

右のマウスボタンを1回押します。アプリで、主にコンテキストメニューを出すために使用する操作です。エクスプローラーでのフォルダー作成や Word や PowerPoint での図形などの書式設定、Excel のセルの操作やグラフの各種書式設定変更の際などによく使用します。

○ドラッグする、ドラッグ＆ドロップする

ドラッグとドラッグ＆ドロップは、基本的に同じ操作です。ドラッグは、Windows OS ではコピーや範囲指定の開始点で、マウスの左ボタンを押しながらマウスを動かし、終了地点でボタンを離す操作です。ドラッグ＆ドロップは、開始点が図形やグラフなどのオブジェクトの選択であり、マウスの左ボタンを押しながらマウスを動かし、終了地点でボタンを離すとオブジェクトが移動します。マウス操作は同じですが、範囲指定するか、オブジェクトを動かすかによって説明する用語が異なります。

この操作は、文字列の選択、複数セルの範囲指定、図形描画や図形等のサイズ変更にも頻繁に使用しますし、画面上でウィンドウや図形などを引きずり、別の場所へ移動させる操作に使用します。

○スクロールする

二つのマウスボタンの間にある回転する円盤を回します。画面のスクロールやアプリによっては拡大・縮小など様々な機能が割り当てられています。このホイールにはコマンドを実行できる機能がついているものもあります。

第３節　ファイル作成

Word を用いて、文字入力やファイルの保存等について説明します。Word を起動して「白紙の文書」を選択してください。7ページから13ページでは、Word を使用して一連の操作を練習します。

■メニュー

主なメニューの名称を覚えましょう。このような名称は、Microsoft 社のリボンインターフェイスを利用している場合、共通しています。

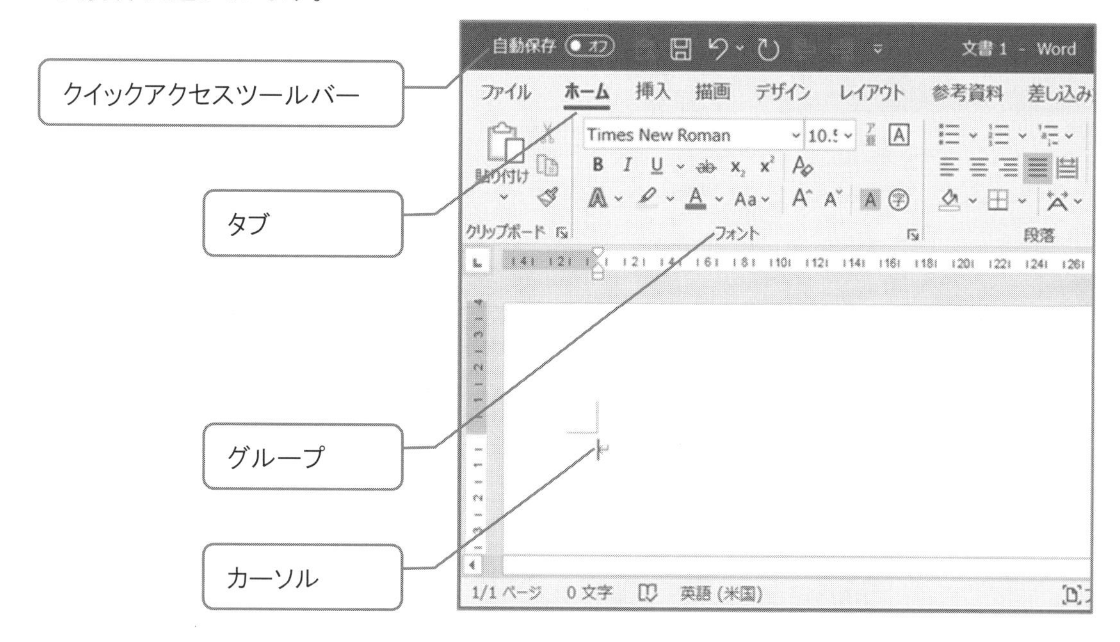

メモ：リボンインターフェイスは、[Alt]キーを押すと、画面のメニューに対して、キーヒントと呼ばれるアルファベットや数字が表示されます。順にキーを押していくことで、コマンドが実行できます。

また、クイックアクセスツールバーやリボンのタブには、個人のよく使うコマンドを登録することができます。カスタマイズしてもよいでしょう。

■カーソル

カーソルは、文字の入力位置を示すものです。カーソルはマウスのカーソルを指す場合もありますが、本書では、文字入力位置を示す意味で使用します。文字を入力する際は、Word では点滅しています。

■マウスポインター

マウスポインター（マウスカーソル）は、マウスの動きを画面上で示す矢印等の総称です。

通常の操作では矢印ですが、それ以外にも十字と矢印が組み合わさった矢十字や、指を模したものなど様々な形状に変化します。ポインターの形状変化は、コマンドの実行と関連しています。ポインターの形状変化とコマンドとの対応関係を覚えましょう（p.106、p.121、p.150、p.203、p.209 参照）。

■ Microsoft IME

Windows 10 では、日本語 IME（入力方式エディター、Input method editor）が、タスクバーに統合されています。文字入力に関するアイコンは、タスクバーに、「A」（半角英数字）、あるいは「あ」（ひらがな入力）で表示されています。

「A」（半角英数字）

「あ」（ひらがな入力）

日本語入力ができない場合は、[半角/全角|漢字]キーを押し、「あ」のアイコンに切り替えます。

●ローマ字入力

「ローマ字入力」と「かな入力」がありますが、入力の速さだけを競うなら、日本語で入力する際には、「かな入力」が優勢ですが、アルファベットを入力するキーを覚えるのが遅くなります。「かな入力」は、あえて設定しない限り、オフになっています。

＜タスクバーのアイコンの「あ」（「A」）を右クリックすると、表示されるオプションのメニュー＞

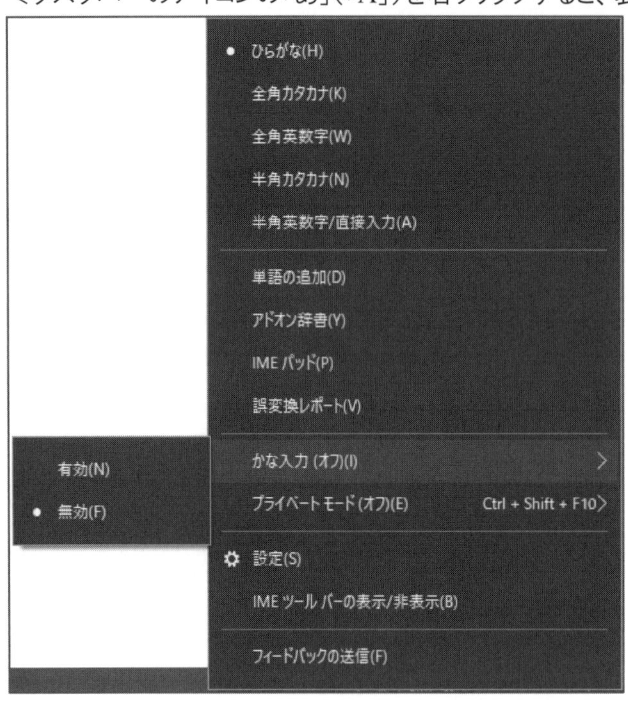

「全角カタカナ」、「全角英数字」、「半角カタカナ」もありますが、「ひらがな」と「半角英数字/直接入力」の2つを主に切り替えて使用するのがよいでしょう。

> メモ：Microsoft IME は、2020年5月にバージョンアップがあり、古いバージョンとは、オプションの操作感が異なります。なお、従来のバージョンの設定に戻すことが可能です。

○ローマ字入力対応表

アルファベットの入力とローマ字のかなの対応関係は、主に訓令式・ヘボン式に準じていますが、一部、異なることがあります。一部のひらがなは、アルファベットの組み合わせでは入力することができず、IME での変換でのみ入力できます（例：ゐ）。

問題3－1

次のかなを入力してみましょう。アルファベットの組み合わせがわからない場合は、ローマ字入力対応表をインターネットで検索しましょう。

１．ぎゃふん　　　　　２．えっつっつ　　　　３．ゑ（変換が必要です）

●「ひらがな」と「半角英数字」の切り替え

［半角/全角|漢字］キーを押して「ひらがな」と「半角英数字」を切り替えます。「あ」と「A」のアイコンをクリックして切り替えることもできます。

　［半角/全角|漢字］キーにより、入力時に「ひらがな」による全角文字であるか、「半角英数字」による半角文字かを意識して、区別して入力してください。文書中で混在することがないように、全角か半角に統一してください。混在すると、フォントによっては、区別が困難です。

全角　ｃｍ　　　　　　半角　cm
全角　％　　　　　　　半角　%

　日本語文書では、１桁の数字を全角、２桁以上の数値を半角とする組版の慣例が残っている場合や、特定の文書では数字は全角にするといった決まりがある場合があります。文書の指定の形式をあらかじめ確認した上で入力を始めるようにしてください。

> メモ：センチメートルには、「㎝」という、一つの全角文字で入力する方法があります。この文字は c と m が一体となっており、分離することはできません。つまり、アルファベットではなく、「㎝」という一つの記号になっています。
>
> 全角文字と半角文字を区別して入力するということとは違う意味で、使用を控えてください。
>
> また、英文にこのような全角文字の混在は、許されません。

練習3－1

全角と半角の切り替えを［半角/全角|漢字］キーによって行い、全角と半角を区別して次の語句を入力してみましょう。フォントの設定によって、見え方は異なります（■フォント、p.58、p.62 参照）。

	全角文字	半角文字	備考
1.	５％＋１％	5%+1%	プラス記号も区別して入力
2.	１０ｃｍ／１．５ｃｍ	10cm/1.5cm	スラッシュも区別して入力
3.	（１００）	(100)	括弧も区別して入力
4.	２ＣＯ	2CO	

※全角のアルファベットは、IME のオプションで「全角英数字」を選択します。

> メモ：ここでは練習のため、全角のアルファベットを入力しますが、実際に使用する機会は稀です。

■変換

ローマ字入力後、[Space]キーを押すと、漢字や記号などに変換できます。また、辞書に登録されていない熟語や、文節の区切りによっては、区切り位置の修正が必要となります。

練習3−2

次の同音異義語を、ローマ字入力により、[Space]キーを使って正しく漢字変換をしてみましょう。

1. 個体　固体　　2. 科学　化学　　3. 課程　過程
4. 校正　較正　　5. 資料　試料　　6. 移動　異動
7. 確信　核心　　8. 既成　既製　　9. 指示　支持

練習3−3

一部の記号文字は、読みからも入力できます。ひらがな入力で変換をしてみましょう。

1. やじるし　↑↓→←　　2. しかく　■□◆◇
3. さんかく　△▼▽▲　　4. まる　●◎○（漢数字の〇（ゼロ）とは、異なります）

●文節区切りの変更

文節の区切りを変える方法を説明します。文節の区切りを変えるためには、[Shift]+[←]キーと[Shift]+[→]キーで行い、文節間の移動は、[←]キーと[→]キーで行います。

「かいよう」と打っても、リストの中に、「開葉」という言葉は表示されません（なお、この用語が、変換された場合は、練習3−4のいずれかの熟語で文節区切りの位置の変更方法の確認を行ってください）。

「かいよう」と打って、[Space]キーを押すと、まずは、「海洋」と表示されるでしょう（まだ確定しないでください）。海洋という状態で、[Shift]+[←]キーで区切り場所を変えられるので、[Shift]キーを押しながらカーソルキーの左矢印（[←]）キーを2回押すと「かい」の部分だけが直線の下線で選択されます。

かいよう

あとは[Space]キーを何回か押して「開」がでたら、横に付いている番号で選びます。次に、「用」などが候補に表示されているので、右矢印（[→]）キーを1回押して文節を移動し、[Space]キーを押して、「葉」が表示されたら同様に番号を選び、さらに[Enter]キーを押します。これで「開葉」と確定します。

この方法でも文字変換できない熟語もあります。その時は、1文字ずつ知っている漢字の読みから別々に入力して変換するか、別の熟語で変換して、余分な文字を削除し、組み合わせることで、入力します。

他の入力文字でも同様の考え方で漢字変換を行ってください。日本語IMEの改善により、このような変換操作が必要な入力は少しずつ減っています（この熟語を頻繁に入力したい場合は、辞書ファイルに登録するという方法もあります（p.12 参照）。

メモ：[Space]キーの右側にある[変換]キーは、一度確定した文字変換を再度変換が可能な状態することができます。また、変換直後ではなく文字列であれば、確定済みの文字列にカーソルを移動させ、[変換]キーを押すと変換候補を表示します。

メモ：ひらがな入力で変換しても、新語や造語の場合は、ただちにカタカナに変換されないため、例えば「かたかな」をカタカナの「カタカナ」にしたい時は、[F7]キーでも変換できます。「かたかな」を半角カタカナの「ｶﾀｶﾅ」にしたい時は[F8]キーでも変換できます。ただし、半角カタカナの使用は避けてください。電子メールや他の OS やインターネット環境で、文字化けする場合があります。

なお、[Space]キーの左側にある[無変換]キーは、「全角カタカナ」と「半角カタカナ」を切り替えることができます。

練習3－4

次の熟語を入力してみましょう。多くの熟語で区切りを変換する必要があります。

1. 風倒　（ふうとう）
2. 受光伐　（じゅこうばつ）
3. 路網　（ろもう）
4. 漸伐　（ぜんばつ）
5. 添伸成長　（てんしんせいちょう）
6. 凍裂　（とうれつ）
7. 自家不和合性　（じかふわごうせい）

ATOK 式の変換

ATOK 式の変換方法に慣れている場合は、IME のオプションメニューの「設定」で「キーとタッチのカスタマイズ」の「キーテンプレートを選ぶ」の設定を、「Microsoft IME」から「ATOK」に変更することで、Microsoft IME のまま ATOK 式の変換方法に準じた変換方法に変えることができます。

メモ：（株）ジャストシステムの日本語入力システムである ATOK は、Microsoft IME に比べ、文脈に沿った変換が行われることが多いため、入力変換にかかる労力も少なく、適切に使用すれば誤字も減ることが期待されます。

練習3－5

次の文章の文節の区切りを変更して入力をしてみましょう。ここでは練習のために、文を途中で区切って変換せず、すべて入力してから変換してみましょう。

1. ここではきものをぬいでください
   ここで履き物を脱いでください
   ここでは着物を脱いでください
2. くるまでまとう
   車で待とう
   来るまで待とう
3. きょうむかんけいのきょういんにめーるした
   今日無関係の教員にメールした
   教務関係の教員にメールした

メモ：漢字変換や文節の区切りが必要な文字入力で文字入力の長さが長すぎると、変換に失敗した時に変更が面倒です。あまり長く入力せず適度な長さの入力後に、[Space]キーを押して、適宜、変換するのがよいでしょう。

■単語登録

よく使う用語を単語として辞書に登録することができます。

タスクバーの「あ（A）」のアイコンを右クリックして開く、オプションのメニューから、「単語の追加」を選ぶと、単語登録のダイアログボックスが表示されます。「単語」と「よみ」に、登録したい単語とその読み仮名を入力します。必要があれば品詞等を選択します。

登録後は、「よみ」で入力した読みを用いて変換して、登録した用語が入力できるかを確認してください。とくに誤字があると毎回間違えて入力することになりますから、誤字を入力していないかなど、よく確認してください。

学術用語などの専門用語は、日本語IME に登録されていないことがよくあります。自身の PC を持っている人は、必要に応じて単語登録をするとよいでしょう。

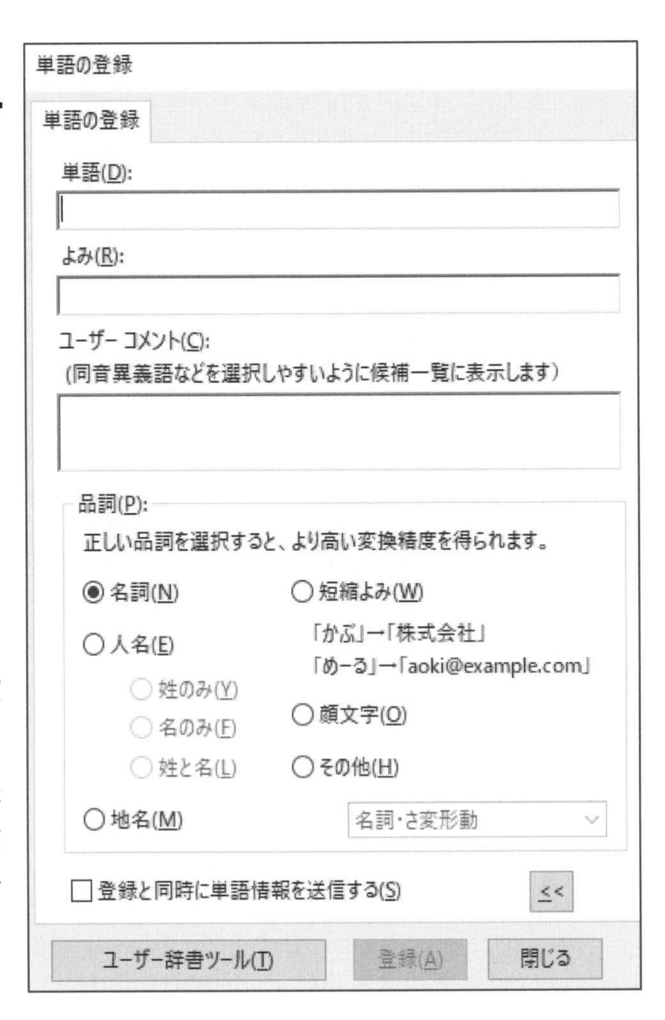

○所属とメールアドレスの登録

学生の皆さんに一番有効なのは、学科（課程）名、学籍番号、氏名を登録することです。場合によっては学部名も入れるとよいでしょう。登録した後は、必ずよみを入力して変換できるかを、また誤字を登録していないかを確認してください。

単語に対して「よみ」をすべて入力して登録する必要はないので、長い名称に一文字の平仮名や、全角の記号（@など）を指定することができます。なお、日本語入力に使用するものですから、全角文字で登録します。

例１）単語：生物資源生産学科 19920546821 加藤　正吾
　　　よみ：か

例２）単語：shogo@gifu-u.ac.jp
　　　よみ：@

■ヘルプ

コマンドがわからない時は、「ヘルプ」タブから、そのコマンドについて調べましょう。ほとんどのアプリにヘルプのメニューが用意されています。また、Web により、検索結果が表示される場合があります。ただし、ある程度メニューや機能の正式な名称を知っている必要があります。

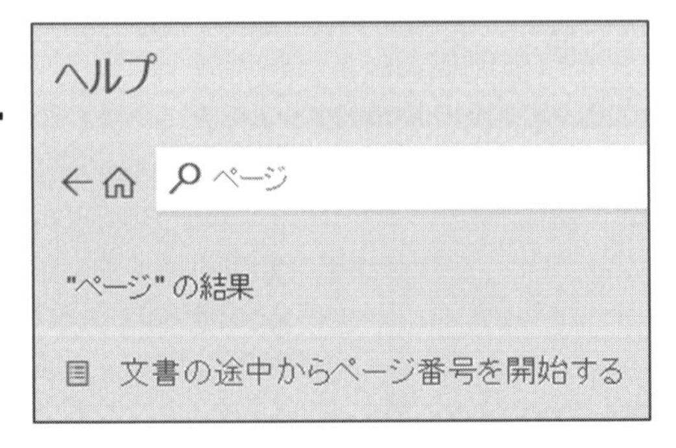

■元に戻す・繰り返す

パソコンの便利な機能に「元に戻す」という機能があります。多くのアプリに標準装備されています。通常、メニューの「編集」の中にあるのが普通ですが、Office アプリではクイックアクセスツールバーにあります。削除してしまった文字列を復活させたり、グラフの変更を取り消したり、パソコンを使う上では欠かせない機能の一つとなっています。元に戻せない操作・コマンドもあります。また、一旦ファイルを閉じると、元に戻す操作の手順をパソコンがメモリから削除するため、ファイルを閉じる前に行った操作を再びファイルを開いて、やり直すことはできません。

Word に自分の氏名を入力してみてください。これをクイックアクセスツールバーの「元に戻す」のアイコンを選択してコマンドを実行してみてください。どのように入力が消されましたか？ 氏名を一度に入力した人は氏名全体が消えますし、苗字を入力して[Enter]キーで確定した後、下の名を入力した人は下の名前だけ消えます。「元に戻す」操作で戻せる回数は、「ファイル」タブ→「オプション」から変更することが可能です。

ショートカットキーの[Ctrl]+[Z]キーでは直前の操作を取り消すことが、[Ctrl]+[Y]キーでは直前の操作を繰り返すことができます。

■ファイルの保存

Word で作成した文書を保存します。マウス操作で「ファイル」タブ→「名前を付けて保存」を選び、ファイルの保存場所のうち、各自の希望の場所から、メディアやフォルダーを選び、保存してください。

USB メモリを保存先としてファイルを保存してみましょう。ファイル名は自身で決めて付けてください。docx という部分が拡張子と呼ばれるもので、氏名にたとえるとアプリでファイルを保存する時の苗字にあたる部分です。拡張子の前の部分の狭義の意味でのファイル名が名にあたる部分です。ファイル名を入力して、「保存」のボタンを押せば、拡張子は入力しなくても自動的に付きます。拡張子については、次のページ参照してください。

●ファイルの保存形式

Word では、既定の「Word 文書形式」で保存されます。拡張子は、docx です。Word 2003 までのファイル形式でのファイルの提出を求められた場合や、従来のアプリとの互換性を優先したい場合は、Word 97-2003 文書のファイル形式の doc で保存してください。

練習3－6

Word ファイルを作成し、書き込み、保存して、Word 文書を再度開いてみましょう。自分の名前を入力し、ファイル名は、「(自身の氏名)」としてファイルを保存してください。保存後に一旦 Word を終了してください。そして、Word を再び起動し、先ほど名前を付けて保存したファイルを開いてください。

> メモ：Office アプリには、ファイルを一定時間間隔で自動保存する機能がありますが、その機能に頼ることなく、こまめに自分自身でファイルを保存するようにしましょう。新しい作業に移る前にファイルを保存する癖をつけましょう。
>
> この自動保存機能は、アプリの動作が予期せず止まるため使いにくい場合があります。「ファイル」→「オプション」の設定から自動保存を止めることができます。

■拡張子

拡張子は、Windows OS で利用するファイルには必須です。多くの拡張子は3文字ですが、4文字や5文字の拡張子も増えてきました。Windows OS では、いずれのバージョンでも、ファイル形式を拡張子の部分で認識しています。

●拡張子の表示

「エクスプローラー」という Windows 10 に付属のアプリを使用します。スタートメニューなどからエクスプローラーを起動して、ファイルが保存されているフォルダーなどの領域を表示してください。

　Windows 10 では標準設定で、拡張子を表示させずに使用する設定になっています。拡張子を表示するように設定を変更します。

　拡張子が表示されていない人は、エクスプローラーで、「表示」タブ→「表示/非表示」グループの「ファイル名拡張子」のチェックボックスにチェックを入れてください。また、「レイアウト」グループの設定を「詳細」にすると、以下のような、ファイルの更新日やファイルサイズなどが表示されます。

　上のエクスプローラー内の名前のところに表示されている xlsx、docx、txt の部分が拡張子です。「写真」の部分は、フォルダー（p.17 参照）であるため拡張子が表示されることはありません。

●ファイル名と拡張子の関係

情報レポート（下書き）.docx を例にすると、ファイル名は、広義には「情報レポート（下書き）.docx」の全体を、狭義には（厳密には）、「情報レポート（下書き）」の部分だけを指し、docx が拡張子です。ファイル名と拡張子は、ドット(.)で区切られています。

　さらに厳密にはドットも拡張子に含まれますが、実用上、ドットより後ろの文字列と覚えておくとよいでしょう。また、拡張子は小文字で一般に書かれ、小文字と大文字を区別しない OS と、区別する OS があります。特段の意図がなければ、Windows OS では小文字で書きます。

　異なる拡張子に、同じアイコンが使用される場合があります。そのため、フォルダー内で拡張子を表示し、拡張子の文字列を認識して、ファイルを扱うことは、ファイルを正しく区別して利用する上で、非常に重要です。他にも、メールの添付ファイルを保存して拡張子が exe だった場合、ウイルスの一種であるマルウェア（p.50 参照）などの危険性のあるファイルであることを事前に知ることができます。

問題3−2

次の拡張子がどのようなデータを作成するファイルの拡張子であるか、またこれらのファイルを作成するアプリケーションソフトウェアを調べてみましょう。

1. txt	2. xlsx	3. heic	4. mp3	5. exe
6. csv	7. jpg	8. html	9. zip	10. lzh

拡張子をエクスプローラーで書き換えない

拡張子をエクスプローラーで書き換えたからといってファイルの中身の保存形式が変わるわけではありません。Word 文書ファイルの docx の拡張子を、PDF ファイル形式の pdf に拡張子をエクスプローラーで書き換えることはできます。しかし、書き換えてはいけません。書き換えても、読み込みは pdf としてアプリは読み込もうとしますが、中身は docx の形式で保存されているため、開くことができない、あるいは開けてもエラーとなるということが生じます。ファイルの形式を変更する際は、必ずアプリでいったん開き、保存する際に、形式を変更して保存してください（p.83、p.164 参照）。

また、ファイルをダブルクリックした際に開くアプリは、拡張子によって関連づけられています。一つの拡張子に、一つのアプリしか関連づけができません（一つのアプリに複数の拡張子を関連づけることはできます）。この関連づけは変更することが可能です。

■ファイルの保存場所

データを保存しておくのに利用する領域は、パソコンの中にあるハードディスクだけではなく、外部メディアを利用することを心がけましょう。

　機械的な故障が生じることがある HDD タイプのドライブ、書き換え可能な回数に制限がある USB メモリ、紫外線に弱い CD-R というように保存するメディアによって、故障の理由や書き換えに関係する特性が違います。内蔵ドライブでも、外部メディアでも、いずれは壊れます。データのバックアップのために、必ず2カ所（例えば、内蔵ドライブと外付けドライブ、外付けドライブとオンラインストレージ）の別々の場所にファイルを保存するようにしましょう。

●内蔵ドライブ（HDD、SSD）｜内蔵型｜

パソコンに内蔵された HDD や SSD は、最も容易にデータを保存できる領域ですが、OS とアプリのみの保存領域とするのが推奨されます。

<外付けドライブ>

●外付けドライブ（HDD、SSD）｜持ち運び型｜

USB 接続で容易に持ち運べるタイプのものがあります。なお、デスクトップパソコンでは外付けドライブを据え置き型として、使うことが主流です。

　容易に抜き差しできますが、取り外し（取り出し）時は、手順が定められていますので、正しい手順で取り外してください。

●USB（フラッシュ）メモリ｜持ち運び型｜

<USB メモリ>

小さく持ち運びに便利なため、データ交換の際の利便性が高いのが特徴です。小さいため紛失や秘匿情報の持ち出しに利用しないといった点に注意する必要があります。大容量化と高速規格化が進んでいます。

容易に抜き差しできますが、取り外し（取り出し）時は、手順が定められていますので、正しい手順で取り外してください。

●CD・DVD・Blu-Ray Disc｜書き込み型｜持ち運び型｜

<ディスク>

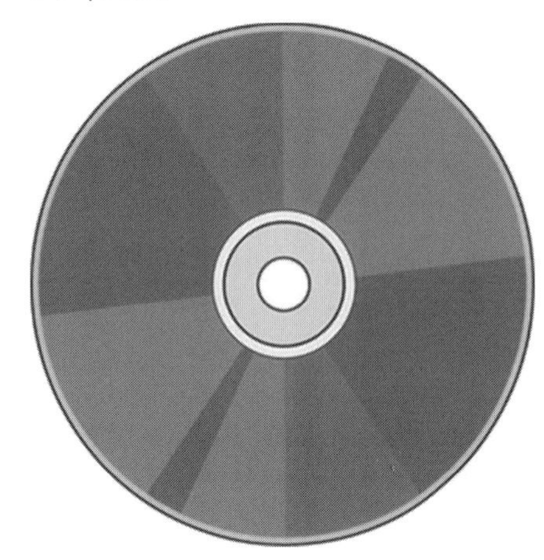

信頼性は高いですが、傷に弱いため取り扱いには注意が必要です。書き換え不可能なメディアや書き換え可能なメディアがあります。ファイルを配布する際は、一度書き込むと書き換えられないという特性を活用することもあります。

大容量の書き込み型の DVD や Blu-ray Disc（BD）は様々な規格があり、読み込み、書き込みには規格に対応したハードウェア（ドライブ）が必要で、書き込みには専用のアプリが必要です。

●オンラインストレージ｜外部サーバー型｜

<OneDrive のアイコン>

インターネットでアクセスできるサーバーに、ファイルを保管することでき、一部は、無料で利用できるものもあります。クラウドサービスと呼ばれることもあり、OneDrive や Dropbox といったサービスが提供されています。ただし、ネットワークが不調の場合は、当然アクセスできないため、その利用にはネット環境が充実していることが必要です。

また、サービス会社の設備不良や設定ミスによってデータが消失するリスクがあることも踏まえて利用するようにしてください。

セキュリティポリシーの確認を

組織によっては、紛失の恐れがある USB メモリの使用を禁止している場合があります。また、外部のサービスの利用（会社外のオンラインストレージの利用や会社のメールの外部への転送）を禁止している場合があります。外部サービスを利用しようとする場合は、所属する組織のセキュリティポリシーを事前によく確認することが必要です。

■フォルダーの活用

ファイルの保存場所を整理しましょう。エクスプローラーを利用して、フォルダーの機能を使って、紙の書類をファイリングするようにデジタルファイルを整理します。

●フォルダーの作成

各ドライブのアイコンをクリックして表示されるウィンドウ内で、右クリックすると新しいフォルダーを作成するメニューが表示されます。

　ここで、「新規作成」→「フォルダー」を選択します。新しいフォルダーという名前のフォルダーが作成されるので、自由に名前を変更して確定します（あとからでも名前は変更できます）。

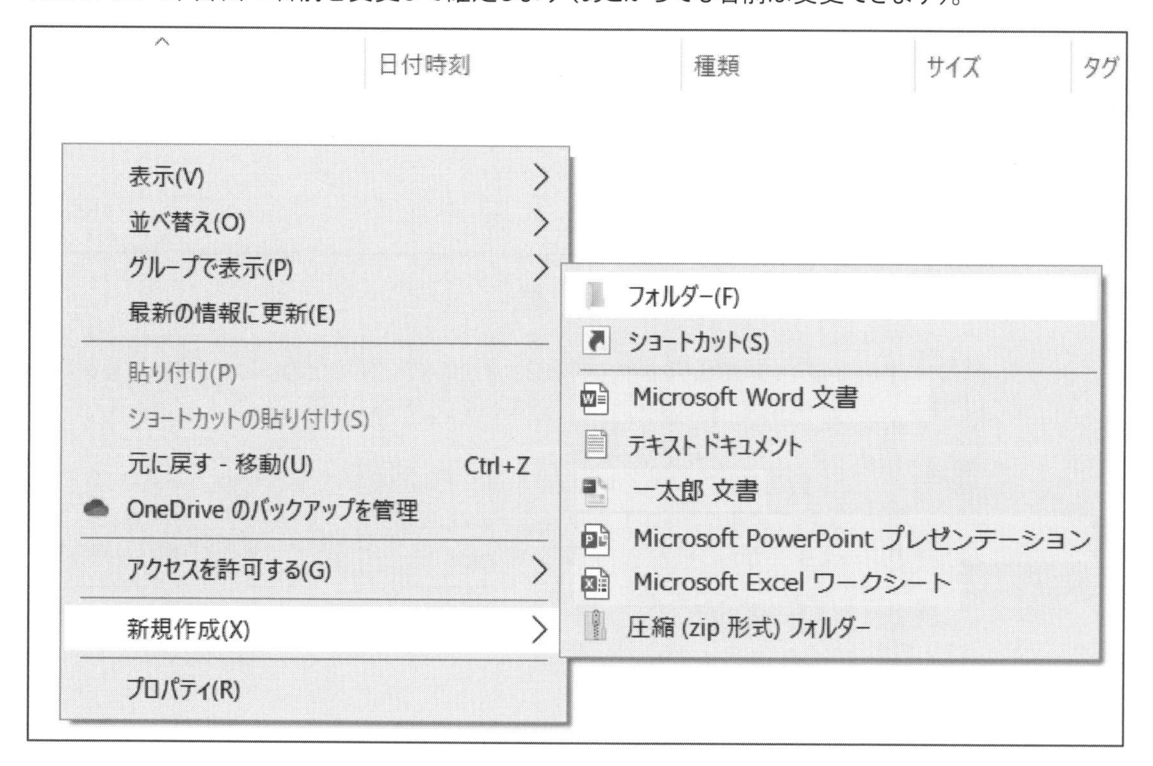

■ツリー構造

フォルダーがどこにあるかを把握することは、ファイル管理上、非常に重要です。フォルダーの中にフォルダーを作ると階層構造になります。

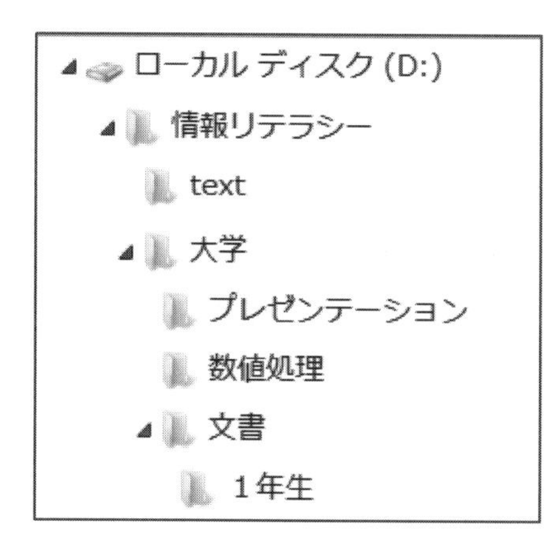

　フォルダーを左のような従来のツリー構造に似た形式で表示するためには、「表示」タブ→「ペイン」グループの「ナビゲーションウィンドウ」から設定します。

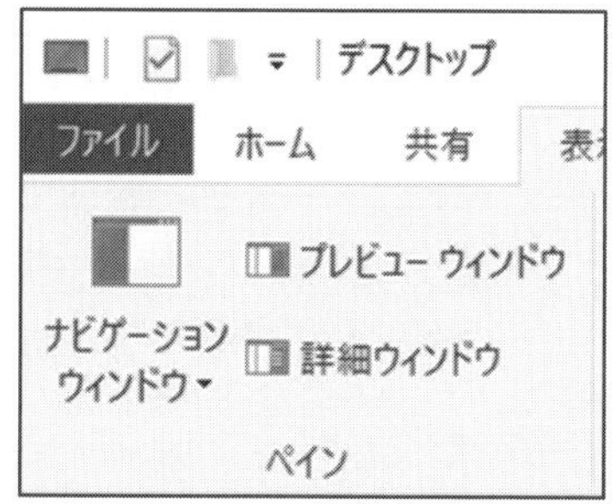

「ナビゲーションウィンドウ」ボタンをクリックし、「すべてのフォルダーを表示」を選択します。

■ファイルの圧縮・展開

圧縮ファイルは、ファイルサイズを小さくすることができる仕組みを利用した特殊なファイルです。一つ以上のファイルをまとめて圧縮することができます。Windows 10 では、エクスプローラーを用いて、zip 形式のファイルの圧縮、また圧縮されたファイルの展開（元のファイルの状態に戻すこと。解凍と呼ぶこともあります）が行えます。

●圧縮

ファイルを圧縮するには、圧縮したいファイルを右クリックして表示されるコンテキストメニューの「送る」→「圧縮（zip 形式）フォルダー」をクリックします。

　複数のファイルを選択して同じ操作を行うと、一つのファイルに圧縮されます。そのため、複数のファイルを一つにまとめることに使うことができます。そのまま USB メモリへのコピーやメールにファイルとして添付することができます。

●展開（解凍）

＜zip ファイルのアイコン＞

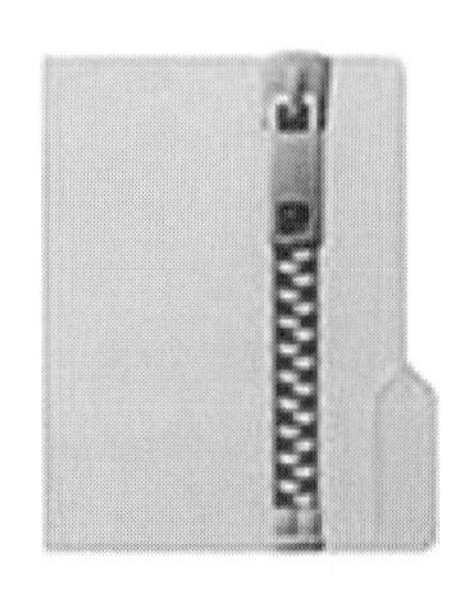

zip 形式で圧縮されているファイルを展開するためには、ファイルを選択した状態で、右クリックして「すべて展開」を選択します。

　圧縮されたファイルはフォルダーと似た扱いであるため、zip 形式で圧縮されているファイルをダブルクリックして開くこともできます。展開されたフォルダーから、別な保存領域やフォルダーにファイルをコピー＆貼り付けをすることもできます。

Windows 10 の機能を使った圧縮されたファイルやフォルダー

＜Windows 10 による圧縮＞

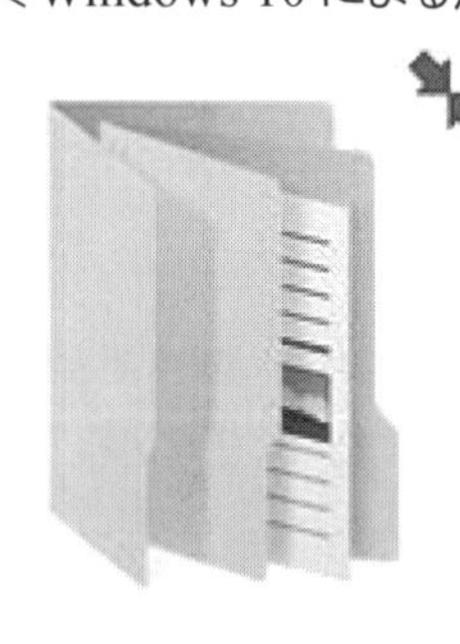

Windows 10 には、ファイルやフォルダーを圧縮してディスクの領域を節約するという機能があります。二つの向き合っている矢印が右上に表示されているアイコンでは、そのファイルやフォルダーが、Windows の機能として、圧縮されていることを表しています。

　zip 形式の圧縮とは異なり、Windows の OS のシステムソフトウェアとして圧縮しているため、このフォルダーやファイルを、この圧縮形式でそのまま USB メモリへコピーすることやメールにファイルとして添付することはできません。

　ディスク領域を節約することができますが、アプリによっては、この圧縮フォルダー内のファイルが開けないこともあります。必要がなければ使用しないようにしてください。

■タッチタイピング

タイピングはある程度ルールに従って行った方が、効率よく文字入力が行えます。

●ホームポジション

左手と右手の使う範囲は定まっています。手の大小によっては、従うことができない場合もありますので、多少臨機応変に対応してください。ホームポジションは、左手の第二指を[F]のキーに置き、右手の第二指を[J]のキーに置きます（多くのキーボードはそれらのキーに小さなでっぱりがあります）。

手の平の力を抜いて、軽く内側へ自然に曲がる感じで、キーボードの上に少し立てておきます。
左手【A】【S】【D】【F】　右手【J】【K】【L】【+】

●美佳のタイプトレーナー

今村二朗氏による無料のタッチタイピングアプリ
http://www.asahi-net.or.jp/~BG8J-IMMR/

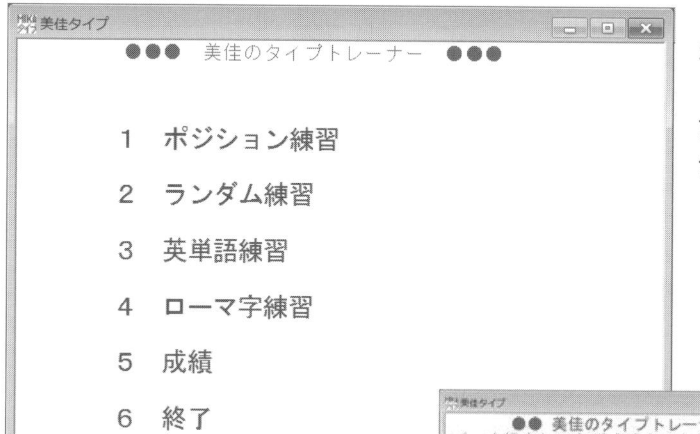

利用には、インストールが必要です。

まずは、ポジション練習で、正しいポジションを習得します。

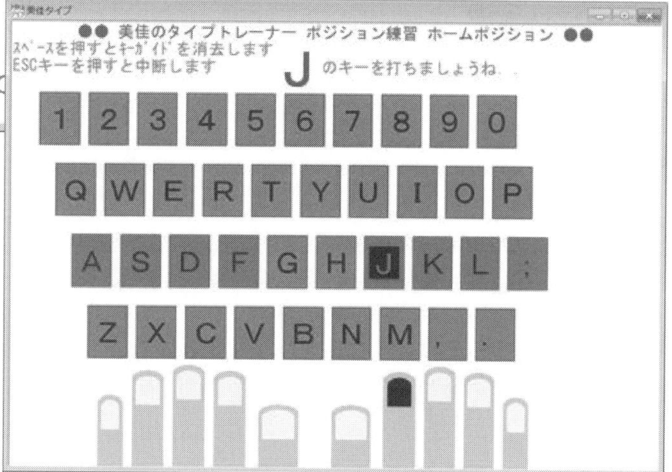

はじめは、キーガイドが表示された状態で行い、慣れてきたら時々キーガイドを消して練習します。キーガイドがないと格段に難しくなるでしょう。キーガイドがない状態で、ある程度ブラインドタッチのタイピングできないとローマ字入力速度は上がりません。

キーの位置を覚えて技の記憶になる前に、あせって、ローマ字単語練習ばかりしても、タイピング入力は上達しません。初学者は、ポジション練習を地道に積み、徐々にローマ字単語練習をしてください。正しいキータイプを覚えることが入力速度を上げる近道です。

美佳のタイプトレーナーでは、まずは、ローマ字単語練習で、1分間に 100 字以上入力できるようになるのが快適に入力できる入力速度の一つの目安です。

> メモ：カナ入力もありますが、英文を入力するときにかなり困りますので、ローマ字入力を推奨します。

●イータイピング（e-typing）

Web ブラウザ上で、タイピング練習することができます。ただし、以下の練習3－7の練習を行うためには、ユーザー登録が必要です。

イータイピング
https://www.e-typing.ne.jp/

＜ログイン後の画面＞

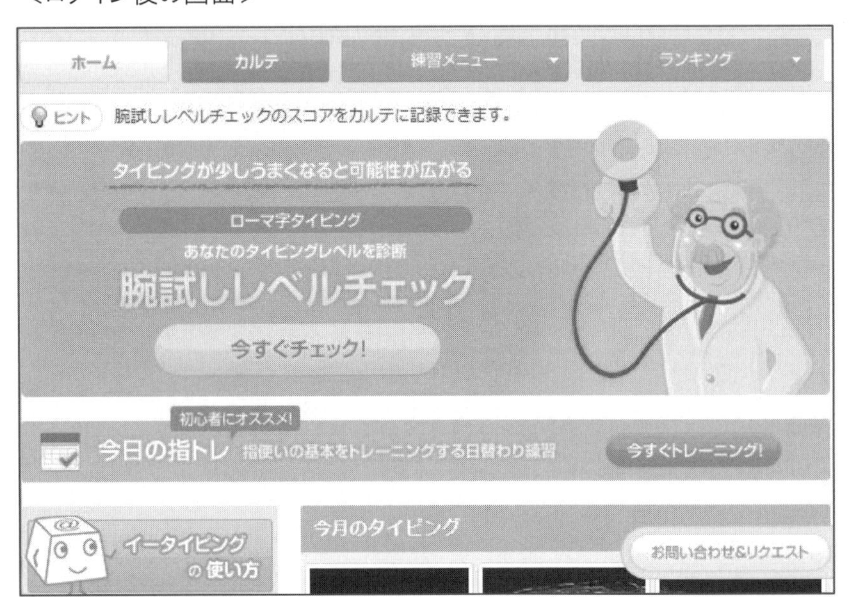

練習3－7

イータイピングを用いて、次の練習を行ってみましょう。

1. 練習メニューの中の「基礎練習」のページ中程にある「練習1　左右中段」を行ってください。それ以降は、「練習2～4」を適宜行う。

2. これらの「基礎練習」を行った後に、「基本練習」の「50 音　4文字単語」または「応用練習」の「短文練習　5文字（短文）」を数回行う。

3. この後、別の項目の練習メニュー「検定対策練習」の4級→単語（160point 短い単語（ローマ字 10 文字前後）を 30 問タイプします。）を、数回行う。

<「検定対策練習」の4級→単語のタイピング結果(例)>

今回のタイピング結果			前回の結果
成功 SEIKOU 面長 OMONAGA 秋晴れ AKIBARE 洋式 YOUSIKI 英雄	スコア	259	-
	レベル	A+	-
	入力時間	42秒43	-
	入力文字数	201	-
	ミス入力数	6	-
	WPM	284.2	-
	正確率	97.01%	-
	苦手キー	A K N	-

美佳のタイプトレーナーのローマ字単語練習で1分間に 100 字以上入力できる速度と同等のレベルの目安は、イータイピングではスコア 130 です。

練習3−8

タイピングアプリでポジション練習を充分積み、ローマ字入力ができるようになってから、Word を用いて、以下の入力をしてみましょう。

1.

あいうえお
かきくけこ
さしすせそ
たちつてと
なにぬねの
はひふへほ
まみむめも
や　ゆ　よ
らりるれろ
わ　　　を
ん

2. 次に上記を縦読みして、あかさたなはまやらわん、いきしちにひみ……と順番に入力してみましょう。

3.

がぎぐげご
ざじずぜぞ
だぢづでど
ばびぶべぼ
ぱぴぷぺぽ

4.

いろはにほへとちりぬるを
わかよたれそつねならむ
うゐのおくやまけふこえて
あさきゆめみしゑひもせす

※「ゐ」と「ゑ」は、変換しないと入力できないため、「い」と「え」とします。

5. 自分の氏名を、ひらがなで 10 回入力してみましょう。

■おわりに

仮想社会の中ではなく、現実社会を生きていくための技能として、情報リテラシーを身に付ける

パソコンやインターネットを使って行うことは、パソコンやインターネットがなかった時代に必要とされた能力の延長線上にあります。おしまい。

第2章
情報ネットワーク

第2章　情報ネットワーク

ブラウザ、メーラーを利用して、Web サイト、E-mail の基本的な利用法を学習します。また、Web サイト、E-mail を利用する際の注意点と対策もあわせて学習します。

第1節　情報検索

インターネットの普及により、ネットワークを通して様々な情報が簡単に検索できるようになりました。今や利用可能なページは、人間のレベルでは把握できないほどの膨大なものとなっています。ここでは、Web サイトの上手な活用方法を学習します。特に卒業論文、レポート作成で利用する機会の多い文献検索を中心に解説します。

■Web ブラウザ

Web ページを見るためのアプリを Web ブラウザといます。Windows 10 の既定の Web ブラウザは、Microsoft Edge です。その他、Google Chrome や Firefox といった Web ブラウザが、ダウンロードして無料で利用することができます。

＜Firefox と Google Chrome のダウンロードサイト＞

●レンダリングエンジン

レンダリングエンジンは、HTML という Web ページ作成言語を、一定のルールにしたがって、変換する役割を担っています。このレンダリングエンジンが、ブラウザによって異なっている場合に表示の差異が生じます。また、表示の差異だけではなく、Web サイトの利用では、Web ブラウザとシステムとの相性問題があります。特定の Web ブラウザ（レンダリングエンジン等）でのみ動作するサイトがある場合があります。このような場合に備え、複数のブラウザを使い分けるとよいでしょう。Firefox は、Microsoft Edge や Google Chrome とは異なるレンダリングエンジンが採用されています。

＜ブラウザのレンダリングエンジンの相違による表示の違い（一例）＞
<input type="file" id="v_uploadwin_file" name="file" class="fileselect">というエレメントの表示

Google Chrome	Firefox
ファイルを選択　選択されていません	参照...　ファイルが選択されていません。

■検索エンジン

Web ページの中から必要な情報を絞り込むのに利用されるのが「検索エンジン」と呼ばれる機能を提供する Web サイトです。検索語に対して、関連性の高い Web ページへのリンクやそのページの一部の情報(テキスト、画像、PDF ファイルなど)を表示します。

いくつかの検索エンジンがあり、それぞれに検索語に対する関連性や重要度を判定する基準や情報源の対象が異なるため、出力される Web ページが異なります。1つの検索エンジンで求めている情報がヒットしなくても他の検索エンジンでヒットする可能性があります。

<代表的な検索サイト>

Google(グーグル)
https://www.google.com/?hl=ja

Microsoft Bing（ビング）
http://www.bing.com/

検索エンジンは、かつては人の手で優良と判断された Web サイトを登録したディレクトリ型が多くありましたが、Web サイト(Web ページ)の数が非常に多くなった現在では、検索結果のほとんどはロボット型で提供されています。ロボット型は、一定のアルゴリズムを用い、コンピュータープログラムによって、Web サイトの情報を収集し、検索語に対する順位付けをして表示するものです。

●詳細検索

複数のキーワードで検索する時に、スペースでキーワードを区切って、単に知りたい用語を入れるだけでは、有効な検索結果が得られない場合があります。有名な芸能人を Google で検索すると何万件もヒットします。もっと具体的に的を絞る必要があります。Google なら「検索オプション」のページがお薦めです。最終更新日時からの期間や、ファイル形式を指定することができます。

Google 検索オプションのページ
https://www.google.com/advanced_search

○PDF ファイルの閲覧

PDF ファイルを閲覧するアプリとして、Microsoft Edge が設定されていますが、PDF の形式を開発した Adobe 社の無料の PDF ファイル閲覧アプリを利用することもできます。Acrobat Reader DC をダウンロードし、インストールすることで、PDF ファイルを閲覧するアプリとして設定することができます。

PDF ファイルの作成については、p.83 を参照してください。

■リンク切れ対策

インターネットの情報検索でつきあたる問題の一つに「リンク切れ」があります。Web サイトの作者が、ページを閉鎖してしまった時、あるいはサーバーが一時的に停止している時によく起こります。また、テレビ等で紹介された情報に一時的にアクセスが殺到し、本来の Web サイトが開かない時にも、同じ対策が有効です。

●Google のキャッシュ

Google の検索結果のキャッシュを利用します。Google は検索結果に表示されるリンク先の Web ページのキャッシュファイルを一定期間保存しています。

キャッシュのリンクの表示を行うためには、検索したいページを Google で検索し、その検索結果の Web サイトの URL（Web アドレス）の右にある「▼」をクリックし、「キャッシュ」をクリックします。

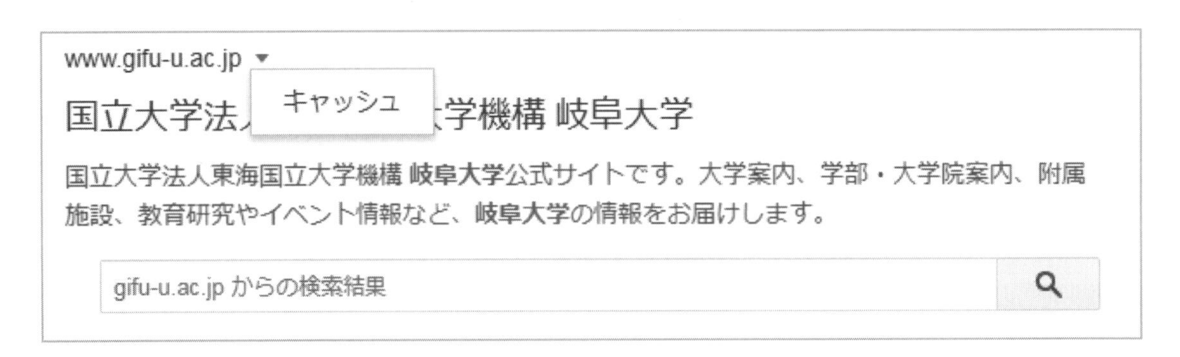

●The Internet Archive　[Way Back Machine]

「デジタルコンテンツの永久ライブラリーを構築」が謳い文句の Web サイト、The Internet Archive を利用します。The Internet Archive [Way Back Machine]に URL を入れると、原文が保存されている Web サイトについては、過去のサイトを見ることができます。

The Internet Archive
http://www.archive.org/

INTERNET ARCHIVE
WaybackMachine
Explore more than 468 billion web pages saved over time
http://
BROWSE HISTORY
Find the Wayback Machine useful? DONATE

問題1－1

上記の方法で、自身の大学や学部の古いページを見てみましょう。

> メモ：Web サイトの最初のページがホーム（ページ）です。ホームページを Web サイトや Web ページの総称として使うのは誤用ですが、すでに誤用がほぼ定着していますが、本書では Web サイトという意味で、ホームページという用語は使用していません。

練習1－1

検索結果の違いを確認してみましょう。

1. （初級）Google、Bing の2種類で、自分の名前を検索してください。
   自分自身以外にも同姓や同名の人、似た名前の人の情報がﾋｯﾄします。

2. （初級）Google で、自身の大学の正式名称と略称や俗称で、検索してください。
   例）岐阜大学、岐阜大、岐大の3通り
   検索結果の上位ではあまり変わらない場合もありますが、呼称として同じ意味として使うものであっても、検索エンジンからは同一の検索結果とはならないことを確認してください。

3. （中級）Google で、JR 東海の東海道・山陽新幹線の「東京発　博多行き」最終列車の東京出発時間と博多到着時間を調べてください。

   キーワードを「JR 東海」、「東海道・山陽新幹線」、「東京発」、「博多行き」というような検索語を用いた検索を行ってしまうことがありますが、「新幹線」、「時刻表」や「JR 東海」、「時刻表」といったキーワードで検索し、時刻表の情報が載っている適切な Web サイトを見つけ、そのサイト内で情報を検索した方がよい重要な場合があります。あるいは、Yahoo! JAPAN などのポータルサイトで、ルートを検索できる機能を用いて、出発地と目的地を指定して検索するという方法もあります。

4. （上級）Google で、seasonal changes in と検索する場合と、フレーズの検索方法であるダブルコーテーションで検索語をくくって"seasonal changes in"と検索する場合との違いについて確かめてください。また、changes の s をとってフレーズ検索で、"seasonal change in"を検索して違いを確認してください。

   「seasonal change in」に比べて「seasonal changes in」の使用例は 10 倍程度多く、この二つのフレーズでは changes として s をつけるフレーズが一般的に使用されることがわかります。英文作成する際に用いる表現に迷うような場合に判断材料にする有効な手段の一つです。

自然言語検索

自然言語検索は、『日本で一番高い山は？』というような自然な言語にもとづく内容に、正しい検索結果を返す検索方式ですが、日本語では充分機能する検索エンジンは実装されていません。したがって、用語を適切に選択した検索を身につける必要があります。

■情報検索の限界

検索エンジンで情報検索をすると、誰が検索しても基本的に同じ検索結果となります。一方で、検索エンジンは、様々な情報を元に個人向けに異なる検索結果を提示する機能もあります。この機能による検索結果の提示には便利な側面もありますが、他人に自分のアクセスする情報を管理されているも同然です。

　画一化された検索結果も、個人向けに調整された検索結果も、自分の考えや行動で多様な情報に主体的には接していません。図書館や書店で背表紙から本を探すことや、体験や人の話を聞くことで多様な情報に触れ、自分なりの考え方を構築しましょう。

■図書・文献調査

●OPAC による図書館蔵書検索（図書検索、雑誌検索）

岐阜大学図書館蔵書検索
（OPAC）

｜図書館ホームページ｜新着図書｜新着雑誌｜貸出Best10｜MyLibraryログイン
｜電子ジャーナル検索　利用上の注意｜館内Map｜ヘルプ｜日本語

検索　クリア

CiNii Books　WebcatPlus　NDL Search　カーリル

同じキーワードで他のサイトを検索できます。

詳細検索

卒業論文の作成やレポートの作成には、必ず文献や図書が必要となります。図書館には膨大な数の学術雑誌、図書が所蔵されています。ほとんどの図書館がインターネットで蔵書を検索できるようになっています。

　自分が必要とする文献、図書の所蔵の有無と保管場所をすばやく知る方法を、ここでは岐阜大学図書館の「OPAC」を例に次のページで説明します。

岐阜大学図書館（学外からも利用可能です）
http://opac.lib.gifu-u.ac.jp/opc/

キーワード、書名、著者名などを入力して文献、図書を探すことができます。

●検索結果例（詳細表示）

例1：OPAC を用いて、書名「利己的な遺伝子」を入力して検索をしてみましょう。

●検索結果例（詳細表示）

例2：詳細検索の画面から、雑誌のチェックボックスをチェックし、「フルタイトル」の欄に、「nature」を入力して検索をしてみましょう。

3つの雑誌があることがデータに表示されます。ここでは、三つ目に科学雑誌の「Nature」が表示されています。このリンクをクリックすると、所在、所蔵している年次（欠号）の状況が表示されます。

所蔵情報

所在	所蔵年次	所蔵巻号	OPAC注記	eDDS (有料：公費)
図本館自然科学系	1929-2018	123-146, 155-174, 175(4457-4469), 176-371, 372(6501-6508), 373-512, 513(7516), 514(7523-7524), 515, 516(7529-7530), 517-564		複写依頼

現在、電子ジャーナルとして発行されている雑誌でも、過去のものの多くは紙の状態で保存されているため、電子ジャーナルが普及した現在でも、紙の雑誌から研究論文を探す作業は欠かせません。研究に取り組むようになると論文には必ず目を通すようになります。

メモ：大学で研究に取り組み始めると、「雑誌」という言葉をよく聞くようになります。この雑誌というのは、ファッション雑誌やパソコン雑誌と呼ぶものとはまったく異なります。研究の世界で雑誌というのはマガジン（magazine）ではなく、ジャーナル（journal）です。研究論文が主に掲載され、継続的に発行される冊子を雑誌（journal）と呼びます。また、最近は、印刷物としての出版を伴わず、PDF ファイルのみ発行される電子ジャーナルの雑誌もあります。

問題1−2

OPAC による図書館蔵書検索を行ってみましょう。

大学で受講している科目のシラバスに記載されている教科書、参考図書の書誌情報〔書名、著者名、出版者、発行年、ISBN、請求番号、図書番号、所在〕を調べましょう。

●オンライン文献検索

雑誌を出している出版社に関係なく、国内外の多くの研究論文を検索するためのデータベース検索サイトが多数あります。また、新聞記事なども所属大学の契約によっては、検索·閲覧することが可能です。

＜岐阜大学図書館のオンライン文献検索リンク集＞

オンライン文献検索

- SciFinder
- CiNii(サイニイ)日本の論文をさがす
- Scopus（世界最大級の抄録・引用文献データベース）
- SciVal（研究分析ツール）
- Web of Science、JCR
- ERIC（教育学分野文献データベース）
- 医中誌Web（医学中央雑誌）
- 最新看護索引Web
- PubMed
- MathSciNet
- 中日新聞・東京新聞記事データベース
- 官報情報検索サービス
- INIS

練習1−2

1. 代表的な科学雑誌の出版社である Science Direct、Wiley Online Library、Springer のサイトを調べてみましょう。
2. 検索キーワードとして、上記サイトで、「mangrove」を入れて、検索してみましょう。
3. Researchmap や CiNii を利用して、各自が志望する研究分野の大学教員（筆頭著者ではなく、連名に入っているものでよい）が書いた論文のタイトルをいくつかリストアップし、無料でダウンロードできるものを入手してみましょう。

●Nature Asia

科学雑誌 Nature を出版する出版社の日本向けの科学情報のポータルサイトです。一般ユーザーでも、この Web サイトでユーザー登録をすると、論文の要約を読むことやメールマガジンの配信などのサービスが利用できます。所属機関で雑誌の購読を契約している場合は、興味を持った論文を所属機関内のパソコンから読むことや PDF ファイルをダウンロードすることができます。

Nature Asia:
http://www.natureasia.com/ja-jp/

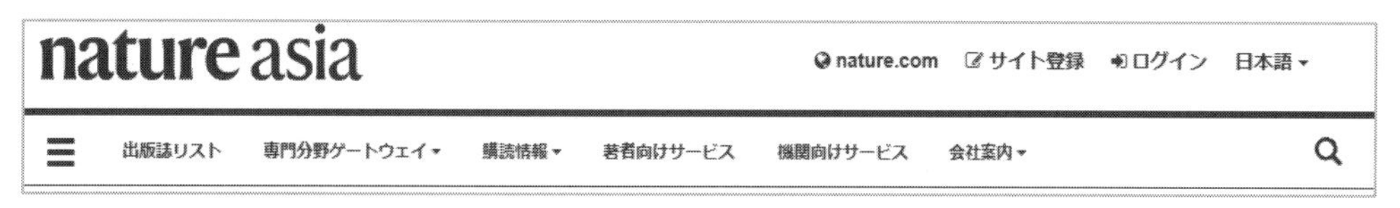

Nature は、他の研究論文に引用される指標の一つであるインパクトファクターが非常に高く、世界で最も影響力のある総合学術雑誌です。これまでにも科学史上、様々な重要な科学的知見が、Nature に掲載されてきました。以下は、過去の著名な論文の例です。

X 線の発見
Röntgen, W.C.（1896）On a New Kind of Rays, Nature 53, 274-276.

DNA の構造
Watson, J.D. & Crick, F.H.C.（1953）Molecular structure of Nucleic Acids: A Structure for Deoxyribose Nucleic Acid', Nature 171, 737-738.

オゾンホールの発見
Farman, J.C., Gardiner, B.G. & Shanklin, J.D.（1985）Large Losses of Total Ozone in Antarctica Reveal Seasonal ClOx/NOx Interaction, Nature 315, 207-210.

クローン羊ドリーの作成
Wilmut, I., Schnieke, A.E., McWhir, J., Kind, A.J. & Campbell K.H.S.（1997）Viable offspring derived from fetal and adult mammalian cells, Nature 385, 810-813.

ヒトゲノム解読
The Genome International Sequencing Consortium（2001）Initial sequencing and analysis of the human genome, Nature 409, 860-921.

Nature を出版しているネイチャー・パブリッシング・グループは、Nature 姉妹誌とも呼ばれる様々な雑誌を出版しています。例えば、地球の気候変動の分野に特化した Nature Climate Change や、購読契約することなくインターネット上でなら誰でも読むことができる Scientific Reports を出版しています。Scientific Reports はオンラインでのみ出版され、論文審査を受けた研究者自身が出版費用を負担する仕組みを導入し、誰でも読むことができるオープンアクセスジャーナルと呼ばれる雑誌です。

メモ：近年、Scientific Reports のように掲載料によって論文を一般にも広く公表する仕組みを持つ科学雑誌が主に海外で発行されるようになりました。その中には Scientific Reports のように従来どおりの厳格な審査制度を持つものもありますが、掲載料によって論文審査の仕組みを形骸化させる出版社が出現しています。論文の出版には同じ分野の科学者による審査が通常行われますが、それを形式的に行い、掲載料を払えば、半自動的に出版・公表するという出版社です。このような研究論文は、充分な審査が行われていないため、審査制度という仕組みによって、一定程度担保されている研究内容の検証が行われていません。研究においては、出典を正しく調べ、内容はもちろんのこと、出版社も充分に吟味することが必要です。

一般向けの解説記事を掲載した通常の雑誌（ここではマガジンという意味）に、Nature ダイジェスト、Newton、日経サイエンスなどがあります。普段から、これらの雑誌に目を通し、科学の動向を知る機会を設けるとよいでしょう。

問題1－3

先に示した、Nature の 1953 年に掲載されたワトソンとクリックの DNA 二重らせん構造モデルを提唱した論文を探して、論文を保存し、印刷をしてみましょう。この論文は Nature の Web サイトに無料で公開されています。

■Web 上のファイルの保存

Web 上に置かれているファイルを自身の PC などの保存領域にダウンロードすることができます。

＜右クリックして表示されるコンテキストメニュー（Microsoft Edge）＞

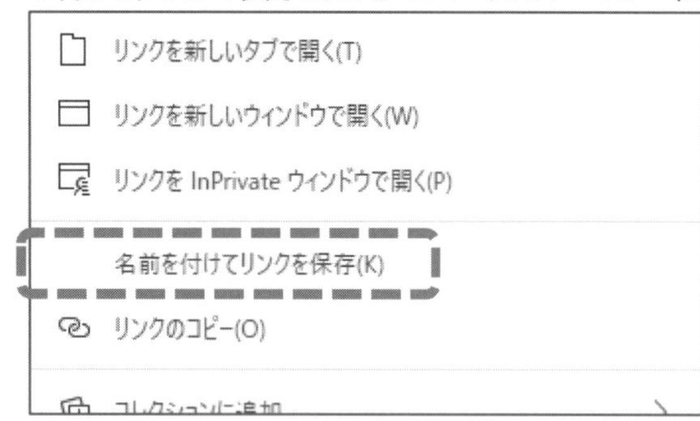

Web サイトのハイパーリンク（リンク）を左クリックするのと違い、リンクを必ず右クリックして、ファイルを保存します。左クリックすると、ファイルが Web ブラウザ上で開く設定の場合や、自動でダウンロードされる場合もあります。しかし、ウイルスチェックをすることなくファイルを閲覧することや、半自動的にダウンロードされることには一定の危険性を伴います。リンク先が Web ページではなくファイルであることが明らかな場合は、右クリックして表示される「名前を付けてリンクを保存」（メニューの表記はブラウザによって異なります）を選び、ファイルを保存して、ウイルスチェックをしてから閲覧してください。

例えば、Microsoft Edge の設定で、「ダウンロードする前に各ファイルの保存場所を確認する。」をオンにすると、ファイルの保存を明示して行うことができます。

メモ：Web ブラウザ上で編集可能な状態でファイルを開くことができることが多くなりましたが、Web ブラウザ上の閲覧編集アプリでは機能に制限があることが多く、またウイルス感染のリスクもあるため、安易に Web ブラウザでファイルを開く操作をせず、ダウンロードしたファイルをスキャンした後、個々の PC にセットアップされている閲覧編集アプリで開いて編集するようにしてください。

■一次資料と二次資料

一次資料とは、主に各自が取ったデータで、データそのものを解析に使用できる資料のことです。いつ（When）、どこで（where）、誰が（who）、何のために（why）、何を（what）、どのような方法（how）で調べたのかを記録しておきます。これだけの設定がなされていなければ、調査データ自体が信頼できません。

二次資料とは、主に他の人（通常、調査機関）が取ったデータで、既になんらかの集計や解析の結果が数値として公表されているものです。図書館やインターネット上にあるものも増えています。二次資料でも、一次資料と同じ内容は通常公表されており、その内容が資料を読み解く際に最低限必要ですが、二次資料を用いて解析結果を公表する場合には資料の出所・出典を正確に記録、記載する必要があります。

例えば、アンケート結果の数値データの利用は、一次資料の利用ですが、アンケート結果からパソコンの所有率を計算したデータの利用は二次資料の利用です。

第２節　情報発信・情報共有・著作権

■インターネットによる情報発信・情報共有

Web サイトによる情報検索だけではなく、近年は、情報発信・情報共有の面からインターネットの機能を利用する機会が増えてきました。ここでは簡単に、Web サイト作成、ブログ、SNS について説明します。

●Web サイト作成

無料の作成領域を提供するサービスを利用すれば、Web サイトを作成するのは容易です。ただし、大学や企業では研究上の秘密もあります。使用する薬品の名前一つで何を研究しているか類推できてしまう分野もあります。Web サイトに限らず、インターネット上に研究内容を公開する場合は、指導教員など所属機関の許可のもと公開するようにしてください。

●ブログ（Blog）

Web で日記のように日常を容易に書き込むことができ、特有の機能を備えた Web サイトを指します。その特有の機能は、ブログの作成者ではない第三者が、その内容にコメントを記入したり、トラックバックしたりすることができるというものです。相手の Web ページに書き込めるということが最大の特徴です。

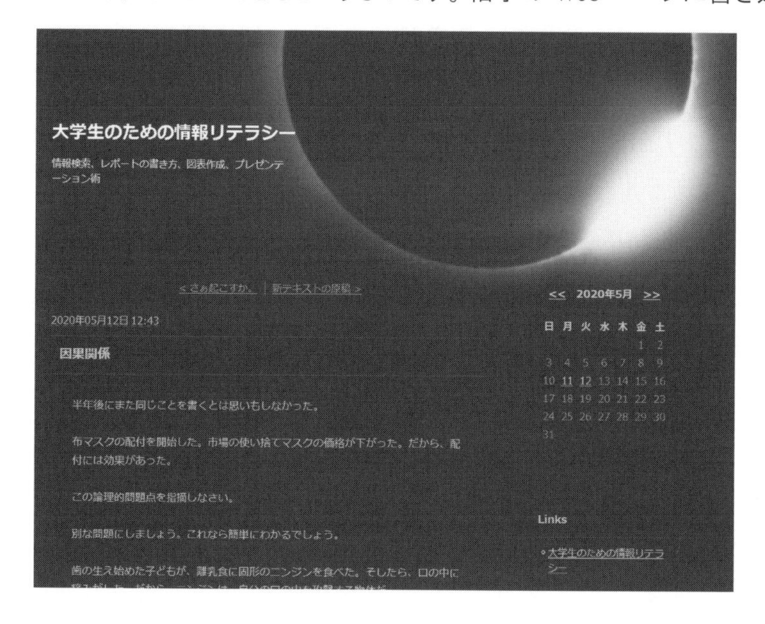

●SNS　（Social Networking Service）

現実社会の対面での人間関係をインターネット上に構築しようとするサービスであり、また、これまで面識のない人同士のつながりを促進するインターネット上のコミュニティ型の Web サイトでもあります。

　多くのサービスは匿名性をできるだけ排除しています。この匿名性の排除により、第三者から掲示板やブログにありがちな誹謗中傷や攻撃等を受けにくくなり、コミュニケーションが円滑に行いやすくなっています。また、直接の友達だけではなく、友達を友達に紹介するといった現実社会をよく真似たコミュニケーション促進機能や友人のみに公開する機能もあります。

　一方で、なりすましや、つながりすぎることによる問題も生じています。注意しましょう。

■情報発信・共有時の心構え

●情報発信時

情報ネットワーク社会ではその言葉どおり、ネットワークでつながっているということを意識してください。ファミリーレストランで、世間話や暴露話を仲間内でする程度では、あなたが誰かということを知っている人はいないでしょうし、その話に口を挟んでくる人はまずいないでしょう。しかし、インターネット上に仲間内の世間話や暴露話を書き込んだとすると、その真偽はともかくとして、ネットワーク上で様々な人の目に触れることになります。ブログや SNS では匿名性がない場合がおうおうにしてありますので、その書き込みが本当だとしても嘘だとしても、非社会的な行為(規範を守っていない)の場合、当然ですが社会から非難という制裁をうけます。非難が社会正義に反していないとなると、ネットワーク社会の特性により一気に広がります。さらには非難する側は匿名であることが多く、対面よりも一方的で過度な非難を受けることもあります。

あなたが学生であれば、大学から、その非社会的行為に対して、厳しい処分が下されるでしょう。過ちをおかしてしまうことは誰にでも可能性があることです。しかし、過ちをおかしたことをインターネットで武勇伝のように語ることはやめましょう。過ちをおかしたとすれば、次から同じ過ちをしないような行動を改めることが大切です。

あなたが Web ページの作成をする場合には、嘘やデマを書くことや中傷などをすることがないように、モラルに反しない責任があります。インターネット上でも、不適切な表現で主張を書き込み、名誉毀損により賠償請求が認められた例もあります。この他にも、誹謗中傷、差別およびプライバシーの侵害を行わない。また、匿名や通称、他人の名前をかたって無責任な発言をしない。虚偽の記載や根拠のない風説などを記載しない。版権、肖像権、商標権などの知的財産権を侵害しないといった点にも注意が必要です。現実社会と同じモラルを持って、利用するようにしてください。

●情報共有時

Web サイトは基本的に第三者の校閲を受けていません。あなたが読み手の場合、ページの情報が正確かどうか、ある主義や主張に極度に偏って書かれていないか、を判断するのはあなた自身です。特に、個人が開設したブログでは、読み手は開設者個人の主義主張の立場を知らないため、どのような距離を持って、主張を理解すればいいのか判断ができません。例えば、大学の内部の人が大学を批判するブログ記事を書くのと、大学の外部の人が大学を批判するブログ記事を書くのでは、まったく同じ内容でも、予め、部内者であるか、部外者であるかを知ってから記事を見るのと、知らないまま記事を見るのでは判断が異なることがあるでしょう。ブログだけではなく、インターネット上の多くの情報は匿名性が高いため、発信者の元々の主義主張を捉えにくいという欠点があることを理解して、情報に接するようにしましょう。

■インターネット利用における足跡

あなたがインターネットに接続し、ある Web サイトを見ていることは、サーバーに記録されています。いつ、どのページを見たかも調査可能です。このようなデータ調査は通常の利用をしている限りなされることはありませんが、不正な利用があった場合には調査されます。

＜Web ページへのアクセス記録の例＞

```
09:57 [218    ] use    p              ◇http:    c.jp/veteri/lin  /4.0 (com
09:47 [218    ] i02                   ◇http:    u-u.ac.jp/~nogal  4.0 (comp
09:44 [218    ] use    p              ◇http:    c.jp/veteri/lin  /4.0 (com
09:27 [218    ] ack    foweb.ne.jp    ◇http:    com/cgi-bin/sea  %A1%BA%F7
09:08 [219    ] p51    nawa.ocn.ne.jp           gifu-u.ac.jp/ <  ] (Macint
09:07 [219    ] p51    nawa.ocn.ne.jp           gifu-u.ac.jp/ <  ] (Macint
07:58 [218    ] nc0                   ◇http:    p/Regional/Jap  kai/Gifu/
03:36 [61.    ] p62    cn.ne.jp       ◇http:    jp/ ◇Mozilla/4  MSIE 6.0
03:34 [61.    ] p62    cn.ne.jp       ◇http:    jp/ ◇Mozilla/4  MSIE 6.0
02:12 [210    ] nc3                   ◇http:    co.jp/bin/searc  %c9%f4&r=
```

発信住所である IP アドレス、パソコン、ブラウザ、プロバイダの種類、発信ドメイン、時間などが記録されています。このページを訪れる前、どのページを見ていたかも記録されています。

例えば掲示板やブログでは、個人情報は名前だけがブラウザ上では見えていることがあります。しかし、掲示板に表示されている情報以外にも、この掲示板にはデータが保存されており、ブラウザが読み込んでいるデータを調べると、誰でもそれらの情報が閲覧可能な場合があります。

ソースコード（一部改変）

```
<!--■20091226120404.4 - ***.aaa.bbb.gifu-u.ac.jp［133.66.***.***］ - -->
<td bgcolor=#FFFFFF><img src="/images/ICO_101.gif" width=16 height=16 alt="">
<strong><font size=+1 color=#0000AA><u>Re: お知恵を拝借</u></font></strong></td>
<td background="" nowrap align=right valign=top colspan=2> 加 藤 <font size=-
2>12/26(木) 12:57:57 No.woods-200、、、（略）
```

上記のソースコードは実際の掲示板でブラウザに表示されていない情報を抜き出し、一部改変したものです。このように実際のソースコードを読み取ると、実は管理者でなくても簡単に IP アドレスを読み取ることができる場合があります。パソコンの住所である IP アドレスが記録され、この資料では一部改変や伏せ字の非公開としてありますが、gifu-u.ac.jp というドメインや 133.66 から、岐阜大学に関係している組織からの接続ということがわかります。

したがって、誰かになりすまして書き込んだつもりでも、管理者を含む全員が「あなた」のなりすましに気がついている場合もあります。IP アドレスだけでは、個人の住所等を知ることはできませんので、ただちに個人名が特定されるわけではありません。しかし、信用を失い、二度とその掲示板に参加できないでしょう。また、Wikipedia でも、書き込み者の IP アドレスから利用組織が特定され、自己（自社）に不都合な書き込みを恣意的に削除していたことが世間の知るところとなり、書き込み者が社内処分を受けた例があります。

練習2－1

ブラウザからデータが、どのような発信されているかを確認してみましょう。

診断くん Ver 0.90 beta4	：http://taruo.net/e/
確認くん	：http://www.ugtop.com/spill.shtml

■インターネットを利用した商品の購入

ショッピングサイトやオークションサイトで提供される商品や情報商材の信頼性は、サイトや相手によって様々です。信頼のおける場合のみ取り引きしてください。「料金を払ったのに商品がこない」、「法外な料金を請求される」、「商品説明とは異なる内容の商品だった」などはよくある話です。また、被害を簡単に証明できない場合や、まだ法整備が不十分なため泣き寝入りとなることも少なくありません。被害者にならないように、商品代金の先払いは避け、利用する際は注意して利用してください。

また、売っているからといって、購入してよいものとは限りません。所持自体が違法な商品や著作権等を侵害した違法に作成された偽商品など、実生活では手に取ることがないはずのないものが購入可能な場合があります。こういった商品を検索しない、少しでもおかしい点がある場合は購入しないようにしてください。

■形式知と暗黙知

人間の知識は、大きく二つの知識に分けることができると考えられています。その一つは、形式知です。これはインターネットの機能に非常に合致した知識で、文字(言葉や文章)、数式、図表などによって表すことができる知識のことです。第1節、第2節で述べてきた情報検索・発信・共有は、ほぼこの形式知です。

もう一方は暗黙知です。これは形式知のように、文字、数式、図表などによって表すことが困難な知識です。暗黙知は、人から人に何か(例えば技術)を伝承することで伝達されたり、経験や勘によって構築されたりしたもので、人そのものにだけ保存可能な知識のことです。

形式知はまさに言葉が表すとおり、形式(型)にはまった情報を得たい場合や行動・判断をしたい場合には非常に有効です。しかし、型にはまらない、状況に応じて判断をしなければならない場合には、その状況にあった暗黙知をどれだけ持っているかが、行動や判断にとって非常に重要です。例えば、日本酒造りの杜氏の知識がそれにあたります。その作業工程は近年では機械化が進んでいるものの、毎年、少しずつ作柄の異なるお米に麹菌をなじませ、発酵の期間を調整し、そのつど、杜氏が経験と勘という暗黙知で判断しています。

情報ネットワーク社会になったからといって、実社会での経験を積まなければ、単なる機械と同じです。形式どおりの情報から形式どおりの行動のみができるだけです。形式知を身に付けた後は、インターネット上にない知識(暗黙知)こそ、真の知識であることを意識して、情報(知識)を得るようにしましょう。

■著作権

著作権とは、基本的に人に対する権利です。著作物自体が権利を持っているわけではなく、それを生み出した人が持つ権利です。つまり、著作権を無視するということは、その著作物を生み出した人の権利を侵してしまうことです。大学生は、高校生より法の厳格な適用を受ける立場とみなされます。法律を犯せば、最悪、告訴や逮捕される場合などがあります。有罪となれば、当然、大学当局から厳しい処分がある場合があります。インターネット環境は、匿名性が高いが故に犯罪意識が薄いことがありますが、現実社会と同等のモラルを持って利用するようにしましょう。

○Web サイトの著作権

Web サイト上に公開されている文章、画像、音楽、アプリなどには原則として著作権があります。このため、私的複製権の範囲を超えて、他人の Web サイトの文章、画像、音楽をコピーして自分の Web サイトに利用したり、商用目的に利用したりすることは厳に慎まなくてはなりません。

○アプリの著作権

最近特に問題となっているのがファイル交換サイトです。アプリにも著作権があることを充分認識してください。ファイル交換が一概に悪いわけではありません。しかし、P2P アプリ(p.55 参照)によるファイル交換は匿名性が高く、罪を犯していることを自覚しにくく、犯罪が露見しないと思い込みがちです。しかし、前述のように記録は至る所に残っており、訴訟に発展して、巨額の賠償請求をされることがあります。

■著作物の多様な利用許諾形態

様々な制約から特定の人や組織のみが著作物を作り上げてきた時代から、多くの人が自由に自己表現として、著作物を作ることが可能な時代となり、従来の著作権の考えにはあてはまらない利用を望む人や状況が生まれてきました。例えば、著作権を囲い込んで利益を上げようとするのではなく、多くの人に著作物を利用してもらいたいといった場合や共同作業で作られた著作物の利用です。

練習2－2

著作物の多様な利用許諾形態に関連する用語を調べてみましょう。

1. コピーレフト
2. クリエイティブコモンズ
3. オープンソース

第3節　電子メールの利用

電子メールの利用の基礎について説明します。

■E-mail アドレス

●メールアドレスとパスワード

メールアドレス：　電子メール（以下、メール）を送受信する際のインターネット上の住所
パスワード：　メールサーバー（メールの郵便箱）へのカギ

●メールアドレスの構造

メールアドレスは「アカウント」と「ドメイン」の二つからなります。アカウントは、他のシステムを使用する場合にユーザーID（ユーザー名）、ログイン ID（ログイン名）とも呼ばれる場合もあります。

アカウント：　ネットワーク上の名前（自分で決めることが可能な場合もあります）
ドメイン：　ネットワークに接続しているコンピューターのインターネット上の住所。

abc98754@edu.gifu-u.ac.jp

@（アットマーク）より前の部分をアカウントといい、@マークより後ろがドメインです。

メモ：現在は、特定のメーラーに設定を行ってメールを受信することが少なくなりましたが、受信サーバーや送信サーバーを利用して、ブラウザ以外のアプリでメールを送受信することも可能な場合があります。

■Web メーラーでのログイン

Web ブラウザで E-mail の送受信が行えるのが、Web メーラーです。Web ブラウザは通常パソコンにインストールされているため、Web メールシステムではパソコンで特別な設定を行う必要がありません。

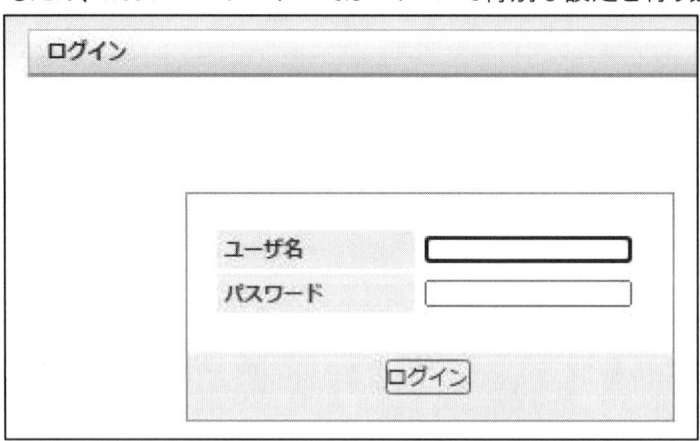

指定された Web サイトにアクセスし、ブラウザを用いて、各自の ID（ユーザー名、アカウント）とパスワードでログインします。ログインすれば、メールの送受信が可能です。ただし、必要に応じて、送信者名等の設定が必要です。読み込んだメールは、制限容量の範囲で、サーバーに保存されています。

■メールの送受信の確認

●ログイン後

ログイン後は、まず自分自身のメールアドレスを用いて、送受信の確認を行います。

１対１の送受信

メールボックスを開いたら、まずは自分自身のアドレスにメールを送信してみましょう。そして受信できたかどうかを確認してください。これによりメーラーが正しく送受信できるかを確認することができます。確認ができたら、次は、自分の携帯電話や、友人のアドレスにメールを送ってみてください。

■メールの書き方

宛先：　　　　　　１．送信先のメールアドレスを書く。
件名（Subject）：２．用件の内容を簡潔に書く。
本文：　　　　　　３．宛名（誰宛か）を書く。
４．自分が誰かを名乗る。
５．内容を書く。
５－１．件名で書いた内容を、用件として簡単に説明する。
５－２．本題の本文を書く。
署名：　　　　　　６．簡潔な署名をする。

<メールの文面例>

宛先　abc98754@edu.gifu-u.ac.jp
Cc
件名　【質問】動物生態学（5/23）の講義内容に関して
本文

八代田先生
生産環境科学課程１年98番（学籍番号1111111111198）の
加藤正吾です

動物生態学（5/23）の講義内容について質問があります。

講義の中で、
動物の体のサイズと代謝速度の関係を説明されたグラフで
縦軸が、
・・・（省略）・・・

岐阜大学応用生物科学部生産環境科学課程
学籍番号1111111111198
加藤　正吾（かとう　しょうご）

メモ：一般に署名は、メーラーに登録することができます。

■改行して、簡潔に短く

メールは用件を伝えるのが主な目的である場合がほとんどです。その際に長々と文章を書くと用件が伝わりません。メールを読みやすくするポイントは、用件を先に書き、箇条書きを利用して、適度に改行することです。

悪い例）

> 八代田先生
> 森林生態学研究室の加藤です
>
> 来年度のことを決めないとダメなのですが、冊子を改訂したいと思っています。それで、進めかたとしては、まず、その補強をしましょう。八代田先生が案を作って私に送ってもらってから、その後に、私が案を元に作成します。で、最終的には、八代田先生がチェックするというのはどうでしょうか？　あと担当者の変更ですが、鈴木先生から、佐藤先生に来年度から変更になるそうです。
> 以上、よろしくお願い致します。

改善例）

> 八代田先生
> 森林生態学研究室の加藤です
>
> 来年度の情報処理演習についてです。
> 1.冊子の改訂
> 2.担当者の変更
>
> 1.冊子は、プレゼンテーションの部分がまだ弱いので、その補強をしましょう。
>
> 進め方としては、私が考えているのは、
> まず、八代田先生から案を頂く
> その後、加藤が案を元に作成する。
> 最終的に、八代田先生がチェックする。
>
> 2. 担当者の変更ですが、
> 鈴木先生から、佐藤先生に
> 来年度から変更になるそうです。
>
> 以上、よろしくお願い致します。

> メモ:プレーンテキスト形式のメールでは、行の改行は[Enter]キーで行ってください。Word の改段落や改行（段落内改行）のような区別を意識する必要はありません（p.66 参照）。html 形式のメールでは、[Shift]+[Enter]キーで改行する方が望ましい場合がありますが、html メールの使用は控えましょう。

■テキスト形式で、メール送信

メーラーの多くは、html 形式やリッチテキスト形式（プレーンテキスト形式とは異なるものです）のメールを送受信できる機能がついています。html 形式によるメールは企業からの宣伝メールに多く利用されています。しかし、メール自体が重くなり、相手のメーラーの環境によって読めないこともあります。一般的な連絡に使う場合には、書式がないプレーンテキスト形式で送受信するように設定して使用しましょう。

＜html メールが正しく表示できないメーラーでのメールの表示例＞

> 一部のウェブメールサービスやメールソフトでは画像が表示されない場合がありますので、画像表示を設定の上ご覧ください。
>
> Yahoo! MAP　おすすめ情報メール　2020年 10月 6日

■メールでやってはいけないこと

○文字化けする文字を使用すること

半角カタカナは使用してはいけません。半角カタカナの使用は全文の文字化けを起こすことがあります。「ｶﾀｶﾅ」のようなサイズのものが半角カタカナです。「①」や「Ⅲ」も機種依存文字です。機種依存文字の文字化けは一部で済みますが使用するのを控えた方がよいでしょう。

ケータイやスマホ専用のメールや特定の文字コードで利用できる絵文字（Emoji）も、テキスト形式のメールでは利用できません。利用しないようにしてください。

○メールの件名をよく考えずに書くこと

「お願い」、「お知らせ」などという件名は、件名としては、何の役にも立っていません。件名は具体的にわかりやすく書きましょう。あまり長すぎるのも良くありませんので、ほどほどの長さで書くように心がけましょう。

例えば、

「お知らせ」　→「ボーリング大会参加者募集のお知らせ（５月開催）」
「お願い」　　→「論文複写のお願い」
「重要」　　　→「【重要】レポート提出締め切り期限」

というように工夫します。

○一つのメールに複数の用件を書くこと

一つのメールに、二つの用件を混在したメールを送信すべきではありません。手間がかかっても用件別にメールを出さないと、いずれかの用件が見逃されることがあります。

○サイズの大きなファイルを添付して送信すること

サイズの大きい添付ファイルは、相手がメールを受信する際に非常に時間がかかり、受信者に迷惑をかけることになります。一般に快適に送受信できる添付ファイルサイズは 500KB 程度までです。また、メール本文に書けることを、わざわざ Word のファイルや PDF ファイルに変換して送信する必要はありません。

○人のアドレスを勝手に他人に教えること

メールアドレスも電話番号などと同様に個人情報です。他の人の情報を第三者に勝手に公開しないように、そして身勝手に他人のメールアドレスを入手しないようにしましょう。

■メールでの問い合わせ

メールでの問い合わせは、このような3つの手順で終了します。

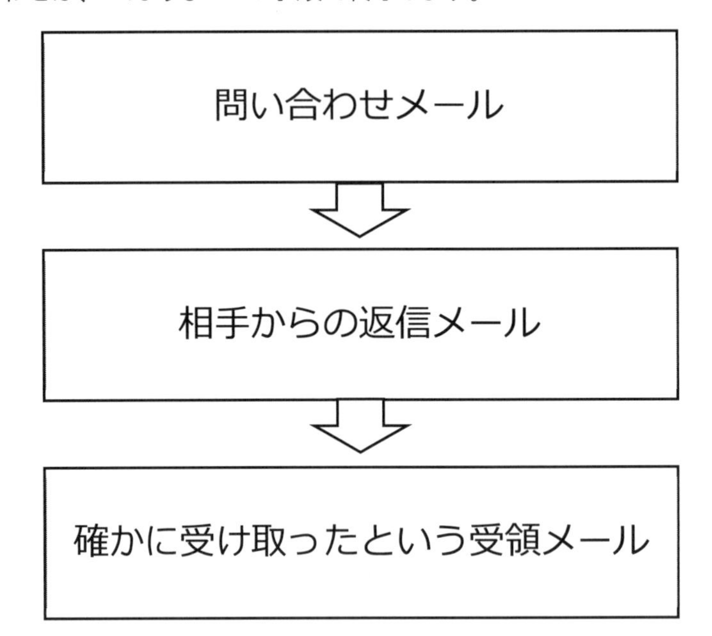

例1（簡略化しています）

学生：点数が低い理由を教えてください。

教員：確認したところ、間違いありませんでした。
誤字が2カ所ある点が減点理由です。

学生：減点理由を確認しました。お手数をかけしました。

例2（簡略化しています）

学生：課題を提出しましたが、評価点がついていません。

教員：申しわけありません。入力ミスでした。
点数をWeb成績表で確認してください。

学生：Web成績表での点数を確認しました。
ご確認いただきありがとうございました。

メールにはLineのような既読表示機能はありません。相手からの返信に対応しない既読スルーのような態度は、届いたのか読んだのかわかりませんので、やめましょう。また、問い合わせの結果、自身に落ち度がなかった場合でも、確認してもらった内容を確認した旨、返信するようにしましょう。

大学の公式メールアドレスから送信を

個人的にメールアドレスを取得して利用していることがあるかと思いますが、大学や大学教員への問い合わせには、必ず、大学から配布された公式メールアドレスから送信してください。氏名を書いても、本人からの問い合わせであるかを確認できません。

○返信メールのマナー

メールに返信する場合に、送られてきたメールの内容が自動的に付加されますが、それをそのまま送るのはよくない場合があります。必要な部分だけを、抜き出して（逆に言うといらない部分を削って）相手のメールの行間に返信内容を書いてメールを返信しましょう。この方法は、インラインと呼ばれます。引用文の下に返信内容を書いた方がわかりやすいでしょう。

悪い例）

件名：Re: 情報処理演習資料について

嶋津先生
環境生態科学コースの加藤です

> 昨年からの懸案であった
> 情報処理演習の資料の作成に関して
> 資料校正の締切を教えてください。
6 月 13 日で、お願いします。

改善例）

件名：Re: 情報処理演習資料について

嶋津先生
環境生態科学コースの加藤です

> 資料校正の締切を教えてください。

締切は、6 月 13 日で、お願いします。

ビジネスメールでの返信マナー

ビジネスでは相手のメールの内容を受けて、その対応として返信するために、全文を引用するのが通例の場合もあり、インラインの返信手法を用いることがマナー違反にあたる場合があります。所属組織のルールに従いましょう。

○転送メールのマナー

他の人から受け取ったメールを転送する際には、注意が必要です。

＜一点目＞
　その送信元の人が、第三者への転送を許可（同意）しているかという点です。同意なしに、勝手に転送してはいけません。

＜二点目＞
　主張などが書かれているメールを転送する際は、勝手に改変したり、一部を削除したりしてはいけません。文意が変わってしまい、転送先の人が誤解する元となります。この場合は、全文を引用文とわかるようにして、引用します。

■CC および BCC の利用

メールの宛先は、とくに断ってきませんでしたが、宛先は TO として指定されています。それ以外に指定する方法として CC と BCC があります。CC は Carbon Copy（カーボン・コピー）の略、BCC は Blind Carbon Copy（ブラインド・カーボン・コピー）の略です。BCC が標準では表示されていないアプリもあります。その場合は表示させる操作が必要です。

複数のアドレスに同じ内容のメールを一度に送る場合でも、メーラーで「TO、CC、BCC」のいずれに送信アドレスを設定するかによって、その受信者が受け取るアドレスのリストや受信時の意味が異なります。

TO:
宛先（TO）を指定した送信。以外に、複数指定した場合は、受信者全員に受信者同士のアドレスが送信されます。

CC：
宛先（TO）以外に、同時報告したいメンバーへの送信。CC の受信者には TO の受信者のアドレスが、TO の受信者には CC の受信者のアドレスがそれぞれ送信されています。TO を設定せずに CC で全員に送信しても CC 全員のアドレスが受信者全員に送信されています。

BCC：
宛先（TO）以外に、同時報告したいメンバーへの送信。TO や CC の受信者には、BCC の送信アドレスは送信されませんが、BCC の受信者には、TO や CC の受信者のアドレスが送信されています。TO も CC も設定せずに BCC のみで全員に送信した場合には、送信者のアドレス以外、送信されるアドレスはありません。

＜CC および BCC（BCC は表示のみ、送信先はここでは指定していません）＞

Bcc非表示　署名欄非表示
宛先 abc98754@edu.gifu-u.ac.jp
Cc abc32101@edu.gifu-u.ac.jp
Bcc
件名 【質問】動物生態学（5/23）の講義内容に関して
本文
八代田先生
（CC:ティーチングアシスタント、佐藤様）
生産環境科学課程１年98番（学籍番号111111111111198）の
加藤正吾です

動物生態学（5/23）の講義内容について質問があります。

講義の中で

メモ：BCC に送信したつもりで、CC で送信してしまうなどのミスをする場合があります。BCC は悪い内容の連絡には使用しない方が賢明です。

●CC と BCC の使い分け

一つ目はアドレスを宛先の相手以外に、知らせても問題ない場合（CC）と、問題がある場合（BCC）の使い分けと、二つ目は送信先の相手先以外にも対応がある程度必要な人へも同時に連絡をする場合（CC）と、送信先の相手先以外にも対応は必要がないが事務連絡や報告をしておく必要がある人へも同時に連絡をする場合（BCC）の使い分けです。

＜一つ目の例＞懇親会の連絡

CC は、全員友人同士で、アドレスを相互に知っている関係の場合、BCC は、会員同士は、知人か他人であるかに関わらず、相互には互いのアドレスを知り得ない場合に用います。

このように送信を使い分けると、CC で受け取った者同士は元々知り合いでメールアドレスを知っている者同士ですから、一部の人とさらに打ち合わせをすることなどができます。またBCC で受け取った者同士は、メールアドレスを交換するような関係ではないため、相互に連絡はとれませんが、知られたくない人にメールアドレスが知られてしまうこともないので、個人情報の扱いとして適切です。

＜二つ目の例＞共同作業の連絡

CC は、作業メンバーで関連する業務を担う全員に進捗状況を知らせ問題があれば対応が必要である場合、BCC は、作業メンバーとは直接関連しないが、上司に進捗状況を知らせておく必要がある場合等に用います。

このように送信を使い分けると、CC で受け取った人は対処が必要な場合があれば対処し、BCC で受け取った人は一業務報告として聞いておけばいいということを、判断することができます。BCC で受け取っても、業務の進捗が想定より遅い場合に、指示すべきことがある場合には TO の送信者に返信が可能です。この場合、BCC の受信者は CC の受信者へは送信しないのがマナーです。

○CC の文面の例

CC では、宛先（TO）の相手だけではなく、CC で送信している相手も必ず書きます。人数が多い場合は、「関係者に CC でお送りしています」とまとめて書く場合があります。

＜CC の文頭の文面の例＞

小林先生（CC：岩澤先生）
加藤です

○BCC の文面の例

BCC では、宛先（TO）を一人も指定せず、全員 BCC で送信することが多く用いられます。また、宛先（TO）と BCC を併用する場合は、TO の相手しか文頭に書きませんが、場合によっては「関係者に BCC でもお送りしています」と書く場合などがあります。

＜その1：全員 BCC の場合の BCC の文頭の文面の例＞

会員の皆様（BCC で一斉送信しています）
加藤です

＜その2：宛先を明示し、関係者にも送信する BCC の場の BCC の文頭の文面の例＞

小林先生（BCC で関係者にも一斉送信しています）
加藤です

■添付ファイルの利用

テキスト（文字）だけではなく、ファイルを添付して送信することができます。

添付ファイルでは、必ずメール本文中にファイルを添付したことを明記します。また、できればファイル名もメール本文中に記載した方がよいでしょう。

ここでは Web メーラーである Active! mail を利用して説明します。

作成中のメールのウィンドウの右隅の「追加」ボタン→「添付ファイルのアップロード」のダイアログボックスから「ファイルを選択」のボタンを押すと表示されるファイルを選択するダイアログボックスで、添付したいファイルを選択し、「開く」ボタンを押して、「アップロード」ボタンをクリックします。

正しくアップロードされると、ファイル名が添付ファイル下部の枠に表示されます。

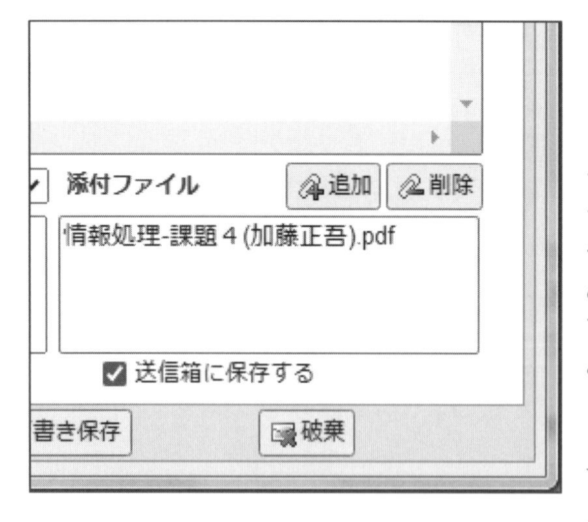

添付するファイルをアプリで開いた状態で、添付しようとすると、エラーとなって送信できない場合や、メーラーによっては送信されたようにみえても、壊れたファイルが送信されてしまう場合などがあります。ファイルを添付する際は、アプリで開いていない状態であることを必ず確認し、添付するようにしてください。

例えば、Word のファイルを Web ブラウザ上の Word（Web 版 Office の Word）で開いているファイルを添付する場合も、同様にファイルを閉じてから、添付するようにしてください。

> メモ：多くのメーラーでは、作成中のメールのウィンドウの中に、添付したいファイルをドラッグ＆ドロップすることでも、ファイルを添付することができます。

●添付ファイルの保存

一般に Web ブラウザ上に表示されるリンク表示では、右クリックしてファイルを保存する操作をしますが、Active! mail での添付ファイルの保存は、リンク表示を左クリックすることで保存できます。ただし、Web ブラウザの種類や設定によって、左クリックすると、指定した領域（フォルダー）に自動的にダウンロードする設定の場合や、ファイルを保存するか、このまま開くかということを確認する設定の場合などがあります（p.32 参照）。

いずれの設定でも、添付ファイルは一旦保存し、保存後に必ずウイルス対策ソフトウェアで、ウイルスの有無のスキャン（チェック）をして、問題のないファイルであることを確認してください。スキャンの前にファイルを開くことのないようにしましょう（p.50 参照）。

また、見知らぬ人・組織からの添付ファイルは保存せずメール自体の削除を第一の候補に考えてください。添付ファイル付きの発信組織を偽ったメールにも注意しましょう。

練習3－1

ファイル（例えば、p.13 練習3－6）をメールに添付し、自分自身のメールアドレスに送信して、そのメールの添付ファイルを、保存してみましょう。添付したファイルが保存されている領域（フォルダ等）とは異なる領域に保存してください。

■メールを利用した情報収集

●メールマガジン

メールマガジンは、メールアドレスを登録すると、定期・不定期にメールが配信されるシステムです。メールマガジンの情報の内容は多岐にわたります。新商品情報や政治家の政策や簡単な英会話など、メールで配信されるコラムと思えばよいでしょう。つまり、情報を一方的に受け取る一方向のものです。最近は、Twitter のフォロー機能で同様のサービスが行われることが多いようです。

メールマガジン登録サイト
「まぐまぐ」http://www.mag2.com/

●メーリングリスト

メーリングリストは、メールマガジンとは異なり、主にグループ内で情報を交換するためのもので、投稿用メールアドレスにメールを送信すると、登録グループメンバーにメールで配信されるシステムです。つまりグループで情報の双方向共有・問題解決を目指すことに使用されます。自ら話題提供者・質問者・回答者になれます。メーリングリスト毎に、様々な入会ルール（有料・無料・資格など）があり、投稿する際にも守るべきルール（プレーンテキストのみ・添付ファイルは不可など）があります。また、メーリングリストによっては議論のためではなく、情報の共有だけを目的にしている場合もあります。

■非言語コミュニケーションの欠落

情報ネットワークの利用は、その多くが非対面で行われます。しかし、我々は通常、意識することなく身振りや手振り、表情など、非言語コミュニケーションを行っています。したがって、メールの文章ではこれらが欠落しています。つまりメールは、気持ちを推しはかることが難しいコミュニケーションの方法です。この点に注意して利用するようにしてください。表現方法を誤ると、対面であれば招かないような誤解をしばしば生むことがあります。

その他、対面であれば一般にわかる、年齢など様々なものがメールでは伝わりません。メールだけではなく、非対面のインターネットを利用して用いる文章表現は、常に気をつけるようにしてください。また、読む時も誤解しないように、できるだけ好意的にメールの文面を受け止めてから判断するようにしてください。

●感情

対面であれば、笑いながら、『ムカツクー』と言ったとしたら、冗談とわかりますが、これがメール本文に書かれていたらどうでしょう。多くの人にその意図は、「怒っている」、「協調するつもりはない」と取られる可能性が高くなるでしょう。メールでは感情的な表現をしない方が、相手に誤解を与えません。また、送信者の思い違いなどで送信者側に落ち度があった場合にも悪い印象を相手に与えません。

例文）

私自身手順通りに行ったため、この点数に不満があります。
きちんとやりました。間違っていると思います。
回答してください。

改善例）

成績評価に関して質問があります。
どのような点で減点されているか、
あるいは評価を得られなかったかを
教えていただけますでしょうか？
お手数ですが、よろしくお願いいたします。

●時間

時間も伝わりにくいものの一つです。対面なら時間を共有しているのに対して、メールに『さっきメールを出したものですが……』と書いても、自分自身（送信者）にとっての『さっき』と、相手（受信者）の『さっき』はまったく異なります。受信者は、大量のメールを受信する人かもしれませんし、旅行に行っていてメールを読むのが3日振りの人かもしれません。つまり、受信者にとっての『さっき』は、送信者にとっての『さっき』でないのです。

受信者がメールをいつ読むかわからないため、『おはようございます』、『こんばんは』、『夜分遅くに失礼します』などの挨拶は、不要・不適切な場合がほとんどです。

■パスワード

メールアドレスに対するパスワードが他人に知られてしまうことは、銀行のキャッシュカードの暗証番号を知られてしまうことと同じ意味です。厳重に管理してください。残念ながらインターネット犯罪を取り締まる法律も体制も充分ではありません。パスワードを他人に知られてしまったことによる、なりすまし被害にあった場合には泣き寝入りとなる場合が多いので注意してください。

●パスワードの作成

生年月日、電話番号は厳禁です。パスワードは、自分の好きな格言やフレーズなどの一部を変えたりするのがよいかもしれません。7文字以上で、「アルファベット」と「数字」と「[Shift]キーを押さないと入力できない記号」と「そのまま入力できる記号」の4種類を組み合せて作ることをお薦めします。

パスワードはあまりゆっくり入力すると、のぞき見られて見破られてしまうので、ある程度速く入力できるように練習をしておく必要があります。

●パスワードの変更

ユーザーID（アカウント）と現在のパスワードで、パスワードを変更するための Web サイトにログインします。

＜新しいパスワードの条件（岐阜大学の一例）＞
パスワードはすべて半角で入力します。新パスワードは二カ所同じものを入力します。入力が終わったら、「適用/Change」をクリックします。

【パスワードの登録ルールついて】
・1：　文字数は8～16文字であること
・2：　各文字種を最低1文字以上含むこと（全角文字は使えません）
英大文字「A~Z」
英小文字「a~z」
数字「0~9」
記号「!@#$%&-+=^」
以上のルールを満たしたうえで、他者に推測されにくいパスワードを指定して下さい。

旧パスワード/
Enter current password

新パスワード/
Enter new password

新パスワード（再）/
Confirm new password

このようにパスワードを変更するシステムは、変更前に旧パスワード（変更前のパスワード）の入力を求められる場合が普通です。また、一般に、パスワードの変更では新パスワードの誤入力を防ぐために、新パスワードを2回入力し、それが同一であることが確認されると新パスワードが承認されます。

○多要素認証

利用者本人のみが普段持っている機器（ケータイ、スマホ）、あるいはログインしようとしているメールアドレス以外の他のメールアドレスなどを利用して、ログインパスワード以外の認証を求める方法です。指定された手順により、ログインパスワード以外にワンタイムパスワードが発行され、その入力も行わないとログインできないことがあります。詳しくは、所属組織のマニュアルを参照してください。

第4節　コンピューターウイルス対策

■コンピューターウイルスとは？

コンピューターウイルスは、意図的に作成された悪意のあるプログラムの一種です。その動作が自然界のウイルスに似ている部分があるため、ウイルスと呼ばれます。ウイルスの定義はウイルス対策ソフトウェアのメーカーや関係機関によって様々な解釈がありますが、一般的に下記の行動パターンを持つ不正プログラムをウイルスと呼びます。

感染：他のファイルやシステムにウイルス自身を組み込む。
潜伏：一定の条件が揃うのを待って悪質な行動をする（ただちに動作するものも多い）。
発病：メールの送信、乗っ取りなど所有者の意図しない行動をする。

また、他のプログラムに感染（寄生）する習性を持たず、プログラム自身がユーザーの意図しない行動をする不正プログラムもあります。これらは「ワーム」や「トロイの木馬」などと呼ばれ、本来のウイルスの定義からははずれマルウェアと呼ばれますが、セキュリティの見地から、ウイルスと同様の扱いがなされています。ここではそれの総称としてウイルス（コンピューターウイルス）と呼ぶこととします。

感染する場所や、常駐するかどうかによる分類方法や、ウイルスの活動による分類や、ウイルスが利用する技術による分類など様々な視点から分類されます。しかし、あまりにも多様化したため、パソコン、スマートフォンなどの情報機器や、メール送受信・ネットサーフィン・ネットショッピングなどによるネットワーク接続の行動に関わるセキュリティ上の問題を生じるプログラムの一種ととらえ、対策はその手法全般にわたることを理解しておくとよいでしょう。

■感染経路

ウイルスが自然発生することはありません。インターネットで外部にアクセスした時や外部からファイルを自身の PC に持ち込んだ際に、ウイルスの感染や不正なプログラムの埋め込みが行われます。

○メール

感染ルートの一つは、メールの添付ファイルと埋め込まれたリンクです。また、セキュリティホールを利用し、メールを開いただけで感染するウイルスもあります。覚えのない・見知らぬ人からのメールの添付ファイルは開かない、あるいは充分注意してください。通常は、ただちにメールを削除して対処してください。また送信者を偽るウイルスメールもありますので、一見、友人・知人、通販サイトや銀行が送信者に見えても、安心はできません。

○Web サイトの閲覧またはダウンロードファイル

Web ページを閲覧した際にファイルが自動的にダウンロードされ、ウイルスに感染することもあります。危険なサイトには出入りしないことが賢明です。さらに、Web サイト開設者自身も知らないうちに、不正な改ざんが第三者によって行われ、閲覧者が日常的な Web ページ閲覧を行うだけで、ウイルスに感染する事例も後を絶ちません。

また、閲覧者を騙して、不正なファイルをダウンロード・インストールさせる場合もあります。一例としては、『あなたのパソコンの動作が遅くなっています。このファイルをダウンロードすると動作速度が改善します。』というようなメッセージを表示し、不正ファイルをダウンロードさせるものです。うまい話には裏があると思いましょう。

○USB メモリなどの外部メディア

ウイルスに感染した USB メモリなどの外部メディアのファイルを読み込んでしまうことで感染します。読み込む前に必ずウイルスチェックをしてください。USB メモリに対する OS の自動実行機能を悪用したウイルスもあります。

個人で所有する USB メモリに対する対策では、ウイルス対策ソフトを利用して USB メモリのウイルスの有無を定期的に確認した上で、USB メモリを定期的にフォーマットする、不正な autorun.inf ファイルが USB メモリに知らないうちに保存されていないかを確認するといったチェックが必要です。

■発症した際の症状（例）

○メールを勝手に送信する

感染したコンピューター内にあるアドレス帳を読み、自動的にウイルスの添付したメールを送信する。被害者であると同時に加害者になってしまいます。

○外部からコンピューターを操作可能にする

公開を望んでいない個人的なファイルや会社の企業秘密に関わるファイルなどを無差別に勝手に公開するものや、感染したコンピューター内にある情報（パスワード、データ）を盗んだり書き換えたりするものがあります。また、画面をロックして、操作できないようにして、解決金をネットで送金するような要求も増えてきました。また、他のパソコンへの攻撃への踏み台（通過点）にされることも多くあります。これも被害者であると同時に加害者に加担することになってしまいます。

○システムを破壊したり、不安定にさせたりする

感染したコンピューターのハードディスクのデータを破壊します。重要なデータが消去され修復できないことがあります。また、メモリを無駄に消費し、システムファイルの動作を妨害し、コンピューターの働きを悪くすることがあります。

■ウイルス対策

ウイルスに対する有効な対策の一つは、「ウイルス対策ソフトウェア」を利用することです。

個々のコンピューター保護には絶対必要です。値段は5000 円前後です。また、1年毎にパターンファイル（最新のワクチン）のダウンロード契約を更新する必要があります。これを怠ると何のためのウイルス対策ソフトウェアかわかりません。必ず、契約を更新して、ウイルス対策を継続してください。なお、複数年の更新契約オプションや、標準で複数台の利用契約が付随しているものもあります。

●ウイルス対策ソフトウェアの Web サイト

トレンドマイクロ	https://www.trendmicro.com/ja_jp/forHome.html
カスペルスキー	https://www.kaspersky.co.jp/
マカフィー	https://www.mcafee.com/ja-jp/for-home.html
シマンテック	https://jp.norton.com/

上記の4つの会社が販売しているウイルス対策ソフトであれば、いずれも充分な機能・ウイルス検出力を備えていますが、ウイルスを 100%検出できるウイルス対策ソフトはありません。だからといって、一つの PC で複数のウイルス対策ソフトを利用することはできません。なお、ウイルス対策ソフトを選ぶ基準として、周囲の人が使っていないウイルス対策ソフトを選ぶというのも一つの選択肢です。これによって、特定のソフトウェアで検出できないウイルスが、自己を含めて周囲に蔓延するという事態を防ぐことができる可能性があります。

その他、応急的な対策として、期限付き試用版の導入や、「トレンドマイクロ」のオンラインスキャンが利用によるウイルスの感染のチェックができます。オンラインスキャンの場合、ウイルスの削除は別途ソフトウェアを購入する必要があります。

新しい未知のウイルスには無力

ウイルス対策ソフトウェアのウイルス検出用パターンファイルを定期的にダウンロードしていても、最新のウイルスを検出できるようになるのに、最低、半日から1日程度はかかります。「見知らぬ添付ファイルを開くな」という鉄則を守りましょう。

●ウイルス対策ソフトウェア運用手順

1. 定期的にウイルス検出を行うパターンファイル（最新のワクチン）をインターネット経由でダウンロードします（自動に行うように設定することが望ましい）。

   最新のアップデートが適用されています。
   (前回のアップデート確認: 2020/09/04 10:12)

2. メールや Web ブラウザは常にウイルス対策ソフトウェアで監視されるように設定します。

3. メールの添付ファイル、Web からのダウンロードファイル、外部メディアによって持ち込んだファイルはウイルス対策ソフトウェアでウイルスチェックをしてから開くようにします。

警告を無視すれば、
ウイルス対策ソフトウェアは無力

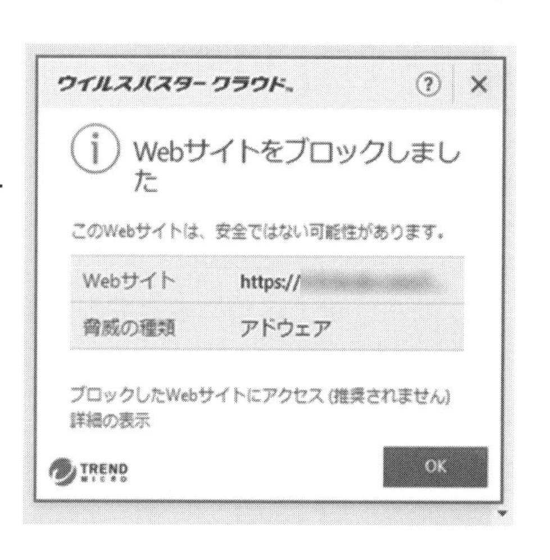

どんなにパターンファイルを新しくしていても、ユーザーに知識がなければ意味がありません。警告の意味が理解できなければ何の意味もないのです。最後の砦は人であることを忘れずに。

一方、Webサイトを閲覧していると、偽ウイルス警告が表示されることがあります。自身が利用している対策ソフトウェア以外の警告は偽の警告です。誤って従わないようにしましょう。

ただし、使っている対策ソフトウェアの警告を偽装する偽の警告もあります。いずれのボタンも押さず、Web ブラウザを閉じてください。偽セキュリティソフトと偽って、ウイルスなどの悪意のあるプログラムをダウンロードさせることや、入金させる詐欺であることが目的です。その後、PC 全体を念のためウイルス検索してもよいでしょう。

＜偽警告の一つの例＞

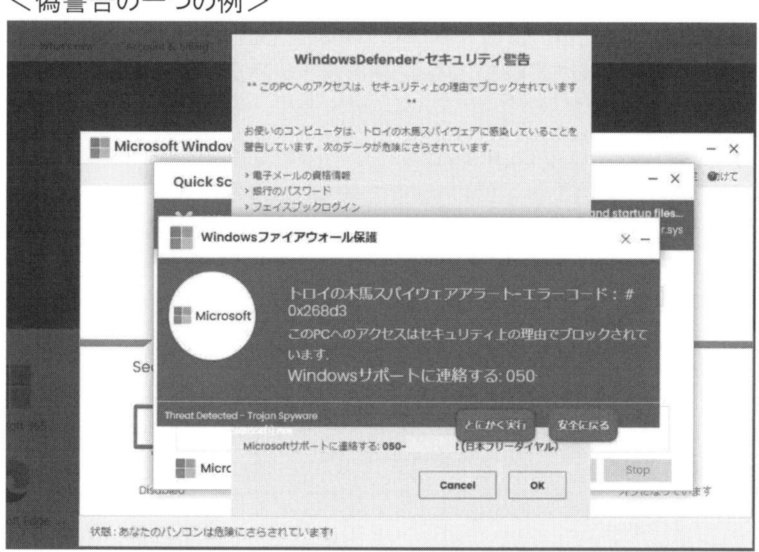

これ以外にも異なるタイプの偽警告が多数あります。Web 検索で、「偽警告　画面」や、「偽警告　画面　ウイルスバスター（Defender や、自身が使用しているウイルス対策ソフトウェア名）」で画像検索を行っておきましょう。事前に偽警告画面のいくつかを知っておくと、偽警告画面が表示されても、落ち着いて対処が可能です。

●Microsoft Defender（Windows Defender）

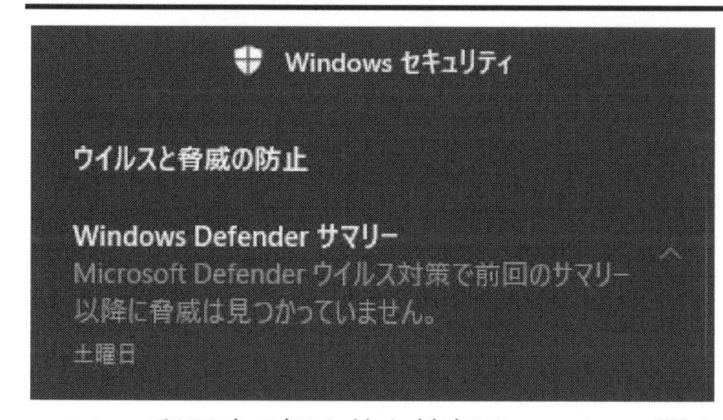

Microsoft Defender は、Windows 10 において標準で利用できるウイルス対策ソフトウェアです。パソコンの最低限の安全性を確保できます。かなり機能が充実していますが、有料のウイルス対策ソフトウェアに比べると、その機能は Windows の動作の安全性を保つためのセキュリティに限られています。

PC で利用する個人的な情報やファイルに関する安全性を確保するために、有料の対策ソフトウェアを利用することをお薦めします。他のウイルス対策ソフトウェアと Microsoft Defender は、一般に同時には使用することはできません。

■セキュリティ

1．盗難対応

会社のノートパソコンやデータファイルを持ち帰って仕事をする場合もあるでしょう。持ち帰りは、パソコンの盗難やデータの紛失によって会社に大きな損害を与えます。持ち帰り自体が禁止されていることがほとんどですが、許可されている場合も盗難に注意しましょう。

2．ウイルス対応

様々な経路によってウイルス感染は起きます。個人一人一人だけではなく、大学や会社組織のネットワーク利用者全体のセキュリティ意識を高めるように努めましょう。そうすることで各自がウイルスに感染するリスクを減らすことが可能です。

3．通信対応

無料の WiFi は、悪意を持って設置されている場合があります。WiFi に接続している時に、入力するログイン ID やパスワードは、盗み見られている可能性があります。また、メールに書いた内容の安全性は、メールシステムの専門家なら、盗み見ても痕跡を残さないことは容易です。パスワードのような読まれては困ることをメール本文に書くのは非常に危険です。

4．デマメールおよびチェーンメール対応

単にデマでも笑い事では済みません。悪質なものは、アプリの動作に必須なファイルにもかかわらず、「ウイルスファイルだから削除しろ」というメッセージを真に受けて実行してしまうことで、パソコンそのものを所有者自身の手で動作不良にしてしまうということもあります。文面の特徴としては、大企業や IT 産業系の会社をかたり、情報の信憑性を上げようとしていたり、チェーンメール的に転送させることを促し、混乱の拡大を狙っていたりします。

5．フィッシングメール対応

フィッシングメールは、送信者を偽って電子メールを送信し、受信者に正規の送信者と誤解させ、偽の Web サイトへアクセスさせ、クレジットカードの番号など様々な個人情報や、ユーザーID やパスワードなどのアカウント情報を盗み出す目的で送信されるものです。

6．セキュリティホール対応

巨大なプログラムには、必ず、バグがあります。動作がストップするぐらいならかわいいバグですが、バグには外部からパソコンの操作を乗っ取る操作が可能なバグもあります。

　そのような乗っ取りが行われると、他のパソコンへの攻撃（例、パスワードの盗みだし攻撃やデータファイルへのアクセス攻撃）の踏み台に利用される場合があります。また、ウイルス感染を容易に許し、ウイルスのばらまき源となってしまいます。

とくに、ユーザーの多いアプリの場合、セキュリティホールを埋めるアップデートファイルをダウンロードして、プログラム上のバグを修正しておかないと、格好の餌食となります。たとえ、ウイルス対策ソフトウェアを導入していても、セキュリティホールを埋めていない限り、ウイルス対策ソフトウェアは無力となる場合があります。今やアップデートを行わずにパソコンを使用することはできない時代です。個人のパソコンでは必ず適用するようにしましょう。OS に限らず、様々なアプリでも同様です。Windows 10 では Windows Update が基本的に自動実行されます。

Windows Update

利用可能な更新プログラム
最終チェック日時: 今日、20:07

Microsoft Defender Antivirus のセキュリティ インテリジェンス更新プログラム - KB2267602 (バージョン 1.329.1587.0)
状態: インストール中 - 0%

７．Web でのセキュリティ

「便利なフリーウェアのアプリです。ダウンロードしてください」と便利なアプリを騙るものもあります。閲覧にも危険が伴うことを踏まえて利用しましょう。

人の心理の隙をつく

最近は、人の様々な心理の隙につけこんだフィッシングメールや詐欺メールが多くなっており、「賞金があなたにあたりました。受け取るためには、まずお金を振り込む必要があります。」、「あなたにだけに相談したいことがあります。そのためには、●●というサイトにユーザー登録してください。」、ユーザー登録すると、「質問者からの質問を見るためには、費用が必要です。」など不特定多数に送信しているのに、“あなただけ”であり、なぜか、その特典を行使するためには“事前に費用が発生”するというのが代表的な手口です。また、スマートフォンのアプリの中には便利な機能を持つと見せかけて、様々な悪意のあるプログラム（例えば、動画の閲覧履歴を勝手に送信する機能、個人情報を抜き取る機能など）が埋め込まれていることがあります。アプリの利用には、常にこういった問題が含まれていることを理解して注意して使うようにしましょう。

問題4－1

「スパイウェア」、「ボット」、「ブラクラ」、「フィッシング詐欺」、「ソーシャルエンジニアリング」、「スキミング」、「キーロガー」、「ワンクリック詐欺」、「マクロウイルス」とは何かをインターネットで調べてみましょう。

●P2P アプリは使用しない

ファイル交換アプリ（例：Winny）や動画閲覧（例：Bit Torrent）の中には、Peer to Peer（P2P）という仕組みを使っているものがあります。これに類するアプリには P2P の仕組みを使用していると明示的に書いていない場合でも、P2P の仕組みを利用していることがあります。

P2P は、個々のパソコンをつないで、ファイルや演算システムなどをやりとりする仕組みのことです。この仕組みそれ自体は問題ありません。しかし、これらのアプリの多くは匿名でファイル交換やファイルダウンロードができることから不正コピーの温床（著作権の侵害）やウイルス感染または暴露ウイルス感染によりにより交換を望まないファイルまでが他人から閲覧できる状態（内部情報の流出）になってしまうことがあります。多くの大学や企業では権利侵害の防止や情報漏洩の防止の観点から使用が禁止されています。

■おわりに

情報検索は決められた未来への危険な道でもあり、メールは非言語コミュニケーションの欠落した道具である

インターネットは双方向・対話型だといわれます。しかし、単に、レポートの内容をメールで交換することが、双方型ではありません。「私のレポートでは『かくかくしかじか』と考察したが、君はどう思う？」と考え方の正しさや狭さなどを議論するために使ってください。これはインターネットの機能を使わない時でも同様です。普段から、各自の考え方や考えた結果について、友人・先輩・先生と話してみてください。どうして異なる結論を考えるに至ったのかを考えることは重要です。考え方が間違っていたのか、前提条件が異なっていたのか、色々考えて、相手の考えを受け入れるにはどうしたらいいのか、あるいは相手の考えを修正させるにはどうしたらいいのか、思い悩んでください。きっとその先に、確からしい解が見つけられると思います。情報ネットワークはそれを少しだけ補助するものにすぎません。おしまい。

第３章

文書作成

第３章　文書作成

Word を利用して、文書作成から編集レイアウトの基礎を学習します。また、レポートの書き方や文章作法についてもあわせて学習します。

第１節　文字書式

Microsoft IME を含めた Word の基本操作は、第1章（p.7 参照）で説明を行いました。文字書式のフォントから学習します。

■フォント

フォントは、初期設定では游明朝になっています。フォントによって、読み取りやすさが異なります。適切なフォントを選びましょう。多くの人が読み取りやすいユニバーサルフォントも普及しつつあります。

游明朝：　　　森林

　文書の本文は明朝体フォントで、目次は明朝体フォントの文字書式設定による太字（p.60 参照）ではなく、ゴシック体フォントを利用して、めりはりをつけるとよいでしょう。

游ゴシック：　森林

メモ：フォント名の中には、P という表記が含まれているフォントがあります。例えば MS P 明朝です。これはプロポーショナルフォントという意味です。欧文フォントでは、通常、「M」と「I」は同じ幅のアルファベットで作成されていません。しかし、日本語は、「し」と「た」でも通常は同じ幅です。ただ、最近は原稿用紙のようなスタイルを使わないことが多いので、「し」と「た」を同じ幅にする必要性がない場合が多くなり、日本語にもプロポーショナルフォントが使用されることが多くなりました。なお、フォント名に P が含まれていない場合でも、アルファベットのみプロポーショナルフォントで、日本語の部分は等幅フォントであるものもあります。

＜2種類のフォントの違い＞
□□□□□□□□□□□
したしたしたしたしたした　（等幅フォント）
したしたしたしたしたした　（プロポーショナルフォント）
□□□□□□□□□□□

フォントの選択の注意点

環境問題

Word で作成した簡易なポスターなどによく使われているポップなフォント（例：創英角ポップ体）ですが、このようなフォントを使用すると、いかにも Word で作りましたというイメージが先行するため、文書の内容にそぐわないケースがあります。フォント選びは慎重に行いましょう。

●フォントファミリー

斜体やウェイト（フォントの太さ）の異なるフォントが予め作成されているフォント（書体）のグループをフォントファミリーと呼びます。次ページでの斜体と太字の書式設定と合わせて、理解してください。

＜様々なフォントファミリー＞

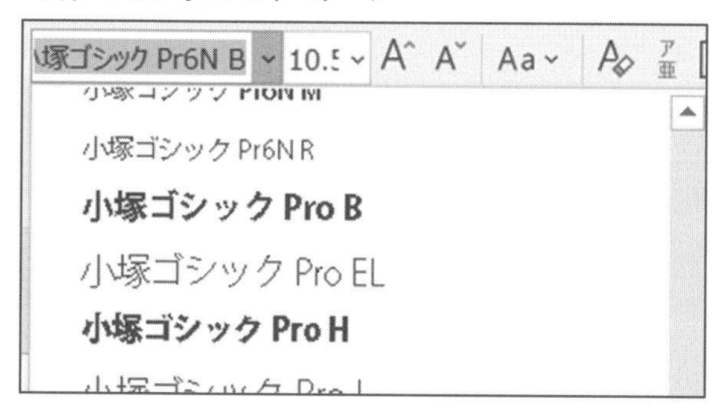

＜フォントファミリーの斜体の有無によるフォント表現の差異＞

フォントファミリー斜体なし	Century	family →*family*
フォントファミリー斜体あり	Time New Roman	family →*family*

Century では、フォントを斜体にすると、斜体専用のフォントがないため、標準のフォントを傾けただけの斜体となりますが、Time New Roman では、f(*f*)や i(*i*)のフォントでよくわかるように斜体専用フォントファミリーでの表示となっています。フォントファミリーは、フォント内に内蔵されている場合（例：Time New Roman の斜体）と、異なるフォント名の添え字等でファミリーになっているもの（例：小塚ゴシックのウェイト）があります。

問題1－1

次の二つの文章を入力してみましょう。

（1．出典：『森林と私たちのこれから－東アジアの中の日本－（認定 NPO 法人 JUON（樹恩）NETWORK）』（転載許諾済み））

1．最も身近な液体-水　ギリシャの哲学者アリストテレスは生命の元である四元素として、水・空気・土壌・火を挙げた。これらのうち、水・空気・土壌は環境問題を考える上で非常に重要です。これらの性質の理解なくして環境問題の解決はない。水は、私たちの周りに最も多い液体です。熱すると気体（水蒸気）となり、零度以下に冷やすと固体（氷）に変わる性質を持っている。地球表面の水には、海水に 97%、南極大陸や北極海にある氷に 2.4%、淡水（地下水）に 0.6%、淡水（湖沼、河川）に 0.02%で構成されている。大気に含まれる水蒸気はたった 0.001～0.002%ほどです。

2．生態学（エコロジー、Ecology）とは生物学の研究分野の一つです。分子生物学などは、個々の生命現象の根幹（生理反応）を、細分化して明らかにしていくのに対して、生態学は個々生物によって作り出される集団や相互関係、環境に対する相互作用などを、統合的に明らかにしていく学問です。「生物同士」と「生物と環境」が相互に作り出すシステムを生態系と呼び、生態系で起こる現象や相互作用などの観察とデータ（現象を説明する操作実験を含む）から見出していこうとするものです（生態系内外のエネルギーの流れや物質の移動なども解析対象となることもある）。研究の対象とする場所（生態系）によって草地生態学、海洋生態学などや、研究の対象となる生物集団によって個体群生態学・群集生態学と呼ばれる分野が存在します。

■アイコンでの文字書式設定

「ホーム」タブ→「フォント」グループのアイコンで書式を変更します。B 太字、I 斜体、U 下線、ab 取り消し線、X_2 下付き、X^2 上付きなどの書式設定が容易に行えます。この「フォント」グループで変更できる書式が文字書式です。

<B のアイコンの上に、マウスポインターを合わせた状態の画面>

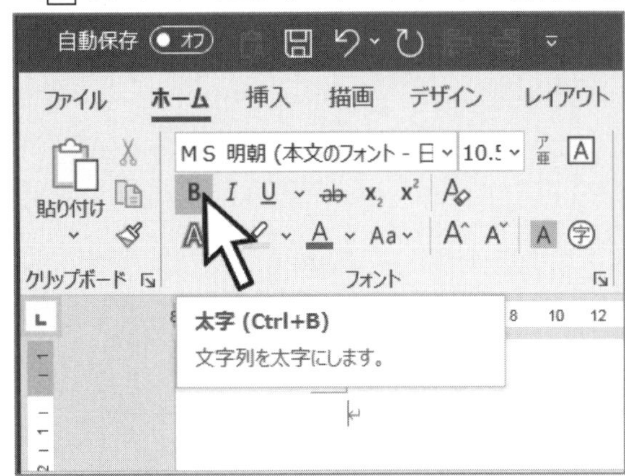

変更したい文字をドラッグ操作により範囲を指定します。次に、該当するアイコンをクリックします。

マウスポインターをアイコンの上に乗せると、ポップヒントによりアイコンの機能の説明が表示されますので、それを参考にして内容がわからないアイコンも利用してください。ショートカットキーが設定されている場合は、併せて表記されています。

書式設定の注意点

書式設定の注意点として、書式を変更すると変更箇所に続けて入力する文字も同じ文字書式になってしまいます。例えば、「$a^2+b^2=c^2$ と」を入力したい場合、「a2」と入力し、「2」に対して「a^2」と書式設定した場合、次に「+b2=c2 と」を入力すると、「$a^{2+b2=c2\ と}$」となってしまいます。これを避けるためには、以下のいずれかの方法での入力を行ってください。

□書式が次の文字入力に引き継がれることを避けるためには、「a2+b2−c2 と」と入力してから、それぞれの「2」に対して、書式設定をします。「と」まで入力するのが、ポイントです。

□続けて入力したい場合は、「a^2」の後に、ショートカットキーの[Ctrl]+[Space]キーで直前までの文字書式の設定を解除(クリア)します。文字書式が標準に戻り、次の文字に直前の文字書式は引き継がれません。

練習1−1

次の二つの文章を入力してみましょう。

直角三角形の直角をはさむ 2 辺の長さをそれぞれ a、b、斜辺の長さを c とすると、$a^2+b^2=c^2$ という関係が成り立つ。これを「三平方の定理」または「ピタゴラスの定理」という。

大気中の CO_2 濃度の増加により地球が温暖化するかもしれない。このため、世界各国では CO_2 の排出量を削減する努力が続けられている。しかし、温室効果ガスは、CO_2 以外にも CH_4 などもあり問題を複雑にしている。

> メモ：上付きや下付きを書式設定ではなく、Unicode で、文字変換して入力をするのはやめましょう。例えば、日本語 IME によっては、下付きの[2]を、Unicode の下付き文字(2082 Subscript Two)として入力できますが、Unicode の下付き文字は、環境依存文字(機種依存文字)と呼ばれ、印刷入稿の際に環境によっては文字化けしてしまうことがあります。

■ダイアログボックスとコンテキストメニュー

ダイアログボックスは、設定を行うためのウィンドウで、設定を選択したり、設定のために数値を入力したりします。一部の例外を除いて、一つのアプリ内では複数開くことはできません。

　書式を変えたい文字を範囲指定して、「ホーム」タブ→「フォント」グループのダイアログボックス起動ツール（右下隅の矢印記号）をクリックします。「フォント」を設定するダイアログボックスのウィンドウが表示されます。

●ダイアログボックス起動ツール

ダイアログボックスが設定されているリボンのグループ名称（右図ではフォント）に関係するダイアログボックスが表示され、詳細な設定が可能です。

　なお、グループによっては、作業ウィンドウが表示されることがあります。

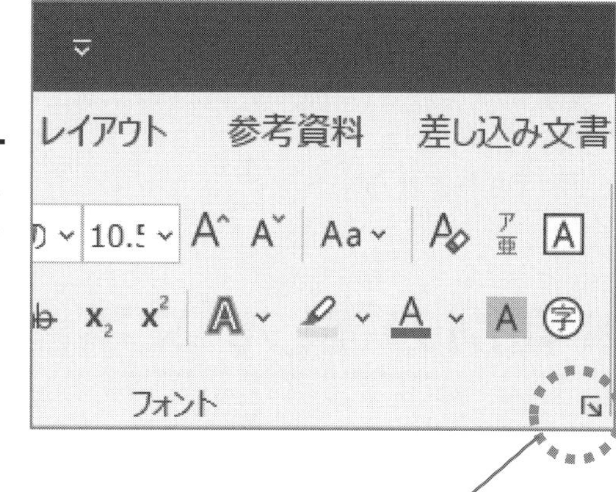

ダイアログボックス起動ツール

＜ダイアログボックス（フォント）＞

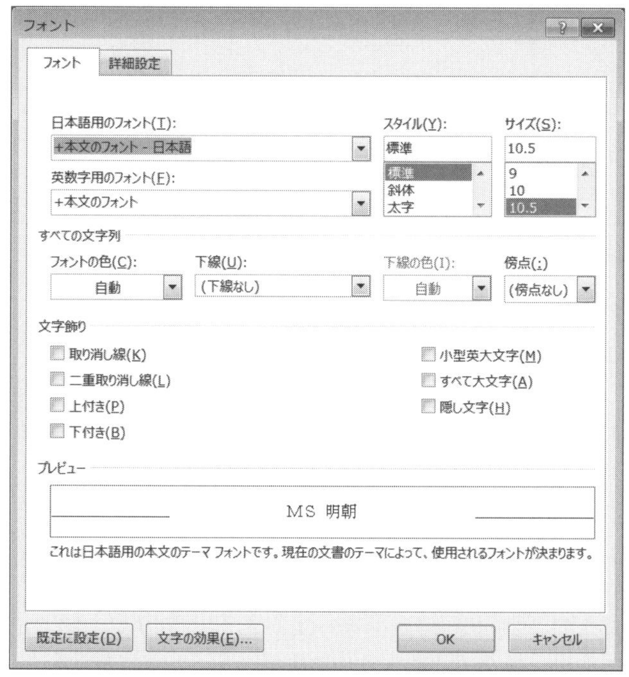

　このダイアログボックスでは、アイコンのみで書式を設定するより、様々な文字の書式（フォントや下線の種類など）を変えられます。日本語や英数字に指定されているフォントなどの多くの情報も得られます。

＜コンテキストメニューとミニツールバー＞

　また、タブからではなく、同じように書式を変えたい文字を範囲指定して、マウスの右ボタンをクリックして表示されるコンテキストメニューの中から、「フォント」を選択しても、「フォント」を設定するダイアログボックスが表示されます。

　なお、上に小さく表示されているのは、「ミニツールバー」で、ここからも簡易な書式設定などが、可能です。

■書式の解除（クリア）

設定された書式を、「フォント」グループの「すべての書式をクリア」のアイコンで標準のスタイルに戻すことができます。文字書式だけではなく、段落書式（p.67 参照）もクリアされます。

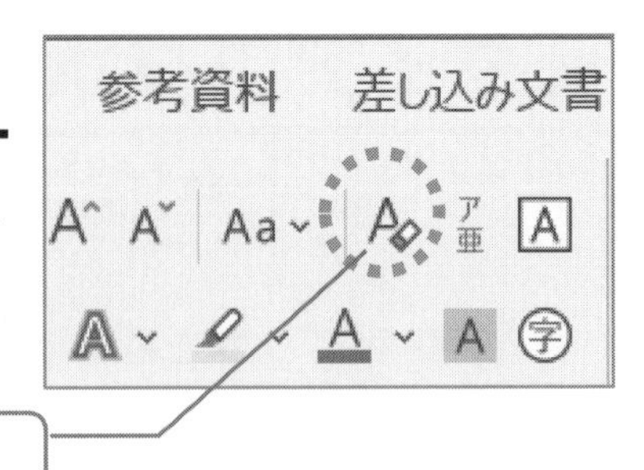

段落書式の設定されている段落の一部分に文字書式を設定している場合は、範囲指定を行う必要があります。なお、メニューの「フォント」グループにあるもののうち、「蛍光ペン」や「囲み文字」などは、クリアされません。

■判別の難しい文字記号

ゴシック体（例：游ゴシック）のフォントでは、非常に区別がしにくいことが多い「一」（漢数字のイチ）、「ー」（長音記号）、「－」（全角ハイフンマイナス）、「―」（全角ダッシュ）の4つの文字も、実際には異なる文字記号であるため、区別して入力する必要があります。これらの文字記号の一部は、約物（やくもの）とも呼ばれます。

游ゴシック	游明朝
「一」	「一」（漢数字のイチ）
「ー」	「ー」（長音記号）
「－」	「－」（全角ハイフンマイナス）
「―」	「―」（全角ダッシュ）

例えば、表－1と表記する際の全角ハイフンマイナスと、ケーキと入力した真ん中の長音とは、ゴシック体のフォントではぱっとした見た目にはほとんど区別できませんが、実際には異なる文字記号です。区別して使用してください。

これら以外にも、工（漢字）とエ（え）、「二（漢字）」と「ニ（カタカナ）」などの似た文字にも注意が必要です。さらに、英文（欧文）ではいずれのフォントを用いても見た目だけでは判別が難しいため、英文を書く際にはハイフンなどの類似の文字記号の使用には細心の注意が必要です。

> メモ：インターネットのアドレスの偽装を似た文字（o（オーの小文字）を ο（オミクロンの小文字）に置き換える）を使うことによって行い、偽の Web サイトへ誘導する悪意のあるサイトがあります（ホモグラフ攻撃）。判別の難しい文字記号を知っておくことは、意外なところで身を守ることにつながるかもしれません。

練習1－2

次の文字を入力し、入力後、様々なフォントを選び、文字記号の判読性を確認してみましょう。

ー（長音）と－（全角のハイフン）	O（半角文字のアルファベットのオー）と0（半角文字のゼロ）
ニ（カタカナ）と二（漢字）	ハ（カタカナ）と八（漢字）

＜（例）HGP 教科書体＞　ーと－　Oと0　ニと二　ハと八
＜（例）游ゴシック＞　ーと－　Oと0　ニと二　ハと八

問題1－2

次の文章を入力してみましょう。（出典：『森林と私たちのこれから－東アジアの中の日本－（認定NPO 法人 JUON（樹恩）NETWORK）』（転載許諾済み））

【地球を包む薄い衣ー大気】

太陽系の惑星をとり囲む気体を、大気あるいは惑星大気という。地球の重力によって地球とともに回転する気体を地球大気といい、一般に大気といえば地球大気のことを指す。原始の地球には、大気が存在したという説とほとんど存在しなかったという説がある。現在の大気中に含まれる大部分の成分は、酸素ガス（O_2）を除いて地下から吹き出す火山ガスに含まれる成分とほぼ一致している。地球大気の厚さはおよそ1000km とされ、気温の高度分布をもとに大気の成層構造が次のように区分されている。下から対流圏、成層圏、中間圏、熱圏である。大気の全質量はほとんどが地表から約50kmまでの成層圏と対流圏に含まれている。50kmという厚さは、地球半径（約6400km）と比べて 1%弱であり、地球はごく薄い大気の衣で包まれているにすぎない。対流圏の厚さには緯度によって差が認められ、高緯度地方で薄く低緯度地方で厚い（約 10～18km）。対流圏では大気が上下にかき混ぜられ、積乱雲にみられる対流活動も盛んである。雲や雨などの現象も主にこの層内でおき、天気現象（天気現象とは大気中に存在する水分が態様を変化させ、さらに大気自体も様々に運動し、お互いが絡み合いながら起こる現象をいう）を起こす主体となる場所である。大気中に含まれる水蒸気は、季節や地域によって 0～4%と大きく変動する。対流圏では、平均的にみて気温は高度が1km増加する毎に6.5度の割合で低くなる。対流圏と比較して、その上方にある成層圏では水蒸気が少ないため天気現象はほとんど起きない。成層圏にはオゾン層があって、太陽からの紫外線を吸収するため気温が上昇する。大気から水蒸気を除いたものを、乾燥空気と呼ぶ。中間圏と熱圏の境界付近（約 80km）まで、主要な気体成分の割合はほぼ一定となる。気体成分は、容積比で窒素（N_2）78.09%、酸素（O_2）20.95%、アルゴン（Ar）0.93%であり、これらの気体で乾燥空気の 99.97%の容積を占めている。残りの 0.03%程度の微量気体成分に、地球温暖化で問題となっている二酸化炭素（CO_2）・メタン（CH_4）や大気汚染で問題となる窒素酸化物（NO_x）、亜硫酸ガス（SO_2）などが含まれる。したがって、大気をめぐる地球環境問題は、非常に微量な成分の変動や増加によって生じている。

この課題としての入力上の注意点：

1. 括弧、％記号は、見え方にかかわらず全角文字で、統一して入力すること。
2. アルファベット、数字、小数点は、見え方にかかわらず、半角文字で統一して入力すること。
3. 下付きは、書式設定の機能を用いて行うこと。
4. フォントサイズ、フォントの種類、1行の文字配置によっては、スペースが空いているように見えることがありますが、全角・半角のスペースが空いているところはありません。
5. 句読点はすべて全角文字です。句点は「。」が、読点は「、」が使用されていますが、統一されていれば、句点に全角の「．」、読点に全角の「，」を使用してもよい。
6. この例文の本文では、入力練習文のため、文頭1字下げは行わず、改段落や改行の箇所はありません。余白によって次の行へ折り返される箇所は各文書の設定により異なり、行数も設定に依存します。

第2節　段落

文書構造をまず理解しましょう。段落が何かを理解することが Word 文書のファイル編集には、必要です。Word における段落を理解し、改段落と改行（段落内改行）、段落間の幅と行間を区別して文書を作成します。

■編集記号

編集作業を行う際は、様々な編集記号やルーラーを表示し、その意味を理解して編集した方が、文書の設定を容易かつ確実に行えます。表示して使用するようにしましょう。

＜編集記号を表示していない画面＞
　改行部分や空白部分が、何によって設定されている確認できません。

＜イベント開催のお知らせ＞

■You'll never find a rainbow
　if you're looking down.

日時　　　2020 年 7 月 23 日
場所　　　金華山
対象者　　大学生

＜編集記号を表示した画面＞
　記号の意味を理解することで、どのような設定を行ったかを確認することができます。

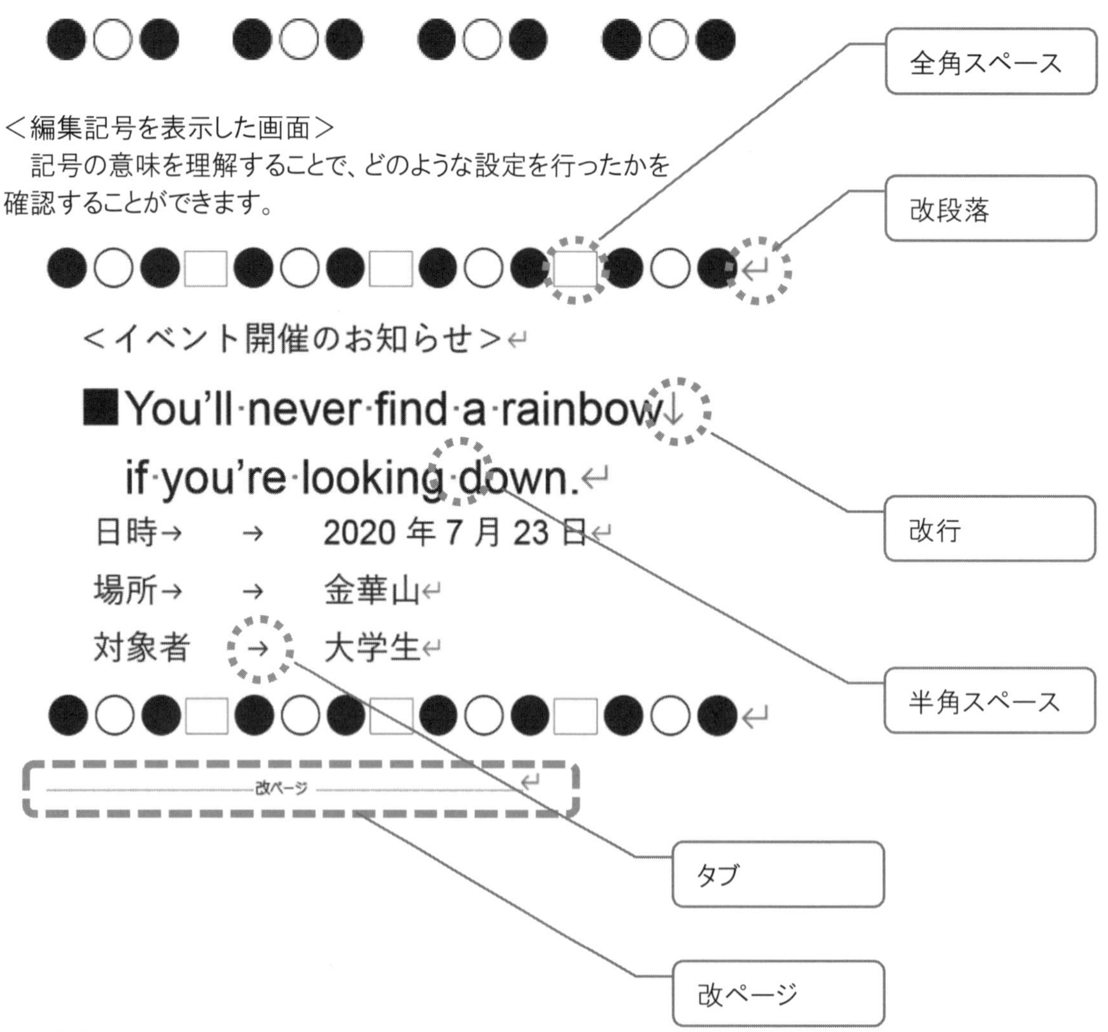

●編集記号の表示

スペースや改行の編集記号は表示されるだけで、印刷はされません。無用なスペースの入力を行っていないか、行の端で不必要に誤った改段落や改行をしていないかなどを容易に確認できます。

「ホーム」タブ→「段落」グループの「編集記号の表示／非表示」アイコンをクリックすることで、表示と非表示を切り替えて使うことができます。なお、「ファイル」タブ→「オプション」内で、個々にタブ等を表示する設定を行うと、「編集記号の表示／非表示」の設定にかかわらず、常時編集記号が表示されます。

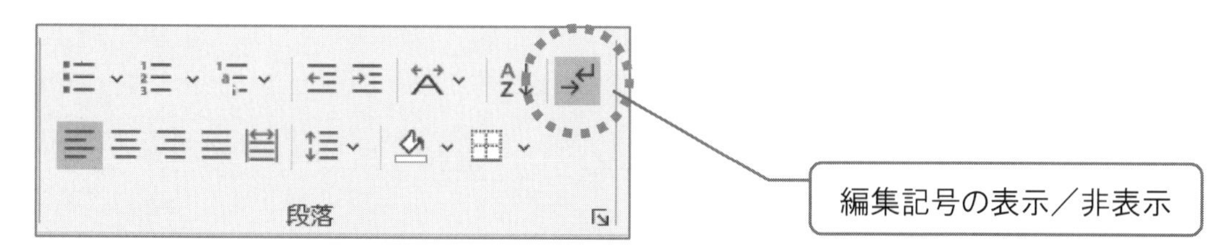

> メモ：Word では、日本語は、基本的に句点で区切られた文が1文です。
> [Ctrl]キーを押しながら選択したい1文をクリックすると、一つの文が選択できます。1文単位で、文章を入れ替えたい時には、有用です。

●ルーラーとインデントマーカーの表示

ルーラーとは、編集画面の上部や左側に表示される目盛りのついた定規のようなもので、余白の設定されている位置や、インデントマーカーの位置からインデントの設定などが確認できるツールです。

「表示」タブ→「表示」グループの「ルーラー」のチェックボックスをチェックするとルーラーが表示されます。水平ルーラーの上には、インデントマーカーもあわせて表示されます。

<ルーラー>

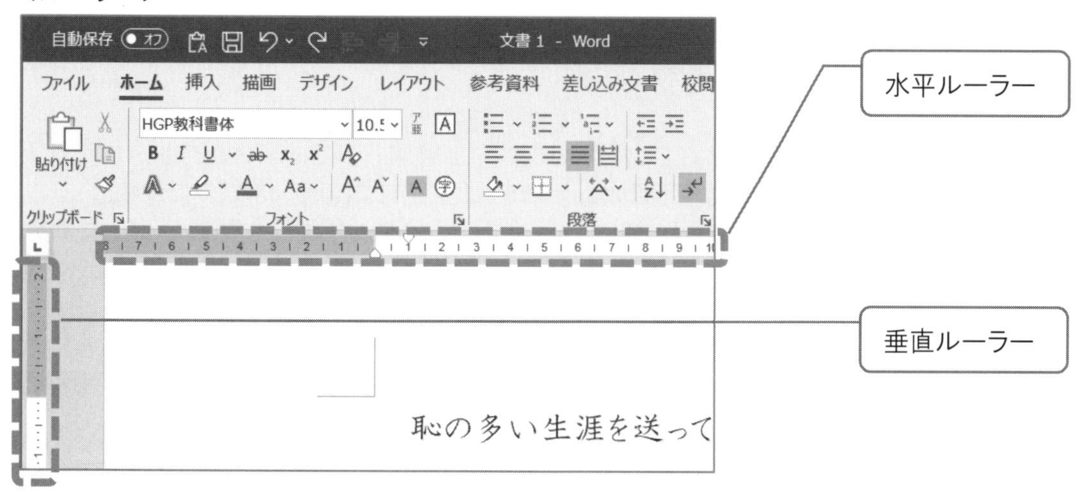

<ルーラー上のインデントマーカー>

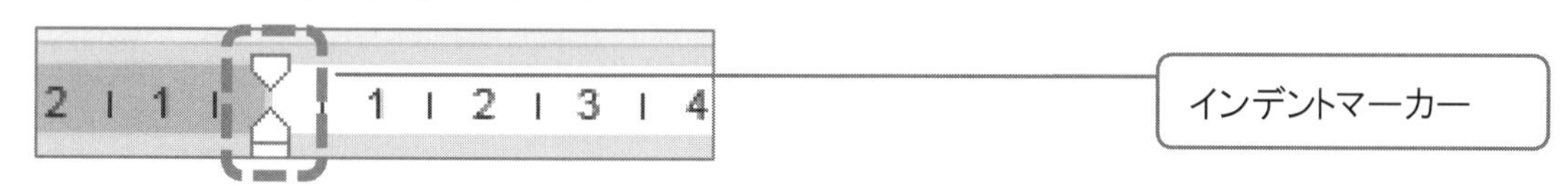

■改段落と改行（段落内改行）の違い

改段落と改行(段落内改行)を区別しましょう。

＜改段落と改行の編集記号の相違と段落の読み取り方＞

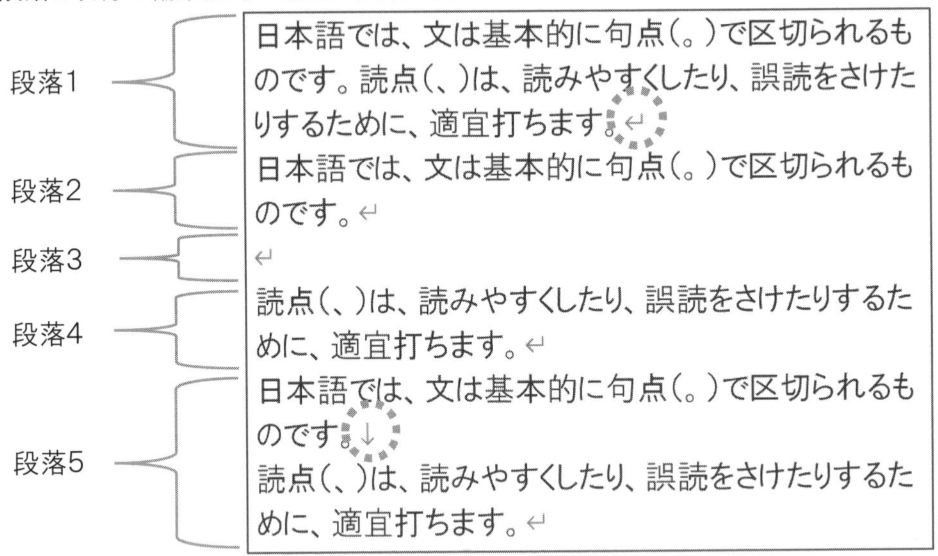

句点(。)の後に、何気なく行を変えるために[Enter]キーの入力を行いますが、この方法で行を変えることは、実際には改段落という操作を行っています。したがって、句点で区切られていても、いなくても、文字が一つもなくても、一つの文でも、複数の文でも、改段落から改段落までの間が、一つの段落です。改段落は同時に行が変わります。

一方、[Shift]+[Enter]キーで行を変えることが改行です。この改行では、行が変わるだけで段落としては、一つ上の文章と同じ段落に属しているということを意味します。

> メモ：[Shift]+[Enter]キーによる改行(段落内改行)は、任意指定の行区切りと呼ばれることがありますが、主に英文でワードラップに関係する任意指定の改行とは別のものです。

改段落と改行の違いを理解した上で、文書作成において、通常行っている[Enter]キーによって行を変えるという操作では改段落を行っているということを、まず覚えましょう。ただし、だからといって、文を終えて行を変える際の通常の改行に[Shift]+[Enter]キーを使って改行をするということではありません。文を終えるところで、[Enter]キーを入力するということは、段落を作っているということを理解してください。

[Shift]+[Enter]キーを使って段落内で改行するという操作は、その必要性がある時だけ利用します。

箇条書きにおける段落

Word の箇条書きの機能を用いる場合は、一つ一つの項目立てが段落として扱われます。改段落するのか、改行するのかによって次の行の意味が異なるため、とくに区別して利用する必要があります。箇条書きの項目(p.76 参照)と、箇条書きをよく使う PowerPoint での説明を参照してください(p.204 参照)。

■段落書式

段落に対する様々な書式変更が可能です。文字書式と異なり、一部の例外を除いて、段落を単位として書式を設定します。

　一つのコマンドを実行するために、複数の箇所から到達することが可能です。今回の操作を例にとって、複数の方法があることを確認し、段落の設定の段落のダイアログボックス内の設定で、最も理解が必要な「インデントと行間隔」タブの説明を行います。

＜インデントと行間隔｜段落＞

インデント
左(L):　0字　最初の行(S):　幅(Y):
右(R):　0字　(なし)
見開きページのインデント幅を設定する(M)
1行の文字数を指定時に右のインデント幅を自動調整する(D)
間隔
段落前(B):　0行　行間(N):　間隔(A):
段落後(F):　0行　1行
同じスタイルの場合は段落間にスペースを追加しない(C)
1ページの行数を指定時に文字を行グリッド線に合わせる(W)

　ここでの設定は、段落単位での段落に対する書式設定となるため、まず設定したい段落が一つしかない場合には段落内のいずれかの場所にカーソルを置いてください。設定したい段落が複数の段落にわたっている場合はその範囲を指定します。以後のページで段落書式を設定する際も同様に段落の範囲指定を先に行ってください。

一つ目：「ホーム」タブ→「段落」グループの「ダイアログボックス起動ツール（右下隅の矢印記号）」をクリックします。

二つ目：「レイアウト」タブ→「段落」グループの「ダイアログボックス起動ツール」をクリックします。

三つ目：右クリックして表示されるコンテキストメニューの中ほどにある「段落」をクリックします。

上記のいずれの操作を行っても、同じダイアログボックスが表示されます。

○簡易な段落選択方法

＜一つの段落をマウスによる余白のクリックで選択した例＞

日本語では、文は基本的に句点（。）で区切られるものです。↵
読点（、）は、読みやすくしたり、誤読をさけたりするために、適宜打ちます。↵

余白にマウスポインターを移動させ、選択した段落でダブルクリックすると、一つの段落が選択されます。余白のシングルクリックでは1行が選択されます。また、複数の行を選択する場合は、選択したい最初の行から最後の行まで、マウスカーソルをドラッグすると、複数の行が選択できます。複数の行を選択することで、結果的に複数の段落を選択することができます。ちなみに、トリプルクリックすると、文書全体が選択されます。ただし、文書全体の選択は、[Ctrl]+[A]キーで行う方が簡単でしょう。

■インデント

原稿用紙に書く際に行うような1行目の文頭字下げや、2行目以降の文頭の字下げには、[Space]キーによる全角スペース(編集記号:□)を空けて行うのではなく、段落に対して設定をします。それぞれ、「字下げ」と「ぶら下げ」と呼ばれ、「段落」のダイアログボックスから設定します。

(字下げの例)↵
　日本語では、文は基本的に句点(。)で区切られるものです。↵
　読点(、)は、読みやすくしたり、誤読をさけたりするために、適宜打ちます。↵

(ぶら下げの例)↵
○日本語では、文は基本的に句点(。)で区切られるものです。↵
○読点(、)は、読みやすくしたり、誤読をさけたりするために、適宜打ちます。↵

(例文の文頭に「○」を入力して、ぶら下げのレイアウトに合う加筆を行っている。)↵

「段落」のダイアログボックスのインデントの項目の「最初の行」の「(なし)」という設定を「字下げ」に変更して、「幅」を「1字」にします。

逆に文頭の文字の位置を維持したまま、次の行から文字を下げたい場合は、インデントの項目の「最初の行」の(なし)という設定を「ぶら下げ」に変更して、「幅」を「1字」にします。

「最初の行」という項目名の「字下げ」は最初の行を字下げし、「ぶら下げ」は最初の行に対して、2行目以降を字下げするという意味に理解してください。

「ぶら下げ」は、組版で「突き出し」と呼ばれるものと同一の書式です。

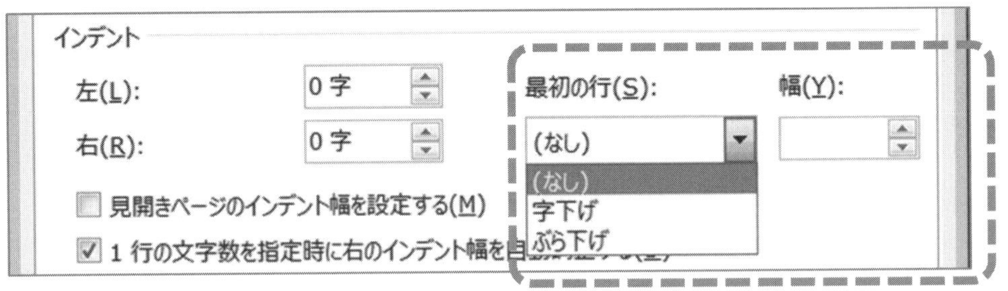

このように設定すると、文頭1字下げが行われます。[Enter]キーによって改段落をした後の段落にも、設定が引き継がれるため、文書作成時の最初の時点で行っておくと、同じ段落書式が引き継がれている段落では文頭が1字下がった設定となります。

○ [Space] キーを使ってもよい場合

「字下げ」と「ぶら下げ」には、[Space]キーを使わないと最初に説明しましたが、実際には、ダイアログボックスから設定しなくても、初期設定では段落に文字が入力されている場合は、[Space]キーを押すと、段落に対して1字の字下げが行われます。ただし、文字を入力せずに[Space]キーを使って行うと、スペースが空いてしまいます。編集記号とルーラーの表示を行った状態であれば、インデント設定がなされたか、空白(編集記号:□)が空いてしまったかは、容易に区別できます。また、同様にして、段落に文字が入力されている場合は段落の2行目で[Space]キーを押すと、段落に対して1字のぶら下げが行われます。

○ダミー文章

新規の段落に、半角文字で、=rand()と入力し、[Enter]キーを押すと、5つの段落があるダミー文章を得ることができます。これ以降のページでの操作方法の説明に用いることがあります。

練習2－1

インデント設定を習得するために、ダミー文章を利用します。ここでは、=rand(3,3)と入力することによって得られるダミー文章を用いて、段落のダイアログボックスから、以下のページの設定を行ってみましょう。なお、2行目以降の行頭の文字は、文字サイズと1行の文字数設定等によって異なります。

＜=rand(3,3)によるダミー文章（一つ目の数値が段落数、二つ目が段落内の文の数）＞

ビデオを使うと、伝えたい内容を明確に表現できます。[オンライン ビデオ] をクリックすると、追加したいビデオを、それに応じた埋め込みコードの形式で貼り付けできるようになります。キーワードを入力して、文書に最適なビデオをオンラインで検索することもできます。↵
Word に用意されているヘッダー、フッター、表紙、テキスト ボックス デザインを組み合わせると、プロのようなできばえの文書を作成できます。たとえば、一致する表紙、ヘッダー、サイドバーを追加できます。[挿入] をクリックしてから、それぞれのギャラリーで目的の要素を選んでください。↵
テーマとスタイルを使って、文書全体の統一感を出すこともできます。[デザイン] をクリックし新しいテーマを選ぶと、図やグラフ、SmartArt グラフィックが新しいテーマに合わせて変わります。スタイルを適用すると、新しいテーマに適合するように見出しが変更されます。↵

＜インデントによる字下げ＞

最初の行(S):　字下げ　　幅(Y):　1 字

　ビデオを使うと、伝えたい内容を明確に表
したいビデオを、それに応じた埋め込みコード
力して、文書に最適なビデオをオンラインで検
　Word に用意されているヘッダー、フッター
プロのようなできばえの文書を作成できます。
できます。[挿入] をクリックしてから、それぞれ
　テーマとスタイルを使って、文書全体の統一
テーマを選ぶと、図やグラフ、SmartArt グラフ
を適用すると、新しいテーマに適合するように

＜インデントによるぶら下げ＞

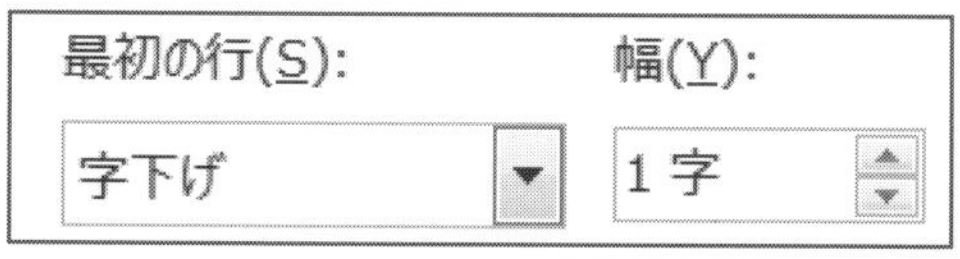

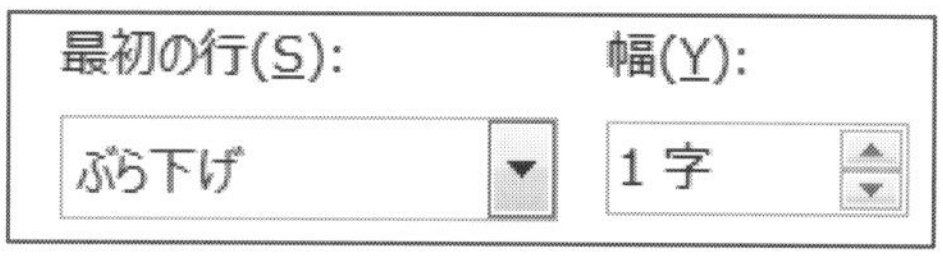

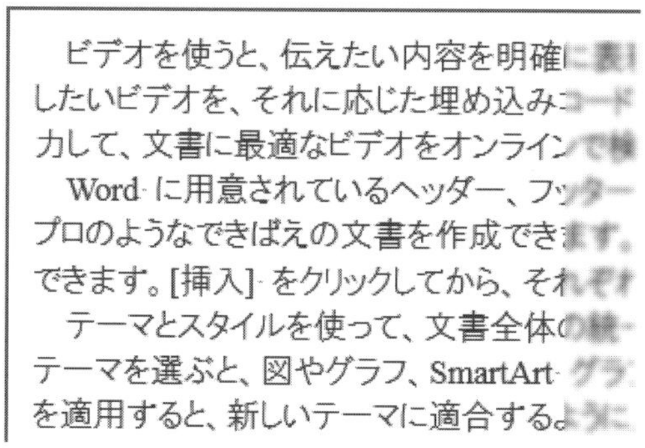

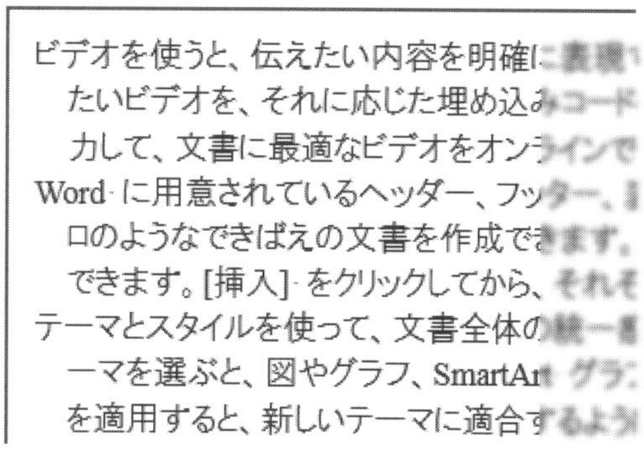

最初の行(S):　ぶら下げ　　幅(Y):　1 字

ビデオを使うと、伝えたい内容を明確に表現
　たいビデオを、それに応じた埋め込みコード
　力して、文書に最適なビデオをオンラインで
Word に用意されているヘッダー、フッター、
　ロのようなできばえの文書を作成できます。
　できます。[挿入] をクリックしてから、それぞ
テーマとスタイルを使って、文書全体の統一感
　ーマを選ぶと、図やグラフ、SmartArt グラフ
　を適用すると、新しいテーマに適合するよう

＜インデントの左と、インデントの右＞

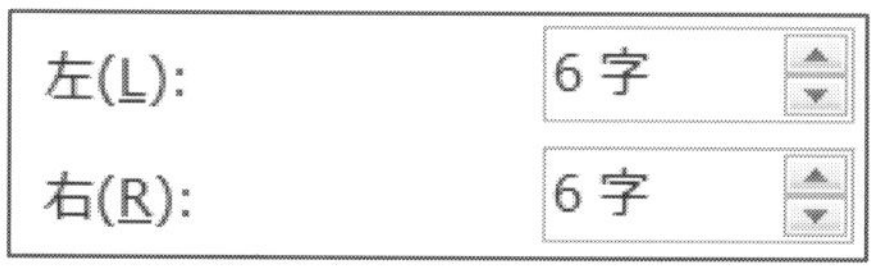

左(L):　6 字
右(R):　6 字

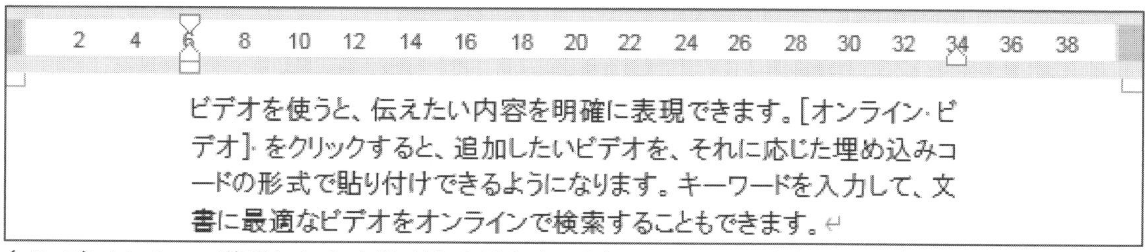

2　4　6　8　10　12　14　16　18　20　22　24　26　28　30　32　34　36　38

ビデオを使うと、伝えたい内容を明確に表現できます。[オンライン ビデオ] をクリックすると、追加したいビデオを、それに応じた埋め込みコードの形式で貼り付けできるようになります。キーワードを入力して、文書に最適なビデオをオンラインで検索することもできます。↵

（インデントによって移動した文字数がわかりやすいように、ルーラーをあわせて表示しています。）

　ここではルーラーの表示が文字単位となっており、左のインデントは 6 字まで左へ移動しています。また、1行を 40 字で設定しているため、右のインデントは 34 文字のところまで左へ移動しています。ルーラー上のインデントマーカーは、次のページでの説明を参照してください。

■インデントマーカーの利用

インデントの役割を理解した上で、同じ操作をここではルーラー上のインデントマーカーを用いて、字下げ、ぶら下げ、段落の始まりや終わりの位置を変更する方法を説明します。

ルーラーの左上部には、インデントマーカーが、3つの図形(下向き五角形、上向き五角形、四角形)がありますが、[下向き五角形のマーカー]と[上向き五角形と四角形が一体となったマーカー]として動かす操作ができ、インデントの設定を行うことができます。

インデントは、次のように動かすことで、3つのインデントを設定します。移動したい操作とマーカーの移動の仕方には少し慣れが必要です。マーカーは2種類ですが、マウスポインターで、3つの図形(下向き五角形、上向き五角形、四角形)のうち、いずれの図形のインデントマーカーをドラッグするかで、移動するインデントが変わります。

●１行目のインデント

「1行目インデントマーカー」は、段落の1行目の位置を変更したい場合に利用します。先の「字下げ」と同じです。

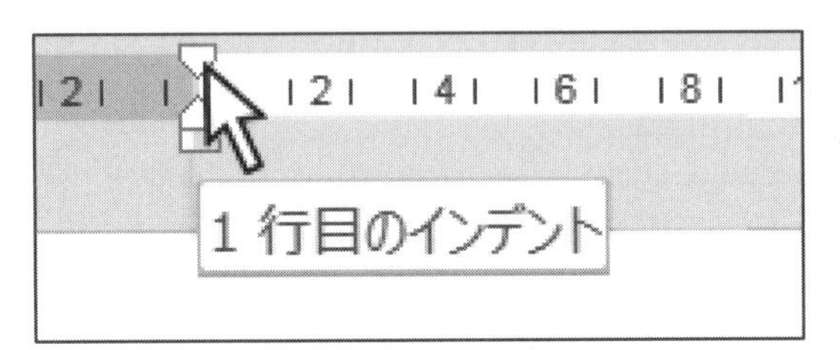

一番上にある[下向き五角形のマーカー]の五角形の図形にマウスポインターを移動し、五角形の図形に対して右へドラッグすると、[下向き五角形のマーカー]が移動し、1行目の文頭が右へ移動します。

●ぶら下げインデント

「ぶら下げインデントマーカー」は、段落の2行目以降の行の位置を変更したい場合に利用します。先の「ぶら下げ」と同じです。

[上向き五角形と四角形が一体となったマーカー]の上向き五角形の図形にマウスポインターを移動し、上向き五角形の図形に対して右へドラッグすると、[上向き五角形と四角形が一体となったマーカー]が移動し、段落の2行目以降の行が右へ移動します。

●左インデント

「左インデントマーカー」は、段落全体の位置の始まりを変更したい場合に利用します。具体的には、段落全体をページ余白の位置から始めるのではなく、段落全体を右側にずらして、段落を設置したい場合に使用します。先の「インデントの左」と同じです。

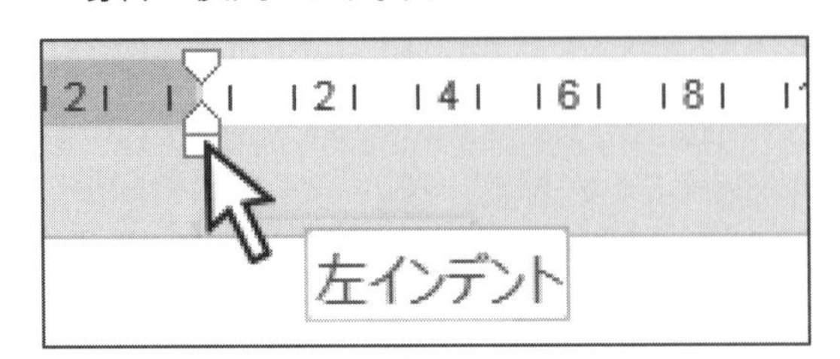

[上向き五角形と四角形が一体となったマーカー]の四角形の図形にマウスポインターを移動し、四角形の図形に対して右へドラッグすると、[上向き五角形と四角形が一体となったマーカー]と[下向き五角形のマーカー]が上下の相対的な位置を保ったまま移動し、段落全体が右へ移動します。

●右インデント

ルーラーの右側にはこれまで説明したマーカーとは異なる「右インデントマーカー」があり、段落全体の右端を変更したい場合に利用します。右端にある[上向き五角形のマーカー]を左へドラッグすることで、段落全体の右端が左へ移動します。先の「インデントの右」と同じです。

インデントマーカーのマウスによる移動量

インデントマーカーの移動量は、初期設定では1文字とは別な設定になっています。インデントマーカーの移動量を、1文字に設定するのは、やや手間のかかる設定のため、説明は省略しますが、[Alt]キーを押しながら、マーカーをドラッグすると移動量が細かくなります。インデントの移動量を、整数の文字数としたい場合は、段落のダイアログボックスを確認して、修正することができます。マーカーの移動量は、ダイアログボックスの値と連動しています。

練習2−2

ダミー文章(=rand(3,3))を使って、インデントマーカーを用いて、3つの段落を次のように設定してみましょう。適切な範囲指定(段落選択)が必要です。三つ目の段落の行末は、文書設定によって異なります。マーカーによる設定のため、移動量は整数の文字数とする必要はありません。

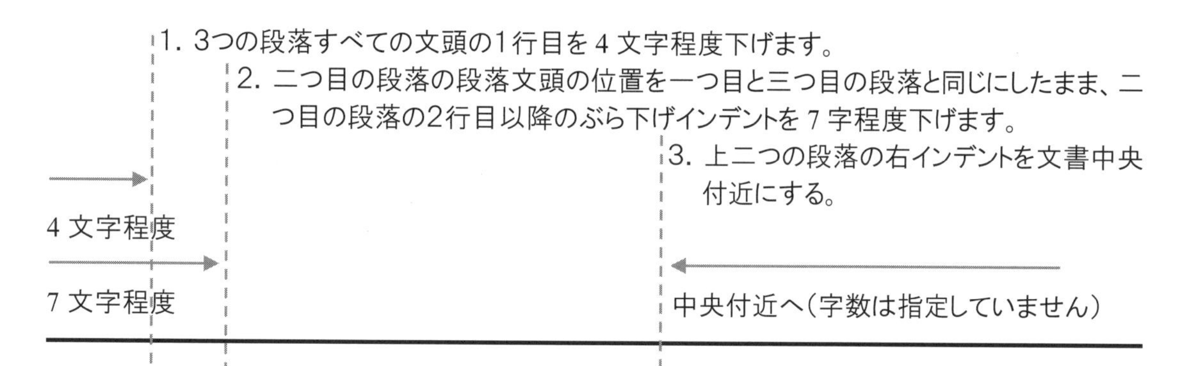

ビデオを使うと、伝えたい内容を明確に表現できます。[オンライン ビデオ] をクリックすると、追加したいビデオを、それに応じた埋め込みコードの形式で貼り付けできるようになります。キーワードを入力して、文書に最適なビデオをオンラインで検索することもできます。

Word に用意されているヘッダー、フッター、表紙、テキスト ボックス デザインを組み合わせると、プロのようなできばえの文書を作成できます。たとえば、一致する表紙、ヘッダー、サイドバーを追加できます。[挿入] をクリックしてから、それぞれのギャラリーで目的の要素を選んでください。

テーマとスタイルを使って、文書全体の統一感を出すこともできます。[デザイン] をクリックし新しいテーマを選ぶと、図やグラフ、SmartArt グラフィックが新しいテーマに合わせて変わります。スタイルを適用すると、新しいテーマに適合するように見出しが変更されます。

■段落の間隔と行間

●段落の間隔

ここでは段落後のみの間隔の設定を、例として示しますが、段落前も同様です。

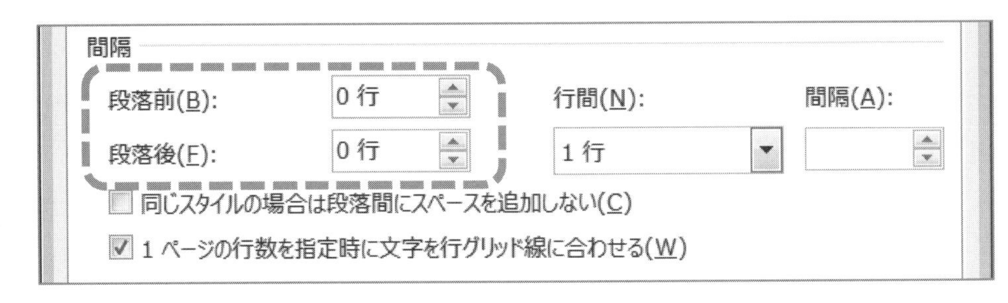

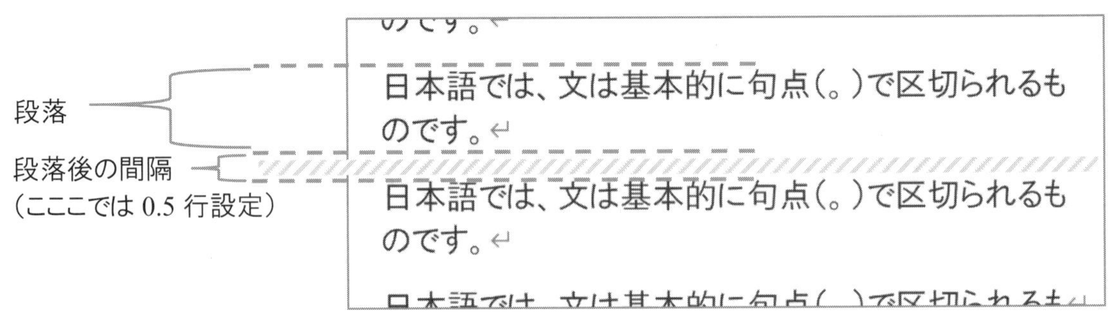

●行間

間隔という項の中の行間と間隔で、行間を変えることができます。行間を変えても行間が変更されない場合は、「1ページの行数を指定時に文字を行グリッド線に合わせる」のチェックボックスのチェックを外してください。

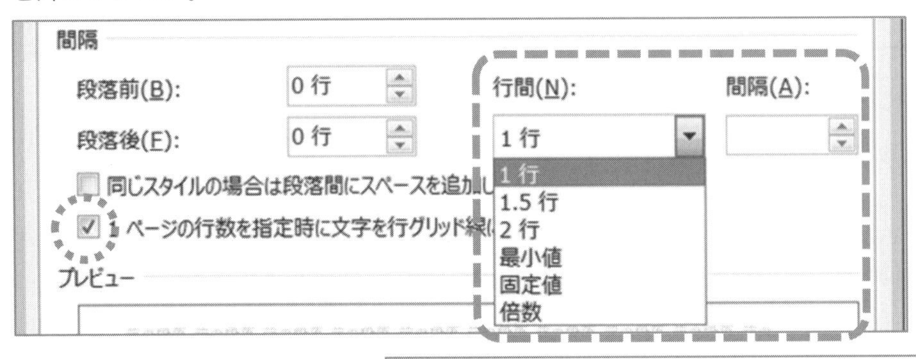

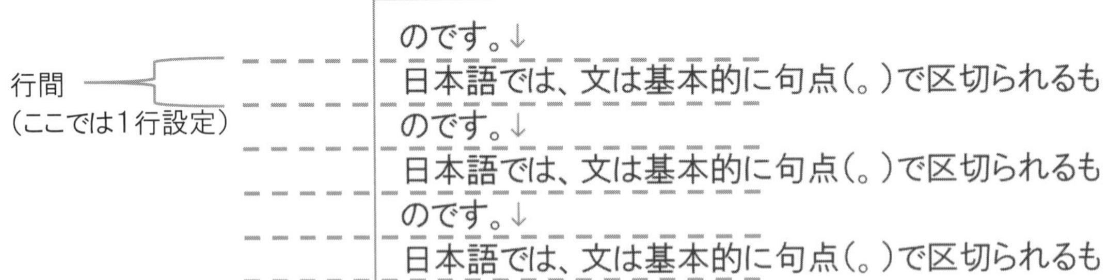

この例では、行間のみを説明するために、段落が一つで改行のみで行を構成していますが、改段落をしても段落前や段落後の間隔を設定しなければ、結果や意味は同じです。

なお、固定値では、「pt(ポイント)」という単位で間隔を設定しますが、「pt」はフォントサイズを表す単位と同じです。したがって、フォントサイズより間隔の値を小さくすると、上下の行間で文字が重なってしまいます。

練習2−3

ダミー文章(=rand(3,3))を使って、段落のダイアログボックスから、次のような設定を行ってみましょう。文字のポイントは、9 pt とします。なお、2行目以降の左端の文字は、文字サイズと1行の文字数設定等によって、以下の例とは異なります。

1. 行間は初期値のまま、段落後のみを1行とする。

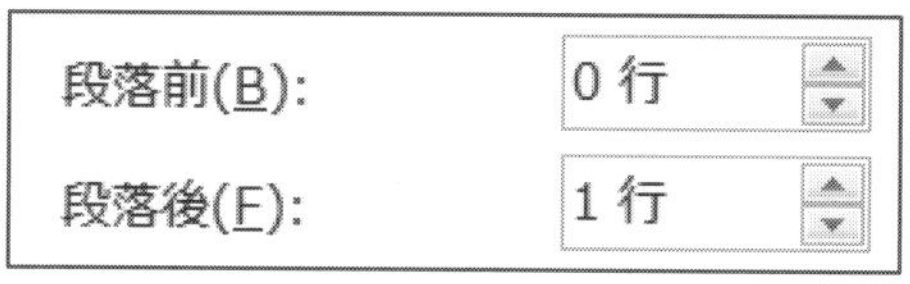

段落前(B):	0 行
段落後(F):	1 行

2. 段落後を1行のまま行間を固定値、12 pt とする。

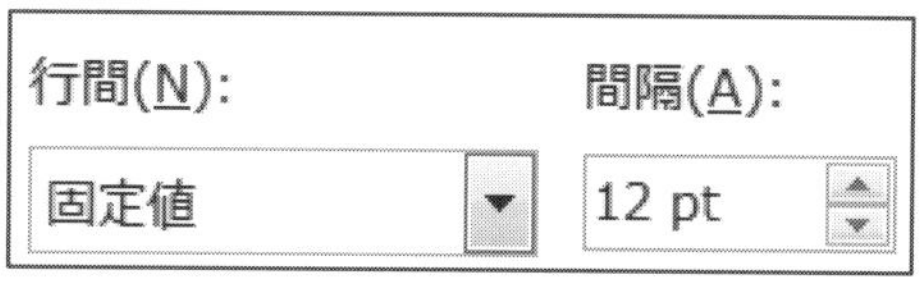

行間(N):	間隔(A):
固定値	12 pt

1.

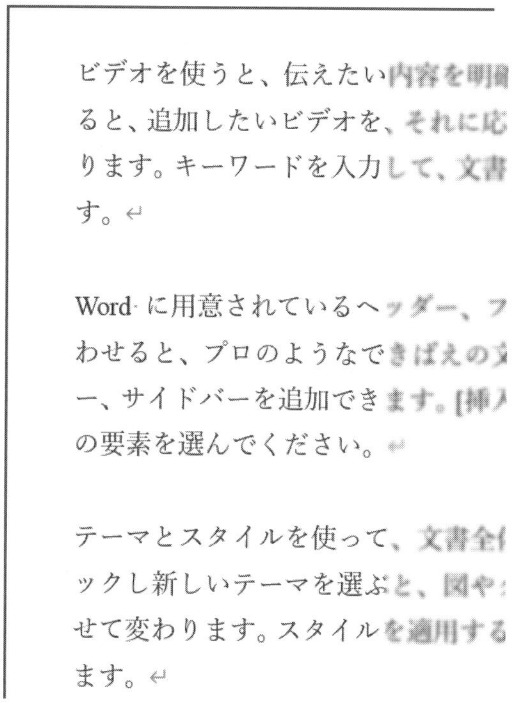

ビデオを使うと、伝えたい内容を明
ると、追加したいビデオを、それに応
ります。キーワードを入力して、文書
す。↵

Word に用意されているヘッダー、フ
わせると、プロのようなできばえの文
ー、サイドバーを追加できます。[挿入
の要素を選んでください。↵

テーマとスタイルを使って、文書全
ックし新しいテーマを選ぶと、図や
せて変わります。スタイルを適用する
ます。↵

2.

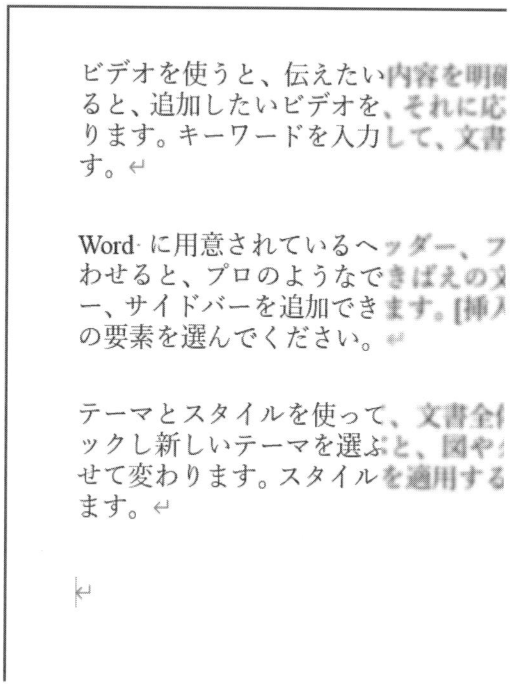

ビデオを使うと、伝えたい内容を明
ると、追加したいビデオを、それに応
ります。キーワードを入力して、文書
す。↵

Word に用意されているヘッダー、フ
わせると、プロのようなできばえの文
ー、サイドバーを追加できます。[挿入
の要素を選んでください。↵

テーマとスタイルを使って、文書全
ックし新しいテーマを選ぶと、図や
せて変わります。スタイルを適用する
ます。↵

↵

1の設定では段落後に空いているスペースは、改段落の編集記号や行そのものはなく、改段落の後に1行分スペースが空いていることを、2の設定では行間の高さが低くなったことを確認してください。

行グリッドについて

行グリッドは、「レイアウト」タブ→「ページ設定」グループのダイアログボックスの「ページ設定」(p.80 参照)の行数によって、決定されています。しかし、この設定どおりに行数が設定できるのは、横書きの場合、フォントの仮想ボディの縦方向のサイズが、一定の範囲以下のフォントサイズの場合のみです。「メイリオ」や「游明朝」のようにフォントの縦方向のサイズが大きいものは、行数の設定での1行のグリッド幅に収まらないことが起きます。収まらないと次の行、つまり2行分を使って表示し、ページ設定の2分の1の行数となってしまうことがあります。

わかりにくいですが、行グリッドとフォントの縦方向のサイズによって決まる行間よりも、「段落」で設定した行間を優先したい場合は、繰り返しになりますが、「1ページの行数を指定時に文字を行グリッド線に合わせる」のチェックボックスのチェックを外してください。

行間か、ページ設定のいずれで行数を設定しても、1ページの行数を指定するのは難しい場合があり、一長一短がありますので、両方の機能をよく試して自身のスタイルに合う方を利用してください。

■タブとタブセレクター

[Tab]キーを押すと、事前に設定された文字数や基準にしたがって空白(タブ)が挿入されます。先の編集記号(p.64 参照)では右向きの矢印(→)で表されていたものです。

タブセレクターによってタブの後の文字列の位置を自由に変更し、タブの挿入位置の直後の文字列を左揃え、中央揃え、右揃え、小数点揃えにすることができます。

<タブセレクター(水平ルーラーの左側にあるアイコン)>

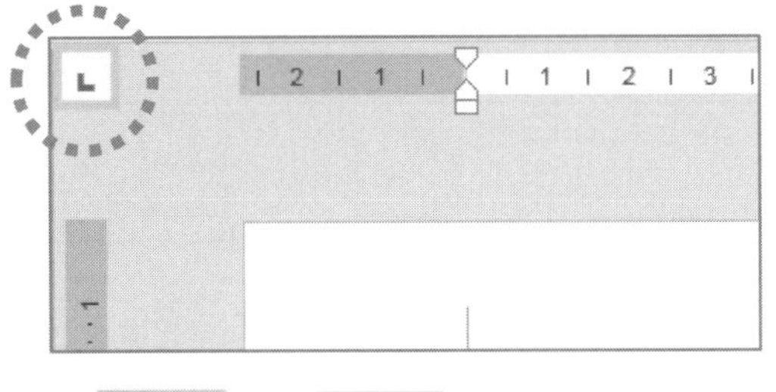

この左隅にあるアイコンは、「左揃えタブ」→「中央揃えタブ」→「右揃えタブ」→「小数点揃えタブ」→「縦棒タブ」→「1行目のインデント」「ぶら下げインデン」トと順次クリックする毎に変わっていき、最後までいくと、最初の「左揃えタブ」に戻ります。

<スペースのみで文頭や桁を揃えようとした場合>
(データは、架空のものです)

マラソン大会□□□□□□□□開催地□参加人数(人)↵
東京マラソン□□□□□□□□東京□□□□□□38000↵
別府大分毎日マラソン□□□大分□□□□□□□3400↵
NAHA マラソン□□□□□□□沖縄□□□□□□□30000↵

このように3つの項目を、スペースで区切っても、文頭や数字の桁の位置を揃えることができません(編集記号を表示しています)。この時に、文頭や数字の桁の位置を、[Tab]キーとタブセレクターを使って揃えることができます。

<[Tab]キーと、タブセレクターを使って揃えた場合>

マラソン大会	→	開催地	→	参加人数(人)↵
東京マラソン	→	東京	→	38000↵
別府大分毎日マラソン	→	大分	→	3400↵
NAHA マラソン	→	沖縄	→	30000↵

左図のように揃えるためには、まず、[Tab]キーで3つの項目を区切って入力します。

<[Tab]キーでタブ区切りの入力をした状態>

マラソン大会 → 開催地 → 参加人数(人)↵
東京マラソン → 東京 → 38000↵
別府大分毎日マラソン → 大分 → 3400↵
NAHA マラソン → 沖縄 → 30000↵

最初の列は左揃えになっているので、中央と右端の列だけの揃え方を説明します(最初の列の位置も、同様に移動などの変更は可能です)。

マラソン大会 → 開催地 → 参加人数(人
東京マラソン → 東京 → 38000↵
別府大分毎日マラソン → 大分 → 3400↵
NAHA マラソン → 沖縄 → 30000↵

4つの段落を選択した状態で、タグセクレターを使います。左揃えタブのアイコンの状態で、ルーラー上の揃えたい箇所をクリックすると2列目の項目が左揃えで整列されます。ここでは 12 の目盛りのあたりをクリックしています。

左揃えのタブマーカーがルーラー上の下部に表示されます。

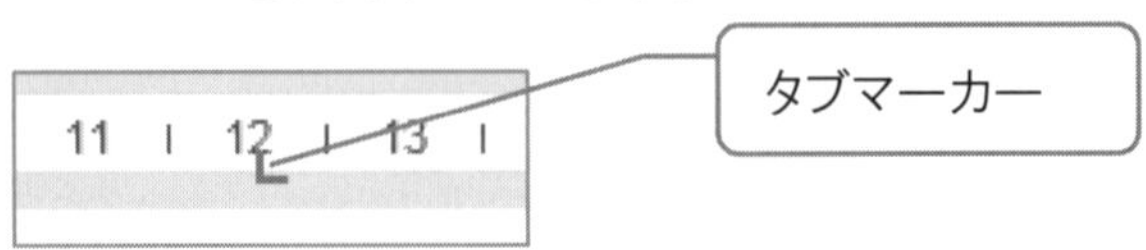

同様にして、選択した状態で、右揃えタブのアイコンに変更し、ルーラー上の揃えたい箇所をクリックすると3列目の項目が右揃えで整列されます。ここでは 23 の少し前の目盛りのあたりをクリックしています。

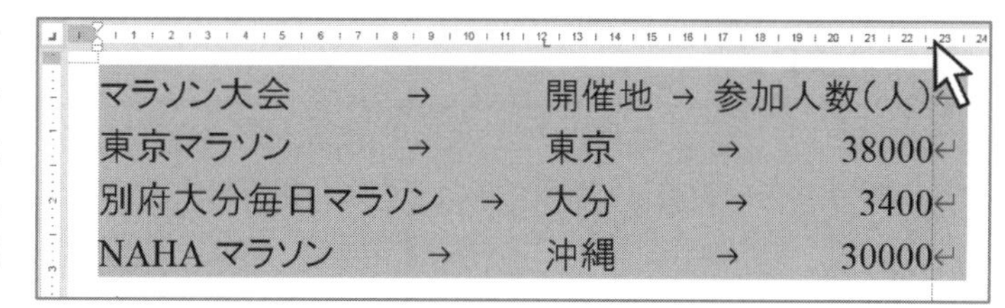

クリックしたタブマーカーの位置は、ドラッグ＆ドロップ操作で移動できます。インデントマーカーのマウスによる移動と同じように、[Alt]キーを押した状態で、ドラッグ＆ドロップ操作をすると、位置の移動量が細かくなり、微調整を行うことができます。また、ルーラー上のタブマーカーを、上や下の方向のルーラーの外へドラッグ＆ドロップ操作をするとマーカーを削除することができます。そのため、[Alt]キーを押した状態で、ドラッグ＆ドロップ操作をする際に、ルーラーの外方向へマウス操作すると、マーカーが削除されてしまいます。

他のアイコンを利用して、小数点の位置を揃える(p.230 参照)こと、縦線を引くこと、インデント等を設定することができます。

●リーダー線

タブセレクターによって設定した空白の間にリーダー線を引くことができます。このダイアログボックスでは、タブセレクターによるタブの位置も変更できますが、2つの項目間にリーダー線を引く方法の説明をします。

2つの項目を[Tab]キーでタブ区切りをします。次にタブセレクターで、(ここでは右揃えの)タブマーカーを、上記と同様に設定します。

この状態に設定した後に、設定したい段落を選択し、「段落」のダイアログボックスの左隅にある「タブ設定」をクリックすると、「タブとリーダー」のダイアログボックスが表示されます。

タブ位置に、タブマーカーによって設定された字数が表示されている枠内の字数をマウスで選択します(ここでは、12.83字)。

「リーダー」の項目から、リーダー線の様式のラジオボタンを選択し、「OK」を押します。タブで区切られた項目の間にリーダー線が引かれます。

マラソン大会·············· 参加人数(人)
東京マラソン························38000
別府大分毎日マラソン·············· 3400
NAHA マラソン ·····················30000

項目間の長さを変更したい場合は、タブマーカーを移動させて、位置を変更します。

■箇条書き

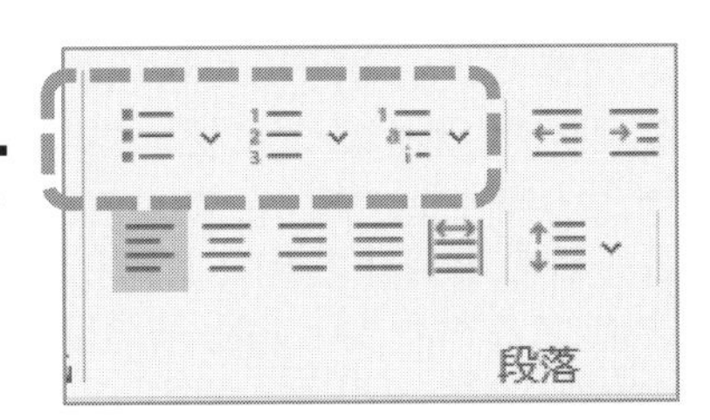

段落の書式を、行頭文字または段落番号の付いた箇条書きにしたり、番号の付いた箇条書きにしたりすることができます。「ホーム」タブの「段落」グループのアイコンから設定可能です。

●箇条書き

箇条書きは、リストの先頭に行頭文字を使ったものです。行頭文字は初期設定で「●」が使用されます。記号は変更できます。また、階層構造を作ることもできます。

<箇条書きの例>

●→Word↵
　➢ → 2016↵
　➢ → 2019↵
●→Excel↵
●→PowerPoint↵

1. 一つ目の段落に、「Word」の文字列を入力し、「箇条書き」のアイコンをクリックします。文頭に箇条書き記号(●)がつきます。

2. 次に「Word」の文字列の段落末で、[Enter]キーを押すと、同じ箇条書き記号(●)が表示されます。ここへ「2016」と入力します。カーソルを「2016」の「2」の前まで移動させ、[Tab]キーを押します。数文字程度行頭が字下げになり、文頭に次の階層の箇条書き記号がつきます。

3. 同じように、「2016」の段落末で、[Enter]キーを押すと、次の同じ箇条書き記号が表示されます。ここへ「2019」と入力します。次に、2019 の段落末で、[Enter]キーを押すと、同じ箇条書き記号が表示されます。

4. その箇条書き記号の後に「Excel」の文字列を入力し、その箇条書き記号と「E」の間にマウスカーソルがある状態で、[Shift]+[Tab]キーを押します。箇条書きの階層が一つ上位へ戻った記号(●)に、段落文頭が変更されます。このように下がった階層を一つ上の階層に戻したい場合は、[Shift]+[Tab]キーを押します。[Enter]キーを押し、「PowerPoint」の文字列を入力します。

●箇条書きでの［Shift］+［Enter］キーを使った改行（段落内改行）

<箇条書きの段落の 2016 の文字列の後に、改段落をせず、改行を行った例>

●→Word↵
　➢ → 2016↓
　　　2019↵
●→Excel↵
●→PowerPoint↵

改行(段落内改行)は、段落が新しく作られませんので、段落文頭には箇条書き記号は付きません。上の例に示した[Enter]キーによる段落作成による文頭文字の自動作成と、左の例の段落の 2016 の文字列の後に、[Shift]+[Enter]キーを使った改行による文頭文字がない行の作成の違いを使い分けられるようになりましょう。この違いは、スライド作成においても重要です(p.204 参照)。

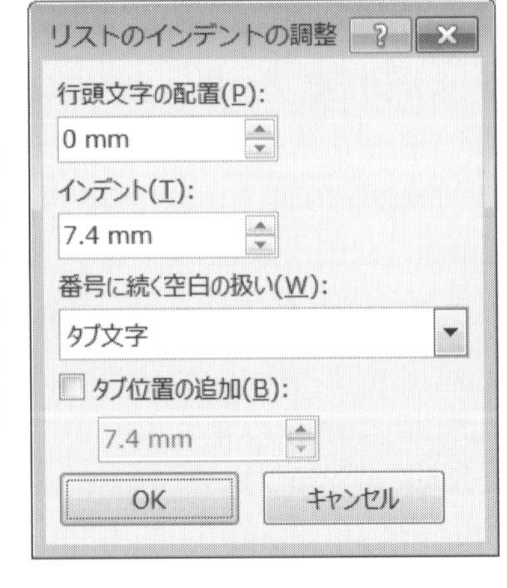

なお、Word と PowerPoint の標準設定の箇条書きには違いがあります。Word では行頭文字と文字列の間に、タブが挿入されます。段落を選択して右クリックして表示されるコンテキストメニューの「リストのインデントの調整」から「番号の続く空白の扱い」を「なし」を選択すると消すことができます。タブを消しても箇条書きの設定は、維持されます。行頭文字と文字列の間に、タブが挿入される機能は、PowerPoint にはありません。

箇条書きの段落に対するインデントの設定は、「番号に続く空白の扱い」のタブが挿入されていると、「ぶら下げ」の場合、通常の段落と動作が異なります。通常の段落と同じインデントの調整を行いたい場合は、先の「リストのインデントの調整」から「番号の続く空白の扱い」を「なし」にして、ぶら下げインデントを設定します。

＜箇条書きの段落のタブの設定を削除し、ぶら下げインデントの設定をした例＞

●ビデオを使うと、伝えたい内容を明確に表現できます。[オンライン ビデオ] をクリックすると、追加したいビデオを、それに応じた埋め込みコードの形式で貼り付けできるようになります。キーワードを入力して、文書に最適なビデオをオンラ

○行頭文字の変更

行頭文字を変更できます。

＜行頭記号をすべて●に変更した例＞

- Word
    - 2016
    - 2019
- Excel
- PowerPoint

●段落番号

段落番号は、リストの先頭に番号を使ったものです。基本的に「箇条書き」の機能と変わりません。番号は初期設定で「1」から始まる数値が使用されます。ライブラリから五十音、アルファベットなど様々な序列のあるものに変更可能です。箇条書きと段落番号は、9つの階層が設定可能です。

●アウトライン

第１章 見出し
第１節 見出し
第１項 見出

アウトラインは、段落番号と変わらない機能と、スタイルの機能（アウトラインレベル）が付加された機能が混在しています。リストライブラリの中で、左図のように「見出し」という用語が付いた段落番号の場合、スタイルの機能をあわせて利用する設定となります。見出しと連動するアウトラインレベルの設定を変更するのは初学者には難しいため、最初は既定の設定から試すようにしてください。スタイルも参照してください（p.79 参照）。

■段落の行揃え（左・中央・右・両端揃え等）

段落単位を基本として、左揃え･中央揃え･右揃え･両端揃え･均等割り付けが設定できます。文書の段落の配置は、標準設定では、両端揃えです。均等割り付けは、少し使い方が異なります。

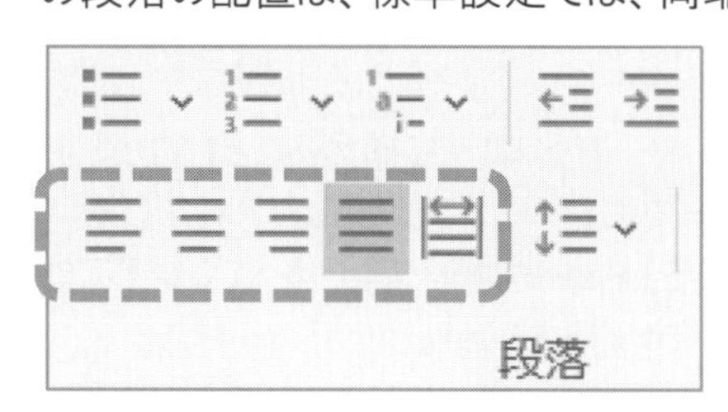

「ホーム」タブ→「段落」グループのアイコンから変更できます。

●左揃え・中央揃え・右揃え

用語のとおり、段落の幅に対して、左端、中央、右端に揃えて配置します。[Space]キーで、中央や右端へ文字を移動させる必要はありません。

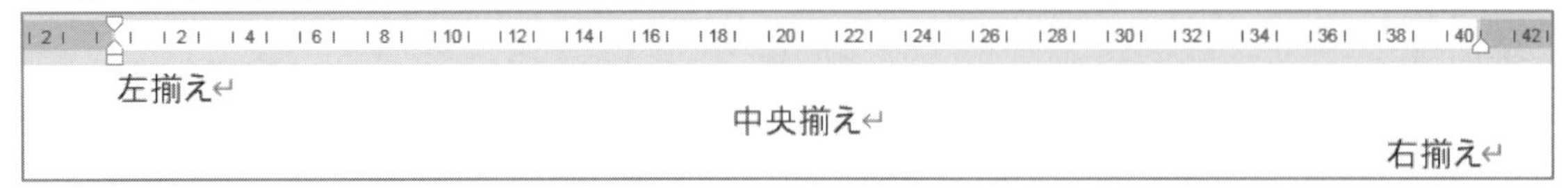

●両端揃え

両端揃えでは、段落の幅が1行を超えていると、行の文字数を保ったまま、段落の両側の段落の幅に合わせて、文字列の文字間を行毎に伸ばします。これは、左揃えではフォントのプロポーションによっては、段落の端がジグザグになって揃わないためです。

＜両端揃え（ダミー文章利用、=rand(1,3)）の場合＞

ビデオを使うと、伝えたい内容を明確に表現できます。[オンライン ビデオ] をクリックすると、追加したいビデオを、それに応じた埋め込みコードの形式で貼り付けできるようになります。キーワードを入力して、文書に最適なビデオをオンラインで検索することもできます。

＜左揃え（ダミー文章利用、=rand(1,3)）の場合＞

ビデオを使うと、伝えたい内容を明確に表現できます。[オンライン ビデオ] をクリックすると、追加したいビデオを、それに応じた埋め込みコードの形式で貼り付けできるようになります。キーワードを入力して、文書に最適なビデオをオンラインで検索することもできます。

●均等割り付け

均等に行単位で文字列を配置する機能です。文章に用いられることは通常ありません。項目名などで使用されます。この機能は、段落単位ではなく、指定された文字数に広げることもできます。合わせたい箇所の1番多い文字数に合わせます。

＜均等割り付け（文字列の範囲を指定せず、段落の行単位での割り付け）＞
（文字間が間延びしてしまい読みづらくなるため、通常はこのような使い方はしません。）

日　　時　　：　　2　　0　　2　　1　　年　　7　　月　　2　　3　　日
開　催　場　所　：　オ　リ　ン　ピ　ッ　ク　ス　タ　ジ　ア　ム

＜均等割り付け（「日時」という文字列を範囲指定し、文字列の幅を4字で指定した場合）＞

日　　時：2021 年 7 月 23 日
開催場所：オリンピックスタジアム

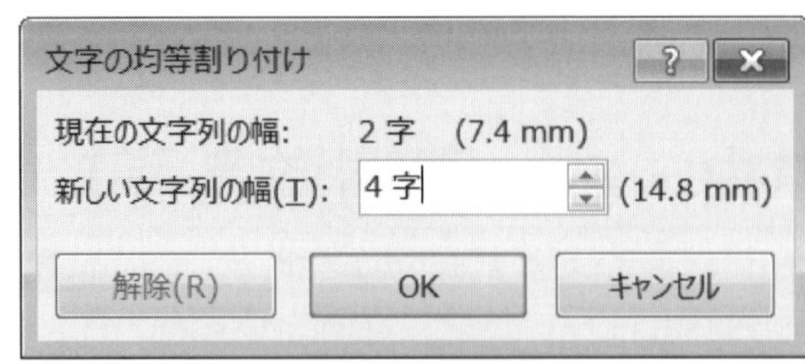

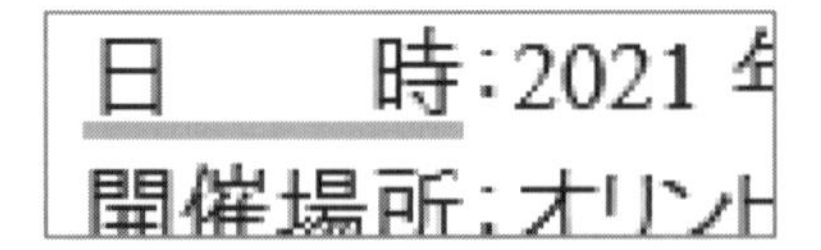

均等割り付けの箇所にマウスカーソルを置いた場合（色（水色）が付いた下線が表示されます。

簡易的には、「日時」を全角スペースで「日□□時」と[Space]キーで区切って揃えることもありますが、均等割り付けの設定の利用も検討してください。[Space]キーで広げると、文字間が切れてしまい検索しにくいなどの問題が生じます。区切りが必要のない文字列を[Space]キーで区切って、レイアウトを整えるのは、よくありません。Excel のデータ入力でも同様です（p.149 参照）。

■罫線

段落書式で設定する罫線（「段落」グループの「罫線」）と文字書式の下線（p.60 参照）は異なるものです。「ホーム」タブ→「段落」グループの「罫線」のアイコンの「線種とページ罫線と網掛けの設定」から詳細な設定が可能です。設定対象は、文字を指定して行うことも一部で可能ですが、段落単位が基本です。「罫線」のアイコンのメニューから、水平線の入力も可能です。

例）罫線の機能で下の線を引いた場合（文字からの距離を 4 pt に設定した場合）

例）下線の機能で下の線を引いた場合（文字からの距離は変更不可）

■スタイル

スタイルとは、フォントやフォントサイズなどの文字書式と、インデントや行間などの段落書式を一つのセットにまとめたもので、段落単位でこれらの書式を一括して指定できる機能です。書式の設定内容としては、フォントやフォントサイズなどの設定、配置や行間など、様々な設定が含まれています。

「ホーム」タブ→「スタイル」グループのダイアログボックス起動ツールから「スタイル」ウィンドウを表示できます。これらの各スタイルを変更できます。

例えば「見出し 1」のスタイルを変更したい段落にカーソルを置いて、「スタイル」ウィンドウの「見出し 1」をクリックすると、その段落に「見出し 1」の書式が適用されます。また、文書を作成し終わった後でも、スタイルの書式を変更すれば、「見出し 1」のスタイルを適用していた段落のすべての設定を変更することができます。

スタイル
標準
見出し 1, 章
見出し 2, 節
見出し 3, ■
見出し 4, ●
見出し 5, 番号付

○スタイルの適用例

＜スタイルの適用前（背面）とスタイルの適用後（前面）＞

第6節　レポートの書き方

レポートを書くことを求められる講義・実験実習は数多くあり、学習効果を高めるため、あるいは学習到達度を測定するための有用性を誰もが認める課題の一つです。

レポート作成に関する教育を受けていない学生が、レポート作成術に関する本を買うこともなく、自己流で書いたレポートのほとんどは、提出ルールを守っておらず、高校までの感想文と同じレベルです。「答えは一つ、覚えろ」と言われてきた高校までの世界から、大学では、急に「答えは一つではない、考えろ」という世界に入ります。この転換を理解するために必要なことは、次の視点です。

高校までは基本的に点数で表されるテストのみで評価されてきたと思います。しかし、これからは考えたことや新しく発見したことを他人に伝える能力によって評価される機会が急激に増加します。

つまり、大学でのレポートは、あなたの能力を伝えるテストの代わりになるものです（これ以外にも、プレゼンテーション能力やコミュニケーション能力なども、同様にテストの代わりになっていきます）。

レポートには様々な書き方があります。ここに示せるのは、その一例にすぎません。他にもレポートの書き方に関する書籍が多数あり、それらも参考にして標準的なスタイルを身に付けましょう。卒業論文や学術論文は、レポートとはレベルが異なるためここでは対象としませんが、レポートがその基礎となります。

1．レポートをなぜ書くかを理解せよ

レポートを書くのは、成績をもらうためと思っている人がいるようですが、それはレポートのごく一部分です。言い換えれば、手段でしかありません。もちろん、とりあえず書いてみるというレポートも否定はしません。しかし、レポート作成の本質は、講義や自習などで得た情報や知識をまとめ、考える作業空間として利用することにあります。ここを理解してレポートを書くかどうかで、レポート作成時のあなたの学習効果が大きく異なることになります。

違う言葉で説明すると、学習した内容（読書、実験、体験等）について、紙（ある時は、パソコン画面）という平面で、項目立てや論理を構築する過程を通じて、問題整理し、理解を深めることが目的です。そうなると最終的にレポートは、学習内容の単なる羅列とはなりませんし、感想文とも異なっているはずです。

つまり、レポートは、見聞きしたこと、頭で考えたこと、調べたこと、体験したことから「問題を整理し、考えを深めること」が一番の目的です。そして、どの程度、問題を整理でき、深化させることができたかを「伝えること、表現すること」が2番目の目的だと考えることが重要です。

2．レポートは誰が読むかをイメージせよ

レポートを読むのは、大学の場合、教員です。常に誰が読むのかを意識し、文章のレベルや語彙の選択を考えなければなりません。経験的に言って、良いレポートは最初に軽い読みで一読した時の評価と見直した時の評価があまり変わりません。それほど読み手を意識した内容のレポートは評価が高いということです。

また、出題者が"何を"求めているのか（後述：「レポート課題を把握せよ」を参照）を正しくイメージする必要があります。例えば、読み手が教員でも、課題が「小学生に読ませるための経済の説明をレポートとして提出しなさい」であった場合に、大学生レベルで文章や用語を選択しては、課題の求めに応じていません。

スタイルの機能で見出しなどを設定することで、文字書式と段落書式の設定が一括管理でき、本書のような文書のレイアウトの統一も容易となります。卒業論文などを作成する際に利用するとよいでしょう。

ここでは、機能の紹介にとどめますが、Word に初めから用意されているスタイル（組み込みスタイル）の「見出し1」や「見出し2」には、アウトライン（p.77 参照）のアウトラインレベルが順に設定されています。アウトライン番号が必要ない場合や、必要な通し番号が少なく、逐一手入力して修正する場合は、アウトラインのコマンドを用いるより組み込みスタイルのみを使った方が、文書内の階層化の管理は容易です。

第3節　レイアウト・PDF出力

■ページ設定

1行あたりの文字数や、行数を増減させたりすることができます。

「レイアウト」タブ→「ページ設定」グループ内のダイアログボックス起動ツールをクリックしてください。「文字数と行数」タブでは、通常、「標準の文字数を使う」という設定になっていますが、「行数だけを指定する」、「文字数と行数を指定する」のラジオボタンを選択し、希望の文字数や行数に指定することができます。

＜文字数と行数｜ページ設定＞

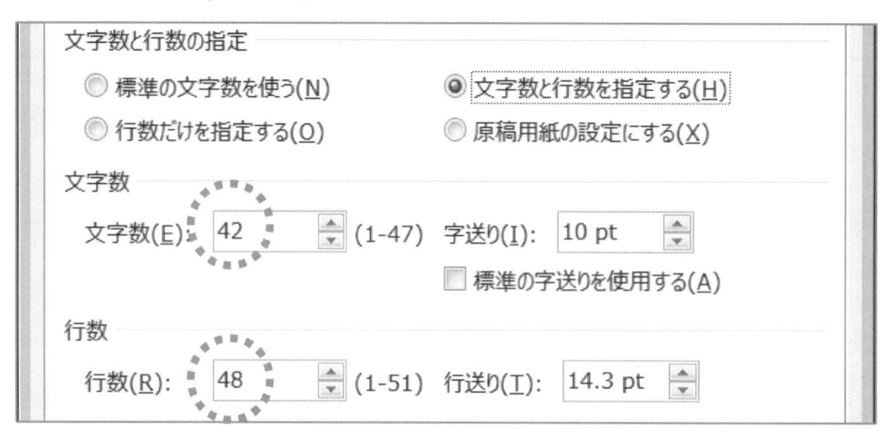

ただし、段落設定で、「1ページの行数を指定時に文字を行グリッド線に合わせる」のチェックボックスのチェックを外している場合は、段落設定の行間が優先されます（p.72 参照）。また、フォントの種類とフォントサイズ（仮想ボディのサイズ）によって、指定の行数にならないことがあります（p.73 参照）。

■余白

ページの余白は、読みやすさの確保や印刷後のファイリングのために必要です。

簡易的には、「レイアウト」タブ→「ページ設定」グループの「余白」のドロップダウンメニューから設定可能ですが、「ページ設定」のダイアログボックスの「余白」タブから詳細な設定をすることができます。

＜余白｜ページ設定＞

＜狭すぎる例（上 6.3mm、左 3mm＞

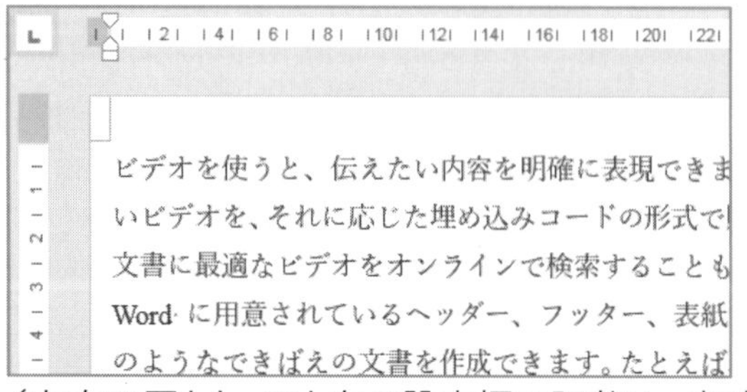

＜適切にとった例（上 20mm、左 25mm＞

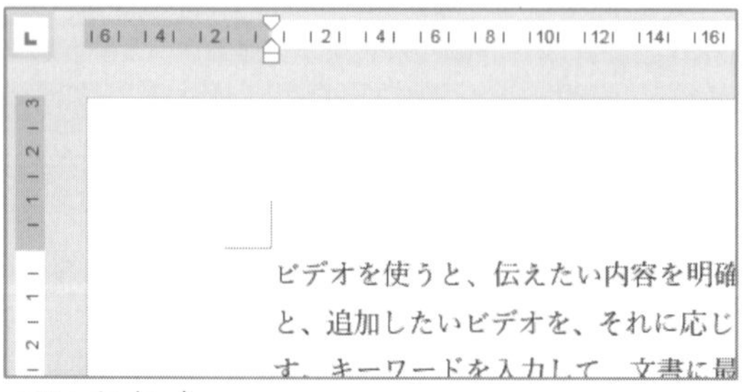

（左右の図とも、下と右の設定幅の記載は、省略しています。）

■ヘッダーとフッター

ヘッダーとフッターは、文書の上と下に、ページ番号などの情報を書き込む機能です。

「挿入」タブ→「ヘッダーとフッター」グループの「ヘッダー」、「フッター」、「ページ番号」のドロップダウンメニューを選択することで入力することが可能です。また、文書の上下の余白部分をクリックすると、ヘッダーやフッターを入力可能な編集状態（破線が表示され、文書の文字が薄く表示される）になります。ツールタブ「ヘッダー/フッターツール」の「デザイン」タブが表示されるため、これらのグループ（のアイコン）から設定すると、詳細に設定することが可能です。ヘッダーとフッターには文字列ではなく、「フィールド」を挿入して使います。「フィールド」として挿入すると、更新の操作により、指定している参照元の情報などにもとづいて表記を書き換えることができます。ページ番号のように一部自動で更新されるフィールドもあります。

なお、ヘッダーにフィールドとして挿入せず、更新の必要がない文字列を直接、入力することもできます。更新されたくない（更新したくない）場合に有用です。

＜「日付と時刻」、「ドキュメント情報」のドロップダウンメニューを利用して、入力した例（ヘッダー）＞

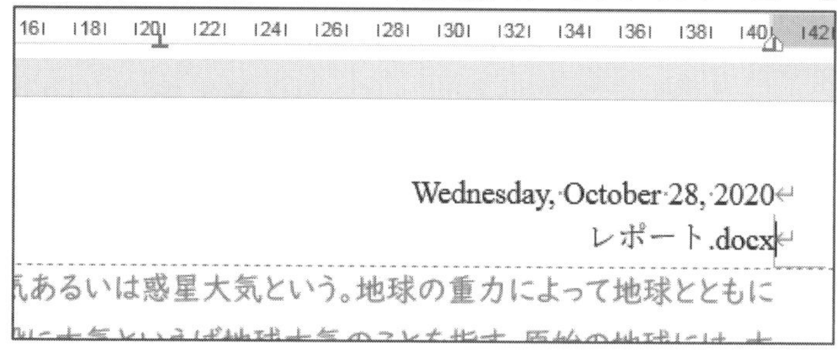

ページの余白の設定とは別に、ツールタブ「ヘッダー/フッターツール」の「デザイン」タブの「位置」グループから、位置を設定することができます。ただし、余白の幅より大きくしてはいけません。

■改ページ

ページの途中で、次のページに段落を変えることができます。[Enter]キーを何回も押し続けて、次のページに変わるまで改段落をする必要はありません。

＜文章の途中で、改ページしたもの（文字は用紙サイズに対して、極端に大きくしてあります）＞

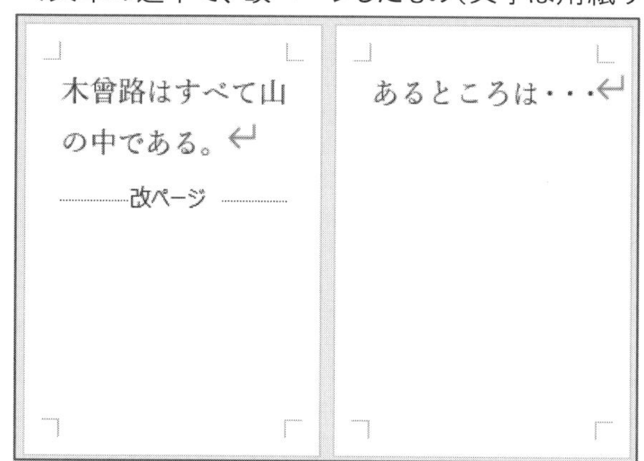

ショートカットキーの[Ctrl]+[Enter]キーで改ページが実行できます。

「挿入」タブ→「ページ」グループの「ページ区切り」、または「レイアウト」タブ→「ページ設定」グループの「区切り」のページ区切り「改ページ」からも同様に、ページを変えるコマンドが実行できます。なお、改ページには必ず改段落がともないます。

メモ：このコマンドの改ページを行っていないのに、段落が改ページされる場合は、改ページ前後の両段落（あるいは文書全体）を範囲指定して、「段落」のダイアログボックスの「改ページと改行」タブの改ページ位置の自動修正の4つのチェックボックスのチェックをすべて外してください。

■段組み

雑誌や論文などで見かけるスタイルです。段組みの利点は、長々と文章が続かないため、探したい文章を比較的早く見つけることができること、適度な改行が読みやすいことの二つの点を挙げることができます。また、改段落による余白部分が少なくなるため、同じスペースに、より多くの文字を詰め込むことができる利点があります。段組みは文書全体でも、一部のみの段組みも可能です。

マウスで対象範囲を指定し、「レイアウト」タブ→「ページ設定」グループの「段組み」の「段組みの詳細設定」で表示されるダイアログボックスから実行できます。幅と間隔は必要に応じて、調整可能です。

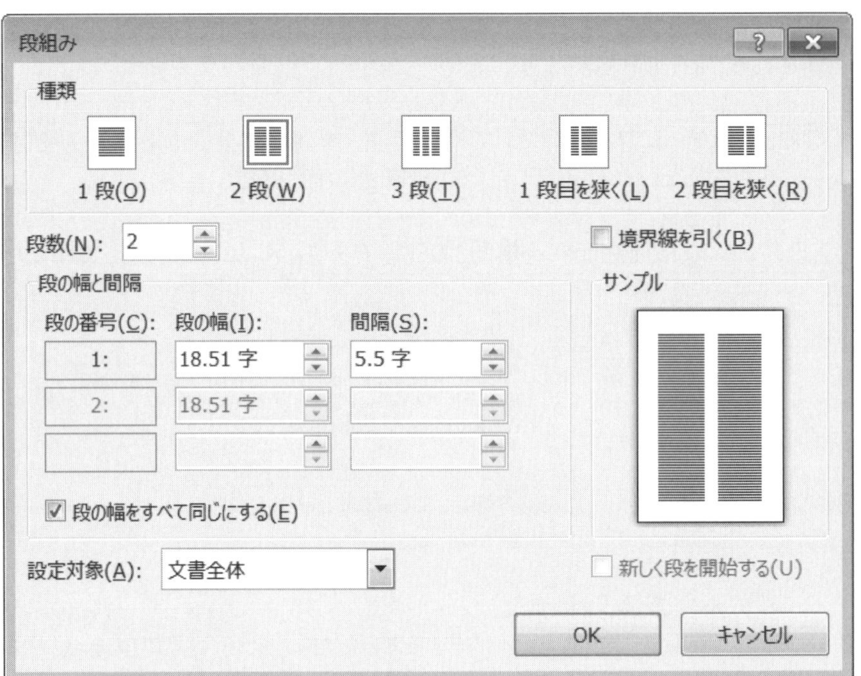

練習3－1

ダミー文章(=rand())を利用して、次のように最初の3つの段落を2段、残りの2つの段落を1段にしてみましょう。なお、3つの段落の後に1行、文字のない段落を入れています。

ビデオを使うと、伝えたい内容を明確に表現できます。[オンライン ビデオ] をクリックすると、追加したいビデオを、それに応じた埋め込みコードの形式で貼り付けできるようになります。キーワードを入力して、文書に最適なビデオをオンラインで検索することもできます。↵
Word に用意されているヘッダー、フッター、表紙、テキスト ボックス デザインを組み合わせると、プロのようなできばえの文書を作成できます。たとえば、一致する表紙、ヘッダー、サイドバーを追加できます。[挿入] をクリックしてから、それぞれのギャラリーで目的の要素を選んでください。↵
テーマとスタイルを使って、文書全体の統一感を出すこともできます。[デザイン] をクリックし新しいテーマを選ぶと、図やグラフ、SmartArt グラフィックが新しいテーマに合わせて変わります。スタイルを適用すると、新しいテーマに適合するように見出しが変更されます。↵
↵
Word では、必要に応じてその場に新しいボタンが表示されるため、効率よく操作を進めることができます。文書内に写真をレイアウトする方法を変更するには、写真をクリックすると、隣にレイアウト オプションのボタンが表示されます。表で作業している場合は、行または列を追加する場所をクリックして、プラス記号をクリックします。↵
新しい閲覧ビューが導入され、閲覧もさらに便利になりました。文書の一部を折りたたんで、必要な箇所に集中することができます。最後まで読み終わる前に中止する必要がある場合、Word では、たとえ別のデバイスであっても、どこまで読んだかが記憶されます。↵
↵

■PDF ファイルの出力

プリンターによる紙への出力（印刷）ではなく、デジタルファイルであるPDFファイルの出力の方法を説明します。PDF ファイルは、無料で配布されている Microsoft Edge や Adobe Acrobat Reader DC（p.25 参照）で開くことが可能で、デジタル文書の閲覧において、資料配布に広く利用されています。PC 環境の違いによるレイアウトの崩れが少ないファイル形式です。

Word、Excel、PowerPoint では、ファイルを保存する手順を使って、PDF ファイル形式のファイルを出力することができます。

「ファイル」→「名前を付けて保存」から、ファイル形式に「PDF（*.pdf）」を選択し、ファイルを保存してください。

なお、PDF ファイルには、フォントを埋め込むことができます（Excel を除く）。レイアウトの崩れにくいPDF ファイルですが、PDF ファイルで指定されているフォントが、利用する他の PC 環境にない場合は、レイアウトが崩れてしまう場合があります。その問題を避けるために、閲覧に必要なフォントを PDF ファイルに埋め込むことができます。ただし、ファイルサイズが非常に大きくなるので、本当に必要な時だけ埋め込みましょう。

「名前を付けて保存」から、ファイル形式に「PDF（*.pdf）」を選択し、「その他のオプション」を選ぶと、ダイアログボックスが新たに開くので、「ツール」のドロップダウンのメニューから「保存オプション」を選び、「保存」の項目の中の「ファイルにフォントを埋め込む」のチェックボックスにチェックを入れます。

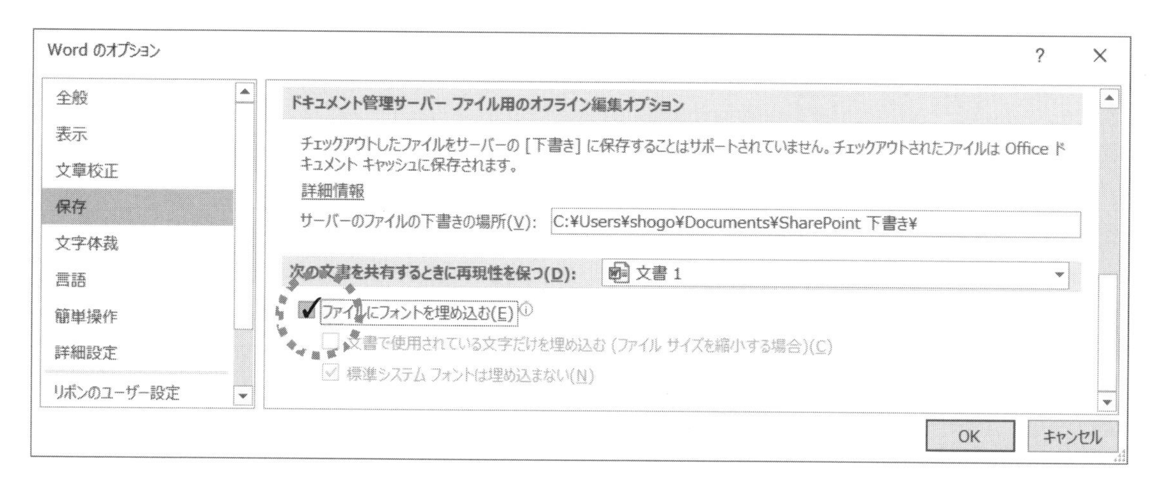

PDF ファイル形式で保存した後は、正しく保存され、表示が乱れていないかなどを確認するため、PDF ファイルを開き、内容を確認してください。文字への装飾、グレーのメッシュの濃さ、線の太さ、パターンなどが、多少 Word などのアプリの設定どおりに反映されないことがあるため、読み取りにくくなっていないかや、読めなくなっていないかなどを必ず確認することが必要です。

○Microsoft Print to PDF—仮想プリンター

Microsoft Print to PDF は、Windows 10 に標準で搭載されている仮想のプリンターとして機能するアプリです。各アプリの中で印刷のコマンドの中からプリンターとして選択して、PDF ファイルを出力することができます。印刷のコマンドといっても、紙に印刷されるわけではありません。

この他、出版社への入稿原稿の作成といった高機能な PDF ファイルを出力できる仮想プリンターとして機能するアプリに、Adobe Acrobat DC（有料）があります。

第4節　文章校正

卒業論文のように比較的長く、充分な推敲を求められる文書では、文章中の誤字の訂正、表現の変更などを何カ所も行う必要があります。単純な表現の変更箇所を文書中から逐一探しだすのは効率が良くありません。「検索と置換」などの機能を用いて、文章校正を行うことができます。

■検索と置換

簡易的には、検索する文字列を選択し、「ホーム」タブ→「編集」グループの「検索」のコマンドを実行するとナビゲーションウィンドウに検索結果が表示されます。ショートカットキーの[Ctrl]+[F]も検索に用いるナビゲーションウィンドウが表示され、検索の実行に便利です。

　例えば、新規の文書にダミー文章(=rand())を挿入し、「Word」の文字列を検索すると、文書の中で、色で「Word」の文字列が選択されます。この際、文書のウィンドウをクリックすると、文書を修正することができます。一旦文書を修正し、検索を中断しても、再開することができます。

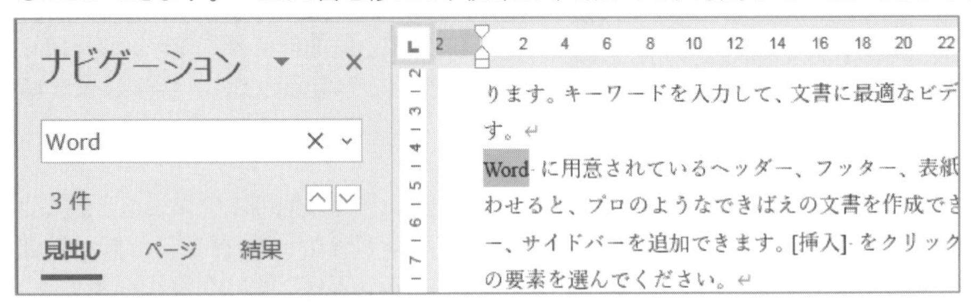

　「ホーム」タブ→「編集」グループの「検索」のドロップダウンメニューで選択可能な「高度な検索」を選ぶと様々な検索条件等を指定する検索が可能です。

　検索文字列を置換したい場合は、「置換」のコマンドを実行して、表示される「検索と置換」のダイアログボックスで、「置換後の文字列」を入力し、置換を実行します。置換のコマンドは、「試料」を「資料」に変換したいというように表記を統一したい時に使用します。ショートカットキーは、[Ctrl]+[H]です。「検索と置換」のダイアログボックスでは、タブにより相互にコマンドを変更可能なため、「高度な検索」を行いたい場合は、このショートカットキーで「検索と置換」のダイアログボックスを表示した後、「検索」タブに切り替えるのもよいでしょう。

＜置換タブ｜検索と置換＞

検索と置換
検索　置換　ジャンプ
検索する文字列(N):
置換後の文字列(I):
オプション(M) >>　置換(R)　すべて置換(A)　次を検索(F)　キャンセル

練習4−1

1. ダミー文章(=rand())を挿入し、「Word」を検索し、文書中への入力により、「ワード」に書き換えてみましょう。

2. 同じダミー文章で「表」を置換の機能で「テーブル」に置換してみましょう。

●書式検索（置換）―オプション

「オプション＞＞」のボタンを押すとダイアログボックスが拡張され、書式を検索（置換）項目に指定できるボタンが表示されます。

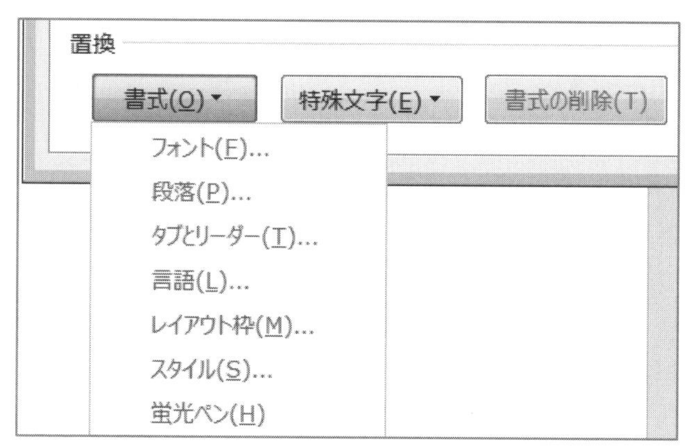

練習4－2

次の例文を入力し、「et al」を斜体で「*et al*」となるように置換のコマンドを用いて変換をしてみましょう。「検索する文字列」と「置換後の文字列」には、「et al」と入力します。「置換後の文字列」には、「書式」のドロップダウンリストの中から「フォント」を選び、スタイルに「斜体」を選びます。

検索する文字列(N):	et al
書式：	
置換後の文字列(I):	et al
書式：	フォント：斜体

「置換後の文字列」の右枠の下に「フォント：斜体」と表示されていることを確認します。あとは、置換のボタンを押してください。

＜例文＞

著者が3名以上いる場合は、英文では省略して「Yamamoto et al.（1985）」と書きます。

■特殊文字検索（置換）

編集記号のような特殊文字を検索（置換）できます。

まず、「あいまい検索」と「ワイルドカードを使用する」のチェックボックスのチェックを外してください。「特殊文字」のボタンがクリックできるようになります。ここでは3つだけを取り上げます。「特殊文字」の「段落記号」、「任意指定の行区切り」、「タブ文字」は、それぞれ順に段落に関係して説明した「改段落」、「改行（段落内改行）」、「タブ」と同じことを指しています。

「特殊文字」のドロップダウンリストから、検索（置換）する文字として選ぶことができますが、キーボードから入力してもかまいません。改段落の記号は「^p」、改行（段落内改行）の記号は「^l」（この l は、小文字のエルです）、タブの記号は「^t」です。

なお、検索した特殊文字に対して、置換できる特殊文字の種類は、若干異なります。これは、検索することしかできない特殊文字（例：任意の数字）と、検索はできないが置換することができる特殊文字（例：クリップボードの内容）があることによります。

置換後の文字列の枠に何もいれずに置換すると、検索対象が削除されることになります。例えば、タブ文字（タブ入力）のような編集記号を一括して削除したい場合に有効です。

＜特殊文字（検索の文字列）＞

- 段落記号(P)
- タブ文字(T)
- 任意の 1 文字(C)
- 任意の数字(G)
- 任意の英字(Y)
- キャレット(R)
- § セクションの文字(A)
- ¶ 段落の文字(A)
- 段区切り(U)
- 省略記号(E)
- 3 点リーダー(F)
- 全角ダッシュ(M)
- 1/4 スペース(4)
- 半角ダッシュ(N)
- 任意指定の改行(O)
- 改行なし(W)
- 文末脚注記号(E)
- フィールド(D)
- 脚注記号(F)
- グラフィック(I)
- 任意指定の行区切り(L)
- 任意指定のページ区切り(K)
- 改行をしないハイフン(H)
- 改行をしないスペース(S)
- 任意指定のハイフン(O)
- セクション区切り(B)
- 全角または半角の空白(W)

＜特殊文字（置換後の文字列）＞

- 段落記号(P)
- タブ文字(T)
- キャレット(R)
- § セクションの文字(A)
- ¶ 段落の文字(A)
- クリップボードの内容(C)
- 段区切り(U)
- 省略記号(E)
- 3 点リーダー(F)
- 全角ダッシュ(M)
- 1/4 スペース(4)
- 半角ダッシュ(N)
- 検索する文字列(F)
- 任意指定の改行(O)
- 任意指定の行区切り(L)
- 任意指定のページ区切り(K)
- 改行なし(W)
- 改行をしないハイフン(H)
- 改行をしないスペース(S)
- 任意指定のハイフン(O)

練習4－3

新規の文書にダミー文章（=rand()）を挿入し、「段落記号」を検索する文字列に入れ、置換後の文字列に空白のまま（あるいは「改行なし」を置換する文字列に入れ）として、改行のない文章に置換してみましょう。

検索　置換　ジャンプ

検索する文字列(N):　^p

置換後の文字列(I):

6つの改段落記号があり、6個が置換されたと表示されますが、Word 文書には最低一つの段落が必要なため、置換後にも最終的には最後の一つだけ改段落記号は、残ります。

■ワイルドカード検索（置換）

ワイルドカードとは、任意の文字列を表す記号で、これを使うことにより様々な検索条件を設定できます。ワイルドカードは必ず半角英数記号で入力します。

「ワイルドカードを使用する」のチェックボックスをチェックし、「あいまい検索」のチェックボックスは、英・日は、両方とも外れていることを確認してください。

＜特殊文字のボタンをクリックして表示されるメニュー（一部）＞

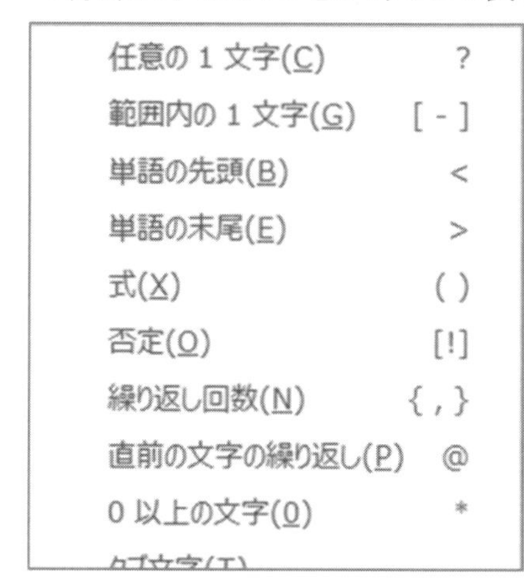

「ワイルドカードを使用する」のチェックボックスをチェックすると、「特殊文字」のボタンを押しても、先の特殊文字検索のメニューとは異なるワイルドカード用のメニューが表示されます。つまり、同じボタンを押しても、チェックボックスのチェックの有無で、表示されるメニューが異なります。

なお、これらのメニューからワイルドカードを選ばず、直接入力しても問題ありません。

●?（クエスチョンマーク）―ワイルドカード

?（クエスチョンマーク）は、「任意の１文字」を検索します。

例として、「応用生物科学科」と「応用生物化学科」という用語が混在している文章で、両方を検索したい場合は、「応用生物?学科」と検索する文字列に入力し検索します。

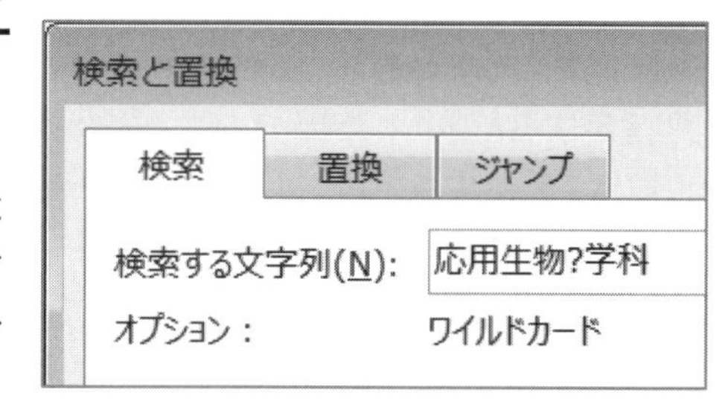

メモ：Word では、「?」や「＊」そのものを検索したい場合は、「ワイルドカードを使用する」のチェックボックスを外して検索すれば、普通に検索可能です。
Excel では「~（チルダ）」を利用した指定が必要です（p.154 参照）。

●＊（アスタリスク）―ワイルドカード

＊(アスタリスク)は、任意の「0文字以上の文字」を検索します。

例として、「応用生物科学科」と「応用生物化学科」に加えて、「応用生物学科」の3つを検索したい場合に、「応用生物＊学科」と検索する文字列に入力し検索します。

日本語での使用上の注意点

日本語では英単語のように文字区切りの半角スペースが空いていないため、ワイルドカードの機能は思った通りの動作をしない場合もあるため注意が必要です。また、「任意指定の改行」のように英文でのみ実質的に機能するものもあります。

例えば、
単語の先頭を指定する「<」のワイルドカードで「<応用」と指定しても、単語の区切りが日本語ではわからないため、
「応用生物科学科、応用生物化学科に加えて、応用生物学科」という文章では、3つとも正しく「応用」を検索した結果を返しますが、
「応用生物科学科と応用生物化学科に加えて、応用生物学科」という文章の応用生物化学科の「応用」は検索した結果を返しません。

なお、ワイルドカードを使用せずに、「応用」だけを検索すれば、3つの学科の先頭の「応用」を正しく検索した結果を返します。

> メモ：エクスプローラーでファイルを検索する際でも、クエスチョンマークやアスタリスクを用いることができます。例えば、「*.docx」と指定して検索すれば、いずれのファイル名でも、「.docx」という拡張子がついたファイルを探すことができます。「情報処理演習??.docx」と検索すると、「情報処理演習01.docx」も「情報処理演習 02.docx」も検索結果のリストとして表示されます。どこかのフォルダーに保存したにもかかわらず、正確にファイル名が思い出せない場合に有効な検索方法です。

■文字カウント

「校閲」タブ→「文章校正」グループの「文字カウント」で文字数を数えることができます。

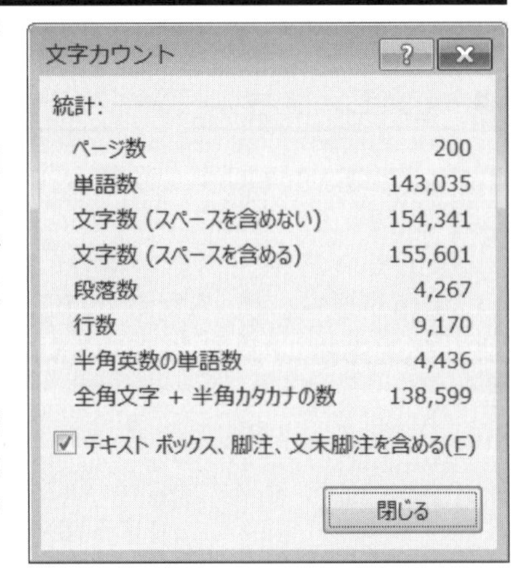

範囲を指定しないと、文書全体がカウントの対象となり、範囲指定すると選択した部分の文字数がカウントされます。単語数は、英語のようなスペースで区切られる言語には有効ですが、スペースで区切られない日本語では正しく算出されません。

提出するレポートには字数が指定されていることが多く、また口頭発表の原稿では、発表予定の原稿の文字数からおおよその発表時間を計算することができるため、文字数のカウントの機能は頻繁に利用します。

■スペルチェックと文章校正

初期設定では、日本語の入力ミスや英単語に対するスペルチェックが常に機能しています。日本語では、欧文のようにスペースで区切られていないため、文章校正で検出可能な入力ミスは、句読点の連続や明らかな誤入力の文字の連続など限定的ですが、レポート提出前に実行するとよいでしょう。

英単語に関しては Word の辞書に該当する単語がない場合は、文書の中に、波線（赤色）が引かれています。図の例では、正しくは、「height」と入力すべきところを、「heght」と入力してしまい単語のスペルが誤りである可能性を、「heght」というように波線（赤色）でマークして、指摘しています。これは、スペルチェックの辞書に「heght」という単語がないということを知らせています。

＜右クリックして表示される修正候補等＞

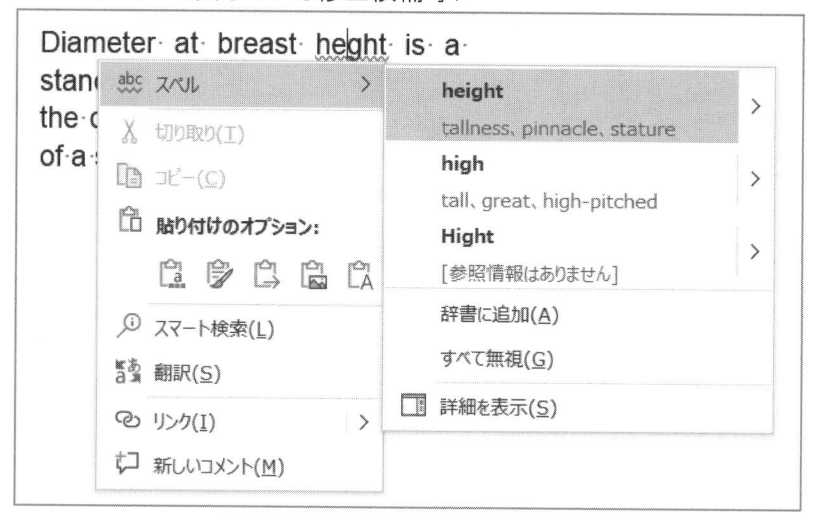

なお、この「heght」という単語が Word の辞書に登録されていなくても、専門用語として使用する正しい単語の場合には、単語を右クリックして、「辞書に追加」を選択して、辞書に登録してください。専門用語は正しいスペルでも標準的に使用される英単語ではないため、Word の標準辞書にはなく、スペルチェックで「辞書にない単語」として、チェックにかかってしまうことがあります。

> メモ：文章作成中に、スペルチェックや文章校正によるチェックの表示機能をオフにするには、「ファイル」タブ→「オプション」の「文章校正」を選び、「入力時にスペルチェックを行う」のチェックボックスを外してください。

スペルチェックの限界

スペルチェックでは、form と from を入力し間違えても当然引っかかりません。両方とも正しいスペルだからです。万能ではないことを理解して使いましょう。

第5節　レポートの書き方

レポートを書くことは、学習効果を高めるため、あるいは学習到達度を測定するための有用性を誰もが認める課題の一つです。

レポート作成に関する教育を受けていない学生が、レポート作成術に関する本を買うこともなく、自己流で書いたレポートのほとんどは、提出ルールを守っておらず、高校までの感想文と同じレベルです。「答えは一つ。覚えろ」と言われてきた高校までの世界から、大学では、急に「答えは一つではない。考えろ」という世界に入ります。この転換を理解するために必要なことは、次の視点です。

高校までは基本的に点数で表されるテストのみで評価されてきたと思います。しかし、これからは考えたことや新しく発見したことを他人に伝える能力によって評価される機会が急激に増加します。

つまり、大学でのレポートは、あなたの能力を伝えるテストの代わりになるものです(これ以外にも、プレゼンテーション能力やコミュニケーション能力なども、同様にテストの代わりになっていきます)。

レポートには様々な書き方があります。ここに示せるのは、その一例にすぎません。他にもレポートの書き方に関する書籍が多数あり、それらも参考にして標準的なスタイルを身に付けましょう。卒業論文や学術論文は、レポートとはレベルが異なるためここでは対象としませんが、レポートがその基礎となります。

1．レポートをなぜ書くかを理解せよ

レポートを書くのは、成績をもらうためと思っている人がいるようですが、それはレポートのごく一部分です。言い換えれば、手段でしかありません。もちろん、とりあえず書いてみるというレポートも否定はしません。しかし、レポート作成の本質は、講義や自習などで得た情報や知識をまとめ、考える作業空間として利用することにあります。ここを理解してレポートを書くかどうかで、レポート作成時のあなたの学習効果が大きく異なることになります。

違う言葉で説明すると、学習した内容(読書、実験、体験等)について、紙(ある時は、パソコン画面)という平面で、項目立てや論理を構築する過程を通じて、問題整理し、理解を深めることが目的です。そうなると最終的にレポートは、学習内容の単なる羅列とはなりませんし、感想文とも異なっているはずです。

つまり、レポートは、見聞きしたこと、頭で考えたこと、調べたこと、体験したことから「問題を整理し、考えを深めること」が一番の目的です。そして、どの程度、問題を整理でき、深化させることができたかを「伝えること、表現すること」が2番目の目的だと考えることが重要です。

2．レポートは誰が読むかをイメージせよ

レポートを読むのは、大学の場合、教員です。常に誰が読むのかを意識し、文章のレベルや語彙の選択を考えなければなりません。経験的に言って、良いレポートは最初に拾い読みで一読した時の評価と見直した時の評価があまり変わりません。それほど読み手を意識した内容のレポートは評価が高いということです。

また、出題者が“何を”求めているのか(後述:「レポート課題を把握せよ」を参照)を正しくイメージする必要があります。例えば、読み手が教員でも、課題が「小学生に読ませるための経済の説明をレポートとして提出しなさい」であった場合に、大学生レベルで文章や用語を選択しては、課題の求めに応じていません。

３．レポートの課題を把握せよ

すべての課題が以下の分類で、区分することができるわけではありませんが、参考までにいくつかの例を挙げてみます。

（ア）実験等の事実記載型

理科系の実験・実習科目に多い。レポートの目的は、実験・実習等の内容を身に付けるために行われることがほとんどです。レポート内容は、実験手法の記載、結果、予想されたデータとの相違点、その理由等を書くことです。また、実験結果から考察した内容や実験結果を支配する理論などを述べます。仮説を立てた場合や予め仮説の検証実験だった場合は、その仮説の検証結果についても書きます。

例）「森林群落における光の減衰パターンについて」調査データをまとめて、レポートとして提出しなさい。

表紙（表紙が必要かどうかは、担当教員によって異なります。確認しましょう）

1. はじめに（実験・調査の目的について、書く）
2. 方法（実験・アンケート調査などの手法について、手順を書きます。いつ行ったものかも書きます。ここでよくある間違いは手順ではなく動作を書いてしまうことです）
3. 結果（データを図表化し、統計検定などを行い、結果についての傾向や分析結果などを述べます）
4. 考察（実験がうまくいかなかった理由や仮説の検証結果などについて論じます）
5. 付表（実験などの元データなどを付けます）

（イ）問いかけ型

特定の課題に対して、関連資料から考えを述べるタイプのレポートです。賛成や反対の立場を主張して、議論を深めるディベート型の授業などのレポートも、この範疇です。

例）課題図書を読んだ上で、「田園風景を保存するために取り組むべきこと」についての考えをレポートとして提出しなさい。

1. 序論（なぜ、この課題について論じる必要があるか、また、この課題の社会背景、時代背景などを述べます。課題として指定されたからと書くというのは認められません）
2. 本論（複数の章で構成。章の内容を具体的に表す見出しを付けて書きます。課題図書、関連資料、体験から得られた内容を元に、それらから考えたことを述べる。また、そう考えることの妥当性などを述べます。）
3. 結論（個別に考えたことを統合する考えを明瞭に書く。また、序論での問題提起について自分なりの回答・意見を書く必要があります。）

（ウ）感想文型

「指定課題図書を読んで、感想文をレポートとして提出せよ」という課題です（狭義には感想文はレポートとはいいません）。主に、自分の生活体験や属している社会と関連づけて、感じたことを作文とします。しかし、課題図書が社会問題などを扱った図書（ルポルタージュなど）では、問いかけ型とも、受け取れる課題設定でもあります。このあたりは、出題教員に求めている内容を積極的に確認しましょう。

（エ）自由設定型

「テーマを自分で決めてレポートとして提出せよ」という課題です。自由であるがために、意外に課題設定にとまどうことがあります。問いかけ型か、感想文型かが問題です。出題教員に確認できる場合は確認しましょう。いずれでもよい場合は、感想文型が楽と感じるかもしれませんが、評価する側としては、感想文のレベルを判定するのは逆に難しいが多い。問いかけ型のスタイルで論じた内容の方が、客観的な評価を期待しやすい。このようにテーマが予め設定されていない場合（卒業論文、自由課題など）、テーマを絞ることが重要です。提出期限までにまとめられる程度の問題設定を行う必要があります。その際には、テーマを表す適切なタイトルを 30 字から 40 字程度で書けることが必要です。１行でタイトルを書けないようなテーマは、問題設定が広すぎるか、問題設定が充分検討されていないことを意味しています。

４．レポートに関連する項目を書き出せ

（ア）とにかく何でも書け

箇条書きで、思いつくことを紙でも、付箋紙でも、パソコンでも何でもいいので、関連することを書きます。これは体験でも、新聞やテレビで見たことでも何でもよいでしょう。課題図書がある場合は、どのページのどの文章が目に留まったか書き出す。授業講義ノート、実験実習ノートやメモなども見直してヒントにしましょう。

　勘違いやメモの取り間違いよる事実誤認がある場合、レポート自体の論理もおかしくなります。メモは正確に取り、レポートに活かしましょう。メモの内容に少しでも疑問がある場合は、他の資料で調べるようにしましょう。

（イ）関連づけろ

項目や箇条書きの中で、関連するものをまとめたり、因果関係があるものを結んでみたりする。少しテーマ決めに近づいてくるはず。このあたりは、発想法に関する本なども参考するとよいでしょう。

（ウ）絞り込め

書き出した、思いついた（思い出した）項目の中で、レポートを出すまでにまとめることができそうで、興味がある項目を抜き出します。人間の能力には限りがあるので、提出期限内に終わるテーマを選ぶということもレポートを作成する上で重要なポイントです。

５．レポートに関連する資料を探せ

（ア）同感する資料と同感できない資料の両方を探せ

まずはとにかく色々な資料を集めましょう。集めれば、同意できる意見から同意できない意見まであることがわかってきます。なぜ同意できないのかをよく考えよう。本屋に行く、古本屋に行く、図書館に行く、インターネットを検索するなど、関連資料は至る所にあります。また、資料が活字であるとは限りません。動画や音声の時もあるでしょう。一部だけを探して、すべてを知ったような気になっていてはいけません。例えば、環境問題であれば、圧倒的に反対（自然保護）の立場から書いた書籍の方が目に留まりますが、賛成（開発推進）の立場から書いた書籍もあります。

（イ）関連資料に書いてあることを疑え・用語を調べろ

インターネットだけではなく、書籍にしろ、論文にしろ、書いてあるから正しいと思ってはいけません。複数の資料で、その真偽を確認し、論文の論理や実験設定について、いつも検討する必要があります。また、専門用語の中には、わからない概念がでてきたりします。これらを億劫がらずに調べることが重要です。

（ウ）レポートの手本（見本）を探せ

誰もが、これまでの人が築いてきた社会の上で、生きています。その中には、あなたが書こうとしているレポートのよい手本があるはずです。しかし、書道でも手本を下にひいてなぞって、書くわけではありません。筆のはこびを読み解き、書き、真似るわけです。レポートでも同じで、手本を丸写しするのではありません。構成を真似、そして主張を自分のものに変えます。もちろん、主張を自分のものに変えたら、検討する関連資料も変わっていくでしょう。良い手本を自分で見つけられるようになったら、それはそれですばらしい力が身に付いた、持てたということです。

６．文章書き

（ア）結果・考察・論理

結果・事実と考えたことを区別して書きます。同感できない資料も引用し、その反論を試みましょう。論旨・論理を明瞭に述べましょう。

（イ）構成

話の流れを意識します。章や節を順番に読んでいった時に、前の話に戻らなくてもわかる内容にしましょう。それには、章や節の中の話題が明瞭に伝わるように書いてなければなりません。接続語などを活用して、文章の流れをコントロールしましょう。

例）「一方」、「または」、「しかしながら」、「第一に、」、「さらに」、「つぎに」、「これらのことから」、「したがって」など。もっと多数あるので活用しましょう。

○問題点は、大きく分けて二つある。一つは……、。
○つぎに、『社会』の定義について……、。

（ウ）パラグラフライティング

文書は、いくつかのパラグラフから構成されています。パラグラフ間にはつながりや話の流れや展開がありますが、そのパラグラフの中にも話のつながりや展開といった構造を持っていると読みやすく、わかりやすい文章となります。階層の概念や時系列、ピラミッド型・逆ピラミッド型といった文章構造を使って、パラグラフ間やパラグラフ内の文章構成を意識しましょう。

○階層

まず、パラグラフ間の階層について意識しましょう。どのレベルの重要性を持つパラグラフなのか、そして複数のパラグラフをまとめて見た時、小さな章として区分して理解できるかなどを意識しましょう。

悪い例）
大学について
- 名古屋大学
- 岐阜大学
- 立命館大学
- 私立大学

改善例）
大学について
- 国立大学
  - 名古屋大学
  - 岐阜大学
  -
- 私立大学
  - 立命館大学
  - 名城大学
  -

○時系列

これは、時系列に従って結果を書く必要がある時に使います。また、実験の手順などを述べる際にも利用するのもよいでしょう。ただし、すべてを実験や調査の時間の順序に書けばよいというものではありません。複数の実験や調査がある場合は、それぞれの実験や調査を独立して時系列に並べる。わかりやすいように実験や調査の実際の時系列とは異なる順番に並べてもよい場合もあります。パラグラフの文頭と文末が、ある程度呼応する形の場合（下線部分）と、時系列として時間順に並べて特に呼応していない形の場合もあります。

＜文例（その1）＞岐阜大学応用生物科学部（旧農学部）は教育研究内容の充実においてめざましい発展を遂げてきた。岐阜大学応用生物科学部の前身となる農学部は、大正12年……に岐阜高等農林学校が……から始まる。昭和19年4月には……と名称変更を行い……昭和24年に法律第150号国立学校設置法により……農学部が設置された。数々の……を経て、平成16年4月に……応用生物科学部に……を設置された。学び・究め・貢献する大学・学部として、教育研究の充実に向けて自己改革を行っている。

＜文例（その2）＞調査は、すべて岐阜県岐阜市内の居住者を対象に行った。……。アンケートを行った期間は、2006年1月から……の間に行った。アンケートの配布は、郵送により……行った。アンケート項目は……で……とした。回答率は……であった。回答者の内訳は……となった。2051名の回答者の内、全項目に回答した有効回答2039名のデータを以下の解析に利用した。

○文型

ピラミッド型：

　ピラミッド型の場合は、節や章の最後にのみ結論的な意見がくる書き方です。伝統的にはこちらの書き方の方が多く、『A は B である。B は C である。だから、A は C であるはずだ。』というような説明の仕方です。しかし、最後を読むまで、話の結論がわからず、読み手がいらいらすることもあります。

（例）A→B→C 型（ピラミッド型） 古書の修理では、まず、本のすみずみまでチェックし、傷、破れ、汚れなどを記録します。また紙の質も調べます。この他にも…………。いわゆる本のカルテを作成するのです。

逆ピラミッド型：

　逆ピラミッド型の場合は、最初に結論的な意見を述べ、その後、その理由を説明します。『A は C であると考えられる。その理由は、A は B であり、B は C であるからである。』というような説明の仕方です。これだと、読む時に考えたことを知った上で、その論理を追えます。しかし、何も述べていないのに、なぜ、そんなことが言えるのと思う人もいます。バランスが重要です。文章の出だしは強め、中はほどほど、最後も少し強めにします。
『A は C であると考えられる。B が A である理由は、○○○な性質が同一であることから理解できる。また、B が C であるのは、●●●な理由による。（中略）したがって、△△な性質の同一性から、A は C であるとみなすことができる。』

（例）C→A→B→C’型（逆ピラミッド型） 古書の修理では、はじめに本のカルテを作成します。傷の場所を記録し、紙の質も調べます。この他にも…………。本のカルテの作成は、人が病院に行った時、症状や血液を調べたことが記録されるカルテと同じようなものです。

（エ）区別

他人の意見・発言・成果と自分のデータ・結果・考えを区別して書く。他人の意見を自分の意見のように書くのは、レポート作成者として失格です。

（オ）感情的な文章は控える（感想文型のレポートを除く）

体験実習のレポートでは一部、率直な感想を含めてもよいと指定されることがありますが、この場合、あくまでも一部です。以下のようなレポートは、受け入れられません（課題指定どおり一部であれば問題ありません）。

『こんな綺麗な自然を破壊するなんて信じられないです。』

『自然のすばらしさを知ることができてよかったです。』

『自然の中で得た経験がすばらしく、これからそれを活かして、がんばります。』

　豊かな感情を有することは人として非常に重要なことです。しかし、感情にばかり論旨が左右されていては、安易な迎合や離反のみが結論となってしまいます。

（カ）結論を書いた後に

「結論」や「まとめ」などを書いた後に、「はじめに」や「序論」を見てみよう。結論を得た問題が、はじめにで問題提起されているでしょうか？

必ず、最初の問題提起と最後の結論は結びつかなければなりません。パラグラフ内でも文章が呼応する形を取ることが望ましいと既に説明しましたが、レポート全体でも問題提起と結論が結びついている必要があります。

7．図表作成

図表は主旨が明確に読み取れる表現となっているかどうかに気をつけます。したがって、実験レポートなどでは、図表がしっかりできれば、できたも同然です。表を用いてデータを示したら、グラフ（図）は出しません。ただし、実験レポートの基礎データとして、実験データを付表的に貼付する例はあります。写真も図として扱えば一般的に問題ありません（図表作成の際には、第3章の第7節その他の機能（p.106 参照）、第4章の第5節書式（p.151 参照）、第7節グラフ（p.168 参照）も参照してください）。

（ア）図表の番号の書き方

レポートでは、一般に図のタイトルは、

（適切）
図－1. ○○○○○○○○○○……
図－1　○○○○○○○○○○……
図1. ○○○○○○○○○○……

というようにするとよい。表も同様です。ただし、その他の指定がある場合は、それを優先します。文章と図表が大量にある時は、章毎に図の番号を章の番号と組み合わせる方法もあります（例）第3章では、図3－1、図3－2……というようにする場合です。他にも、同じ項目で異なる年度のデータを図化した場合などにaやbという文字を使って、図－1a、図－1bという書き方などもあります。

（不適）
○○○○○○○○○○……［図1］（図の番号は前に付けるのがよい）
図. 1　○○○○○○○○○○……（ドットの位置が間違っている）

（イ）図表のタイトル

ここでは写真やフローチャートなども図に含めます。レポート本文中で言及しない図表を出しません。写真（画像）も同じです。図表･写真には、それぞれに対して通し番号を付ける（図－1、図－2、表－1……）。そして、タイトル（表題）を付けます。さらに、本文中で引用します。そうでない場合は、その図表を出さない。Web サイトに画像がおいてあるのとは違います。もし、タイトルや番号、本文中での引用もなければ、落書きか飾りと同じです（説明の補助になるどころか、マイナスの表現です）。図表のタイトルの位置には一応の決まりがあります。

（ウ）図表チェックリスト

□図表にはタイトルがありますか？
□本文中に引用されていますか？
□引用順に番号が、それぞれについて通し番号となっていますか？
□図表には凡例や軸（項目・単位）が書かれていますか？
□無駄な補助線が引かれていませんか？
□図のタイトルは図の下に、表のタイトルは表の上にありますか？

８．反駁・意見交換

自分自身の主張を自分自身で第三者的立場から見直し、反駁を試みよう。自分の主張に無理がないか、論理におかしな点がないかチェックしよう。また、友人や先輩、または身近な誰かと書いた内容について話をします。『自分はこう考えているんだけど、どうかな？』と常に独りよがりの考えにならないように確かめましょう。そして、この意見交換で得られた視点や疑問点をレポート修正に活かします。友人同士でレポートを読み合い、その後、レポートで言いたいことが言えていない点とか、意味がわからない点を指摘しあって、文章を修正しましょう。

９．推敲

この作業はレポートを書いてから、少し時間をおいてから取り組みましょう。論理的な文章を組み立てるには、できるだけ体調を整えて行う必要があります。頭の体力をかなり使う作業です。睡眠不足や偏った食生活では、論理的な思考をすることが難しいです。体と頭の調子の良い日に行いましょう。

日本語表現の的確さは、論理の正しさと同等程度に重要で、レポートの評価を左右する重要なポイントです。なぜなら、的確な表現を用いていないということは、論旨の内容がレポートの読者に伝わらないからです。パソコンに向かって文章を推敲ができるようなレベルに達するのはなかなか難しいです。デジタルファイルの提出でも、必ず印刷して確認すべきです。レポートの下書きでは、ある程度行間を空けて印刷し、ペンを手に持って、推敲しましょう。また、フォントが突然変わっていたりすると、不自然で、推敲していないという悪いアピールをしてしまいます。主語と述語の一致や、誤字脱字の探索、文体・表記の統一も同時に行います。

誤字が悪いのは、それによって正しい情報が伝えられなくなることです。つまり、誤字を用いている限り、あなたの主張が正しく読み手に伝わることはありません。できるだけ正しい日本語を使うことにより、レポートの内容を伝えることができ、かつその評価を得ることができます。パソコンは同音異義語を間違えて入力することが簡単な道具です。誤字には気をつけましょう。

例）
更正と更生と校正と較正と攻勢と公正と恒星と厚生と後世と後生と構成など

１０．引用文献

参考文献というような曖昧な書き方もありますが、これでは、どの文献が引用されているのかわかりません。引用文献という形式で書くべきです。また参考文献も明示したい場合は、引用文献と参考文献というように区別して書いてください。引用文献の書き方は他の書籍も参考にしてください。以下には最低限の項目について書いておきます。

（ア）書籍

著者名（編集者名）・出版年・書籍名・出版者・（東京以外の場合、発行場所）、総ページ数（出版年は、初版の年号です。しかし、改訂された第3版を参考にした場合は、書籍名に第3版であることを明示して、その版が出版された年号を書きます）。

（イ）論文

著者名・出版年・論文題目・論文雑誌名・巻（号は、年間通しページが付されている雑誌は不要）・掲載ページ（最初と最後のページ）・雑誌の出版社（学術の世界では論文が載っている冊子のことを雑誌（Journal）という）。

（ウ）Web ページ

インターネットの情報の引用の際には、アドレスだけでは不十分です。

1. 著作者（作成者）が一番必要です。→本で言えば、作者です。会社や団体の場合もあります。
2. 情報公開日（記載があれば）→本で言えば、出版年。
3. サイトのタイトル（サブタイトル）→本で言えば、タイトルです。<TITLE>タグが設定されていないと Web ページ名がない場合がありますが、その場合は本文の中で、最もタイトルに適していると思われる項目を Web ページ名とすればよいでしょう（サブタイトルは、本で言えば、章を引用する場合）。
4. サイトアドレス→本で言えば、出版社や出版地です。
5. 情報取得日（あなたが取得した日）→本では該当しませんが、インターネットの情報はいつまでもあるとは限らず、また更新修正も容易なため、いつの情報であるかを示す必要があります。

例）森　守（2004）里山の管理手法、＜http://www.g-u.co.jp/go/abs/literacy.html＞（2013.7.23）

インターネットでしか得ることができない情報のみ、Web ページを引用文献に挙げるようにしてください。また、Web ページの引用方法やその引用の可否については、確定しているとは言えません。なぜなら、その情報が活字として印刷媒体に残っていないため、事後の研究者やレポートの読者がその資料に直接あたることができない可能性があるからです。アクセスしたページはできるだけ印刷して保管するか、丸々ページデータをデジタルファイルとして保存するなどしておきましょう（いつ消えてしまうかもわからないからです）。

（エ）新聞

新聞名・日付・朝刊（または夕刊などの別）・（新聞の版）・（第何面）記事のタイトル（見出し）

１１．書式・体裁

（ア）本文・文字サイズ・行間

本文を明朝体とし、タイトル、章の項目などは、ゴシック体とすると見栄えがします。本文 10 pt、タイトル 12 pt ぐらいの文字サイズを選択すると良いでしょう。項目名を明朝体の太字にするのはあまりよくありません。行間は、文字サイズとの兼ね合いで、読みやすい行間を選択してください。文章量が少ないことを文字サイズや行間でごまかしても、あまりに不自然で教員の読む気を失わせます。

太字や下線を用いた装飾の注意点

大学でのレポートで自身の主張で読んで欲しいところを、太字（あるいはゴシック体）や下線で装飾してはいけません。太字や下線を引かなくても、読み手に重要な箇所や主張であることということがわかる文章を書くようにしてください（レポートで指定した用語を使用した箇所に下線を引きなさいという指定がある場合を除く）。

（イ）段落の文頭１字下げ

原稿用紙で行うように、段落文頭を1字下げで書きましょう。
（なお、本書では、段落の始まりが項目名の後の場合は、文頭の1字下げを行わないデザインになっています。）

１２．提出

（ア）完全に完璧なんてありえない

読む側としては完璧であって欲しいのですが、少しのミスや論理の説明不足などもあるでしょう。上記の手順で努力して、最高のものができたと納得したら（妥協ではありません）、あとは期限までに出すことです。締め切りが守れないということは、約束を守れないということですから、社会ではまったく通用しません。もし期限に間に合わないやむを得ない理由がある場合は、先に申し出ましょう。

（イ）紙サイズ・余白・文章量

基本は、A4 縦向き。指定用紙がある場合はそれを使用します。余白は、上下左右を適度に空けてください。特に上と左の余白がないと添削時にひとまとめに綴じられないので、空けておくべきです。指定文章量・用紙数に過不足がないようにします。また、ページ番号も入れます。

（ウ）表紙

科目名・レポートタイトル・学部学科等・学籍番号・名前、これがないレポートはどう評価していいかわかりません。名前のない解答用紙と一緒です。表紙の有無は指示に従ってください。長いレポートの場合は、表紙を付けて、その表紙に目次を書くと、親切です（教養科目のように、複数の時間に同じ科目が開講されている場合は、曜日や何時限目かを科目名のあとに書くとわかりやすい場合もあります）。

（エ）紙を留める時

A4 縦向きの用紙に横書きした場合は、ステープラー（ホッチキス）で留める位置は、左上です。クリップは外れやすいですし、他のレポートに挟まることがあるのでやめましょう。

（オ）デジタルファイルで、レポートを出す場合

指定されたアプリを使用します。多くの場合は、Word 文書か PDF ファイルです。ファイル名は、指定される場合が多いので指示に従ってください。指定されない場合は、課題名、氏名、学籍番号を端的に組み合わせたものを使用します。

例）91 番鈴木千春（自然保護レポート）.docx

また、ファイルのレポート本文の文頭にも課題名、氏名、学籍番号を書く必要があります。レポート本文に、学籍番号と氏名等が記載していないと、教員が内容確認のために、画面上でファイルを閲覧した場合も、印刷した場合でも、誰の提出物かわかりません。

（カ）メールで送信

メール送信のルールを守ってください。誰宛かを書く。送信者として、名乗る。適切な件名を書く（指定される場合が多い）。件名と同じこと表す用件を端的に書く（件名と似たものでもよい）。具体的な用件を述べる。ファイルを添付したことを一言、書き添える。署名もあった方がよいでしょう。その他に自身が使用しているメーラーの送信者欄には、学籍簿に登録されている課題提出者のフルネームを入れておくことも重要です。あだ名や通称を用いてはいけません。自分の大学の公式メールアドレスで送信しましょう。

件名　課題４－情報処理演習レポートの提出

佐藤先生↲
環境情報工学科２年、学籍番号123002391の鈴木千春です。↲
↲
課題４の情報処理演習レポートの提出について↲
↲
「情報リテラシー教育推進における大学の取組方針策定」についての↲
ファイル（91鈴木-情報処理演習課題.docx）を添付しました。↲
↲
よろしくお願いします。↲
↲
↲
---↲
環境情報工学科環境科学コース２年↲
鈴木千春↲
abcdefg1234567891@edu.gifu-u.ac.jp ↲
---↲

（行を空けたことなどがわかるように、編集記号を表示していますが、メーラーによっては、表示機能がない場合があります。）

１３．レポートは返してもらう

レポートはできるだけ返してもらいましょう。最近では返却されることも多くなってきましたが、学生から返却を求めないとレポートが返却されないこともあります。オフィスアワーなどの時間に予め予約して返却してもらいましょう。返却して欲しいと思うような努力した成果物であって欲しい。返却されないと自分のせっかくの成果を忘れてしまいます。また、レポートを返却してもらっても、評価が低い理由がわからない場合は教員に尋ねてください。『どのような視点を持つと課題について、より考えを深めることができるか』といった視点で。

１４．剽窃について

剽窃とは、他人の論文やアイデアなどをあたかも自分のものであるかのように発表することです。法的な拘束のみではなく、論文や作品を発表していく上での自主ルールの部分があります。オマージュのように、特定の芸術作品（絵画や映画など）の作者に敬意を捧げる作品制作とはまったく異なります。剽窃と判断される手法・手段にはいくつかありますが、その代表的なものを挙げておきます。

（ア）他人に書いてもらう

他人に書いてもらった論文（レポート）を、お金を出して買って自分の論文（レポート）として出すこと、あるいは対価はないとしても他人に書いてもらった論文を自分の論文として出すことは剽窃にあたります。たとえ、当事者間では合意があったとしても、実際の作成者と異なる人が自分のものとして発表することは剽窃にあたります。

（イ）他人のものを無断で利用する

他人の著作物（本、論文、レポート、インターネット上の文章も当然含まれる）を引用であることを明示することなく、自分の著作物（論文・レポートなど）として発表・提出することは許されません。引用は、自分の著作が主で、他人の著作が従という主従関係がはっきりしていることはもちろんのこと、その著作物での議論に必要不可欠な引用である必要があります。さらに引用箇所は読者が明確に区別できるか、あるいは容易に区別できるように明示されている必要があります。

（ウ）他人のアイデアを自分のアイデアのふりをする

他人のアイデアを自分のアイデアであるかのように論文に発表することは許されません。著作権ではアイデアは保護されません。したがって、例えば、情報教育を情報リテラシーの観点（アイデア）からまとめた本が、これまで何冊出版されていても、またあとから何冊出版されても、文章や説明文などをそっくり使用しなければ、著作権法違反にはなりません。しかし、研究の世界では、人が既に発表している科学的な知見や側面からのアイデアを、第三者が第一発表者（既言及者）のアイデアであることを明示することなく、自分のアイデアであるかのように論文に発表することは剽窃にあたります。著作権法には違反しませんが、研究者同士からは剽窃と判断され、研究の世界から糾弾され、研究の世界から追放されることもあります。特許などの制約がなければ、論文のアイデアを研究手法に用いることはまったく構いません。そしてアイデアを使用した著作者の論文を正当に評価し、論文の中で引用文献として引用すればよいのです。

（エ）研究データをねつ造・改ざんする

研究データを自分の都合のいいように、改ざんしたり・ねつ造したりすることも剽窃の一種です。また、一つのデータから二つの論文を作成して二つの成果であるように公表するという二重投稿も剽窃の一種です。不正な発表は、研究費の不正使用にもつながる犯罪です。いずれも研究の世界で行うと、研究の世界から追放されるでしょう。

第6節　推敲

ワープロアプリで簡単に文章が入力できるようになった現代では文章の間違いに気が付かないことが多くなってきました。そうならないように読み手の立場に立った文章を書けるようになりましょう。

■仮名書きの利用

したがって か　従って か

接続詞、副詞などは漢字にせずに、仮名書きで書くべき時があります。ただし、一定のルールはありますが、指導者や研究分野によっても違いがある場合があります。なかなか厳密な作法と言い難いものもありますが、指導者にしたがって一定のスタイルを身につけましょう。

従って	→したがって	又	→また
或いは	→あるいは	即ち	→すなわち
但し	→ただし	全て	→すべて
見られた	→みられた		

（目で見たわけではなく、グラフに傾向があった場合は、とくに仮名書きとします。）

■文意を明確に

●主語のある文章・主語と述語が呼応する文章に

文章を書く時は話す時に比べて、主語を書かないとほとんど意味が通じません。各自が勝手に主語を想像して書いてしまった文章は、はっきりいってまったく意味が読み取れません。また、研究について人と話す時は文章と同じように主語をはっきり言わないとダメです。口頭でも同じです。

（例文：主語抜け）
学生：「高いんです。どうしましょう？」
教員：「何の値がですか？」
学生：「あ、すいません。恒温器の温度です。」

（悪い例：主語と述語の呼応なし）
調査地は、名古屋市港区で行った。

（改善例）
調査は、名古屋市港区で行った。

調査地を、名古屋市港区とした。（この調査では調査地を、名古屋市港区とした。）
このような主語の省略は許される場合があります。

●一意に読める文章に

一つの文が、二つ以上の意味に読み取れる文章を書かないようにします。

（悪い例）
「開葉が早い樹種」
このように書くと一瞬、次のどちらかわかりません。以下のような二意に読める文章は良くありません。以下のいずれであるかを書き分ける必要があります。

（改善例）
「開葉時期が早い（葉が開く時期が、他の樹種に比べて早いこと）」
「開葉速度が速い（葉が開きだしたら、急速に葉が展開して開ききること）」

●修飾語が適切な場所にある文章に

修飾する言葉が適切な位置にないと意味がはっきりしなくなる場合もあります。

（悪い例）
「大学が調査することはありませんが、情報センターの専門員によって不正な利用があった場合は調査されます。」

（改善例）
「大学が調査することはありませんが、不正な利用があった場合は情報センターの専門員によって調査されます。」

場所を変えるだけで、文意が非常に明確になります。最初の文だと情報センターの専門員が不正をした場合とも取れてしまいます。

●重文・複文はできるだけ避けた文章に

重文・複文は、文の意味が単純に読み取れないことが多いため、避けるべきです。

（悪い例）
「情報センターが調査する時は、不正な利用があった場合に限られ、その調査は専門員によって行われます。」

（改善例）
「情報センターによる調査は、不正な利用があった場合に限られます。また、その際の調査は専門員によって行われます。」

改善例では主語を「調査」に変更し、文章を二つに分けています。また、接続語「また」を入れ、文のつながりを意識させるようにしています。これだけで読みやすくなります。一つの文章で書けば良いわけではありません。

●並列する時、あるいは比較する時は、同じカテゴリーを利用した文章に

＜並列する時＞

（悪い例）

「今後、家を建てる上で考慮すべき項目は、地域で安全に暮らせるか・下水道の高い普及率・教育機関の進学率……である。」

この文章は、安全に暮らせるかという問いかけ型になっていたり、高いという高低の概念と単に進学率という割合を使用していたりして、カテゴリーがばらばらです。

（改善例）

「……は、検挙率・下水道の普及率・教育機関の進学率……」

「……は、犯罪件数の低さ、下水道普及率の高さ、教育機関の進学率の高さ……」

というように同じカテゴリーでまとめて並べる必要があります。

＜比較する時＞

（悪い例）

「落葉広葉樹林の根の深さは深いのに、針葉樹の根の深さは浅いと言われています。」

「林」と「樹」という別のカテゴリーのものを比較しても、読み手は何を比較したいのかまったくわかりません。

（改善例）

「落葉広葉樹の根の深さは深いのに、針葉樹の根の深さは浅いと言われています。」

●慣用句は正確に用いる

「的を得た」は最もよくある間違いの一つです。「的を射る」と「当を得る」を混合した結果です。

●略号は定義してから使う

「胸高直径（以下 DBH とする）……」、または「胸高直径（DBH）……」

●単位は正確に用いる

cm（センチメートル）をCMと書くとコマーシャルと一瞬考えてしまいますし、単位表記としても不適切です。読み手に少しでも疑問を持たせるような書き方はよくありません。特に単位は、研究の設定等で、非常に重要な要素です。正しく表記するようにしましょう。

単位との間の半角スペース

本来、国際単位系では、「数値×単位」の形で表現される数値と単位の間には半角スペースを入れる決まりになっています。しかし、日本語の文には、元来スペースを入れる文化はないため、英文に比べて運用は厳密には行われていません。指導者や学術誌のルールにしたがってください。

なお、%と℃は半角スペースを空けないものとされていますが、このルールも分野によって運用が異なります。

■伝えるために注意すべきこと

●結果（事実）と考察（考え）の区別を

500 万円で購入した絵が展示してあった美術館に、「美術館には、500 万円の絵があった」というのは事実です。しかし、「美術館には、500 万円の高い絵があった」というのは、高いと思ったあなたの主観は事実なのかもしれませんが、高いかどうかは各人の価値判断です。500 万円の絵があったことは事実でも、高い絵があったことが事実とは言えません。

●伝えるために削る勇気を

本当に伝えたいことが、霞んでしまわないように、不必要なものを削って文章を書いてください。特に卒業研究では、苦労したことや失敗したことがいっぱいあって、苦労を人にもわかってもらいたいと思うかもしれません。しかし、卒業研究で伝えなければならいないことをよく考えてください。卒業研究では、発見や考え方を伝えることが必要なことです。

●伝えるために文章を相手のレベルに

科学的発見は、伝える相手によって文章や表現を変えなければなりません。外来語をそのまま使う場合が良い場合があったり、別な言葉を添える必要があったりします。例えば、キャリブレーションという用語がわかる人もいれば、わからない人もいます。相手のレベルにあわせて、文章を書き分けられるようになりましょう。

国立国語研究所「外来語」委員会では、外来語に対して次のような配慮・工夫を求めています。

「語による理解度の違いに配慮を」
「世代による理解度の違いに配慮を」
「言い換え語は外来語の原語に対するものではないことに注意を」
「場面や文脈により言い換え語を使い分ける工夫を」
「専門的な概念を伝える場合は説明を付け加える配慮を」
「現代社会にとって大切な概念の定着に役立つ工夫を」

第7節　その他の機能

文字列だけではなく、数式や表、図形なども配置することができます。

■表の挿入

<表の挿入中の画面>

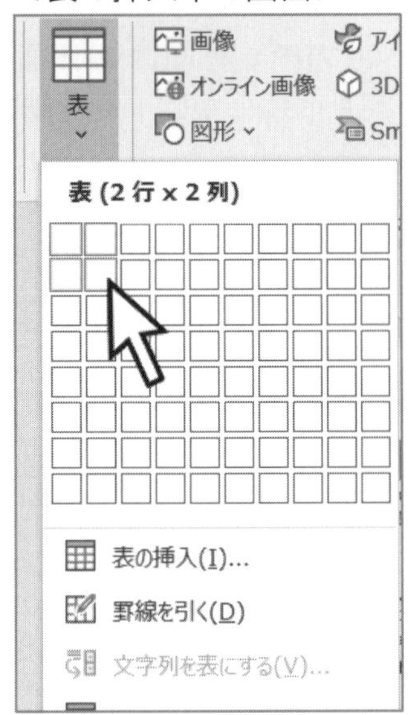

表は「挿入」タブ→「表」グループの「表」によって挿入可能です。なお、Word 上で表を正しく作成・編集することは、操作がやや複雑になります。Word 上での編集の説明は一部にとどめます。

　Word 上での操作が難しい場合は、Excel で作成した表の貼り付けや、図による貼り付け（p.108 参照）で利用する方法を検討してください。

　表（2行×2列）をマウスポインターでなぞって挿入する行列数を指定すると、余白の幅に合わせて表のサイズが自動で決定され、ページの全幅に広がって挿入されます。

<挿入された2行2列の表>

●表の移動とサイズ変更

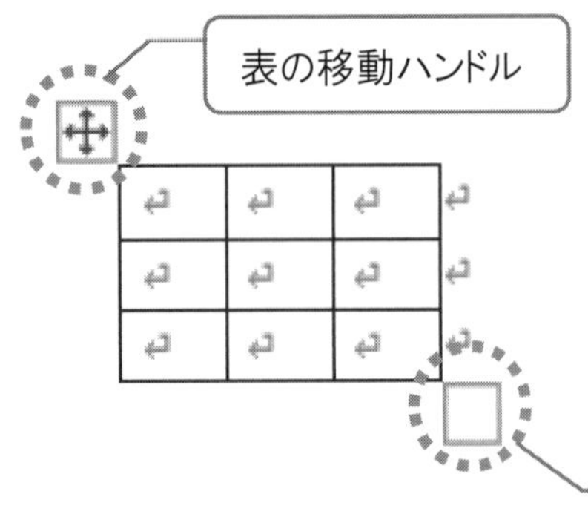

表のサイズ変更ハンドル

表の上にマウスポインターを移動させると、左上隅に矢十字を四角く囲んだ「表の移動ハンドル」が、右下隅に四角の「表のサイズ変更ハンドル」が表示されます。「表のサイズ変更ハンドル」では、ドラッグ操作により、サイズの変更がマウス操作で行えます。

　なお、このように、オブジェクト（図、グラフ、表、数式など）の周囲に表示されるマークは、「ハンドル」と呼ばれ、マウス操作により、様々なコマンドの実行に用いられます。

●表のセルの選択や設定等

表の一つ一つのマスを Excel と同様にセルと呼びます（p.114 参照）。マウスポインターを表のセルや罫線の各箇所に移動させるとマウスポインターの形が変わり、セル・行・列の選択、行・列の挿入、行・列の高さや幅の変更ができます。

<選択箇所によるマウスポインターの形状の変化の例（合成）>

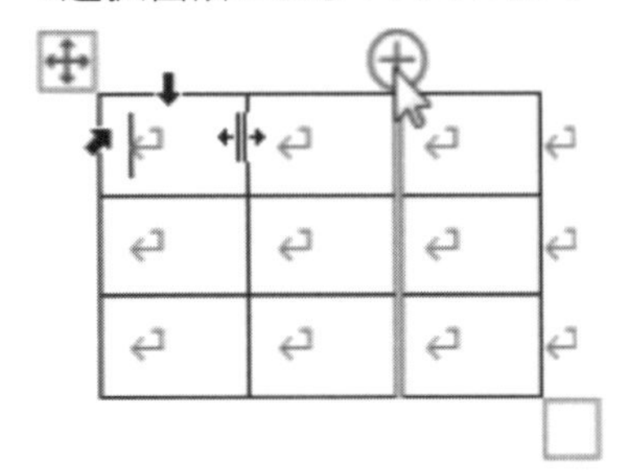

　左図の例は、複数のポインターを合成してあります。このように複数のポインターの形状変化を同時に見ることはありません。

●罫線の変更

表内のセルをクリックすると、ツールタブ「表ツール」の「デザイン」タブと「レイアウト」タブが表示されます。これらのタブから様々な設定変更が可能です。一例として、「デザイン」タブの「飾り枠」グループの「罫線の書式設定」をクリックすると、マウスポインターの形が、万年筆のようなペン先の形に変わり、セルの罫線をクリックすることで、線の太さのポイントを変更することができます。

ツールタブ

普段は表示されていませんが、表示の対象となるオブジェクト(図、グラフ、表、数式など)を選択すると、そのオブジェクト専用に表示される「ツールタブ」があります。ツールタブは、タイトルバー(クイックアクセスツールバー)に表示されます(p.111 参照)。この表示を見落とすと、ほとんどの書式設定やデザインの変更ができません。オブジェクトを選択して、何かを設定変更しようと考えた場合は、新しくツールタブが表示されていないかを確認して、コマンドを選択するようにしましょう。

●文字列からの表作成

入力しておいた文字列から表を作成することができます。[Tab]キーにより、タブによって区切って入力を行います(区切り文字には、半角文字が使用可能で、カンマ(,)なども使用できます。)。

<タブ区切りにより文字列を区切ったデータ(矢印(→)は編集記号のタブです。)>

都道府県名　→　県庁所在地　→　備考↵
青森県→青森市→中核市↵
岩手県→盛岡市→中核市↵
宮城県→仙台市→政令指定都市↵

4行(4段落)を範囲選択してから、「挿入」タブ→「表」グループの中の「文字列を表にする」を選択すると、ダイアログボックスが表示されます。

文字列を表にする
表のサイズ
列数(C): 3
行数(R): 4
自動調整のオプション
◉ 列の幅を固定する(W): 自動
◎ 文字列の幅に合わせる(F)
◎ ウィンドウ サイズに合わせる(D)
文字列の区切り
◎ 段落(P)　◎ カンマ(M)
◉ タブ(T)　◎ その他(O): -
OK　キャンセル

列数が正しく判定されていることを確認し、「自動調整オプション」は、「文字列の幅に合わせる」のラジオボタンを選択してください(必要に応じて後でサイズは調整します)。

「文字列の区切り」が、自動で「タブ」になっていることを確認し、「OK」を押してください。

<作成された表>

都道府県名↵	県庁所在地↵	備考↵
青森県↵	青森市↵	中核市↵
岩手県↵	盛岡市↵	中核市↵
宮城県↵	仙台市↵	政令指定都市↵

表を解除したい場合は、表を選択している状態で表示されるツールタブ「表ツール」の「レイアウト」タブ→「データ」グループの「表の解除」を選択してください。

このようなデータ区切りについては、Excel でのデータ分割や読み込みの内容も参照してください(p. 164 参照)。

■ Excelの表の貼り付け

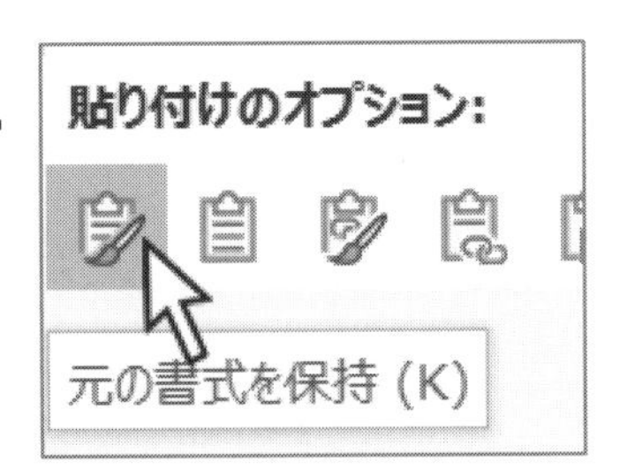

Wordで表を作成するのは、すでに説明したように非常に煩雑です。

Excel で罫線やセルの高さや幅を設定したものをコピーし、Word で貼り付けたい位置で、右クリックし、「元の書式を保持」により貼り付けると、Excelの表がそのまま編集可能な状態で貼り付きます。

＜Excelでの表作成(p.150参照)＞

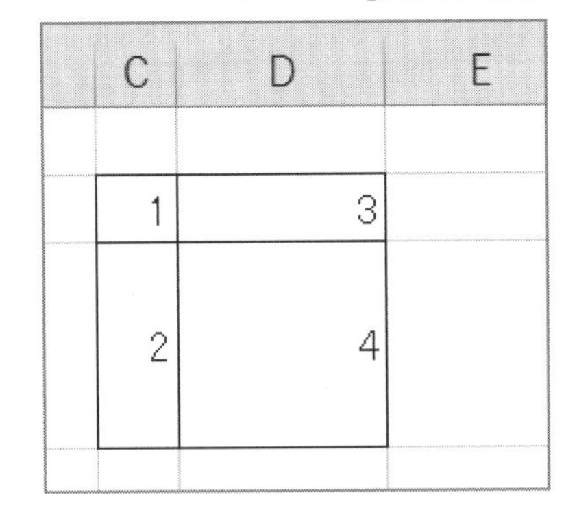

＜Wordへ貼り付けた例＞

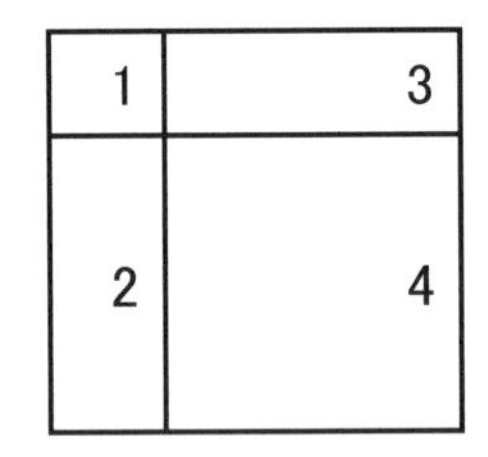

貼り付け時には、Wordの倍率によって、Excel で設定した罫線の太さと Word での表示の太さの印象が異なる場合があります。

表・グラフの埋め込みやリンクによる貼り付け

Excelのファイルをオブジェクトとして埋め込むことや、Excelのファイルとリンクして貼り付ける方法もありますが、操作が難しくなるため、初学者には勧めしません。使いこなせるようになってから、利用するようにしてください。

■ Excelの表・グラフの図としての貼り付け

表もグラフも「挿入」タブから、挿入可能です。しかしながら、Word 上で表やグラフを正しく作成・編集することは、操作が複雑になります。ここでは、Excelで作成した表やグラフを Word で図として利用するための方法を説明します(表作成方法 p.150、グラフ作成方法 p.168参照)。

いずれの方法も、Excel を用いて表やグラフを作成しておき、そのデータを図として貼り付けて利用します。

1. Excelで、Wordで編集の必要のない完成した表(またはグラフ)を作成します。
2. Excelで、表(またはグラフ)を範囲選択し、コピーします。

3. Word の貼り付けたいおおよその場所で、右クリックし、コンテキストメニューの貼り付けから、図のアイコンを選択して貼り付けます。

＜Excelでのグラフを作成＞

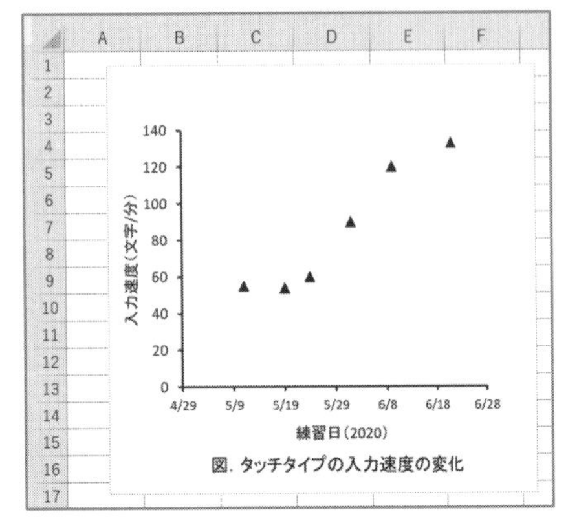

＜Wordへ図として貼り付けた例(右)＞

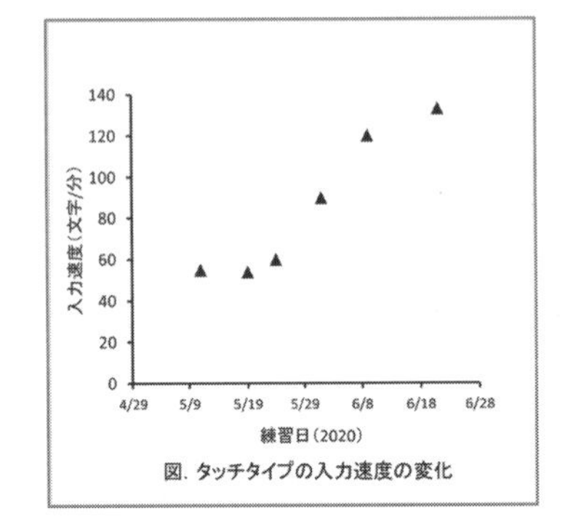

図として貼り付けた後に図の縦横比を変化させないように拡大縮小を行ってください(p.214参照)。

表の図としての貼り付け時の注意点（その１）

Excel のワークシートのセルを、Word や PowerPoint に図で貼り付けると、ベクタグラフィクスというベクタ形式（p.206 参照）で保存されます。ベクタ形式は、ファイルを開くたびに、図形や文字を再描画します。そのため、使用した文字フォントがない PC 環境でファイルを開くと、フォントが変わってしまうだけではなく、文字ずれの原因となる場合があります。

＜Excel のセルを図として貼り付けた状態（左）と、そのファイルを該当するフォントがない PC 環境で閲覧した場合（右）＞

(大学)

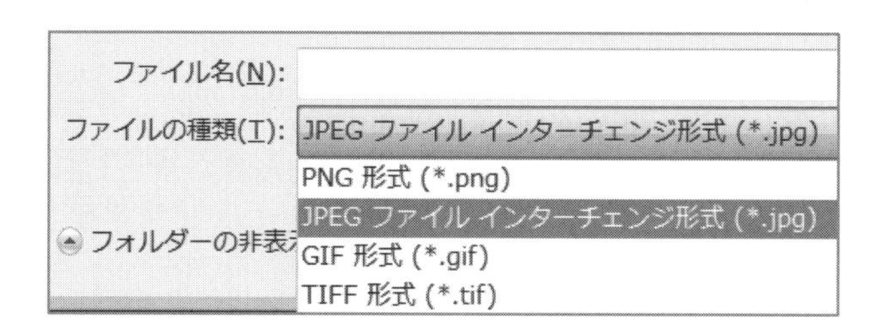

この問題の回避策としては、セルを図として貼り付けた後、図を右クリックして表示されるコンテキストメニューの「図として保存」を選び、ラスタ形式（p.214 参照）である「JPEG ファイルインターチェンジ形式(*.jpg)」を選び、画像ファイルを出力してください。（「JPEG ファイル交換形式(*.jpg)」と同一の形式）です。

該当のベクタ形式の図を削除して、変換したラスタ形式の JPEG 画像を、改めて挿入してください（画像の挿入方法は、p.214 参照）。

図を右クリックしてコンテキストメニューに「図の編集」と表示されるものは、ラスタ形式の図（画像）ではなく、ベクタ形式の図です。それが表示されないものはラスタ形式の図ですので、文字ずれが起きることはありません。

＜ベクタ形式に対するコンテキストメニュー＞

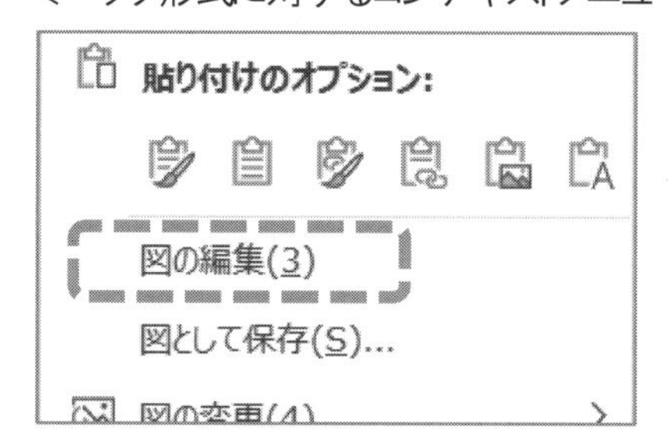

＜ラスタ形式に対するコンテキストメニュー＞

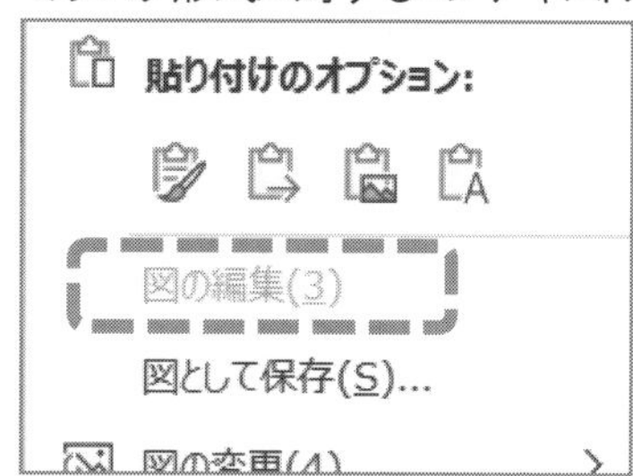

●画像として、形式を選択して貼り付け

ベクタ形式とラスタ形式の形式を説明するために手順を説明しましたが、このような手間は、形式を選択して貼り付けることで、回避できます。

「ホーム」タブ→「クリップボード」グループの「貼り付け」のドロップダウンリストから、「形式を選択して貼り付け」を選び、「貼り付ける形式」に「ビットマップ」を選べば、ラスタ形式の画像として貼り付けられます。ただし、このようなラスタ形式の画像の貼り付けは、文字化けの回避を優先した方法です。文字化けしないことが確実な場合に、図を拡大して利用する場合は、拡大しても再描画されるベクタ形式の方が適しています。

メモ：Excel のグラフを図として貼り付ける場合は、形式を選択して貼り付けを行わなくても、ラスタ形式の画像として貼り付けられます。

表の図としての貼り付け時の注意点（その2）

Excel のワークシートのセルの目盛線（セルを分ける区画の枠線）の色は、自動で設定されています。目盛線の色は、既定値では、薄い灰色になっています。Excel の初期設定では印刷しても、目盛線は印刷されませんので色が付いていることを意識しないかもしれません。しかし、Excel のセルをコピーして、Word や PowerPoint に図として貼り付けると目盛線もコピーされ、貼り付けられます。

＜標準設定のままの目盛線（枠線）＞

1	4	7
2	5	8
3	6	9

（罫線は引いていません。）

＜Word に図として貼り付けた場合＞

1	4	7
2	5	8
3	6	9

（目盛線が貼り付けられている。）

目盛線が必要ない場合には、Excel で作成した表を Word や PowerPoint へ貼り付ける際に、目盛線の表示を止めた画面をコピーすると、貼り付け時に目盛線が複写されることはありません。表示を止めるには、Excel の「表示」タブ→「表示」グループの「目盛線」のチェックボックスのチェックを外してください。

メモ：Excel のワークシートのセルの目盛線（セルを分ける区画の枠線）は、英語の用語では gridlines です。Word の文書に表示として引くことができるグリッド線の英語の用語も、gridlines です。Office アプリの用語の意味がわかりにくい場合は、英語版のメニューの用語を調べることで、元の意味から機能を正しく理解することが可能な場合があります。

■図形・画像の利用

図形と画像の利用は、第5章　プレゼンテーションの章を参照してください（図形 p.206、画像 p.214 参照）。ここでは図形や画像のある Word 文書でとくに使う「文字列の折り返し」についてのみ説明を行います。なお、Office アプリで「画像」を扱う際には、メニューで「図」とも表記されます。

●文字列の折り返し（回り込み）

文書に図形や図（画像）を貼り付けた際に、その周りの文字の配置を指定することできます。「文字列の折り返し」です。図形や図を右クリックして表示されるコンテキストメニューから、「文字列の折り返し」を選択し、「行内、四角形、狭く、内部、上下、背面、前面」を選ぶことができます。

＜文字列の折り返しの「四角形」を選択するときの画面＞

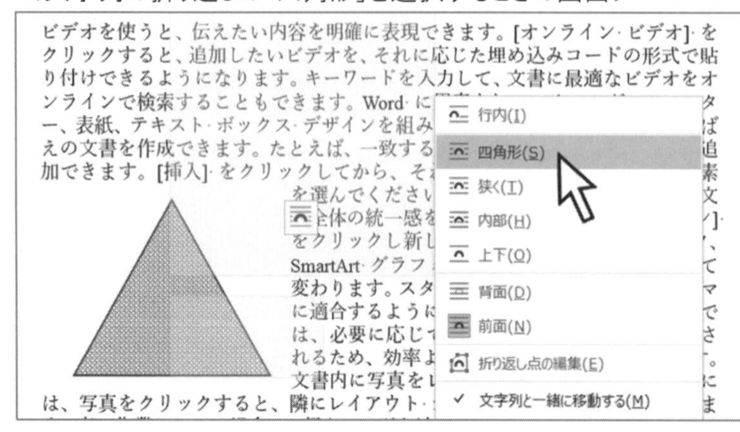

改段落などで文字の移動とともに図形が移動するのを止めたい場合は、「文字列と一緒に移動する」の設定を外してください。

■数式

簡易な数式は容易に作れます。分数、指数、対数、平方根、積分、微分、行列などの様々な種類の数式を入力することができます。

既定の設定は、「UnicodeMath」によるもので、従来の方式です。Word の新しいバージョンでは「LaTeX」という数式入力の形式が導入されています。UnicodeMath による方式には構文もありますが、パーツを選ぶ方式を選択すれば、手間はかかりますが数式入力が可能です。LaTeX では記載構文がわかっている場合は容易に数式入力が可能ですが、逆に構文がわからない場合はまったく入力できません。なお、この他にも手書き入力の数式を数式入力に変換する「インク数式」による方式もあります。

Word の文書中で、数式を挿入したい場所にカーソルをおき、「挿入」タブ→「記号と特殊文字」の「数式」のアイコンをクリックします。「ここに数式を入力します。」という入力枠が挿入され、「数式ツール」という新しい「ツールタブ」が表示され、「デザイン」というタブのリボンになります。

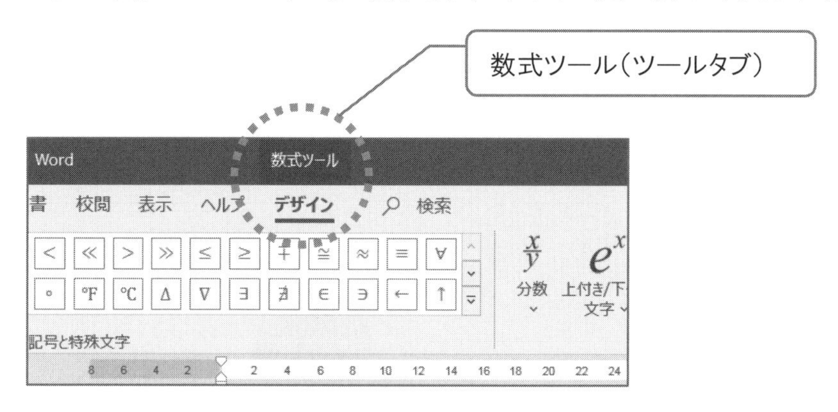

ここに数式を入力します。

この枠内には、半角英数で入力してください。数式を書いても計算が行われるわけではありませんので、2の2乗足す、3の3乗、イコール31を数式で表現したい場合には、両辺とも書く必要があります。すべて半角文字で入力してください。

$$2^2+3^3=31$$

数式を入力し終わったら、文書の数式の部分以外をマウスでクリックすると、元の文章を通常入力しているカーソルに戻ります。

問題7−1

次の数式を、文書に挿入をしてみましょう。入力がしにくい場合は、文書をズーム（拡大）して入力しましょう。いずれの入力方式を利用してかまいません。

$$\frac{x^2}{a^2}+\frac{y^2}{b^2}=1 \qquad \sin(\alpha+\beta)=\sin\alpha\cos\beta+\cos\alpha\sin\beta$$

$$\lim_{t\to 0}(1+t)^{\frac{1}{t}} \qquad f(x)=\frac{1}{\sqrt{2\pi\sigma^2}}\exp\left(-\frac{(x-\mu)^2}{2\sigma^2}\right)$$

■おわりに

レポートは頭を整理するために書く

パソコン上だけで作成された文章は、主語抜けや誤字があってもほとんど気が付きません。必ず、一度は印刷して校正するという作業が欠かせません。パソコンは、対象と対照と対称など同音異義語などを簡単に変換できますが、選ぶのはあなた自身です。文章を入力できる能力と伝えたいことが相手に伝わる文章を書ける能力とはまったく別ものであることが、この章の学習でわかったと思います。大学生活（卒論作成）で磨かなければならないのは、まさに後者です。この章で学んだことを活かして、伝えたいことが相手に伝わる文章を書ける能力を身に付けられるようにしてください。

　伝えたいことを相手に伝える作業の第一歩は、人が伝えたいことを受け止めようとしているか、理解しようとしているかにかかっています。例えば、もしあなたが、私の発信する情報を受け取る姿勢（態度・行動）を示さなかったら、私はあなたに情報を発信することを止めるでしょうし、あなたが発信する情報を受け取る姿勢を示さないでしょう。

　言葉は定義された意味を持ってはじめて情報伝達が成立します。特定の集団にしか通用しない言葉を多用すれば、情報伝達がうまくいかないだけでなく、情報伝達の仕組みそのものを破壊してしまいます。私は世代間の情報伝達が非常に少なくなっていると感じます。少しだけ言葉を選んで使うようにしませんか？　おしまい。

第 4 章

数値処理

第４章　数値処理

Excelを利用して、セルを活用した計算方法からグラフ作成の意義の基礎などを学習します。

第１節　基本操作

Excel を起動すると薄灰色の線で区切られた画面（シート）が表示されます。このような形式のアプリを表計算アプリといいます。

■起動

Excel を起動し、「空白のブック」を選ぶと、ワークシートが開きます。主要な部位の名称を覚えてください。

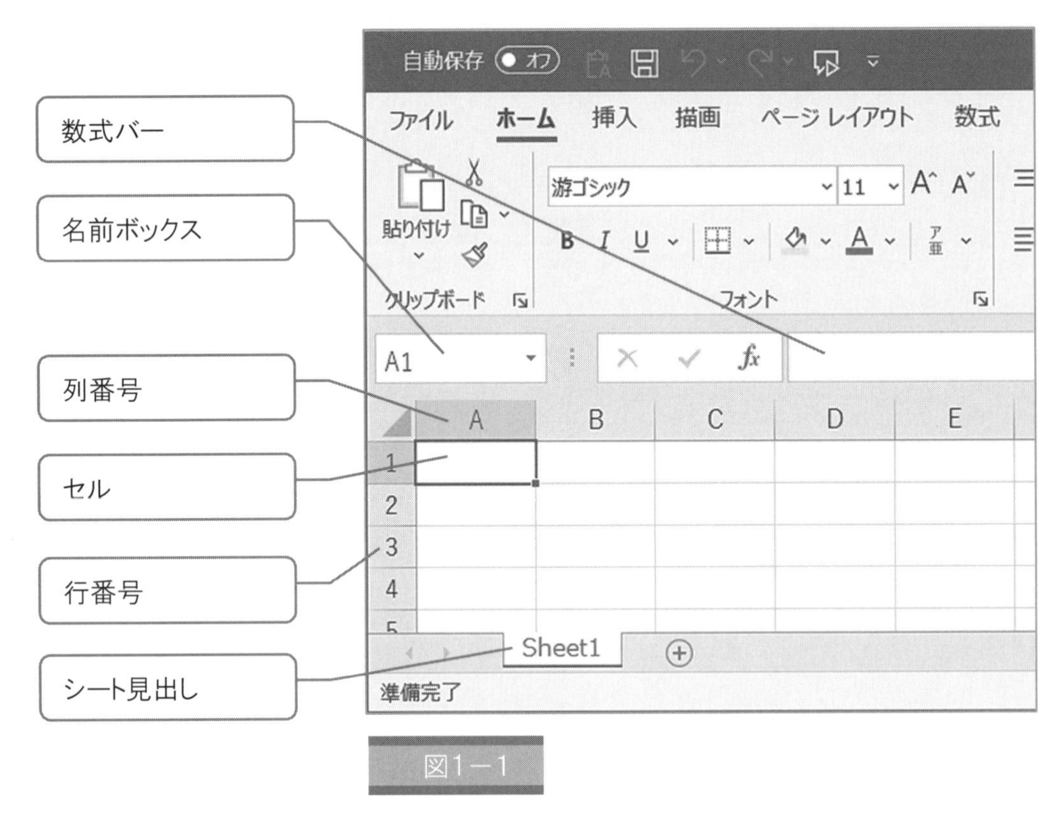

図1－1

■セル

一つ一つの枠をセルと呼びます。一つだけやや太い線（緑の枠）で、囲われたセルがあります。これが現在選択された場所（アクティブセル）を表しています。

セルの上端にあるアルファベットが列、セルの左端にある数字が行で、二つで一つのセルの場所（番地）を表します。図１－１では、「A1」で、名前ボックスにも「A1」と表示されています。

シートには全部で、列番号はA～XFD（16384列）、行番号は1048576行です（Excelのバージョンによって、扱える列と行の数は異なります）。列はアルファベットですが、列番号と呼ばれます。

シートの一番下、一番右まで行って確認しましょう。ショートカットキーである[Ctrl]キーを押しながら[↓]キーを押します。次は、[Ctrl]+[→]キーで、一番右のセルへ移動します。

■シート

セル全体は、一つのシート(Sheet)で、一つのまとまりとして扱われています。

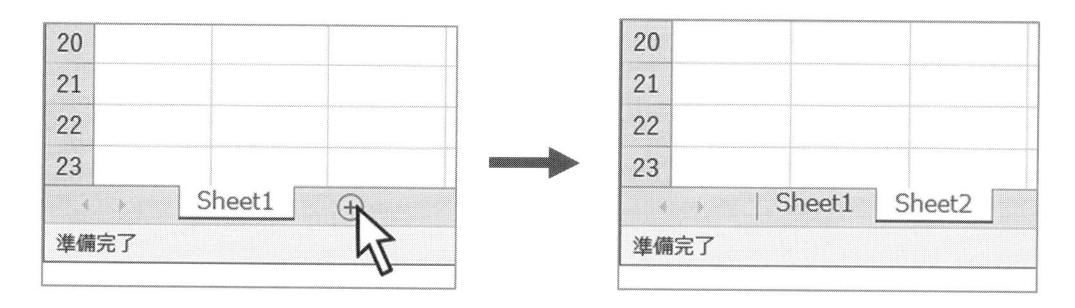

シート内のセル数を増やすことはできませんが、シートを増やすことができます。初期設定で1枚のSheet1 しか起動時に表示されていませんが、Sheet1 の横の⊕の記号をクリックすることでシートを挿入(追加)することができます。

なお、オプション設定で、「新しいブック作成時」の「ブックのシート数」を 255 まで増やすことができます。Excel の標準ファイル形式がブックと呼ばれるのは、このように複数のシートを一つのファイルで扱えるためです。

■入力

計算や関数を利用する場合は、断りがない限り、必ず半角文字で入力するようにしてください。半角入力で値をキーボードから入力後、1回、[Enter]キーを押すと、セルへの入力が確定します。また、標準の設定では、セルに値を入力し、[Enter]キーを押すと、アクティブセルが一つ下に移動します(変更することは可能です)。

A1 に半角文字で数値を入力して、入力確定後に[Enter]キーを押すと、アクティブセルが一つ下に移動することを確認してください。

●計算式の入力

式の入力方式は、「=(イコール)」の記号を最初に入力してから、その後に、計算したい式を入力するのが決まりです。

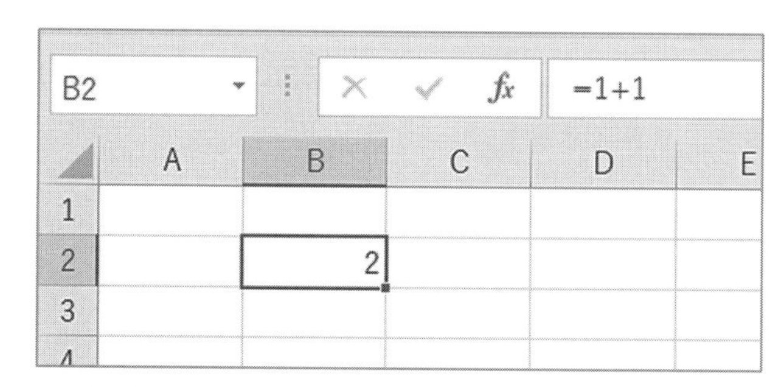

図1－2

B2 のセルに足し算「1+1」の式を入力するには、最初に「=」入力し、続けて「1+1」を入力してから、[Enter]キーを押してください。「2」と表示されます(図1－2)。

表計算アプリでは計算結果がセルに表示されます。入力した計算式は、数式バーに表示されています。

●算術演算子

四則演算等に用いる記号は、算術演算子と呼ばれ、足し算は+(プラス記号)、引き算は-(マイナス記号)、かけ算は*(アスタリスク記号)、わり算は/(スラッシュ記号)、累乗(べき乗)は^(キャレットまたはハット記号)、パーセンテージは、%(パーセント記号)です。

※アスタリスク記号は、本書でフォントの関係上、やや上付きに見えますが、上付きの指定ではありません。

括弧

括弧は()のみを用い、二重括弧の場合、(())というように入力し、{()}というようには入力してはいけません。もし、={(1+1)/3}+2 と入力した場合は、ただの文字列として扱われます。

○累乗(べき乗)の計算

例えば 2 の 10 乗を計算したい時、「=2*2*2*2*2*2*2*2*2*2」と入力する必要はありません。2^{10}は「=2^10」と入力するだけです。

練習1－1

1. 計算式を入力して計算を行ってみましょう。

1＋2＋3＋4＋5＋6＋7＋8＋9　計算結果＿＿＿＿＿＿　9－4－6　計算結果＿＿＿＿＿

14－3×3　計算結果＿＿＿＿＿＿　1÷3×3　計算結果＿＿＿＿＿

1÷5－2×4　計算結果＿＿＿＿＿＿

2. (　)(括弧)を使った計算を行ってみましょう。

1÷(5－2)×4　計算結果＿＿＿＿＿＿＿

1÷{3×5－(7×6+9)－2}　計算結果＿＿＿＿＿＿＿

(100－5)÷{(200－10)×5}　計算結果＿＿＿＿＿＿＿

3. 累乗の計算を行ってみましょう。

「2^{10}」　計算結果＿＿＿＿＿＿＿　「10^{0}」　計算結果＿＿＿＿＿

○パーセンテージ

パーセンテージを簡単に計算したい場合に利用できます。

=8%　→0.08

=100*8%　→8

演算子の優先順位

演算子には計算に用いられる優先順位が決まっています。式を分割して検算をすると、優先順位を自身で判断することができます。優先順位がわからない場合は、括弧によって計算の優先順位を明示的に入力すれば、優先順位が明確になります。

例えば、「=2^1/2*2」と「=2^(1/2)*2」は、異なる値になります。つまり、「=2^1/2」と「2^(1/2)」は、異なる計算を行っており、わり算より累乗の演算子の優先順位が高いことがわかります。

■セルの参照入力の方法

計算するために、複数のセルを参照のために指定する方法には様々な方法があります。

一つ目の方法

B2 のセルに 214 を入力、B3 のセルに 1020 を入力してください。キーボードからの入力だけで、B4 のセルに「=B2+B3」と入力し、[Enter]キーを押します。「1234」と、表示されましたか？　なお、セルで、B2 を b2 と入力しても同じ処理がされます。

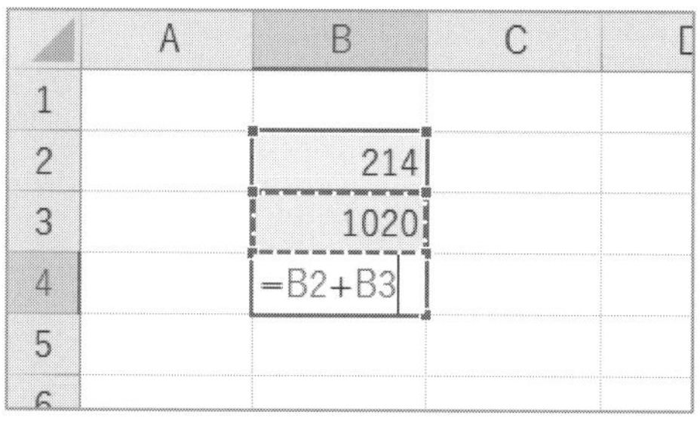

	A	B	C
1			
2		214	
3		1020	
4		=B2+B3	
5			

二つ目の方法

B4 のセルの入力値を一応[Delete]キーで消してください。B4 のセルに、キーボードから「=」を入力し、カーソルキーで B2 のセルに移動してください([↑]キーを 2 回押します)。その B2 のセルの上に移動すると B4 のセルには、「=B2」となり、B2 のセルが枠線で選択されます。この状態で、「+」を入力すると「=B2+」となります。次にまたカーソルキーで B3 のセルへ移動して、[Enter]キーを押します。「1234」と表示されましたか？

三つ目の方法

B4 のセルの入力値を一応[Delete]キーで消してください。B4 のセルに、キーボードから「=」を入力し、マウスの左ボタンで B2 のセルをクリックしてください。B4 のセルには、「=B2」となり、B2 のセルが枠線(赤色)で選択されているはずです。この状態で、「+」を入力すると「=B2+」となります。次にまたマウスで B3 のセルをクリックします。最後に[Enter]キーを押します。「1234」と表示されましたか？

> メモ：Excel では、基本的にセル単位でデータが入力されるため、セルの値を削除しなくても、修正したいデータをセルに打ち込むと、既にデータがあっても上書きで入力されます。そのため、前の指示では「一応[Delete]キーで消して下さい」と書いてあります。
>
> 入力した値(文字も含む)を消さずに修正したい場合はマウスで当該セルをダブルクリックするか、当該セルがアクティブセルとして選択されている状態で、ファンクションキーである[F2]キーを押すと、該当セルの既入力値を利用して修正できます。

これではまるで電卓と同じで、何が便利なのかわかりません。B2 のセルに 214、B3 のセルに 1020 が入力されていて、B4 のセルには、=B2+B3 が入力されている状態で、B2 のセルに 192 と入力してみましょう。B4 のセルの値がただちに 1212 という数値に変わりましたか？

これが表計算アプリの便利な側面の一つです。ある数値の入力を変えた場合に、ただちに計算結果が計算しなおされるので、ちょっとした試算などにも便利です。

■関数の利用

関数を使用すると指定したセルを範囲として、一定の処理を指定することができます。最初に、合計が計算できる「SUM」関数を学習します。

関数も式の入力と同様に、「=」を入力してから、入力します。関数は基本的に「関数名（引数）」という形をしています。ただし、引数の値が不要な関数もあります。また関数は、大文字・小文字を区別する必要はありません。小文字で入力しても確定させると、自動的に大文字になります。引数は、「ひきすう」と読みます。

SUM 関数：指定範囲の合計を求める関数です。
=SUM(範囲)

一つ目の方法－関数の引数（セル）を選択する方法

B2 のセルに 214 を入力、B3 のセルに 1020、B4 のセルに 1111 を入力します。B5 のセルにキーボードからの入力だけで、「=SUM(B2:B4)と入力して、[Enter]キーを押してください。「2345」と表示されましたか？

範囲を「:（コロン）」の記号で結ぶのがルールです。「:（コロン）」は参照演算子と呼ばれ、これ以外に、「,（コンマ、カンマ）」と「 」半角スペース（空白）があります。

二つ目の方法

B5 のセルにキーボードから「=SUM(」と入力して、次に、カーソルキー（[↑]）で B2 のセルまで行き、[Shift]キーを押しながら、B2 のセルから B4 のセルへカーソルキー（[↓]）を2回押す。

B5 には「=SUM(B2:B4」と表示されるので、[Enter]キーを押します。「2345」と表示されましたか？最後の括弧は、自動的につきます。

三つ目の方法

さらにもう一つ。B5 のセルにキーボードからの入力で「=SUM(」と入力して、マウスの左ボタンで、B2 のセルをクリックしたまま、B4 のセルまでマウスポインターを動かします。マウスのボタンを離し、そして[Enter]キーを押します。「2345」と表示されましたか？

これらそれぞれ三つの方法は、時と場合によって使い分けるのが便利です。ちなみに、セルでの入力は、「=B3+B2」や「=SUM(B4:B2)」と入力しても計算結果は変わりません。同様に範囲をマウスで上から指定しても下から指定しても指定範囲の結果は変わりません。

メモ：「ホーム」タブの中に、「編集」のグループ内に合計を求めるアイコンも利用できます。

練習1－2

「=SUM(B2:D6)」や「=SUM(A3:C5)」という複数列にまたがる指定も可能です。表1－1のデータを入力し、空いているセルで、次の範囲指定について試してみましょう。

「=SUM(B4:D6)」　　計算結果＿＿＿＿＿＿

●複数の範囲や重複範囲だけを指定範囲とする方法

複数範囲の場合は「,(コンマ、カンマ)」記号で、重複範囲の場合は「 (半角スペース)」の参照演算子で、それぞれの範囲を区切って指定します。

複数範囲の合計　　「=SUM(B2:B4,D3:D6)」　計算結果＿＿＿＿＿
複数範囲(重複あり)の合計　「=SUM(B2:B4,B3:D6)」　計算結果＿＿＿＿＿
重複範囲のみの合計　「=SUM(B2:C4 C3:D6)」　計算結果＿＿＿＿＿

なお、複数範囲は、255 個まで指定できます。また、重複範囲で、重複セル範囲がない指定を行った場合は、「#NULL!」のエラーメッセージ表示(エラー値、p.140 参照)となります。

表1－1

	A	B	C	D
1	No.	生物	物理	化学
2	1	92	25	64
3	2	65	64	97
4	3	35	23	89
5	4	38	48	23
6	5	60	79	14
7				

練習1－3

AVERAGE 関数を用いて表1－1の、生物、物理、化学の平均点を 7 行目で求めてみましょう。また、B6 のセルの数値を[Delete]キーで消すと、生物の平均点はどうなったでしょうか？　また、B6 のセルに0(ゼロ)を入力するとどうなるか確かめてみましょう。さらに、B6 のセルに文字として、欠席という文字を入力するとどうなるかを確かめてみましょう。

AVERAGE 関数：指定範囲の平均を求める関数です。
=AVERAGE(範囲)

空白 →計算に含まれ＿＿＿。
0　 →計算に含まれ＿＿＿。
文字 →計算に含まれ＿＿＿。

メモ：[Enter]キーを押すと、既定の設定では、下のセルへ移動します。また、[Tab]キーを押すとセルを右へ移動します。さらに、[Tab]キーで移動後の最後に[Enter]キーを押すと押す前のセルの下へ移動します。これらの移動は、セルの値を確定させるためにも使用できます。

これらの二つのキーを組み合わせて入力の確定に利用すると、入力を効率よく行うことができます。また、[Shift]+[Enter]キー、[Shift]+[Tab]キーで、上記の動作の逆の動きをします。

■セルのコピーと貼り付け

多くのデータの列や行の合計を知りたい時、すべての場所に式や関数を手で入力していては大変なため、セルをコピーして貼り付けるということをします。「コピー」と出てくる言葉の意味は、コピーしたいものをパソコンに一時的に覚えさせるというもので、「貼り付け（ペースト）」というもう一つのコマンドを実行して、はじめてコピーされた結果を他のセルなどに表示できるということを意味します。例えば、コピー機でコピーするというと、ボタン一つ押すだけで、その作業を一度に行ってしまいますが、パソコンでは、「記憶（コピー）させ、写す（貼り付け）」という作業を別々に行う必要があります。

一つ目の方法

表1－2のデータを入力してください。B5 のセルに国語の合計点を求める式（=SUM(B2:B4)）を入力してください。B5 のセルを選択し、「ホーム」タブ→「クリップボード」グループのアイコンによる「コピー」というコマンドを選択します。コピーしたものを貼り付けたい C5 から F5 までのセルをマウス操作のドラッグにより、連続して選択してください。「ホーム」タブ→「クリップボード」グループのアイコンによる「貼り付け」というコマンドを実行します。式がそれぞれの列範囲に自動的に変更されて、複写されています。セルの指定方法が、第2節で詳しく説明する相対参照（p.122 参照）で指定されているため、範囲が自動的に変更されます。

表1－2

	A	B	C	D	E	F	G
1	氏名	国語	算数	理科	社会	体育	
2	田中	12	50	81	23	38	
3	鈴木	45	24	98	64	49	
4	佐藤	25	75	78	55	61	
5		82					

計算結果を C5=149、D5=257、E5=142、F5=148 のように求めることができましたか？ 同じようにG2 のセルに合計を求める関数を入力後、G列でも同様にして合計を求めてみましょう。

二つ目の方法

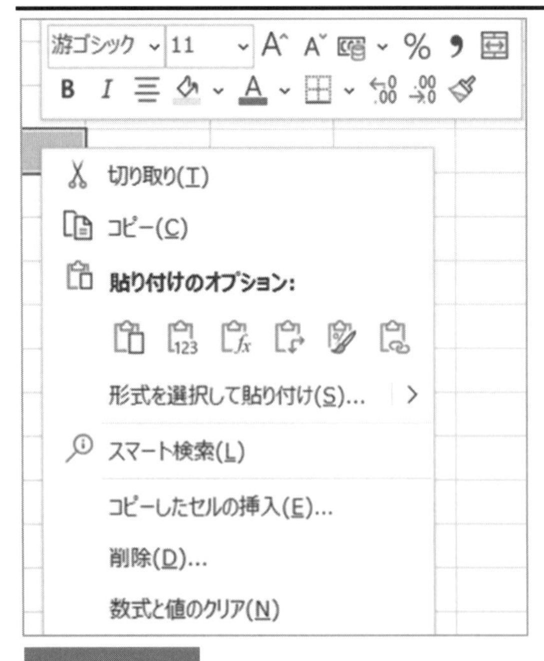

図1－3

次にもう少し便利な方法です。一つ目の方法で行ったセル C5-F5、G3-G4 の入力値をすべて削除してから行います。

表1－2で、B5 のセルの上で、マウスの右ボタンをクリックします。すると図1－3のコンテキストメニューが表示されます。ここにも「コピー」コマンドがあるので、マウスの左ボタンで選択します。

次に、コピーしたセルを貼り付けたい C5 から F5 までのセルをマウス操作で連続して選択して、C5 から F5 のいずれかのセルの上でマウスの右ボタンをクリックし、図1－3のコンテキストメニューの「貼り付けオプション」の一番左のアイコンによる「貼り付け」コマンドを選択します。

三つ目の方法

同じように、一つ目、二つ目の方法で行ったセル C5-F5、G3-G4 のすべての入力値を削除してから行います。

次は画面上でのマウスポインターの先端の形に注目して行ってください。Excel のシート上ではマウス先端はシートの上では主に「白抜きの十字」か、「黒色の十字」になります。この違いがわからないとうまく使いこなせません。表1－2で、B5 のセルを選択している状態で、セルの右下隅が小さな四角（■、フィルハンドルと呼ばれます）になっていることに気が付いていますか？　この部分にマウスポインターの先端を持っていくと、マウスポインターの形が「白抜きの十字」から「黒色の十字」に変わります（下記参照）。

このままマウスの左ボタンを押しながら、F5 のセルまでドラッグ（マウスポインターを移動してからボタンを放す）してください。コピーと貼り付けが一度に行われます。G 列も同様にやってみましょう。

●フィルハンドル

セルの右隅にある■の部分は、フィルハンドルと呼ばれます。マウスポインターをその上へ移動させるとマウスポインターの形が「白抜きの十字」から「黒色の十字」に変わり、上記のような操作に利用します。

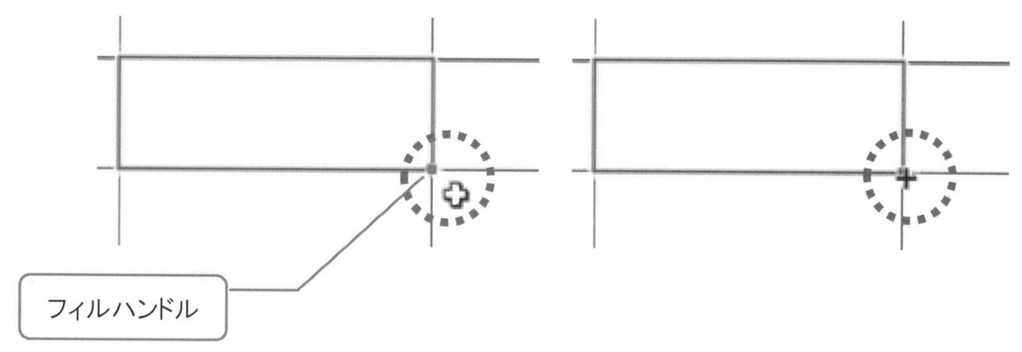

フィルハンドルは、ダブルクリックすることで、アクティブセルの入力値を隣接列に沿って、コピー&貼り付けをすることにも使います。

■複数セルの選択によるコピーと貼り付け

複数のセル、つまり範囲を指定してコピーと貼り付けを行うこともできます。図1－4の A1 のセルから F4 のセルまでをドラッグ操作により範囲指定し、コピーをして、H1 のセル一カ所だけを選択して、「貼り付け」をします。すると自動的に、残りの範囲にデータが貼り付けられます。コピーした範囲と同じだけの範囲のセルを選択する必要はありません。

	A	B	C	D	E	F	G	H	I	J	K	L	M
1	氏名	国語	算数	理科	社会	体育		氏名	国語	算数	理科	社会	体育
2	田中	12	50	81	23	38		田中	12	50	81	23	38
3	鈴木	45	24	98	64	49		鈴木	45	24	98	64	49
4	佐藤	25	75	78	55	61		佐藤	25	75	78	55	61

図1－4

また、コピーの時のセルの範囲指定は、A1、F1、A4、F4 のいずれから開始しても、範囲指定の意味はすべて同じになります。

第2節　セル参照と値の利用

この参照方法を詳しく理解すると表計算アプリの活用範囲が広がります。

■相対参照

相対参照は、ここまで説明なしに使ってきました。ここで理解してから、先へ進みましょう。表2－1でB1 のセルに「=A1」と入力する方法が、相対参照です。参照結果が、5 と表示されます。この B1 のセルを B2 のセルや B3 のセルにコピー＆貼り付けをするとどうなるでしょうか？　どのように貼り付けされましたか？　B2 のセルには「=A2」、B3 のセルには「=A3」となっているはずです。

表2－1

	A	B	C	D
1	5	5		
2	6			
3	7			
4				

表2－2

	A	B	C	D
1	1	2	3	4
2				
3				
4				

次に横も試してみましょう。表2－2の A～D のような1行目のセルに 1～4 を入力して、A2 のセルに「=A1」と入力しましょう。そして、A2 のセルを B2～D4 までコピー＆貼り付けをしてみましょう。

いずれの場合も自動的に列番号や行番号が、変更されていることがわかります。これが相対参照です。真横や真下が貼り付け先である必要はありません。離れているセルでも、相対的な位置関係を保って、自動的に参照範囲が変更されて複写されます。これが相対参照です。

■絶対参照・複合参照

表2－1で B1 のセルに「=$A$1」と入力してください。そして、B2、B3 のセルに B1 のセルをコピー＆貼り付けをしてください。結果は両方のセルとも「5」が表示されているでしょう。そして、それらのセルの入力値は、「=$A$1」のはずです。これが絶対参照です。コピー＆貼り付けをしても参照するセルが変わって欲しくない式を書く時に必要な方法です。

複合参照は、相対参照と絶対参照を組み合わせたような参照方法です。つまり、「=$A1」、「=A$1」という参照の指定もできるのです。ここを理解してください。この指定法が理解できると計算が非常に楽になります。

「A1」のようなセルの参照指定を「相対参照」、
「$A$1」のようなセルの参照指定を「絶対参照」と呼ぶのに対して、
「$A1」のようなセルの参照指定を「複合参照（絶対列参照）」、
「A$1」のようなセルの参照指定を「複合参照（絶対行参照）」、
と区別して呼びます。

表2－1で、B1 のセルに「=$A1」を入力して、B1 のセルを B2、B3、C1～C3、D1～D3 の 8 つセルにコピー＆貼り付けをしてください（表2－3）。C 列、D 列にはコピーした結果、貼り付けられる式を示していますが、$マークを付けた列番号は、複写によって変化しません。B 列は下に複写しただけなので列番号が変化しないのは、相対参照と結果だけを見ると同じです。しかし、C 列、D 列は異なる列に移動したにもかかわらず、隣の列番号を参照せず、$マークで指定されている A 列の指定がそのまま複写されています。そして行番号は、相対参照のままなので、行によって変化しています。表示される数値は、5、6、7 の順にそのままです。

次に、表２－１で、B1 のセルに「=A$1」を入力して、B1 のセルを同じように B2、B3、C1～C3、D1～D3、の 8 つセルにコピー＆貼り付けをしてください（表２－４）。C 列、D 列にはコピーした結果、貼り付けられる式を示していますが、$マークを付けた行番号は、複写によって変化せず、行番号 1 のままです。しかし、列番号は、相対参照のままなので、異なる列への複写にともなって変化しています。表示される数値は、全部 5 になります。

表２－３

	A	B	C	D
1	5	=$A1	=$A1	=$A1
2	6	=$A2	=$A2	=$A2
3	7	=$A3	=$A3	=$A3

表２－４

	A	B	C	D
1	5	=A$1	=B$1	=C$1
2	6	=A$1	=B$1	=C$1
3	7	=A$1	=B$1	=C$1

この参照形式の違いを理解すると、より効率的に表計算アプリを使用することができます。次の練習で実際に試してみましょう。

練習２－１

表２－5のデータを入力し、C2 から C10 のセルの合計を、関数を用いて C11 に求めてみましょう。そして、D2 のセルに式を入力し、個人成績が総合得点に占める割合を求めてみましょう。残りの D3 から D10 までのセルは D2 のセルをコピー＆貼り付けをすることでその割合を求めてみましょう。また、D11 のセルで、D2 から D10 までのセルの値を合計すると 100%となるか確かめてみましょう。

表２－5

	A	B	C	D	E
1		番号	個人成績（点）	総合得点に占める割合	
2		1	26		
3		2	30		
4		3	95		
5		4	27		
6		5	58		
7		6	31		
8		7	60		
9		8	54		
10		9	49		
11		総合得点			
12					

練習２－２

8番の点数（C9 のセル）が入力間違いで、54 点から 79 点に変更になりました。この点数を 79 と入力すると、いずれのセルの表示値が変化したかを確認してみましょう。

この問題を行うと、総合得点の計算で、セルの参照を絶対参照（複合参照）でおこなっておいた“ありがたみ”がわかったでしょうか？　もし、総合得点の計算結果を分母として数値入力していた場合、１人の得点が変更されると、9つのセルすべての分母を訂正する必要があります。ところが、総合得点が適切に参照されている場合は、１人の得点の変更だけで済みます。

■連続データの入力（オートフィル）

1、3、5 というような等差数列のような連続データを入力したいときに使用する方法です。行方向にも列方向に用いることができます。

まず、A2 のセルに「1」を入力し、A3 のセルの「3」を入力します（表2－6）。次に、A2 と A3 のセルを範囲選択します。

A2 と A3 のセルを範囲選択した状態で、A3 のセルの右下隅のフィルハンドル（p.121 参照）の黒色の小さな四角（■）の場所へマウスポインターの先端を持っていくと、マウスポインターの先端が「白抜きの矢印」から「黒色の十字」に変わります。この状態で左クリックボタンを押したまま、下のセルへなぞるように移動してクリックボタンを離してください。

1、3、5、7……というようにデータが入力されましたか？ 1、2、3……のような連番も当然できます。他にも 1.5 などの少数点を含むこともできますし、100、99 というように値を小さくすることもできます。また、一部、日付や曜日や月などは入力値が一つでも、同様の方法で連続的に入力できます。

表2－6

	A	B	C
1			
2	1	月曜日	2020/4/1
3	3		
4			
5			
6			
7			

なお、日付の扱いについては、■日付と時刻、p.144 を参照してください。

問題2－1

オートフィルと複合参照を組み合わせた問題です。

B1 に「1」を、C1 に「2」を入力して、フィルハンドルを用いて、J1 まで連続値を入力してください。A 列も同様に行ってください。次に、B2 のセルに一つだけ式を書き、そのセルを J10 まで全体にコピー＆貼り付けをすると九九（くく）の表が完成する式を入力してみましょう。うまくいかない場合は、試行錯誤してみてください。

	A	B	C	D	E	F	G	H	I	J
1		1	2	3	4	5	6	7	8	9
2	1									
3	2									
4	3									
5	4									
6	5									
7	6									
8	7									
9	8									
10	9									

問題2－2

連続データは簡単にできることを学習しましたが、式を使っても簡単に同じことができます。A1 のセルに「1」を入力し、A2 のセルだけを A10 までコピーすると連続データ（1、2、3、4、……）になる式を A2 に入力し、コピー＆貼り付けをして入力してみましょう。

○［Ctrl］＋［Enter］

このショートカットキーは、書式を除くセルの入力値(数値や式)を一括入力します。

C3 のセルから複数セルを選択指定している状態(図2－1)で、C3 のアクティブセルに例えば、「○」を入力して文字のみを確定した状態(図2－2)で、このショートカットキーを実行すると、書式を除くアクティブセルの入力値がコピーして貼り付けられます(図2－3)。書式が複写されないため、貼り付けたいセルに罫線などの書式がある場合の複写で特に有効です。セルは連続している必要はなく、離れたセルでもかまいません。

	A	B	C	D
1				
2			午前	午後
3		9月29日		
4		9月30日		
5		10月1日		
6		10月2日		
7		10月3日		
8		10月4日		

図2－1

	A	B	C	D
1				
2			午前	午後
3		9月29日	○	
4		9月30日		
5		10月1日		
6		10月2日		
7		10月3日		
8		10月4日		

図2－2

	A	B	C	D
1				
2			午前	午後
3		9月29日	○	
4		9月30日	○	
5		10月1日	○	
6		10月2日	○	
7		10月3日	○	
8		10月4日	○	

図2－3

図2－3で、罫線が消えずに複写が行われていますが、これをコピー＆貼り付けで行うと、C3のセルの書式によって、C4 と C5 のセルの間の太い罫線が、細い罫線に上書きされてしまいます(■罫線、p.150 参照)。

このショートカットキーを用いると、範囲指定を先に行うことによって、問題2－1で、B2に入力した式を、1回の式の確定によって、選択範囲全体に複写することが可能です。

○離れたセルの選択

[Ctrl]キーを押しながら、マウスの左ボタンでセルをクリックしていくと複数のセルが選択できます。離れたセルに同じ書式の設定を行う際や上記の[Ctrl]+[Enter]キーを使う際にも便利です。

	A	B	C	D
1				
2			午前	午後
3		9月29日		
4		9月30日		
5		10月1日		
6		10月2日		
7		10月3日		
8		10月4日		

なお、離れた複数セルに対しては、実行不可能なコマンドがあります。例えば、「コピー」のコマンドを実行しようとすると、実行できないというメッセージが表示されます。

■形式を選択して貼り付け

セルには、式や書式など様々な属性情報が含まれています。セルをコピーして貼り付けると、元のセルのすべての情報がコピー先のセルに貼り付けられます。コピー＆貼り付けをする際に、それらの一部の属性情報や計算結果などを指定して、他のセルに貼り付けることができます。

アイコンで行う簡易な方法がありますが、まずは「形式を選択して貼り付け」のコマンド全体を理解しましょう。まずは、コンテキストメニューの「形式を選択して貼り付け」(さらに)→「形式を選択して貼り付け」のコマンドを選び、「形式を選択して貼り付け」のダイアログボックス(図2－4)を表示させ、内容を確認して、何が形式として選択できるかを確認してください。

＜形式を選択して貼り付けのダイアログボックス＞

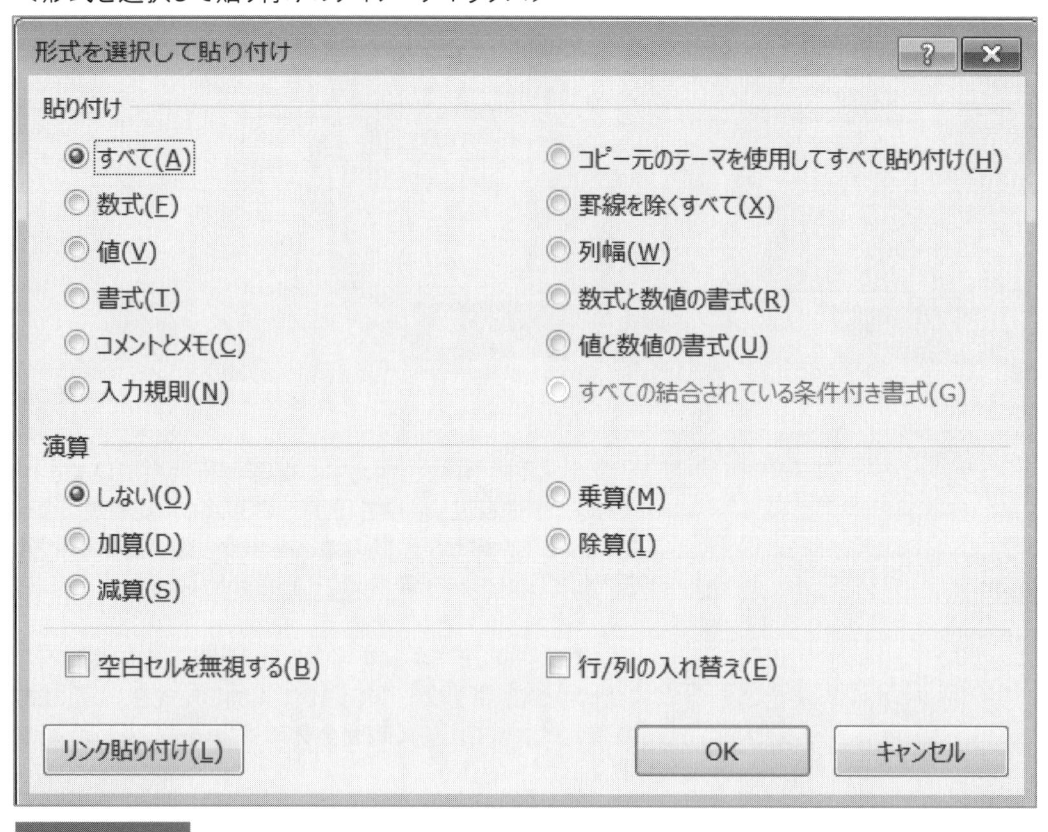

図2－4

●値のみの複写

セルの参照による計算式のままだと、セルをコピーしたり、移動したりすると計算結果が変わってしまうなど不便なこともあります。計算式の計算結果として表示されている値を利用するために、値の複写により、数値そのものに変えます。

まず、A1 のセルに「=1/3」と入力してください。次に A1 のセルをコピーしてください。そして、その値を貼り付ける A2 のセルの上で、右クリックして表示されるコンテキストメニューの中の「形式を選択して貼り付け」を選んで、さらに「形式を選択して貼り付け」を選んでください。図2－4のダイアログボックスが表示されます。「すべて」の一つのラジオボタンが選択されていますので、「値」というラジオボタンを選択してください。

A1 のセルでは、数式バーの中に「=1/3」と表示されていたものが、A2 のセルの数式バーに、0.333333333333333 という値に変換されていることが確認できます。

●演算による複写

コピーしたセルの値を利用して、他のセルに貼り付ける際に、加算、減算、乗算、除算の算術演算を行うことができます。

例として、次のような使い方に利用することができます。小数点を含む大量のデータ入力の際に、0.11、0.59、0.47、0.25、・・・というように入力していくと、小数点の入力分、入力の手間が増えます。これを、11、59、47、25、91、・・・というようにまずは入力します。

11	演算による複写→	0.11
59		0.59
47		0.47
25		0.25
91		0.91
・・・		・・・

次に、他の空いたセルに100を入力しておき、100をコピーして、「形式を選択して貼り付け」で、データの入力範囲に「除算」を選び、貼り付けます。

「除算」がセルに対して行われることで、これらのセルの数値が、100 で除された本来入力すべき値を得ることができます。

●行列の入れ替え

形式を選択して貼り付けのコマンドでは、列と行を入れ替えることができます。

入れ替えたい範囲を指定して、「コピー」します。そして、コピーした元データの範囲を避けてセルを一カ所選択し、貼り付ける時に、値のみの複写と同じように、「形式を選択して貼り付け」を選び、「行/列を入れ替える」というチェックボックスにチェックを付けて「OK」を押します。

表2－7

	A	B	C	D	E	F	G	H	I	J	K
1											
2		1	2	5	→	1	2	3	5	7	
3		2	3	6		2	3	4	9	12	
4		3	4	7		5	6	7	13	15	
5		5	9	13							
6		7	12	15							
7											

練習として、表2－7の表の左側の4行3列の行列を入力し、入れ替えて3行4列にしてみましょう。あまり有用性を感じないコマンドかもしれませんが、統計解析のために並びを変えたり、グラフ作成の際の軸方向をあらかじめ変更したりする際に有効です。

■計算精度と指数表記

パソコンでの計算は、有限の桁数で計算しています。例えば、「1/3」を計算すると、数学的には0.33333333……という循環小数になるはずです。Excelでは小数点以下は15桁まで計算されています。

セルの書式設定や「ホーム」タブ→「数値」グループの「小数点以下の表桁数を増やす」のアイコン（p.129 参照）で、表示桁数を増やすと小数点以下第16位からはゼロが表示されます。なお、整数部分に値がある場合は、その桁数を含めて15桁です（これは変数が、浮動小数点型で扱われていることを意味しています）。

○演算誤差

演算誤差は、簡単な計算の「=8.2-7.2（=0.999999999999999）」でも生じます。これは、Excelだけの問題ではなく、有限桁数で2進数を利用した演算方法の限界です。実用上問題ない場合もありますが、詳細な数値計算を行う場合は、注意してください。

有限の桁数を2進数で演算誤差は、連続データの入力（オートフィル）でも生じます。例えば、0.8と0.7の入力をもとに、0.1の差分を作ると確認できます。0（ゼロ）が0になっていません。また、他の数値も桁数を増やすと、誤差が生じている数値があります。

	A
1	0.8
2	0.7
3	0.6
4	0.5
5	0.4
6	0.3
7	0.2
8	0.1
9	-9.99200722162641E-16
10	-0.1
11	-0.2
12	-0.3

○指数表記

	A	B
1	1	1
2	0.5	2
3	0.25	4
4	0.125	8

（中略）

14	0.000122	8192
15	6.1E-05	16384
16	3.05E-05	32768
17	1.53E-05	65536
18	7.63E-06	131072
19	3.81E-06	262144
20	1.91E-06	524288
21	9.54E-07	1048576
22	4.77E-07	2097152
23	2.38E-07	4194304
24	1.19E-07	8388608
25	5.96E-08	16777216
26	2.98E-08	33554432
27	1.49E-08	67108864
28	7.45E-09	1.34E+08
29	3.73E-09	2.68E+08
30	1.86E-09	5.37E+08

指数表記は、非常に大きな数や非常に小さな数を表記する数の表記方法の一つです。セルにおける数値の指数表記について、簡単に説明します。なお、指数表記は、自動で表示される以外にも、セルの書式設定によるでも指定することができます（p.143 参照）。

A1のセルに「1」を入力してください。A2のセルに「=A1/2」を入力してください。そして、そのセルを、A3からA50までコピーしてください。セルの幅によって見える値は異なることがありますが、A15 のセルには、6.1E-05と表記されていると思います。

この数値の意味は、$6.1\cdots\times10^{-5}$（0.00006103515625）という意味です。計算結果をそのまま表示すると、小数点以下にゼロが何個も続いてしまうので、それを避けるため、このような表示を科学技術分野や表計算アプリなどでは行います。セルの書式設定では、表示する小数点の桁数を変えることができます。

今度はB1のセルに「1」を入力し、B2のセルに「=B1*2」を入力してください。そして、同じように、B3からB50までコピーしてください。今度はプラスですが同じような表示がなされます。これはプラスとマイナスが異なるだけで、考え方は同じです。

なお、列幅によって、指数表記の桁数などが自動で調整される場合があります。

■小数点以下の桁数の揃え方

わり算などで生じる小数点以下の桁数が有限であることは説明しましたが、表示する際や有効数字として必要な桁数は、もっと少ないことが多く、桁数を変更したい場合があります。実生活で実際に必要とされるのは、小数点以下1桁とする例がよく使われるでしょう。この時に、表示する小数点以下の桁数を揃えるには、二つの方法がありますが、その方法はまったく考え方（意味）が異なります。区別して覚えてください。

●表示桁数だけを変える（見かけだけを変える）方法

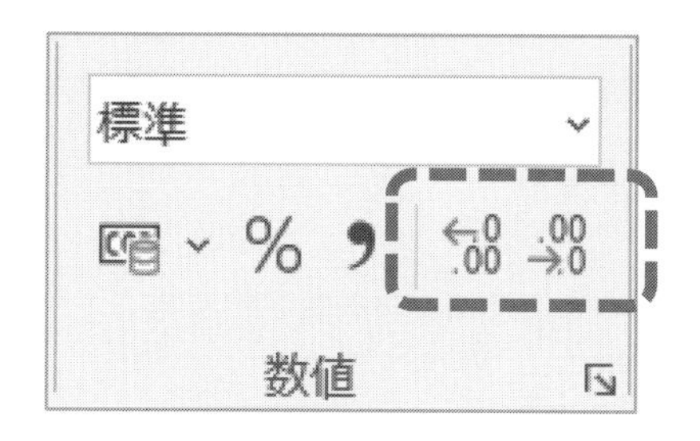

小数点以下の表示桁数を変えたいセルを選択して、「ホーム」タブ→「数値」グループのアイコンの内、左側のアイコン（小数点以下の表示桁数を増やす）をクリックすると、表示桁が増加します。

一方、右側のアイコン（小数点以下の表示桁数を減らす）をクリックすると表示桁数が減っていきます。

しかし、この方法は、セルの書式によって見た目を変えているだけで、セルに入っている数値自体を変更しません。見た目だけを変更する手段です。

練習2−3

1. A1 のセルで「=1/3」を行い、小数点以下第一位までの表示を変えてみましょう。

2. 「0.3」と表示されている A1 のセルの値自体が変わっていないことを、A2 のセルに「=A1*1」と入力して、表示される値が「「0.333333……」となるかを確認してみましょう。

●関数により桁数を四捨五入する（セルに格納されている数値を変える）方法

ROUND 関数：指定された桁に四捨五入した値を計算する関数です。コンマ（カンマ）で区切った二つ目の引数は、プラスの値では四捨五入して表示される小数点以下の桁数を指定します。引数にはマイナスの値も指定可能です。
=ROUND(値,指定する桁)

A3 のセルに、「=ROUND(A1,1)」と入力します。ROUND というのが関数で、A1 のコンマの後にある「1」という数字は、小数点以下第二位を四捨五入し、小数点以下第一位までの値に計算するよう指示をする数値です。すると「0.3」となります。これは一つ目の方法とは異なり、「0.3」という値しか、A3 のセルには格納されていません。本当に「0.3」という値に変更されているかを確認するために、A4 のセルに「=A3*1」と入力して、表示桁数を増やしても「0.30000･･･」となるかを確かめてください。

練習2−4

A1 のセルに 12345.6789 と入力して、A2 のセルに=ROUND(A1,-3)と入力すると計算値はいくつになるか確認をしてみましょう。

練習2−5

次の式、「=ROUND(1/3,1)」の値複写を行うと、いくつの値が得られるかを確認してみましょう。

第3節　セルの移動・削除・挿入・選択

セルに入力されている値は、基本的にセル毎に移動することができます。また、セルそのものの削除や挿入も可能です。

■セルの移動

セルに入力されている値を移動する方法はいくつかあります。

1.「切り取り」&「貼り付け」と順にコマンドを実行する方法

表3－1と表3－2で、A1 から D2 までを選択し、切り取りと貼り付け、コピーと貼り付けのコマンドを A4 のセルに実行し、その違いを確認しましょう。

表3－1

	A	B	C	D	E
1	1	2	3	4	
2	2	3	4	5	
3					
4					
5					
6					

→
切り取り&
貼り付け

表3－1’

	A	B	C	D	E
1					
2					
3					
4	1	2	3	4	
5	2	3	4	5	
6					

表3－2

	A	B	C	D	E
1	1	2	3	4	
2	2	3	4	5	
3					
4					
5					
6					

→
コピー&
貼り付け

表3－2’

	A	B	C	D	E
1	1	2	3	4	
2	2	3	4	5	
3					
4	1	2	3	4	
5	2	3	4	5	
6					

　切り取りがコピーと異なるのは、選択したセル全体が移動してしまうという点です。コピーは、コピーしようとしたセルの値は、そのまま残ります。

2. マウス操作でドラッグ&ドロップする方法

切り取り&貼り付けをしたいセルの範囲を選択してからマウスでドラッグ&ドロップする方法もあります。表3－1の A1 から D2 までを選択します。選択した範囲で、灰色塗りで指定されている中の外枠へマウスポインターを持っていくと、マウスポインターの形が「白抜き十字」から「十字の矢印の上に、白抜きの矢印」に変化するので、左クリックボタンを押したままにすると「白抜きの矢印」に変化します。このまま移動したい先のセルまでマウスポインターを移動させ、マウスのボタンを離します。

　セルの移動は、移動範囲を指定した後、ショートカットキーで切り取り([Ctrl]+[X])、貼り付けたいセルに移動して貼り付け([Ctrl]+[V])を行う方法もあります。

■削除・挿入でのセルの動き

様々な理由で、セルの移動が必要な場合がありますが、セルを削除または挿入するという方法で動かすこともできます。削除のコマンドを実行する時は、セルはレンガと同じとイメージしてみてください。セルを削除すると、その削除したものは、どこかからセルを持ってきて穴埋めしなければなりません。

表3－1のデータの B1 のセルを削除しようとすると、図3－1のダイアログボックスが表示されます。ラジオボタンで「左方向にシフト」を選択すると表3－3のようになり、「上方向にシフト」を選択すると表3－4のようになります。

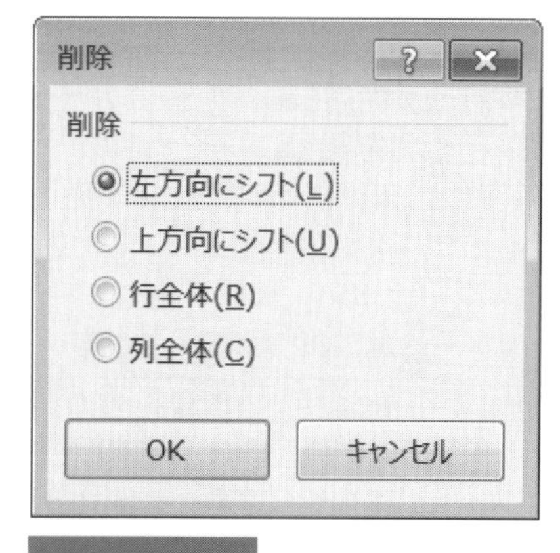

図3－1

表3－3

	A	B	C	D	E
1	1	3	4		
2	2	3	4	5	
3					

表3－4

	A	B	C	D	E
1	1	3	3	4	
2	2		4	5	
3					

練習3－1

削除と同様に挿入を表3－1の B1 のセルに挿入のコマンドを実行し、セルを右方向に移動(シフト)、またはセルを下方向に移動してみましょう。

■列と行とシートの選択

列や行、シート全体の選択ができます。

列の選択では、B の列を選択するなら、セルの上端にある列のアルファベットをクリックすると、図3－2のように選択できます。同様に、行の選択では、2 の行を選択するなら、セルの左端にある行の数字をクリックすると、図3－3のように選択できます。

図3－2

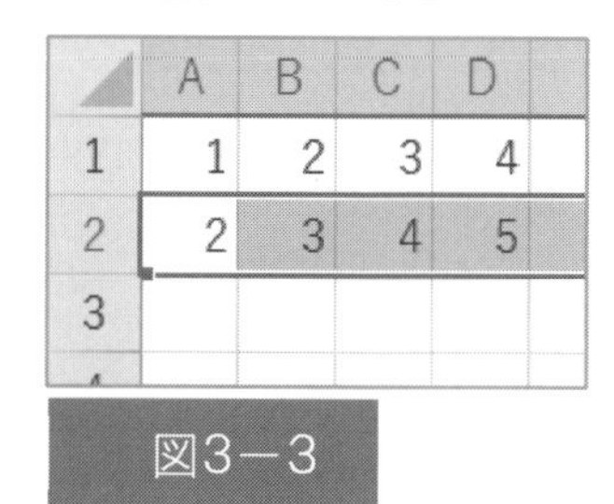

図3－3

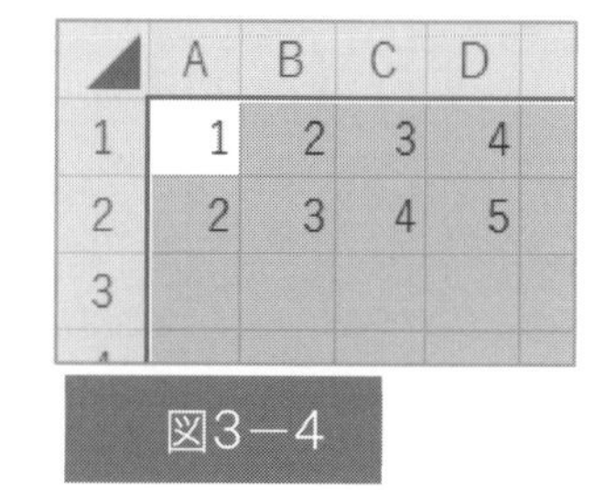

図3－4

シート全体の選択は、行番号の最上部で、列番号の文字のない一番左の部分をクリックすると選択できます(図3－4)。セルで右クリックした場合と同じように、列や行やシートでも行番号や列番号の場所を右クリックすると、セルと同じようにコンテキストメニューが表示されます。このコマンドで、列単位、行単位の操作ができます。

○［Ctrl］+［A］

[Ctrl]+[A]は、入力値があるセルや、隣接セルに入力値がある空白のセルで実行すると、アクティブセル領域を選択します(ただし、隣接の状態によっては、すべてのセルが選択されることがあります)。アクティブセル領域だけを選択しても、続けてもう一度実行すると、すべてのセル(シート全体)が選択されます。入力値のないセルや隣接セルに入力値がない空白セルで実行すると、1度の実行で、すべてのセルを選択します。

練習3－2

1. 行や列を選択し、表3－1のデータで、行・列の挿入、削除をやってみましょう。
2. 行や列を選択し、表3－1のデータで、行・列のコピー（あるいは切り取り）をして、いずれかの行・列に貼り付けをやってみましょう。

相対参照の相対性

列単位や、行単位での、挿入や削除、切り取り＆貼り付け（移動）では、相対参照されている式の内容は、複写した時のように自動的に変更される場合と、されない場合があります。規則性はありますが、これは挿入結果などから、数式バーに入力されている数式を確認して自分で覚えていくのがよいでしょう。どのように相対参照が変更されるか、されないかを練習3－3を行い、覚えてください。

練習3－3

列の挿入による相対参照範囲の変化の有無を確認してみましょう。表3－5の E1 には、「=SUM(A1:D1)」が相対参照で入力されており、4行目まで同じように各行の合計を求める式が入力されているとします。

表3－5

	A	B	C	D	E	F	G
1	1	2	3	4	10		
2	2	3	4	5	14		
3	3	4	5	6	18		
4	4	5	6	7	22		
5							

D 列と E 列の間に列を挿入すると、F 列の相対参照の範囲は変更されません。F1 は「=SUM(A1:D1)」のままです。したがって、E 列に数値を入力しても、F 列で計算される値に含まれません。

	A	B	C	D	E	F	G
1	1	2	3	4		10	
2	2	3	4	5		14	
3	3	4	5	6		18	
4	4	5	6	7		22	
5							

一方、C 列と D 列の間に列を挿入すると、F 列の相対参照の参照範囲は、「=SUM(A1:E1)」と変更されます。したがって、D 列に数値を入力すると、F 列で計算される値に含まれます。

	A	B	C	D	E	F	G
1	1	2	3		4	10	
2	2	3	4		5	14	
3	3	4	5		6	18	
4	4	5	6		7	22	
5							

この例のように同じような変更を加えたつもりでも、見かけ上、合計の数値は変わっていませんが、参照範囲は異なっている場合があるため、よく確認するようにしましょう。

■複数シートの利用

複数のシート間での計算方法を説明します。

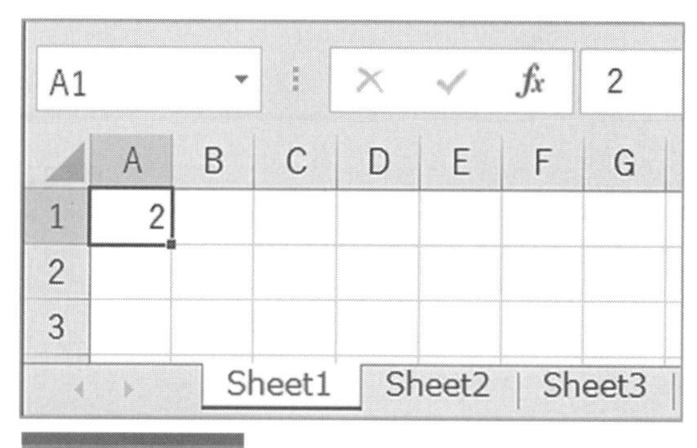

図3－5

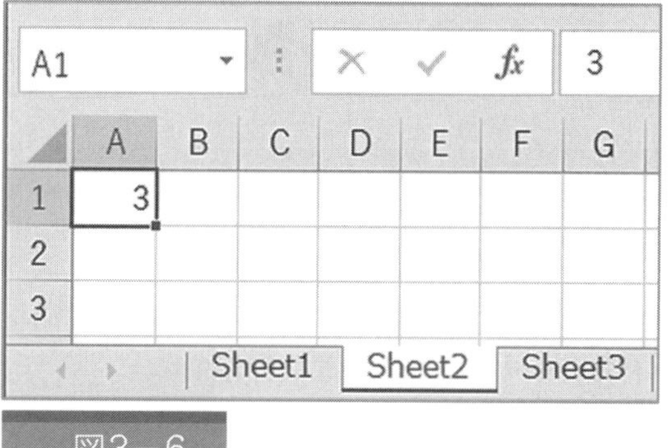

図3－6

シート間のセルの入力値を利用して、「串刺し計算」を行うことができます。簡略化して説明しますが、みたらし団子をイメージしてもらえばいいでしょう。図3－7は、串刺し計算の例です。

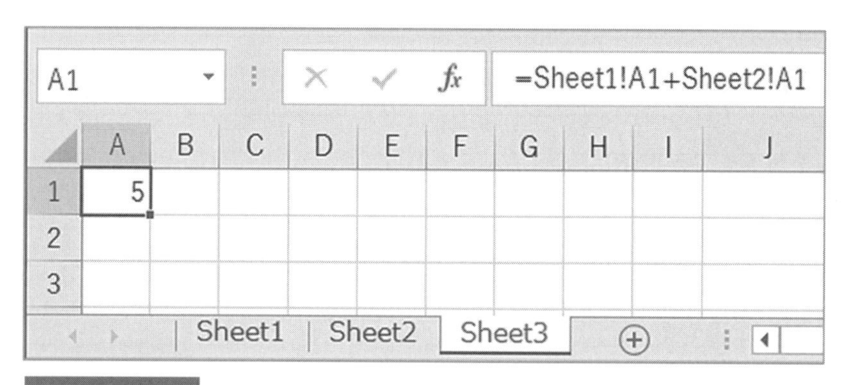

図3－7

Sheet1 のセル A1 には 2、Sheet2 のセル A1 には 3 が入力されており、Sheet3 のセル A1 では合計値が 5 と計算されています。Sheet3 の数式バーには、「=Sheet1!A1+Sheet2!A1」とあり、Sheet1 のセル A1 と Sheet2 のセル A1 を足す数式が入力されています。

串刺し計算のセルの選択は、ほとんどマウスで行いますので、Sheet2 や Sheet3 と書くことはないかもしれませんが、2 や 3 といった番号は標準では半角ですので、半角で入力してください。

なお、Sheet1 の部分を右クリックするとシートの名前も変えられます。すでに入力されている数式が参照しているシート名は自動的に変更されます。

○複数シートの選択

[Ctrl]キーを押しながら、シートをマウスで選択すると、複数選択できます。この選択している状態で、セルに入力を行うと、選択しているすべてのシートに入力されます。

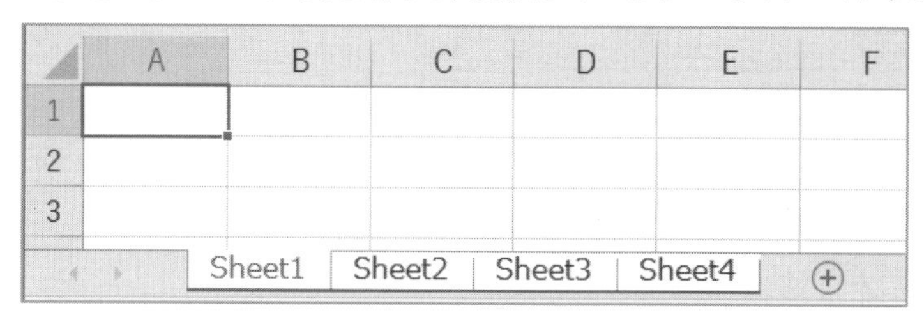

第4節　関数

頻繁に使う関数は、それほど多くありませんので、使い方を暗記しましょう。

■よく使う関数

関数	動作
SUM	合計を求める
AVEREGE	平均値を求める
MAX	最大値を求める
MIN	最小値を求める
ABS	絶対値を求める
ROUND	四捨五入する
ROUNDDOWN	切り捨てる
ROUNDUP	切り上げる
LOG10	常用対数を求める
LOG	指定した底に対する対数を求める
LN	自然対数を求める
EXP	e の累乗を求める
PI	円周率(π)を求める。引数が必要ない珍しい関数。ただし()(括弧)は必要。
SQRT	平方根を求める
POWER	累乗(べき乗)を求める
RADIANS	度で表された角度のラジアンを求める
SIN	サインを求める(引数は角度をラジアンで入力する)
COS	コサインを求める(引数は角度をラジアンで入力する)
TAN	タンジェントを求める(引数は角度をラジアンで入力する)

関数の引数の指定の方法は、ヘルプ(p.12 参照)や関数ライブラリー(p.142 参照)を参照してください。

練習4－1

表4－1のデータに対して、D1 のセルで最大値を、D2 のセルで最小値を求めることができるように、式を入力してください。入力後、A1 のセルに「10」を入力すると最大値が 10 に変化したかを確認してみましょう。また、B2 のセルに「-3」を入力して最小値が-3 に変化したかを確認してみましょう。

表4－1

	A	B	C	D
1	5.5	4.3	3.9	
2	0	2	4	
3	3	4.8	1	
4	9	5	6.1	
5				

練習4−2

関数を利用して、以下の式を一つのセル内で計算してみましょう。

(1) $-13 \div (34 - |2 - 81|)$

(2) $\sqrt{2}$

(3) $2^{0.5}$

(4) $2 \times \pi \times 3$

(5) $\log_2 3$

(6) $\log_{10} 100$

(7) $\ln 2.72$

(8) $\log_e 2.72$

(9) e^2

(10) $\tan 45°$

(11) $\tan(45/180 \times \pi)$

(12) $\cos 30° - \sin 60°$

解答例：解答例は一例です。

練習4−2	標準的な式	備考
(1)	=-13/(34-ABS(2-81))	
(2)	=SQRT(2)	(3)と同義
(3)	=2^0.5	(2)と同義
(4)	=2*PI()*3	
(5)	=LOG(3,2)	
(6)	=LOG10(100)	=LOG(100,10)
(7)	=LN(2.72)	(8)と同義
(8)	=LOG(2.72,EXP(1))	(7)と同義
(9)	=EXP(2)	=EXP(1)^2
(10)	=TAN(RADIANS(45))	(11)と同義
(11)	=TAN((45/180*PI()))	(10)と同義
(12)	=COS(RADIANS(30))-SIN(RADIANS(60))	

（不用意に解答を見ないように、天地を逆転させています。）

=COS90の値は？

A1のセルに、=COS90と入力すると、0(ゼロ)になります(COS90のセルが空白の場合)。このCOS90は、列番号COS、行番号90のセルの値を参照しているからです。

COS90°を計算したいのであれば、=COS(RADIANS(90))と入力するのが正しい入力方法です。なお、COS90°は数学的には0(ゼロ)ですが、関数の計算では6.12574E-17となり、0(ゼロ)に近いですが、誤差がある計算結果を返します(p.128参照)。

[Ctrl]+[G]キーで、セルを移動する「ジャンプ」というダイアログボックスが表示されます。「参照先」に「cos90」と入力して、COS90のセルに移動してください。ここが「=COS90」で指定した参照セルです。

問題4－1

以下の式を一つのセル内で計算してみましょう。表記のために用いた括弧の中には実際の計算式には不要なものや、逆に正しく計算するためには新たに括弧が必要な場合があります。

(1) $773 \div \{89 \div (39 - 22) - 59\}$

(2) $773 \div \{89 \div (39 - 22) - (-59)\}$

(3) $4 \div 3 \times \pi \times 3$

(4) $1.5 \div 0.7 \times 5.01 \div 1.09$

(5) $\frac{7.7-5}{9.3-5.7} \times \frac{4.6-5}{4.4-9}$

(6) $5 \div 5 \div 9$

(7) $5 \div \frac{5}{9}$

(8) $6.091 \div \frac{4.923-0.9192}{0.427}$

(9) $5 \div 7 \div 5 \div 9$

(10) $\frac{5}{7} \div \frac{5}{9}$

(11) $\frac{7.7-5}{9.3-5.7} \div \frac{4.6-5}{4.4-9}$

(12) 0.001×10^3

(13) $10^3 \div 0.001$

(14) 10^{-2}

(15) $7^{\frac{11}{13}}$

(16) $(2^{0.5})^2$

(17) $(3 \times 7)^2$

(18) π^e

(19) e^π

(20) $3^{0.9} \times 3^{0.1}$

(21) $7^{1.1} \div 7^{0.1}$

(22) $\sqrt{4.7 - 1.7}$

(23) $\left(\sqrt{2}\right)^2$

(24) $\left(-11 + \sqrt{11^2 - 4 \times 2}\right) \div \frac{2}{7}$

(25) $-11 + \sqrt{|4 \times 2 - 11^2|}$

(26) $\sqrt{(4.7 - 2.3) \times (3.9 - 3.1)}$

(27) $\sqrt{(4.7 - 2.3)^2 - (3.9 - 3.1)^2}$

(28) $\sin 45° - \sqrt{2} \div 2$

(29) $\cos(180° - 60°)$

(30) $\tan 60° - \sin 60° \div \cos 60°$

(31) $|\cos \pi|$

(32) $2^{\cos 60°}$

(33) $\cos \pi \times \cos \pi$

(34) $\sin^2 \pi$　　※$(\sin \pi)^2$と同義

(35) $\log_5 3 + \log_5 2$

(36) $\log_2 3 - \log_5 3 \div \log_5 2$

(37) $\log_2 3 - 1 \div \log_3 2$

(38) $\ln e \div \log_{10} 10$

(39) $73.7 \div \{\pi \div (91 - 2.27) - 0.4 \times \cos \pi\}$

(40) $7^\pi \div 7^e$

(41) $\frac{\pi-e}{e-\pi} \times \frac{e}{\pi}$

(42) $\sin 45° \div \cos \pi \div \tan 0.5 \div \sin 60°$

(43) $\frac{\sin 45°}{\cos \pi} \div \frac{\tan 0.5}{\sin 60°}$

(44)$\log_{10} 100 \div \log_{10} \frac{1}{1000}$

(45)$\sqrt{e \times \pi + (\log_e 10^{9.7} \div \tan 0.231)}$

(46)$\sqrt{|e \div 2858 - \pi^2|}$

(47)$\tan \frac{\sin 48^\circ}{\cos 49^\circ}$

(48)$\frac{\sqrt{\pi - e}}{\sqrt{e} - \sqrt{\pi}} \times \frac{\sqrt{e}}{\sqrt{\pi}}$

(49)$\log_{\sin \pi} \sin 21^\circ + \ln(\log_5 2)$

(50)$\frac{\cos(180^\circ - 45^\circ)}{\cos \pi - \sin \pi} \div \frac{e - \pi}{\ln e \div \log_{10} 10}$

解答例（一部省略）：解答例は一例です。

2	12.0338828	=773/(89/(39-22)-(-59))
5	0.06521739	=(7.7-5)/(9.3-5.7)*(4.6-5)/(4.4-9)
8	0.64959713	=6.091/((4.923-0.9192)/0.427)
10	1.28571429	=(5/7)/(5/9)
11	8.625	=((7.7-5)/(9.3-5.7))/((4.6-5)/(4.4-9))
12	1	=0.001*10^3
13	1000000	=10^3/0.001
14	0.01	=10^-2
15	5.18899147	=7^(11/13)
16	2	=2^0.5^2
17	441	=(3*7)^2
18	22.4591577	=PI()^EXP(1)
19	23.1406926	=EXP(1)^PI()
20	3	=3^0.9*3^0.1
21	7	=(7^1.1)/(7^0.1)
22	1.73205081	=SQRT(4.7-1.7)
23	2	=SQRT(2)^2
24	-1.2944897	=(-11+SQRT(11^2-4*2))/(2/7)
25	-0.3698542	=-11+SQRT(ABS(4*2-11^2))
26	1.38564065	=SQRT((4.7-2.3)*(3.9-3.1))
27	2.2627417	=SQRT((4.7-2.3)^2-(3.9-3.1)^2)
28	0	=SIN(RADIANS(45))-SQRT(2)/2
29	-0.5	=COS(RADIANS(180-60))
30	0	=TAN(RADIANS(60))-SIN(RADIANS(60))/COS(RADIANS(60))
31	1	=ABS(COS(PI()))
32	1.41421356	=2^COS(RADIANS(60))
33	1	=COS(PI())*COS(PI())
34	1.501E-32	=SIN(PI())^2
35	1.11328275	=LOG(3,5)+LOG(2,5)
36	0	=LOG(3,2)-LOG(3,5)/LOG(2,5)
37	0	=LOG(3,2)-1/LOG(2,3)
38	1	=LN(EXP(1))/LOG10(10)
39	169.267224	=73.7/(PI()/(91-2.27)-0.4*COS(PI()))
40	2.27897284	=7^PI()/7^EXP(1)
41	-0.865256	=(PI()-EXP(1))/(EXP(1)-PI())*EXP(1)/PI()
42	-1.494587	=SIN(RADIANS(45))/COS(PI())/TAN(0.5)/SIN(RADIANS(60))
43	-1.1209402	=(SIN(RADIANS(45))/COS(PI()))/(TAN(0.5)/SIN(RADIANS(60)))
44	-0.6666667	=LOG10(100)/LOG10(1/1000)
45	10.173614	=SQRT(EXP(1)*PI()+(LN(10^9.7)/TAN(0.231)))
46	3.14144128	=SQRT(ABS(EXP(1)/2858-PI()^2))
47	2.13489428	=TAN(SIN(RADIANS(48))/COS(RADIANS(49)))
48	-4.8912282	=SQRT(PI()-EXP(1))/(SQRT(EXP(1))-SQRT(PI()))*SQRT(EXP(1))/SQRT(PI())
49	-0.8143891	=LOG(SIN(RADIANS(21)),SIN(PI()))+LN(LOG(2,5))
50	-1.6704198	=(COS(RADIANS(180-45))/COS(PI())-SIN(PI()))/((EXP(1)-PI())/(LN(EXP(1))/LOG10(10)))

（不用意に解答を見ないように、天地を逆転させています。）

■COUNTIF 関数、SUMIF 関数

ここでは、COUNTIF 関数と SUMIF 関数の2つの使い方を説明します。

COUNTIF 関数：範囲の中で、条件に一致するセルの個数を求める関数です。
=COUNTIF(範囲,条件)

SUMIF 関数：指定した範囲が、条件に合う場合に、合計範囲を合計します。ただし、指定範囲と合計範囲は、一つのデータセットが横に並んでいる必要があります。
=SUMIF（範囲,条件,合計範囲）

例えば、表4－2のようなデータがあった場合に D2 に、=COUNTIF(A2:A10,C2)と書くと、イネの個数がカウントできます。また、「イネ」をセルからの入力値ではなく、直接指定することもできます。その場合は、E2 のように=COUNTIF(A2:A10,"イネ")と「イネ」の部分を半角の""（ダブルコーテーション）でくくる（囲む）ことで指定できます。IF 関数の項も参照してください（p.140 参照）。

練習4－3

表4－2の A 列と C 列のデータを入力し、D 列に COUNTIF 関数を用いて、それぞれの作物名の個数を求めてみましょう。表ではすべてが相対参照のままになっていますので、参照方法を修正して利用してください。

表4－2

	A	B	C	D	E
1	作物名				
2	トマト		イネ	=COUNTIF(A2:A10,C2)	
3	イネ		ウリ		
4	ウリ		トマト		
5	ナス		ナス		
6	ウリ				
7	イネ				（参考）
8	ウリ				=COUNTIF(A2:A10,"イネ")
9	ナス				
10	トマト				

○COUNTIF 関数と似た機能の関数

これらの3つの関数は、SUM 関数や MAX 関数と使い方は同様です。各自、試してください。

COUNT 関数：範囲内のデータの数値のみのセルの個数を求める関数です。
=COUNT(範囲)

COUNTA 関数：範囲内のデータのセルの個数（数値でも、文字でも、式でも）を求める関数です。
=COUNTA(範囲)

COUNTBLANK 関数：範囲内の空白のデータのセルの個数を求める関数です。
=COUNTBLANK(範囲)

次に、表4－3のようなデータがあった場合に、D2 に下のように式を書くと、イネの作付面積が合計されます。なお、「イネ」のセルの入力値を参照するのではなく、直接指定することも、COUNTIF 関数と同様にしてできます。

COUNTIF 関数と同様に、作付面積を計算してみましょう。表4－3の例ではすべての範囲指定が相対参照になっています。参照方法を適切に変更してください。ウリ、トマト、ナスも同様に計算してください。

表4－3

	A	B	C	D
1	作物名	作付面積（㎡）		
2	トマト	300	イネ	=SUMIF(A2:A10,C2,B2:B10)
3	イネ	50		
4	ウリ	100		
5	ナス	20		
6	ウリ	10		
7	イネ	5		
8	ウリ	30		
9	ナス	8		
10	トマト	500		

問題4－2

表4－4において、関数等を利用して、個体数、平均直径の値を求めてみましょう。SUMIF 関数と COUNTIF 関数を使用します。相対参照と絶対参照を組み合わせて式を作成してください。2行目のF 列とG 列に一つずつ適切な式を入力すれば、あとは5行目までは、コピー＆貼り付けで完成します。

表4－4

	A	B	C	D	E	F	G
1	番号	樹種	直径（cm）		樹種	個体数	平均直径（cm）
2	1	ブナ	29.4		ブナ		
3	2	カシ	10.2		モミ		
4	3	ブナ	15.1		カシ		
5	4	モミ	6.2		スギ		
6	5	スギ	7.2				
7	6	スギ	7.4				
8	7	ブナ	8.2				
9	8	ブナ	26.5				
10	9	カシ	23.8				
11	10	モミ	45.1				
12	11	ブナ	10.9				
13	12	ブナ	105.6				
14	13	ブナ	62.1				

メモ：AVERAGEIF 関数を用いると F 列の個体数を用いた G 列での平均直径の計算を一つの式で行うこともできます。

■IF 関数

これは、プログラミングでよく使われる条件分岐と同じ考え方です。

IF 関数：条件分岐により処理を行う関数です。
条件が一致するか、しないかで、処理を変えることができます。
=IF（条件,真の場合,偽の場合）

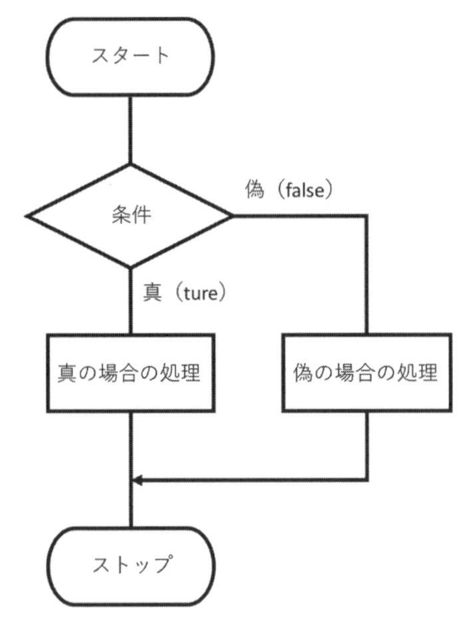

表4－5

	A	B	C
1	ハチ	=IF(A1="ハチ","危険","不明")	危険
2	蜂	=IF(A2="ハチ","危険","不明")	不明
3	8	=IF(A3=8,"危険","不明")	危険
4	88	=IF(A4>8,"危険","不明")	危険
5	8	=IF(A4<=A3,1,0)	1
6		=IF(A5-A3=0,A4*100,0)	8800
7	7	=IF(A7<>A5,1,0)	1
8		=IF(A5=#REF!,1,0)	#REF!

結果は一番右のセルに、便宜上載せています。実際は、式を書いたセルに表示されます。B8 のセルは、参照していたセルを削除した例です。

表4－5の1行目で説明すると、もし、B1 がハチという条件で、それが真なら「危険」と表示、偽なら「不明」と表示、ということを命令しています。文字列は、半角の””（ダブルコーテーション）でくくる必要があります。一方、半角数値を指定する場合は、そのまま指定することができます。また、セルを参照する際は、文字列、半角数値に関係なく、セルを指定できます。IF 関数に限ったことではありませんが、関数の中には B6 のセルのように計算式を入れることもでき、真や偽の処理に計算結果を示すこともできます。

○比較演算子

表4－5の中で一部使用していますが、比較演算子と呼ばれ、次の6つがあります。

= ：等しい　　> ：大なり　　< ：小なり
>=：以上　　<=：以下　　<>：等しくない（それ以外）

○主なエラー値

複雑な計算を行うようになると参照指定のミスなどによりエラーとなることがあります。エラーの内容を参考に入力を見直しましょう。

エラー値	主な意味
#DIV/0!	0 で、わり算した場合。例）=1/(3-3)
#NAME?	存在しない関数名の入力。引数内の指定方法の誤り。例）=if(10>abc,1,0)
#NUM!	大小の扱えない大きな桁数の数値計算の場合。例）=1000^1000
#REF!	参照セルを削除してしまい参照先がない。 例）B1 のセルに、「=A1」と入力されている際に、A1 のセルを削除した場合。

他にも#N/A、#NULL!、#VALUE!などがあります。

練習4－4

作物の売上額に応じて、報奨金が2段階で変わる報奨金制度を導入しようと考えています。どのようにしたら、売上額に応じて報奨金の額を計算することができるでしょうか？　表4－6の売上額に対して、表4－7のように 500 万以上の場合は売上額の5%を報奨金に、500 万未満の場合は売上額の2%を報奨金とすることとします。IF 関数を使用して計算してみましょう。

表4－6

売上額（万）
500
1001
499
846
400
501
400

計算結果→

表4－7

報奨金（万）
25
50.05
9.98
42.3
8
25.05
8

　練習4－4の問題は、条件が一つしか設定されていません。しかし、もっと条件を付けたい場合もできます。例えば、700 万以上と、500 万以上 700 万未満と、500 万未満で、報奨金の額を変えたい、といった場合です。IF 関数の中に IF 関数を入れ込むことで、複数の条件を設定できます。

問題4－3

報奨金が3段階で変わる報奨金制度を導入しようと考えています。表4－6を利用して次のような条件で、売上額に応じた報奨金の額を計算してみましょう。700 万以上の場合は売上額の6%を報奨金に、500 万以上 700 万未満の場合は売上額の5%を報奨金に、500 万未満の場合は売上額の2%を報奨金とすることとします。

次のような式の構造で計算できます。●●は同じものを指しているわけではありません。
=IF(●●,●●,IF(●●,●●,●●))

> メモ：IF 関数を入れ子にできる回数は、7 回までです。また、最新バージョンでは、IFS 関数を用いると、入れ子構造を用いずに計算できる関数があります。ここでは、入れ子を学ぶために、IF 関数でまず練習しましょう。
>
> このように関数に関数を入れることをネストとも呼びます。

○論理演算子

AND（かつ）、OR（または）、NOT（ではない）という論理演算子を利用した IF 関数の利用法を簡単に説明します。例えば、AND を IF 関数の中に入れると、□□かつ○○かつ△△といった複数条件を指定できます。

指定の仕方（条件は 30 まで指定できます）
=IF（AND（条件1,条件2,条件3,……）,真の場合,偽の場合）
=IF（OR（条件1,条件2,条件3,……）,真の場合,偽の場合）

=IF（NOT（条件1）,真の場合,偽の場合）
NOT では条件は一つしか指定できませんが、AND と OR を条件に利用することで、複数の条件を指定することができます。

練習4－5

表4－8のデータで、すべての科目で、60 点以上をとったものを合格と表示し、60 点に達しない科目が一つでもある場合は、不合格と表示されるように、IF 関数を使用して、表示をしてみましょう。

表4－8

No.	国語	算数	体育	判定
1	74	11	33	
2	5	69	54	
3	93	75	58	
4	75	64	62	
5	49	32	80	

次のような式を入れるとよい。
=IF(AND(□□,○○,△△),"合格","不合格")

●答えを出す道筋は一つではない

最小の努力で最大の効果を挙げる道筋を利用してください。手を抜くということとは違います。例えば、練習4－5の問題は AND を用いなくても簡単にできる方法があります。次の式の意味を考えて試してください。

=IF(MIN(範囲)<60,"不合格","合格")（IF 関数の中にも関数や計算式を入れられます）

すべての科目が 60 点以上で合格という条件は、いずれかの科目でも 60 点未満であれば不合格という条件と同じです。

他にも、複雑に考えると、NOT を使って、同じことを異なる式で表現できます。結果が同一になる論理となっているか確認した上で、試してみましょう。

=IF(NOT(MIN(範囲)<60),"合格","不合格")

問題4－4

表4－8と同じデータで、体育が 50 点以上で、かつ、国語と算数のいずれかが、70 点以上という条件を満たしている場合、合格、それ以外なら不合格と表示されるように工夫をしてみましょう。

次のような式を入れるとよい。
=IF(AND(□□,OR(○○,△△)),"合格","不合格")

関数ライブラリー

「数式」タブの「関数ライブラリー」グループから関数を選ぶことができますが、複数の関数を入れ子にすることができません。関数は組み合わせて使うことが多いため、関数ライブラリーに囚われず、関数の機能を活用するようにしてください。

> メモ：関数は、財務、論理、文字列操作、日付/時刻、数学/三角など様々な種類に分類されています。関数は非常に多く、そのすべてを本書で説明することはできませんし、Excel の関数だけで本1冊になってしまうほどたくさんあります。関数をさらに使いこなしたい人は、ヘルプをよく参照するか、Excel の関数の書籍を参考にしてください。

第5節　書式

小数点以下の桁数の揃え方で、すでにセルの書式を利用していますが、表計算アプリの書式設定は、フォントや小数点以下の桁数を揃える以外にセルでの日付・時刻の扱いで、重要な設定に関係しています。

■フォント

フォントやサイズの書式を設定できます。「ホーム」タブ→「フォント」グループ、またはセルを右クリックする時に表示されるコンテキストメニュー画面の中の「セルの書式設定」というコマンドから、セルの書式設定ができます。両方をうまく使い分けると便利です。

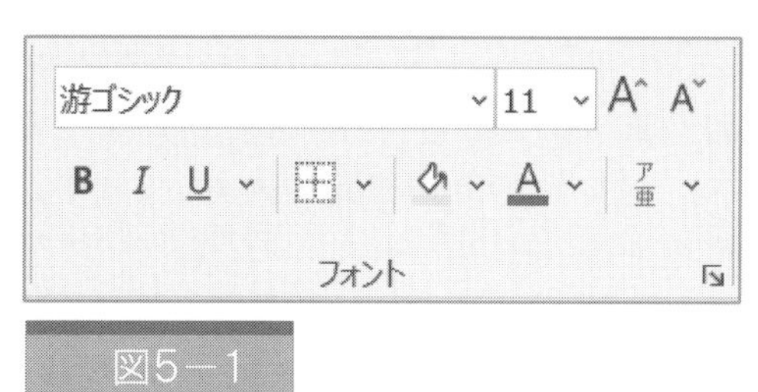

図5－1

セル単位だけではなく、セル内の一部の文字だけに対しても、書式は変更可能です。アクティブセルをダブルクリックするか、[F2]キーで編集可能にし、マウスで書式を設定したい文字を選択し、右クリックで、コンテキストメニューを表示させ、「セルの書式設定」を選択します。

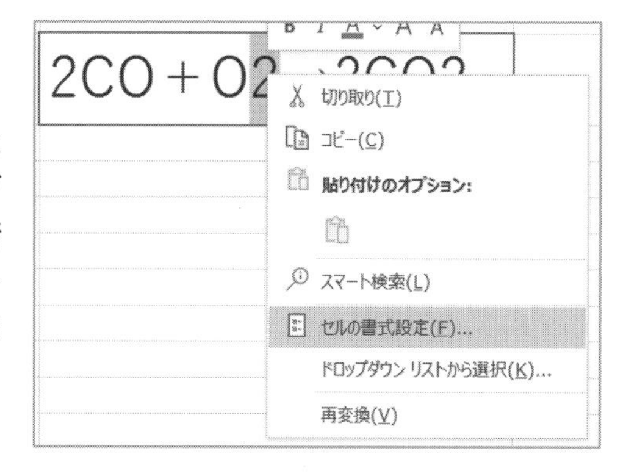

練習5－1

セルに「2CO＋O2→2CO2」と入力し、下付きの書式設定を行ってみましょう。ここでは、「＋」記号と「→」記号は、全角文字で入力することとします。

$2CO + O_2 \rightarrow 2CO_2$

書式は、最初は変更しない

最終的な印刷用のデータに、必要最低限、行うのが賢明です。画面上で確認するためだけに、必要以上に書式を整えるのは時間の無駄です。また、データのないセルに書式を設定しないようにします。ファイルサイズが無駄に大きくなってしまいます。

■表示形式

「フォント」グループのダイアログボックス起動ツールで表示される「セルの書式設定」の「表示形式」タブで、「分類」の項目から、様々な表示形式が選択・設定できます。

このダイアログボックスの「数値」では、表示桁数だけをアイコンで変えた方法（p.129 参照）の詳細な設定確認ができます。

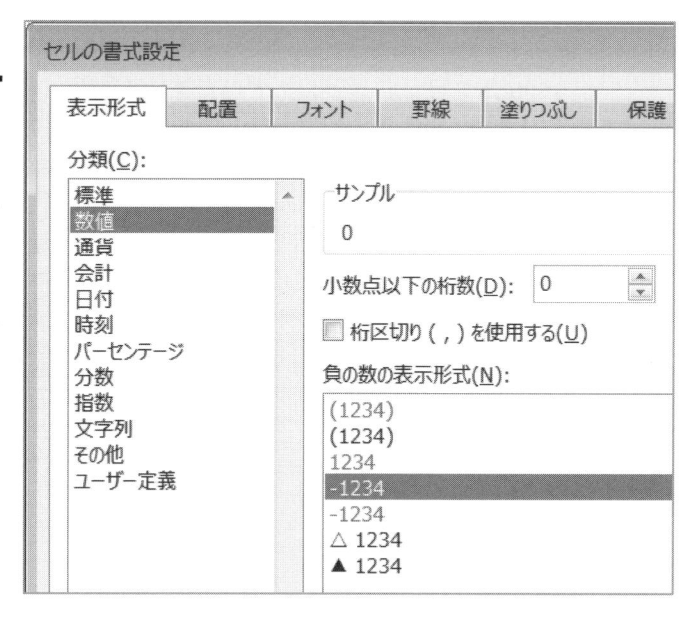

■日付と時刻

日付と時刻を扱う際にはシリアル値と書式設定の関係を理解する必要があります。

1．シリアル値

表計算アプリで、日付・時刻を扱うために利用するのが、シリアル値と呼ばれるものです。シリアル値は、日付・時刻を 10 進法で換算して表す方法です。日付は、1 ヶ月は 28、29、30、31 日の月があり、時刻は、1 日は 24 時間、1 時間は 60 分、1 分間は 60 秒であるため、このような方法が必要です。

2．シリアル値は書式設定と一体

セルに書式設定をすることで、数値がシリアル値として扱われ、日付・時刻として表示が連動します。つまり、セルの値を日付・時刻として扱う限り、セルに入力（格納）されている数値と表示が必ず異なります。

　セルの値をシリアル値として扱うためには、自身で書式設定する方法と、入力すると自動的に日付・時刻の書式が設定される方法（入力形式）があります。

　例えば、2019/1/32 と入力しても、該当する日がないため、そのまま文字列としてセルに入力されますが、2019/1/31 と入力すると、自動的に 2019 年 1 月 31 日と扱われる書式が設定され、入力された値は、2019/1/31 ではなく、自動的にシリアル値となります。セルに実際に入力（格納）された数値は、日付の書式に隠されて表示されていませんが、43496 となっています。セルの書式設定を「標準」にすると、43496 であることが確認できます。逆に、セルに 43496 を入力し、セルの書式設定を「日付」にすると、43496 がシリアル値となり、2019/1/31 と表示される関係になっています。

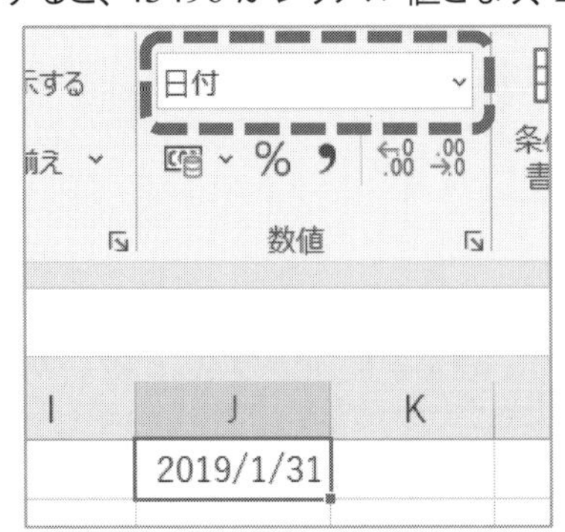

3．シリアル値の基準日

Excel は、1900 年 1 月 1 日を「1」として日付を数えます。（他の表計算アプリによっては、それ以前の日付を扱うこともできる場合があります。）。したがって、2019/1/31 は、1900 年 1 月 1 日を「1」日目として、「43496」日目になるということです。ただし、Excel には、暦上、実在しない 1900 年 2 月 29 日がシリアル値に含まれるという問題がありますが、ほとんど使用しない日付なので実用的には無視できるバグです（1900 年 3 月 1 日以降の日付を扱う限りは、問題はありません。つまり、正確には、1900 年 1 月 1 日を 1 日目とすると、2019 年 1 月 31 日は実際には「43495」日目です。このバグを解消するためには、本来は 1900 年 1 月 1 日を「0」としてプログラムが書かれている必要がありました）。

入力	説明	書式設定により日付とした場合
1	基準日のシリアル値	1900年1月1日
43496	2019年1月31日のシリアル値	2019年1月31日
0	基準日より以前の値	Excelでは扱えない。
-1	基準日より以前の値	Excelでは扱えない。

●日付のシリアル値を書式設定の変更によって確認する方法

先に「ホーム」タブ→「数値」グループのドロップダウンリストから、「日付」を「標準」にすることで、日付のシリアル値を確認しました。ここでは、「セルの書式設定」のダイアログボックスにより、確認します。

「数値」グループのダイアログボックス起動ツールから、「セルの書式設定」を表示させるか、セルを右クリックして表示されるコンテキストメニューの「セルの書式設定」を選択して、「セルの書式設定」を表示させてください。日付をどのように表示するかを変更することができます。

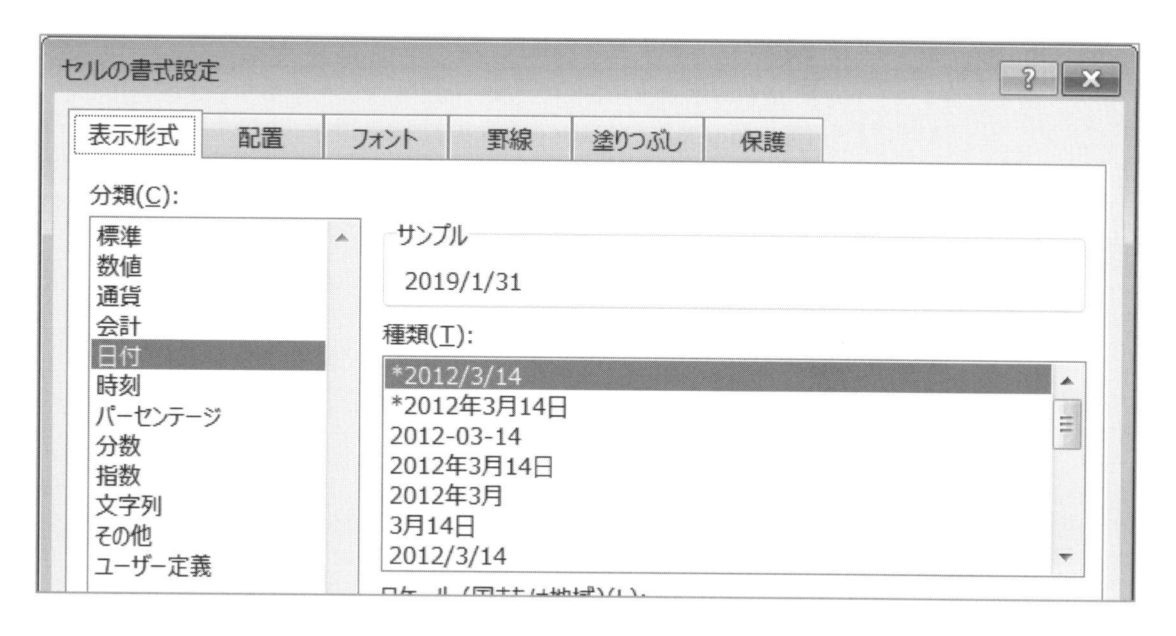

日付の扱いを、生まれてから現在で何日目かを数えることで学びます。セルに各自の誕生日と、現在の日付を次のように入れてください。

2003 年 1 月 1 日生まれなら、B1 のセルに「2003/1/1」と入力します。そのまま 2003/1/1 と表示がされます。同様にして、B2 のセルに今日の日付を入力してください。例えば、4 月 1 日を仮に今日だとして、年を省略して 4/1 と入力してください。年を省略した場合は、使用している時の西暦が自動的に付加されて入力されますが、セルの書式によって 4 月 1 日と表示されます。ここでは 2020 年を想定しています。確認のために、「セルの書式設定」で 2020/4/1 に変更してもかまいません。

	A	B	C
1	各自の誕生日	2003/1/1	
2	今日の日付	4 月 1 日	6300
3			

そして、C2 のセルで、B2 のセル（4 月 1 日）から B1 のセル（2003/1/1）を引いてください（=B2-B1）。すると、「6300」という数値が表示されます。この二つの日付の間の日数が計算されています。例えば、2000/1/2 から 2000/1/1 を引くと「1」と表示されます。2020/4/1 から 2003/1/1 を引いて表示された数値の「6300」は、2003 年 1 月 1 日から 6300 日経ったということです。

メモ：セルに書式設定をすると、[Delete]キーで値を削除しても、セルの書式は消えません。したがって、一旦、日付入力をして書式が自動設定されたセルに、43496 と入力すると、2019/1/31 と表示されます。このような書式設定がされたセルに数値を入力したい場合は、書式を標準に変更する必要があります。

４．シリアル値での時刻の扱い

時刻の扱いは、シリアル値が「1」が進むと 1 日が進むので、あとは、以下のように、

1 日が 24 時間であるので、
1 時間は 1/24 で ≒0.041666……
1 分は 1/24/60 で ≒0.00069444……
1 秒は 1/24/60/60 で ≒0.000011574……となります。

このように時刻は少数で表すことになります。そのため時刻のシリアル値は、真夜中（正子）「午前 0 時」のみ整数で表すことができ、それ以外のある日のある時刻は、必ず、有限の少数で表されます。後述しますが、時刻を含むシリアル値の加算や減算を繰り返すと誤差が生じることがあります。

2019/1/31 の表示されているセルを右クリックして「セルの書式設定」を選び、「表示形式」で、「日付」の「種類」で「2012/3/14 13:30」（日付と 24 時間表記の時刻が表示される書式）を選択してください（図５－２）。2019/1/31 は、「2019/1/31 0:00」と表示されます。つまり、「43496」は、時刻も表示すると、「2019 年 1 月 31 日 0：00」ということになります。

1900/1/1 の基準日を 1 として日付を数えていると書きましたが、「1900/1/1 0:00」を基準日基準時刻として、1 として数えているということです。

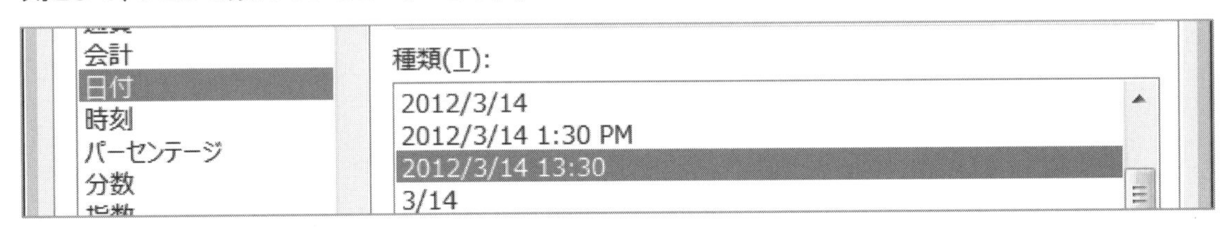

図５－２

時刻入力時の注意点

「23:45」とだけセルに入力しても時刻として認識されます。同じ日付の時刻しか扱わない場合はあまり問題になりませんが、日付が異なる時刻の間の時間を知りたい場合は問題となります。

「23:45」とだけ入力することは、実際は、「0.989583333333333」のシリアル値が入力されており、「1900/1/0 23:45:00」と入力していることになっています。書式設定で、日付を表示する設定で確認できます。なお、1 未満の値のため、この日付は Excel では扱えない 1 月 0 日という架空の日付です。

「23:45」から次の日の「1:00」の間の時間を、日にちをまたがって計算したい場合には、このまま「1:00-23:45」と引き算をするとシリアル値では、マイナスの値となり、75 分間という正確な時間を求めることはできません。少なくとも、日付をまたぐ時刻を入れて計算に用いる場合は、日付も一緒に入れて、取り扱う必要があります。

メモ：1900/2/29 問題は、Microsoft 社の Excel が、Lotus123 という他社の表計算アプリの全盛時代に、対抗アプリとして作成されたことで生まれました。その際、Lotus123 に既に含まれていたバグをデータの互換性を優先して、取り入れたことに、このバグは起因しています。なお、Excel で扱える最後の日は、9999 年 12 月 31 日です。

＜日付と時刻の扱いにおけるシリアル値＞

	A	B	C	D
1				
2		入力	説明	B列のシリアル値
3		2019/1/32	2019/1/32と入力し、 自動で左寄せとなり文字列として扱われている	該当しない
4		2019/1/31	2019/1/31と入力し、自動右寄せとなり、 セルの入力値がシリアル値として扱われている	43496
5		2019年1月31日	セルの書式設定を文字列に先に指定し、 2019年1月31日と文字列を入力した	該当しない
6		2019年1月31日	2019/1/31と入力し、セルの書式設定で 日付（種類：2012年3月14日）で表示したもの	43496
7		2019/1/31 0:00	2019/1/31と入力し、セルの書式設定で 日付（種類：2012年3月14日 13:30）で、 時刻まで表示したもの	43496
8		2019/1/31 0:30	2019/1/31 0:30と入力し、上記と同じ書式設定を した場合（倍精度浮動小数点に対する小数点以下 10桁の数値をもつことが確認できます）	43496.0208333333
9		2019/1/31 0:29:59	2019/1/31/ 0:30の１秒前の2019/1/31 0:29:59 を入力し、上記と同じ書式設定とした場合	43496.0208217593
10		0.0000115740767･･･	B10のセルで、=B8-B9を行ったとすると、この値 は、１秒のはずである。しかし、=1/24/60/60 =0.0000115740740・・・と一致しません。 これは、2019/1/31の日付のシリアル値に５桁使 用しているため、小数点以下の時刻のシリアル値は 15桁ではなく、10桁で計算しているためです。	

時刻の差を扱う場合、必ず計算誤差が生じます。連続データの入力（p.124 参照）の方式で日付に時刻を付けて入力すると、時分秒のいずれでも誤差が生じます。下に1時間の差の連続データの入力によって誤差が積み重なった例を示しています。

＜C 列での連続値の入力による誤差の蓄積＞

	A	B	C	D	E	F
1		都度入力したもの	オートフィルによる入力		B列のシリアル値	C列のシリアル値
2	1	2019/1/31 0:00:00	2019/1/31 0:00:00		43496.0000000000	43496.0000000000
3	2	2019/1/31 1:00:00	2019/1/31 1:00:00		43496.0416666667	43496.0416666667
4	3	2019/1/31 2:00:00	2019/1/31 2:00:00		43496.0833333333	43496.0833332176
5	4	2019/1/31 3:00:00	2019/1/31 3:00:00		･･･	･･･
98	97	2019/2/4 0:00:00	2019/2/4 0:00:00		43500.0000000000	43499.9999944444
99	98	2019/2/4 1:00:00	2019/2/4 1:00:00		･･･	･･･
100	99	2019/2/4 2:00:00	2019/2/4 2:00:00		･･･	･･･
101	100	2019/2/4 3:00:00	2019/2/4 3:00:00		･･･	･･･
102	101	2019/2/4 4:00:00	2019/2/4 3:59:59		43500.1666666667	43500.1666608796
103	102	2019/2/4 5:00:00	2019/2/4 4:59:59		･･･	･･･

これ以外にも、「43830.9999999999」は、2020/1/1 0:00:00 より前の数値ですが、書式で日付や時刻の表示を行うと、2020/1/1 0:00:00 と表示され、再度、数値の書式に直すと「43831」になるという現象があります。シリアル値での日付時刻表示の秒では、小数点以下の秒は 1000 分の 1 秒までしか扱えないため、時刻は 23:59:59.999 までしか扱えず、43830.9999999･･･に 2019/12/31 と 2020/1/1 との境が生まれるという誤差が存在します。演算誤差（p.128 参照）とあわせて、シリアル値の扱いに注意してください。

Excel で時刻をより正確に扱いたい場合は、シリアル値を深く理解し、とくに時刻の入力にも細心の注意を払う必要があります。

■ユーザー定義

ユーザー定義では、記号を組み合わせることで、様々な表示形式の設定ができます。記号によって、「何を指し示して表示させるのか」が決められています。

用意されているユーザー定義をみると「yyyy/m/d h:mm」と「mm:ss」があります。この二つの記号を組み合わせて、「yyyy/m/d h:mm:ss」というユーザー定義を行うと、日付と時刻を秒まで、表示することができます。「43496」は、このユーザー定義により「2019/1/31 0:00:00」を表示できます。

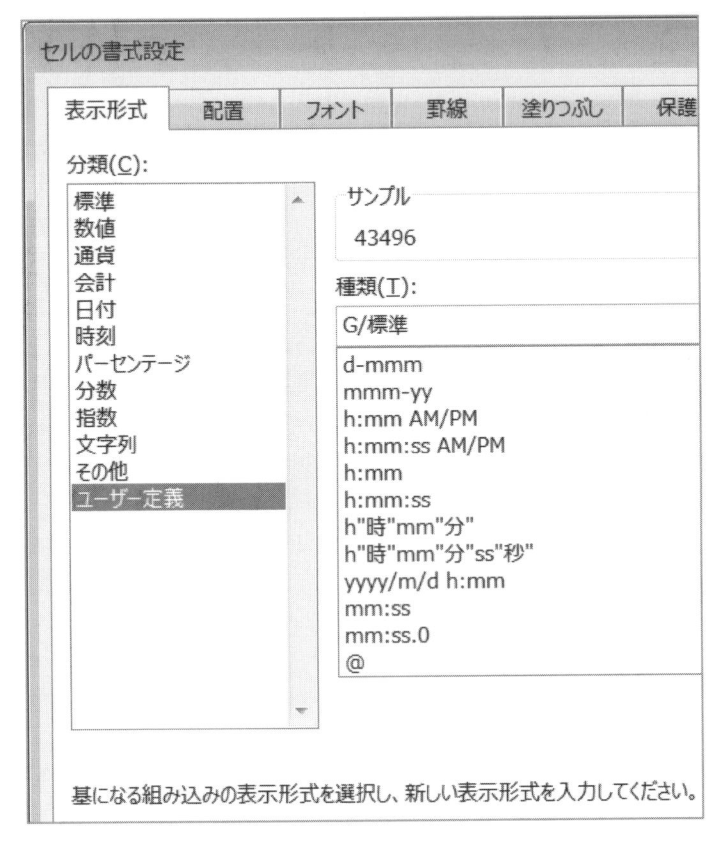

日付以外にも様々な表示形式が定義されています。ユーザー定義の中に表示されている記号（例：0、#、など）を色々変更して、どのような意味があるか確認してみましょう。

なお、曜日のようにユーザー定義の中に明示されていない記号（例：aaa、ddd）がある場合もあります。

●曜日

曜日の表示をユーザー定義により行うことができます。日付がシリアル値で入力されているセルで、「セルの書式設定」の「表示形式」の「ユーザー定義」を選び、種類に「aaa」と入力します。日付のセルの表示が、サンプルで表示されているように、曜日の１文字に変更されます。

＜表示形式タブ｜セルの書式設定＞

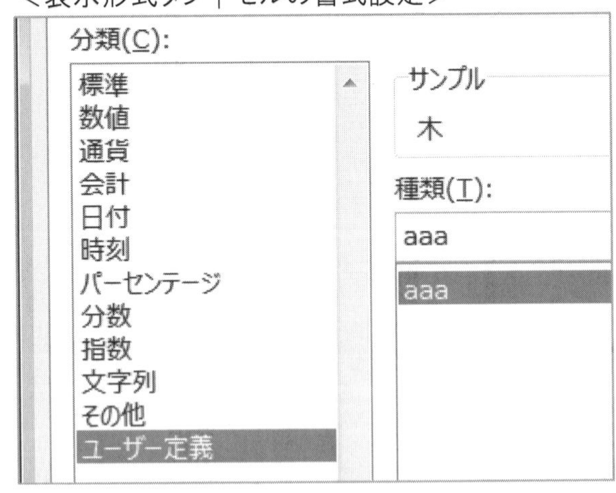

この画面では、説明のため、「aaa」しか表示していませんが、他の例が「種類」の中に表示されますので、それを利用して、さらに「yyyy”年”m”月”d”日”(aaa)」と新しく作成すると、「43496」は、
「2019 年 1 月 31 日（木）」と表示されます。

「aaa」を「ddd」とすると英語で曜日が表示されます。なお、「d」は一文字では日の1桁（2桁）表示、「dd」は日の2桁表示というように、少し複雑です。

■セル内の配置

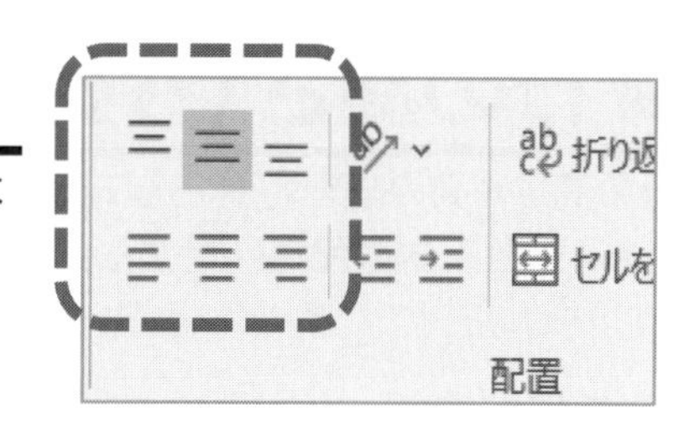

セル内の文字の水平方向の配置は、文字列は左揃え、数値は右揃えに、標準ではなっています。また、垂直方法は、文字列、数値ともに上下中央揃えになっています。

<標準設定のセル内配置>

文字列	123

「ホーム」タブの「配置」のグループのアイコンから、垂直方向と水平方向のセル内配置を変更することができます。

<垂直方向と水平方向セル内配置>

上揃え	上下中央揃え	下揃え
左揃え	中央揃え	右揃え

（水平方向は左揃えで表示）

（垂直方向は上下中央揃えで表示）

セルの結合は使わない

セルの書式設定で最も使用すべきでない設定が、セルの結合です。セルを結合すると表計算アプリの行列の関係が読み取れなくなり、データベースとして意味をなさなくなります。

<良くないセルの結合例>

プロット	調査地	ヨミガナ	出現種数	総個体数
1	岐阜県	ギフケン	57	560
2	愛知県	アイチケン	58	140
3	岐阜県	ギフケン	41	250
4	愛知県	アイチケン	78	420
5			87	860
6	岐阜県	ギフケン	17	40
7	愛知県	アイチケン	51	80
8	岐阜県	ギフケン	79	430
9	愛知県	アイチケン	62	310
10	岐阜県	ギフケン	12	30
11			97	620
12			66	210
13			32	230
14	愛知県			

操作上も、コピー＆貼り付けや、行や列の追加や削除、並べ替えが自由に行えないといった問題が生じます。

セルの結合を使うのは、最終的に取りまとめた表の印刷のためにレイアウトを整える必要がある際にとどめてください（例えば、p.153参照）。

データ入力については、p.162も参照してください。

文字列を空白で揃えない

悪い例）	良い例）
織□田□信□長	織　田　信　長

セル幅にあわせて文字列を配置したい場合には、全角スペースで空白を入力（左の例：全角空白を模式的に□の記号で示しています。）するのではなく、セルの書式設定のダイアログボックスの文字配置の項目の「横位置」を「均等割り付け（インデント）」を選択して設定します（右の例）。

なお、姓と名のみを区切るための空白は、必要に応じて利用してかまいません。

■行の高さや列の幅の変更

行の高さや列の幅を変更することができます。書式ではありませんが、セル内の配置に対する見え方に影響します。

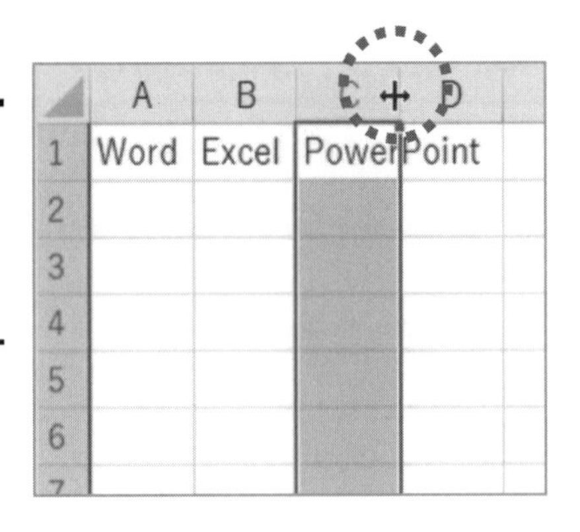

●簡易な方法（常法）

行番号のセルの境目や列番号のセルの境目をダブルクリックすることで、セルの文字列に合わせて行の高さや列の幅が自動調整されます。

＜「セル」グループの「書式」のメニュー＞

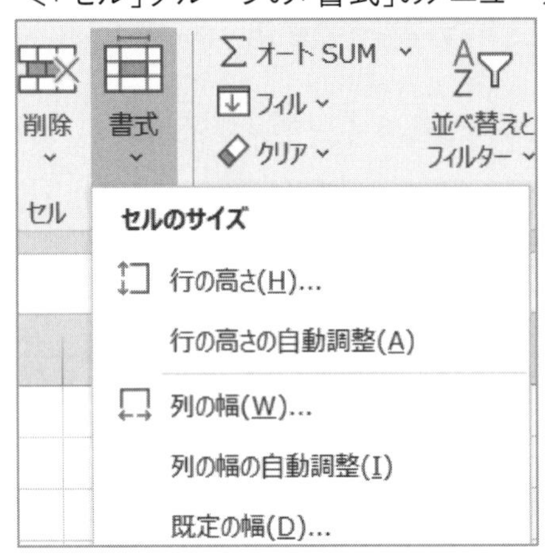

●詳細な方法

「ホーム」→「セル」グループの「書式」から、セルのサイズで、詳細な設定が可能です。変更したい行や列を選択し、コマンドを実行します。

同じメニューは、行や列を選択し、右クリックしても表示されるコンテキストメニューにも「行の高さ」と「」列の幅」というメニューからも実行できます。なお、簡易な方法でも、詳細な方法でも複数行（複数列）を対象とすることができます。

■罫線

罫線は、セルの周囲やセルを横切る斜め線が引けます。太さなどのスタイルを変更することもできます。

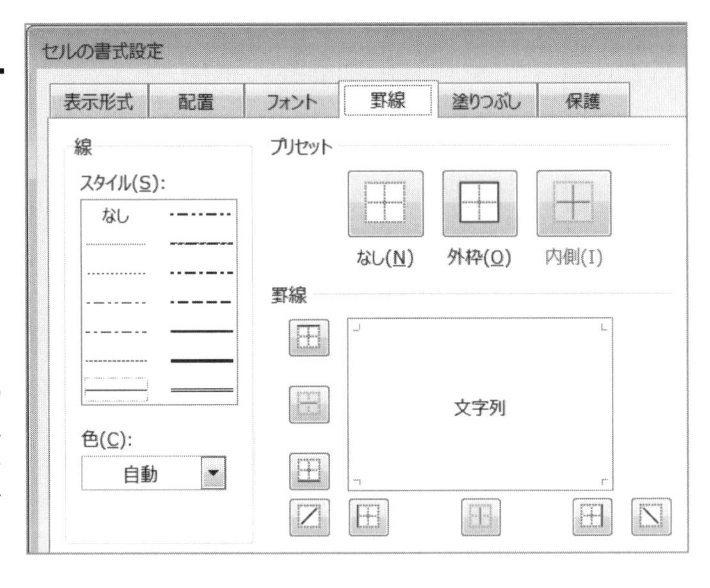

1. 線の太さや種類である「スタイル」や「色」を変更する場合は、罫線を引く前に選択します。

2. 罫線を引く、辺やセル内の斜線の該当アイコンをクリックします。同じく、消す場合もクリックします。なお、プリセットのアイコンも利用可能です。

＜「ホーム」タブの「フォント」グループ＞

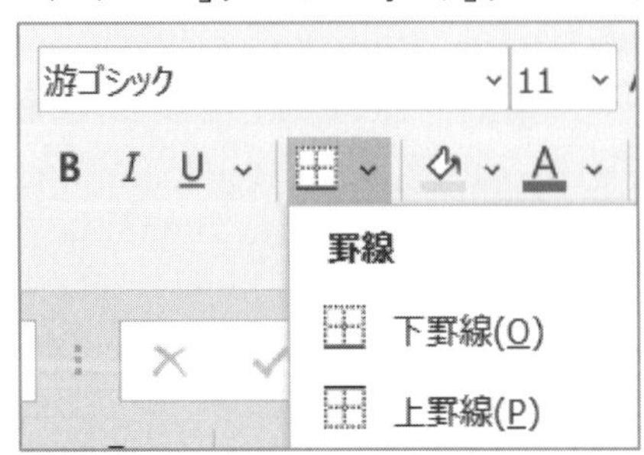

簡易な罫線は、アイコンからも設定可能です。

練習5ー2

セルに様々な罫線を自由に引いてみましょう。

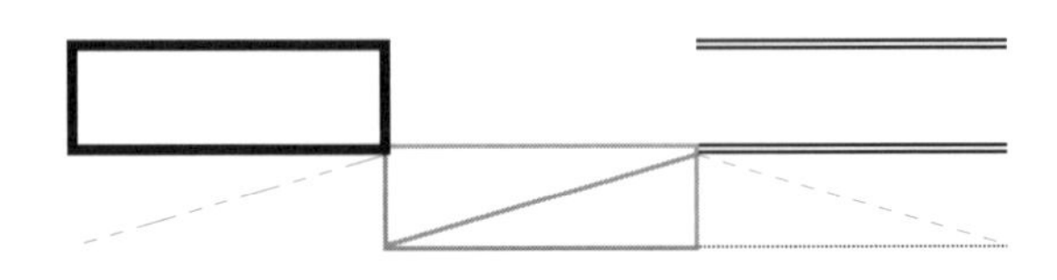

■表の構成

表は、グラフのように傾向を見出す(p.178 参照)ためで作成するのではなく、正確な値の差異を表すために用います。

これまで表5－1のような線に囲まれた表を見てきたと思います。しかし、レポートや論文では、表5－2のような表を用います。

表5－1

科目名	履修登録者数	受講者数	受講率(%)
植物学	54	50	92.6
動物学	30	30	100
森林学	52	35	67.3
発生学	53	30	56.6
合計	189	145	76.7

表5－2

表1. 科目別の受講率

科目名	履修登録者数	受講者数	受講率(%)
植物学	54	50	92.6
動物学	30	30	100.0
森林学	52	35	67.3
発生学※	53	30	56.6
合計	189	145	76.7

※科目等履修生を含む。

表は、縦と横の二軸で表現されるため、縦列見出しと横列の見出しの交わるところが、表で示されるデータになっています。縦列は、左揃えや小数点の桁揃えによって罫線がなくても揃っているように作成する(次ページ)ため、罫線は必要最低限の横線だけを入れて作成されます。文字数値の揃えと列間の適切な余白によって縦線がなくても縦列が読み取れるようにします。

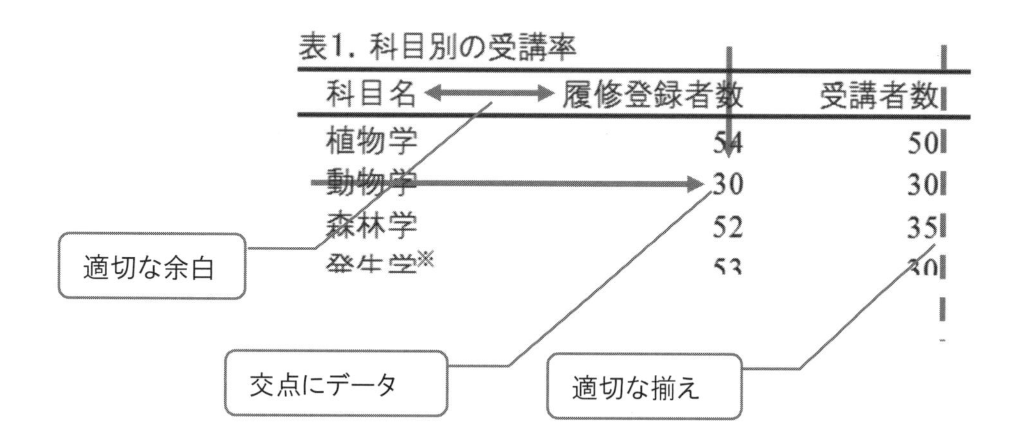

また、縦列見出しや行末の合計といった行を、罫線の太さや二重線といった種類によって明示的に区切って、区別しやすいようにする様式が用いられます。

表のタイトルは、上に書きます。表は、脚注の備考などを添えることで、表それ自体で内容が読み取れるように作成します。

●数値の揃え方

整数の1桁目や小数点の位置を揃えることで、数値の大きさの違いを容易に判別できるように揃えます。

①良くない例
(cm)
100
50
1

②良い例
(cm)
100
50
1

③良くない例
(cm)
100
50
1.0

④良い例
(cm)
100.0
50.0
1.0

⑤良くない例
(cm)
100
50.0
1.1

⑥良い例
(cm)
100
50.0
1.1

ここでは、測定値の有効数字などは考慮せずに、数値の何のどこを揃えるべきかという視点でみてください。左揃えや中央揃えでは、桁数が読み取れるように揃えることはできません。

⑥番の例は、Excel の標準の機能を用いて行うには、セル内のインデントを操作する必要があります。セルの書式設定で、「100」の値のセルの横位置を「右詰め(インデント)」に、インデントを「1」に設定します。

●文字の揃え方

上部の項目名は⑧や⑨のように、右揃えや中央揃えになっていることもありますが、主に属性名を示すものは⑦のような左揃えが基本です。

⑦良い例	⑧見やすい場合もある	⑨見やすい場合もある
市町村	市町村	市町村
岐阜市	名古屋市	岐阜市
大垣市	岐阜市	大垣市
高山市	津市	高山市

文字列の長さの違いが大きく異なる場合の中央揃えの縦列は読みづらくなりますし、ラテン語による学名や物質名のようなアルファベットのものも中央揃えにすることは、まずありません。

項目名とデータの配置の関係は適切に

これらの例のように上部の項目名の下の延長線に値や内容が配置されていないのは不適切です。

直径(cm)	
	100.0
	50.0
	1.1

市町村	
	名古屋市
	岐阜市
	津市

練習5－3

以下の表を、タイトル、表の内容、備考のすべてを、入力して作ってみましょう(架空のデータです)。Excel にはセルの目盛線(区画の枠線)が引かれているため、罫線を正しく引けているかを確認するためには、作成した後に、「ファイル」タブ→「印刷」のコマンドを使って表示される印刷のプレビュー画面(p.188 参照)で、罫線の有無などのできあがりを確認してください。最終的には紙に印刷して、正しく入力できたことを、確認してください。なお、ここではセルの結合をタイトル、備考および表の中の計5カ所で用いています。なお、%は全角文字ですが、括弧は半角文字を用いることとします。

表－１．農学系２大学の入試制度別入学者数

入試制度	飛騨大学				尾鷲大学			
	農学科	(%)	林学科	(%)	農学科	(%)	林学科	(%)
一般入試	67	(66.3)	25	(55.6)	77	(96.3)	99	(99.0)
推薦入試	34	(33.7)	20	(44.4)	3	(3.8)	1	(1.0)
合計	101		45		80		100	

※端数処理のため、合計が100とならない場合がある。

セルに(66.3)と入力して確定すると、-66.3 になります。セルへの入力値を自動で変換してしまいます。数字を括弧で囲って入力する方法を説明します。

1. 「文字列」の書式を先にセルの書式として指定してから、セルに(66.3)と入力します。必ず、入力する前に設定してください。ただし、文字列なので、初期設定では左寄せとなります。課題にあわせて、適切に変更してください。

上記の方法以外に以下の方法も可能です。

2. 文頭にアポストロフィーをつけて、'(66.3)というように入力します。アポストロフィーは、実際の表示･印刷はされません。数式バーでのみ、確認することができます。

3. セルの書式設定で、表示形式の分類で、ユーザー定義(p.148 参照)で種類「(@)」という定義を行って、その書式をセルに設定し、66.3 と入力します。その書式が設定されているセルは、入力値が括弧()で囲われます。書式の設定は、入力の前後のいずれでも構いません。

<上の表のセル構造の例(セルの目盛線を表示しています)>

表－１．農学系２大学の入試制度別入学者数								
入試制度	飛騨大学				尾鷲大学			
	農学科	(%)	林学科	(%)	農学科	(%)	林学科	(%)
一般入試	67	(66.3)	25	(55.6)	77	(96.3)	99	(99.0)
推薦入試	34	(33.7)	20	(44.4)	3	(3.8)	1	(1.0)
合計	101		45		80		100	
※端数処理のため、合計が100とならない場合がある。								

(余白を示しているので、縮尺が小さくなっています。)

表作成では、セルの構造をイメージして作成することが重要です。一つのセルに一つの項目を入れます。ただし、このような最終的なまとめの表の場合は、セルの結合をレイアウトの調整ために使うことも許容されます。

第6節　検索と置換・並べ替え・フィルター

並べ替えやフィルターの機能を使ってデータを整理することは、データをわかりやすく提示し、解析を次のステップへ進めるための重要な作業です。

■検索と置換

検索や置換は、セル全体の入力値に対しても、あるいはセルの中に含まれる一部の入力値に対しても行うことができます。

　検索と置換は、「ホーム」タブ→「編集」グループの「検索と選択」のドロップダウンメニューから「検索」か「置換」を選択します。

　検索のコマンドは、シートの中のデータで、どこかにあるはずの文字や数値などを探したい、あるいは入力値として使っているかどうかを確認したい場合に、置換のコマンドは検索で該当した文字や値を置換する場合に使用します。

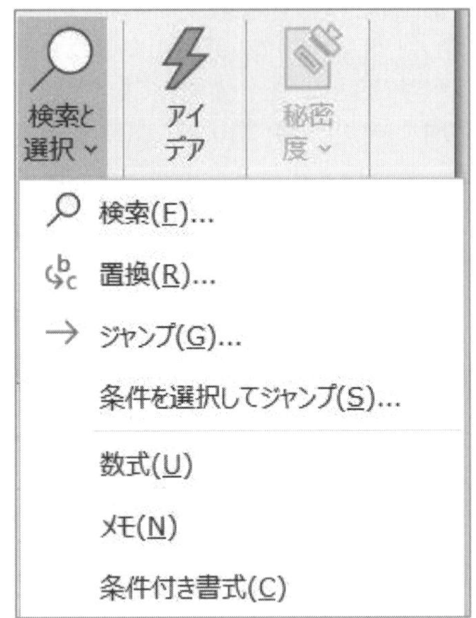

<置換タブ（オプション表示）｜検索と置換>

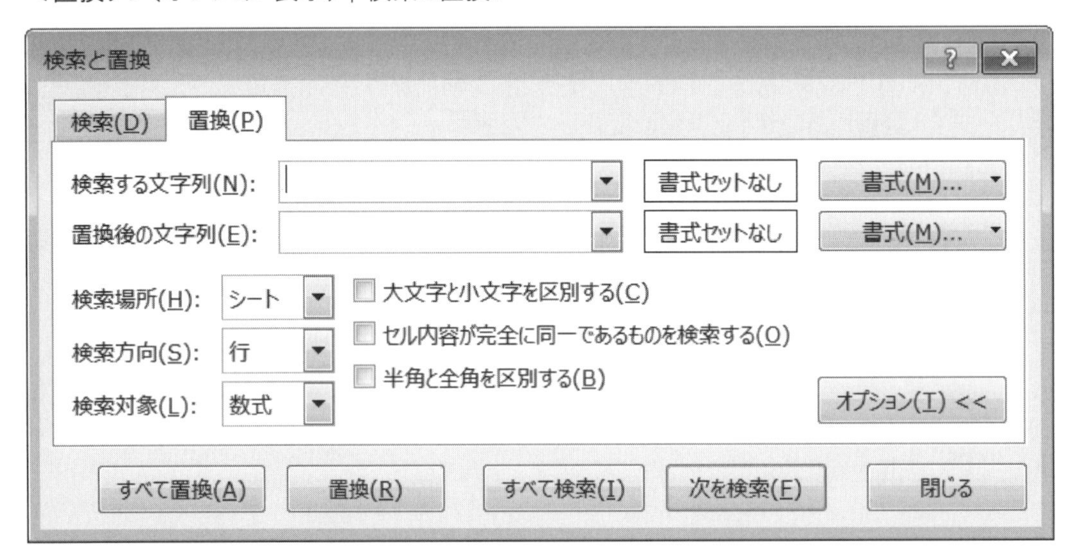

●ワイルドカード

ワイルドカードを用いた検索（置換）が可能です。「*」は、任意の0文字以上の文字を、「?」は、任意の1文字を指定します。文字列の一部分や構成要素を対象とする検索（置換）に威力を発揮します。Word での説明を参照してください（p.87 参照）。

○ワイルドカードの記号の検索の指定

*（アスタリスク）や?（クエスチョンマーク）自体を検索する場合は、Excel では Word とは異なり、ワイルドカードを使用しないという選択メニューがないため、ワイルドカードに関する記号は、そのままでは検索できません。検索するワイルドカードの記号の前に「~」（チルダ）を入力して検索を実行します。

練習6－1

以下のデータを入力して、次の検索を行ってみましょう。

	A
1	あああ
2	ういう
3	いあい
4	ううあ
5	あうい

1. A 列で、「あ」を検索してください。「セル内容が完全に同一であるものを検索する」のチェックボックスは、チェックしてください。

2. A 列で、「あ*」を検索してください。「セル内容が完全に同一であるものを検索する」のチェックボックスは、チェックしてください。

3. A 列で、「あ*」を検索してください。「セル内容が完全に同一であるものを検索する」のチェックボックスは、チェックしないでください。

4. A 列で、「?あ?」を検索してください。「セル内容が完全に同一であるものを検索する」のチェックボックスは、いずれの設定でもかまいません。

問題6－1

以下のデータを入力して、次の置換を行うために用いる適切なワイルドカードを含む文字列を指定して置換をしてみましょう。

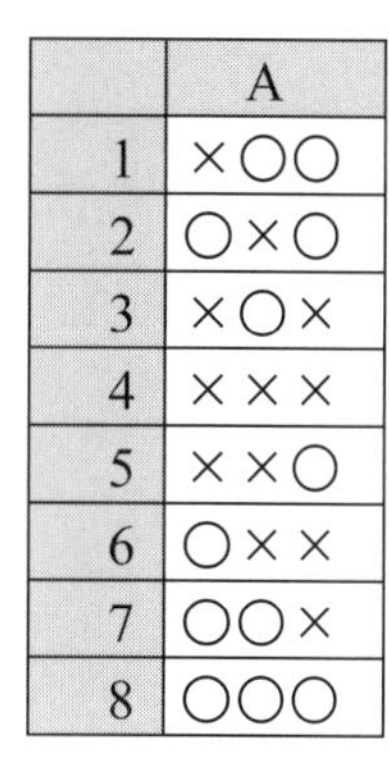

	A
1	×○○
2	○×○
3	×○×
4	×××
5	××○
6	○××
7	○○×
8	○○○

1. A 列の内、「○」という文字、“一つ一つ”を「優」という文字に置換をしてみましょう。ワイルドカードは不要です。

2. A 列の内、「×○」という順のデータが含まれているセルを、1回の置換コマンドの実行で、該当した“セル”が「良」と表示されるように置換をしてみましょう。

3. A 列の内、「○」が二つ以上含まれているセルを、1回の置換コマンドの実行で、該当した“セル”が「優」と表示されるように置換をしてみましょう。一部のセルでも、「優○」や「×優」になってはいけません。

●書式の検索（置換）

セルの書式を検索（置換）対象にすることができます。「書式」をクリックすると「書式の検索」のダイアログボックスから書式が指定できます。また、「セルから書式を選択」をクリックすると、特定のセルに設定されている書式を検索（置換）の対象として指定することができます。

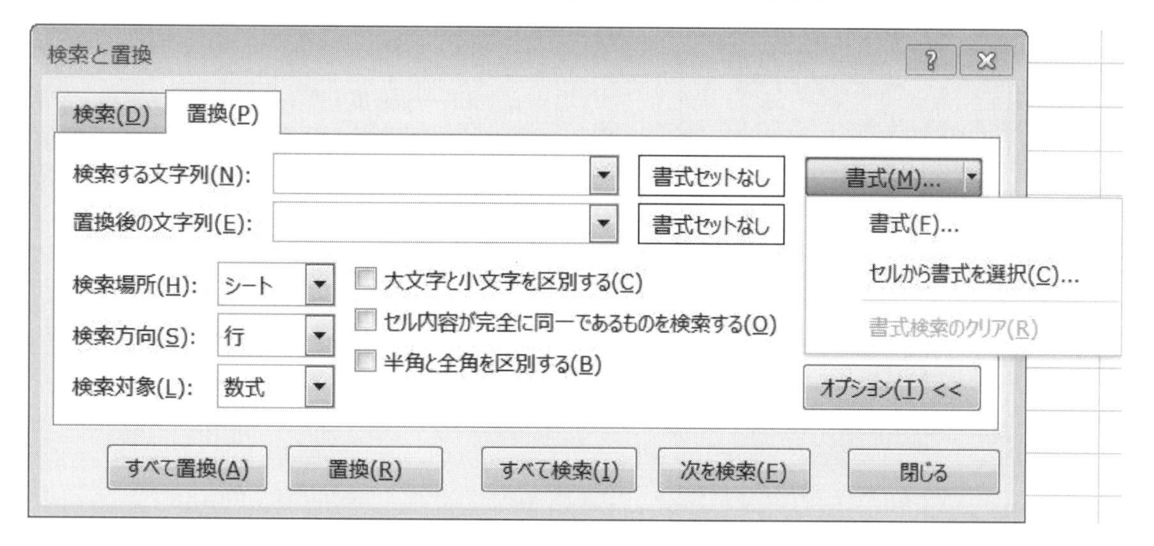

■並べ替え

表6－1のデータの場合、プロットの番号順に並んでいますが、時には、調査地の順にしたり、出現種数の多い順に並べ替えたりして、データを見たい時があります。そんな時は、並べ替えのコマンドを使い、降順、昇順、大きい順に、小さい順などを利用して確認しましょう。

表6－1

	A	B	C	D	E
1	プロット	調査地	ヨミガナ	出現種数	総個体数
2	1	岐阜県	ギフケン	57	560
3	2	愛知県	アイチケン	58	140
4	3	岐阜県	ギフケン	41	250
5	4	愛知県	アイチケン	78	420
6	5	愛知県	アイチケン	87	860
7	6	岐阜県	ギフケン	17	40
8	7	愛知県	アイチケン	51	80
9	8	岐阜県	ギフケン	79	430
10	9	愛知県	アイチケン	62	310
11	10	岐阜県	ギフケン	12	30
12	11	岐阜県	ギフケン	97	620
13	12	岐阜県	ギフケン	66	210
14	13	岐阜県	ギフケン	32	230
15	14	愛知県	アイチケン	55	510
16	15	愛知県	アイチケン	84	670
17	16	愛知県	アイチケン	76	460
18	17	岐阜県	ギフケン	25	80
19	18	岐阜県	ギフケン	61	440
20	19	愛知県	アイチケン	80	340

ここでは、プロット番号が通し番号の役割を兼ねていますが、最初の並び順に戻せるように、このようなデータには必ず通し番号を付けるようにします。

並べ替える際は、1行のデータを構成単位（データベースではレコードと呼ばれます）とし、1行の横の並びを崩さないように行毎に入れ替えることになります。なお、オプションから1列をデータの構成単位として並べ替えることもできますが、省略します。

1	岐阜県	ギフケン	57	560

	A	B	C	D	E	F
1	プロット	調査地	ヨミガナ	出現種数	総個体数	
2	1	岐阜県	ギフケン	57	560	
3	2	愛知県	アイチケン	58	140	
4	3	岐阜県	ギフケン	41	250	
5	4	愛知県	アイチケン	78	420	
6	5	愛知県	アイチケン	87	860	
7	6	岐阜県	ギフケン	17	40	
8	7	愛知県	アイチケン	51	80	
9	8	岐阜県	ギフケン	79	430	
10	9	愛知県	アイチケン	62	310	
11	10	岐阜県	ギフケン	12	30	
12	11	岐阜県	ギフケン	97	620	
13	12	岐阜県	ギフケン	66	210	
14	13	岐阜県	ギフケン	32	230	
15	14	愛知県	アイチケン	55	510	
16	15	愛知県	アイチケン	84	670	
17	16	愛知県	アイチケン	76	460	
18	17	岐阜県	ギフケン	25	80	
19	18	岐阜県	ギフケン	61	440	
20	19	愛知県	アイチケン	80	340	
21						

図6－1

まず、並べ替える項目キーが、一つの場合について説明をします。データ範囲全体を図6－1のように選択してください。

「ホーム」タブ→「編集」グループの「並べ替えとフィルター」の中の「ユーザー設定の並べ替え」、または「データ」タブ→「並べ替えとフィルター」の「並べ替え」のアイコンを選んでください。図6－2のダイアログボックスが表示されます。

「先頭行をデータの見出しとして使用する」のチェックボックスにチェックが入っているかを確認してください。正しく範囲指定した場合は、自動でチェックが入ります。

図6－2

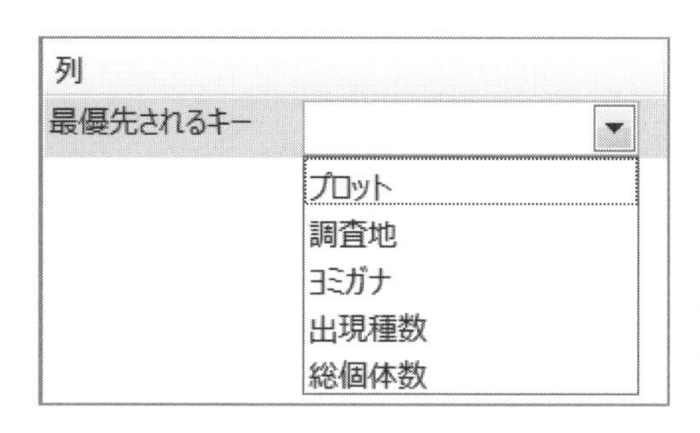

「最優先されるキー」はドロップダウンリスト形式になっており、1行目の列ラベルであるプロット、調査地、ヨミガナ、出現種数、総個体数の5つが表示されています。

「最優先されるキー」に出現種数を選択して、「並べ替えのキー」は「セルの値」のままとし、「順序」の「小さい順」を「大きい順」に変更して、「OK」を押してください。出現種数の多い順に並びます。

次に、二つの項目キーを基準に並べ替える設定を行います（上記の並べ替えを行ったデータでも、元データでも結果は同じになりますので、いずれでも構いません）。

「最優先されるキー」にヨミガナを選択して、「並べ替えのキー」は「セルの値」のままとし、「順序」も「昇順」のままとします。「＋レベルの追加」というボタンを押して、キーを追加します。「次に優先されるキー」に、出現種数を選択して、「並べ替えのキー」は「セルの値」のままとし、順序を「大きい順」に変更して、「OK」を押してください。

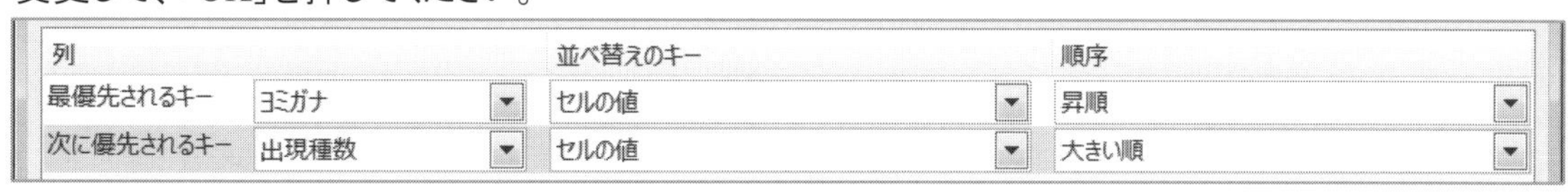

＜並べ替えた結果＞

	A	B	C	D	E	F
1	プロット	調査地	ヨミガナ	出現種数	総個体数	
2	5	愛知県	アイチケン	87	860	
3	15	愛知県	アイチケン	84	670	
4	19	愛知県	アイチケン	80	340	
5	4	愛知県	アイチケン	78	420	
6	16	愛知県	アイチケン	76	460	
7	9	愛知県	アイチケン	62	310	
8	2	愛知県	アイチケン	58	140	
9	14	愛知県	アイチケン	55	510	
10	7	愛知県	アイチケン	51	80	
11	11	岐阜県	ギフケン	97	620	
12	8	岐阜県	ギフケン	79	430	
[illegible]	[illegible]	[illegible]	[illegible]	[illegible]	[illegible]	

結果は、アイチケンが上半分側に、ギフケンが下半分側に移動し、それぞれそれらの中で出現種数が多かった行から少なかった行へ並べられます。

数値の場合は、大きい、小さいという順序に用いられます。また文字列の場合は、昇順、降順という順序が用いられます。ひらがなであれば、「あいうえお・・・」という順が昇順、「・・・おえういあ」という順が降順です。

漢字の並べ替え

数値は思い通りに並び替わるのですが、漢字はパソコンがいくつもある読みを適切に類推することができないので、読みの順番には並びません。漢字の文字列を並べ替えるには、正しい「よみがな」を他の列に入れておく必要があります。ひらがなやアルファベットは序列にしたがって並びますので、名前などを順番に並べたい時は、「よみがな」をひらがなやカタカナで他の列に入力しておき、並べ替えの範囲に含めて並び替えます。

よみがなを入力するには、漢字からよみを取り出す関数「PHONETIC」を使用すると便利です。ただし、富山県を例えば、「とみ」、「やま」、「けん」と入力して漢字変換していた場合、関数ではよみがなをカタカナで「トミヤマケン」と取り出しますし、Word で入力した富山県という文字列をコピーして Excel のセルに貼り付けた場合は、関数を用いてもよみが取り出せないため、漢字でそのまま「富山県」と表示されてしまいます。

このように漢字は漢字変換や入力方法の違いによって、Excel 上で漢字が持つ情報が異なることがあり、正しく並べ替えられないと考えた方がよいでしょう。

メモ：選択範囲の指定を誤るとデータがばらばらになってしまいます。誤りに気がついた場合は、「元に戻す」コマンドを実行するか、データが保存されているファイルから、元データを開き直しましょう。

■フィルター（抽出表示）

フィルターでは、条件を指定して条件に合う入力値だけを取り出して表示することができます。フィルターの機能を用いると、並べ替えの機能と同じように、1行のデータを構成単位として、抽出して表示することになります。

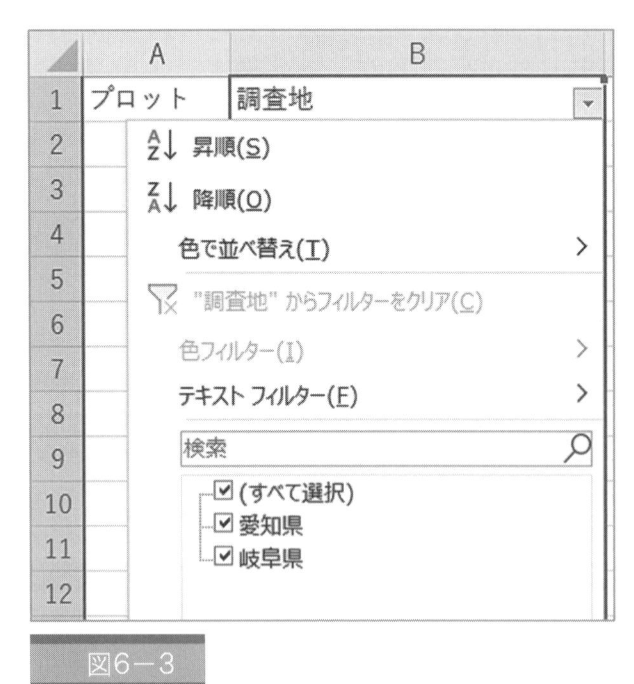

図6－3

表6－1のデータで、列番号をクリックして、B 列全体を選択し、「ホーム」タブ→「編集」グループの「並べ替えとフィルター」の中のドロップダウンメニューの「フィルター」、または「データ」タブ→「並べ替えとフィルター」の「フィルター」を選択してください。

図6－3でB列のB1のセル（調査地のセル）の右隅に下向きの三角（▼）のドロップダウンリストが表示されます。その中から、「岐阜県」のチェックボックスのみにチェックを入れた状態にすると、岐阜県のデータ行だけが表示されます。フィルターの場合は、漢字は読みではなく、漢字の文字列としてのみ扱われます。

なお、フィルター表示の際は、セルの行番号の色が標準色から別な色（青色）に変わっています。

複数の列を指定すると、より条件に合致するデータを容易に抽出できます。

フィルターを解除したい時は、解除したい列番号をクリックして列全体を選択し、フィルターを指定した時と同じコマンドを実行すると解除されます。「ホーム」タブ→「並べ替えとフィルター」グループの中の「フィルター」を選択すると、ドロップダウンリストが消えます。

練習6－2

表6－1のデータを用いて、調査地が愛知県、出現種数が 60 以上という条件でデータを絞り込んで表示をしてみましょう。「数値フィルター」を使用します。

なお、文字の場合は、「テキストフィルター」になります。

●重複するレコードを無視して、リストを得る方法

フィルターの機能を使って、列に入力されている入力値の一覧リストを得る方法があります。

表4－4の樹種のリストを得る作業を説明します。ここでは見やすさを優先して、B 列で樹種のみを示しています。

B 列にフィルターを設定します。フィルターを設定している列がある状態で、「データ」タブ→「並べ替えフィルター」グループの「詳細設定」で、「重複するレコードは無視する」のチェックボックスにチェックを入れて、「OK」を押します。

重複するレコード(行)が除かれたデータのリストだけが表示されます。このデータのリストを範囲指定してコピーし、他のシートや、同じシートでもフィルターの機能で行が変更されている行(行番号 1～14)を除いて、貼り付けます。

■条件付き書式

条件を指定して、条件によって、セルに書式を設定することができます。データを閲覧する際に、特定の値のあるセルを確認したいといった使い方が可能です。

「ホーム」タブ→「スタイル」グループの「条件付き書式」のメニューより、様々な設定をすることが可能です。

簡易的にはあらかじめ用意されているルールを用いて条件を指定します。詳細な条件を指定する場合は、「新しいルール」を選択し、その条件を指定します。

E
総個体数
560
140
250
420
860
40
80
430
310
30
620
210
230
510
670
460
80
440
340

「新しいルール」のダイアログボックスで「指定の値を含むセルだけを書式設定」を選び、表6－1のデータの E 列のデータの範囲を指定し、「200 と 299」の間にあるセル値に、セルの背景を黒、文字を白とするルールを作成し、セルの書式設定を行うと、右のように該当するセルに指定した書式が設定されます。

「ルールの管理」から設定したルールを変更することができます。

なお、条件付き書式がどのように設定されているかは、設定した人以外がファイルを見てもすぐにはわからないため、自身の閲覧時の確認のしやすさのために、主に使用するのがよいでしょう。また、ショートカットキーの[Ctrl]+[G]キーで表示される「ジャンプ」のダイアログボックスから「セルの選択」ボタンを押し、「条件付き書式」のラジオボタンを選択し、「OK」を押すと条件付き書式の設定されたすべてのセルが選択されます。

■シートのウィンドウ枠の固定

特定の行や列を固定して、ウィンドウのスクロール時に、項目名を確認した状態でデータを閲覧できます。行列の項目名を固定したままスクロールできるため、データの入力時にも項目名などを見失うことがありません。

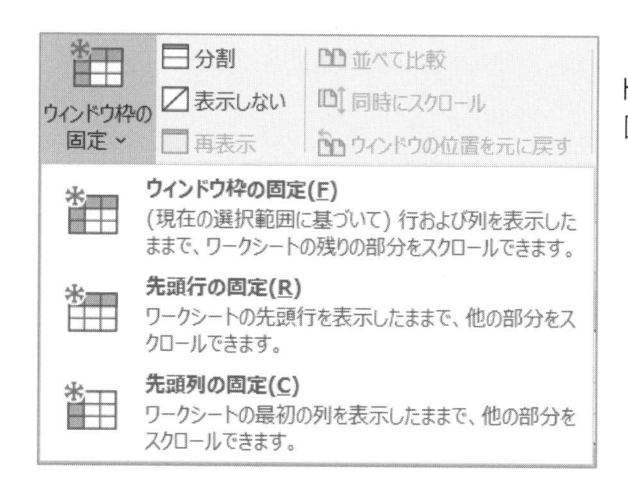

「表示」タブ→「ウィンドウ」グループの「ウィンドウ枠の固定」のドロップダウンリストから各種の固定ができます。

	A	B	C	D	E	F
1	プロット	調査地	ヨミガナ	出現種数	総個体数	
2	1	岐阜県	ギフケン	57	560	
3	2	愛知県	アイチケン	58	140	

例えば、1 行目と A 列を固定したい場合は、表6－1データであれば、B2 のセルを選択した状態で、コマンドを実行します。

＜ウィンドウ枠の固定を行ったシートを行方向にも列方向にもスクロールしている画面＞

	A	D	E	F
1	プロット	出現種数	総個体数	
4	3	41	250	
5	4	78	420	
6	5	87	860	
7	6	17	40	
8	7	51	80	
9	8	79	430	
10	9	62	310	
11	10	12	30	

固定された行の下と列の右のセルの目盛線（セルを分ける区画の枠線）に新たな線が表示され、固定されていることを示しています。

固定を解除するためには、固定した際と同じメニューの「表示」タブ→「ウィンドウ」タブの「ウィンドウ枠固定の解除」のメニューがあり、それをクリックします。

先頭行や先頭列、つまり 1 行目や A 列を固定する場合は、特にセルを指定する必要はありません。データの有無にかかわらず、それぞれ 1 行目や A 列が固定されます。

＜「先頭行の固定」を行ったシートを行方向にスクロールしている画面＞

	A	B	C	D	E	F
1	プロット	調査地	ヨミガナ	出現種数	総個体数	
4	3	岐阜県	ギフケン	41	250	
5	4	愛知県	アイチケン	78	420	
6	5	愛知県	アイチケン	87	860	

■データ入力上の注意点

●セルを結合しない

表6－1’のようなデータとして入力しないようにします。このようなデータ入力を行うと、解析時に非常に手間がかかります。とくにプログラムによって、一括処理をすることができません。必ず、配列を守るようにしてください。

表6－1’

愛知県	（アイチケン）	
プロット	出現種数	総個体数
2	58	140
4	78	420
5	87	860
・・・	・・・	・・・
岐阜県	（ギフケン）	
プロット	出現種数	総個体数
1	57	560
3	41	250
・・・	・・・	・・・
18	61	440

先の表6－1では、データが行と列の二つの配列で、プロット、調査地、ヨミガナ、出現種数、総個体数という一つの行が5つのラベルで表されるデータとして入力されています。m 行目の1列目はプロット番号、m 行目の2列目は調査地・・・というように規則正しく読み取ることができます。一方、1行目でも2行目でも n 列目は必ず同じ項目名の内容を読み取ることができます。つまり、データを指定するために、「m（行目）, n（列目）」で指定することできます。

この表6－1’の例では、m 行目の1列目は調査地であったり、ラベルであるプロットという名称であったり、プロット番号であったりと、規則正しく読み取ることができません。

●データを解析前にまとめない

<観察記録>

観察日	動物種	1日の目撃頭数	天気
5月2日	シカ	一	晴れ
5月15日	シカ	一	はれ
5月15日	カモシカ	下	曇り
5月20日	クマ	一	晴れ
5月21日	カモシカ	正	曇り
6月5日	カモシカ	下	曇り
6月11日	クマ	正 下	雨
6月19日	シカ	丅	晴れ
6月30日	カモシカ	正 正 下	あめ
月　日			

<まとめて入力された表（悪い例）>

	5月	6月	7月
シカ	2	2	・・・
カモシカ	8	18	・・・
クマ	1	9	・・・

まとめた表は、天気のデータが失われているということにはすぐ気がつくと思いますが、最初からまとめて入力した表を作成してしまうと、他にもシカが月毎に何日観察されたか、目撃頭数が月によって異なるのは、観察日あたりの目撃頭数が多いからなのか、観察された日数そのものが多いからなのかといったことを解析する際に、観察記録に戻ってデータから作り直す必要がでてきます。

データの入力では、まず、目撃頭数を数値にして、元データの形をしている記録用紙を表として入力します。次に、必要に応じて解析の際に必要であれば、まとめた表にあたる表を作成します。

> メモ：一つ上のセルの入力値と同じ入力値を入力する場合は、該当セルで、[Ctrl]+[D]によって、入力することができます。また、左のセルと同じ入力値を入力する場合は、[Ctrl]+[R]が利用できます。

●一つのセルに数値と単位（文字列）を一緒に入力しない

後に計算が必要となるような数値データは、セルに数値のみを入力します。

悪い例）	良い例） 数値と単位を分離して入力	良い例） 書式で単位を表示
	（円）	
1100 円	1100	1100 円

悪い例では、1100　円が文字列として入力されています。自動で左揃えとなっていることからも文字列であることがわかります。計算が必要でも1100円と表示したい場合は、ユーザー定義（p.148 参照）により、例えば、「####"円"」と定義して表示させます。この場合は、1100 という数値として計算が可能です。書式で円を表示している場合は、数式バー（p.114 参照）に 1100 とのみ表示されます。

■データ分割

「区切り位置指定ウィザード」を利用して、セル内のデータを分割することができます。

分割する文字列を含むデータのセルまたは列を選択し、「データ」タブ→「データツール」グループの「区切り位置」をクリックします。

理学部、応用生物科学部、文学部
工学部、理学部、農学部、国際学部
理工学部、教育学部、医学部
人文学部、林学部

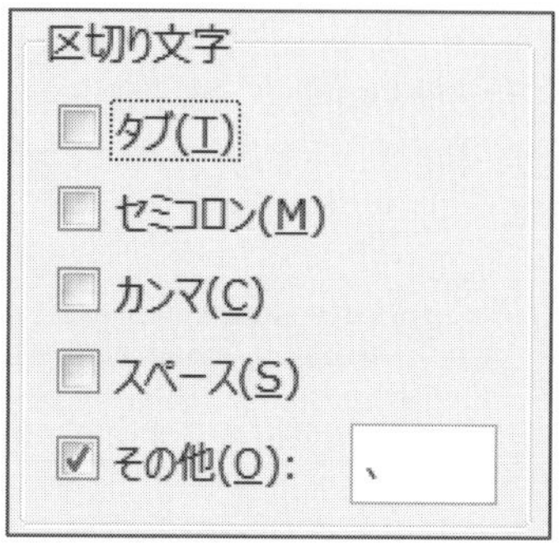

区切り文字
☐ タブ(T)
☐ セミコロン(M)
☐ カンマ(C)
☐ スペース(S)
☑ その他(O): 、

「区切り位置指定ウィザード-1/3」では、「カンマ（コンマ）やタブなどの区切り文字によってフィールドごとに区切られたデータ」をそのまま「次へ」をクリックします。

メモ：区切り文字の「,」は、このコマンドでは、カンマと表記されており、次のページの CSV 形式の保存では、コンマという用語が使われており、アプリ内に表記ゆれが生じています。同じものです。

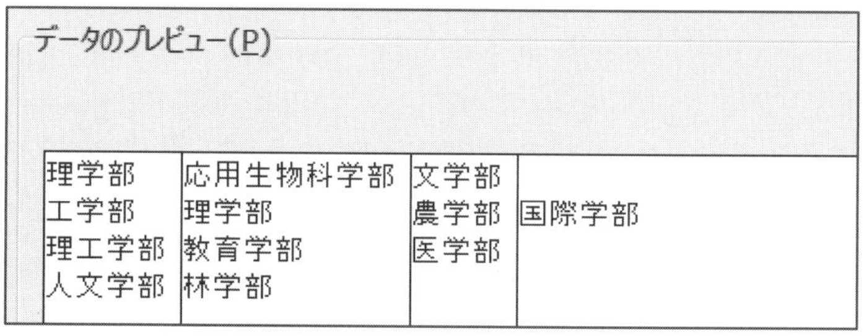

データのプレビュー(P)

理学部	応用生物科学部	文学部	
工学部	理学部	農学部	国際学部
理工学部	教育学部	医学部	
人文学部	林学部		

区切り文字を「その他」のチェックボックスにチェックし、右の空白に区切りたい文字である「、」を入れて、データのプレビューで確認して、「次へ」を押し、とくに問題がなければ「完了」を押します。

入力されていたセルを含んだ位置から、データが隣接するセルへ展開されます。

理学部	応用生物科学部	文学部	
工学部	理学部	農学部	国際学部
理工学部	教育学部	医学部	
人文学部	林学部		

このようにセルの入力値を事後に分割できるため、羅列されたデータの場合は、一つのセルに一定の区切り文字を用いて入力した後に、このコマンドでデータを分割した方が、入力が早い場合があります。

■データのファイルへの出力（エクスポート）

Excel のデータを他のプログラムで読み込むためのファイルを出力することができます。

●CSV 形式のファイルの出力

CSV 形式とは、コンマ区切りのテキストファイル形式です。書式の必要ないプログラムやデータベースアプリで利用するための元データを作成する際に使用します。

表6－1のデータを用いて、ファイルを出力します。「ファイル」タブ→「名前を付けて保存」を選択し、保存するフォルダーなどの領域を指定し、ファイルの保存形式のドロップダウンリストから CSV 形式を選びます。ファイル名は、6no1.csv とします。Excel で保存できる CSV 形式は、「CSV UTF-8（コンマ区切り）(*.csv)」と「CSV(コンマ区切り)(*.csv)」の2つがありますが、前者の UTF-8 の文字コードを利用する CSV 形式で保存します。

CSV UTF-8 (コンマ区切り) (*.csv)

＜メモ帳で CSV 形式の 6no1.csv を開いたもの＞

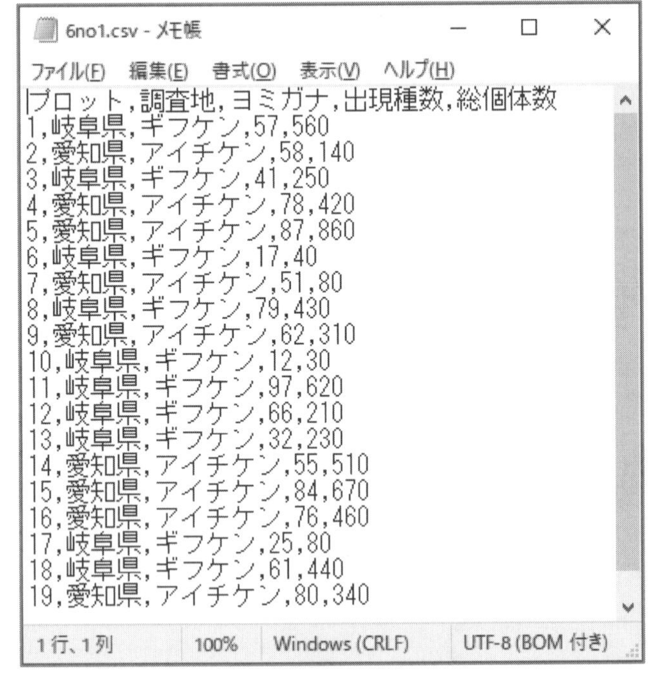

CSV 形式はテキストファイルであるため、メモ帳のアプリを用いて、中身を確認することも容易です。メモ帳でファイルを開く際に、「すべてのファイル(*.*)」を選び、6no1.csv を表示させ、ファイルを選択します（メモ帳にファイルをドロップすることでも開けます）。コンマ(,)で区切られたデータ一覧が表示されます。CSV 形式は、テキストのみ保存されるため、書式(p.143 参照)は削除されます。ただし、シリアル値による日付や時刻の場合は、書式設定で表示されている状態の文字列のテキストが、書式設定が削除されて保存されます。

「CSV UTF-8（コンマ区切り）(*.csv)」で保存すると、UTF-8 の形式の一つである UTF-8(BOM 付き)で保存されます。なお、ANSI（Shift-JIS）の文字コードで保存される CSV（コンマ区切り）(*.csv)でも、メモ帳との間でデータをやり取りする場合には問題は生じません（以前のバージョンの Excel や、Windows 10 の機能アップデートを行っていないバージョンやエディションのメモ帳の場合は、この ANSI の文字コードが採用されています）。しかしながら、他のプログラミング言語や Web 処理システム等にデータとして読み込む際には、文字コードや BOM 付きであるかどうかによって、処理できる文字コードと一致せず読み込みに問題が生じる場合があります。プログラミング言語等で扱うデータとしての受け渡しの際には、扱える文字コードを確認するようにしてください。一般には UTF-8 では BOM なしが適していますが、Excel では BOM 付きが適しています。

データ区切りには、タブ区切りもよく用いられます（p.107 参照）。タブ区切りのファイルは、TSV 形式とも、タブ区切りの CSV 形式とも呼ばれます（タブ区切りも文字コードを考慮する必要がある点は変わりません）。なお、メモ帳のアプリは、「スタート」→「Windows アクセサリ」の中から起動することや、タスクバーの検索ボックスに「メモ帳」や「memo」と入力してアプリを表示して起動することができます。

> メモ：Windows 10 の最新バージョン（ビルド）では、メモ帳の機能が大幅に改訂され、ファイルを保存する際の標準の文字コードが、ANSI から BOM なしの UTF-8 に変更されています。BOM 付きにするためには、保存する際に、文字コードを変える必要があります。

■データのファイルからの読み込み（インポート）

区切り文字（コンマやタブなど）で区切られたデータファイルを、セルに区分けして読み込むことができます。

●CSV 形式のファイルの読み込み

表6－1のデータを用いて CSV 形式で保存したファイルを読み込みます。データが規則正しく入力されている場合は、半角のコンマを基準に読み込むことができます。

先に保存した 6no1.csv のファイルをダブルクリックしてください。CSV 形式のファイルが Excel で開くファイルに標準で設定されている場合、簡便にデータのインポートができます。なお、タブ区切りの場合は、テキストファイルウィザードにしたがって、区切り文字を指定することで、読み込むことができます。

○CSV 形式のファイルの簡易な編集

CSV 形式はテキストファイルであるため、メモ帳でも作成、編集が可能です。6no1.csv のファイルをメモ帳で開き、最も下の「19,愛知県,アイチケン,80,340」の後で[Enter]キーを押して改段落し、
「20,三重県,ミエケン,100,50」とコンマで区切って入力してください。

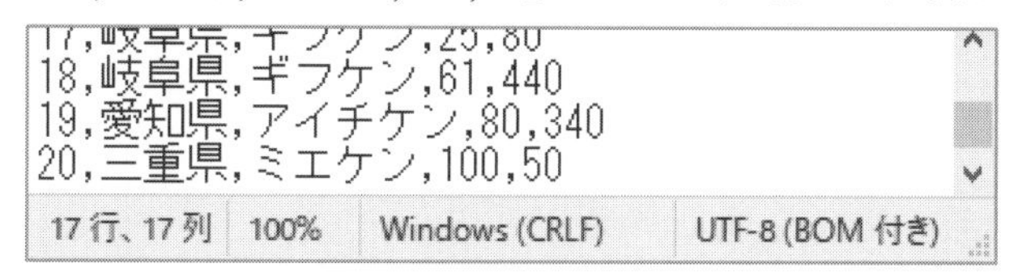

20	19	愛知県	アイチケン	80	340
21	20	三重県	ミエケン	100	50

そのままファイル上書き保存してファイルを閉じてください。このファイルをダブルクリックして Excel で開くと、Excel の 21 行目のデータとして、先のデータが正しくセルにわかれて入力されています。

> メモ：（紹介）「データ」タブに配置されている Power Query エディターを用いると、文字コードや区切り記号を指定して、読み込むことができます。

6no1.csv

元のファイル: 65001: Unicode (UTF-8)　区切り記号: コンマ

プロット	調査地	ヨミガナ	出現種数	総個体数
1	岐阜県	ギフケン	57	560
2	愛知県	アイチケン	58	140
3	岐阜県	ギフケン	41	250

拡張子をエクスプローラーなどで書き換えてもファイル形式は変わらない

拡張子（p.13、p.14 参照）で説明したように、拡張子はファイル内容を示す氏名の苗字にあたる部分です。この部分だけを書き換えても、Excel ファイル保存形式が、CSV 形式に変わることはありません。必ず、ファイルを開き、保存する時にファイル形式を選びましょう。

なお、メモ帳では、CSV 形式を選ぶことはできませんが、CSV 形式はテキスト形式に区切り文字のコンマ(,)を加えただけのテキスト形式の一種であるため、文字コードを確認した上で、上書き保存しても問題は起きません。

■フラッシュフィル

フラッシュフィルは、一定の入力パターンがある場合、分割されて隣接するセルに値を入力することや、逆に隣接するセルの入力値に一定の規則性がある場合、入力パターンを判断して、セルの入力値を結合することができる機能です。

●分割

	A	B	C	D
1	理学部、応用生物科学部、文学部	理学部	応用生物科学部	文学部
2	工学部、理学部、農学部、国際学部			
3	理工学部、教育学部、医学部			
4	人文学部、林学部			

A1 から A4 までのように、区切り文字が揃っている状態で入力します。1 行目のデータの区切りにしたがって、B1、C1、D1 にそれぞれ入力しておきます。

この状態で、B2 のセルで、「データ」タブ→「データツール」グループの「フラッシュフィル」をクリックすると、区切りにしたがって、B 列に分割されて入力されます。

	A	B	C	D
1	理学部、応用生物科学部、文学部	理学部	応用生物科学部	文学部
2	工学部、理学部、農学部、国際学部	工学部		
3	理工学部、教育学部、医学部	理工学部		
4	人文学部、林学部	人文学部		

しかしながら、C2 や D2 で同じことを行うと、このデータのケースでは、セルによって、3つ、4つ、2つというように規則性が弱いために、例えば、C 列では、理学部が切り出されず、C4 のセルにも人文学部が重複して切り出されています。規則正しく入力されていないと分割時に予想と異なる場合があります。よく確認しましょう。

	A	B	C	D
1	理学部、応用生物科学部、文学部	理学部	応用生物科学部	文学部
2	工学部、理学部、農学部、国際学部	工学部	農学部	国際学部
3	理工学部、教育学部、医学部	理工学部	教育学部	医学部
4	人文学部、林学部	人文学部	人文学部	林学部

メモ：データの入力方法に規則性が高い場合には有用ですが、基準は指定できないため、注意して使用してください。一方で区切り文字が混在している場合は、区切り位置指定ウィザードより、フラッシュフィルの自動判別の方が、適切に分割する場合もあります。臨機応変に活用してください。なお、「:」、「/」、「 （スペース）」など様々な区切り記号に対応しています。

●結合

規則性がある場合に、隣接する左側の複数の列の値を元にデータを結合して挿入する機能です。ただし、その判定のアルゴリズムを指定することはできません。結合の判定がなされない場合は、先頭行のセルの入力値がそのまま下の行へ複写されることがあります。

C1 のセルに A1 と B1 を結合した状態の文字列を入力しておきます。C1 のセルで、「データ」タブ→「データツール」グループの「フラッシュフィル」をクリックします。自動で結合されたデータが C2 から C5 まで挿入されます。

＜結合前のデータ＞

	A	B	C
1	岐阜	県	岐阜県
2	静岡	県	
3	三重	県	
4	信州	県	
5	うどん	県	
6			

＜結合後のデータ＞

	A	B	C
1	岐阜	県	岐阜県
2	静岡	県	静岡県
3	三重	県	三重県
4	信州	県	信州県
5	うどん	県	うどん県
6			

規則性だけで結合するため、存在する名称であるかどうかは、結合の判別に関係しません。

メモ：関数などを用いて結合する方法もあります。
「=A1&B1」や「=CONCATENATE(A1,B1)」とC1のセルに入力すると、岐阜県を得ることができます。&はアンパサンドと呼ばれ、文字列演算子です。

練習6−3

次のデータの分割を行ってみましょう。「区切り位置指定ウィザード」と「フラッシュフィル」の両方でそれぞれ行ってみましょう。「･」は、全角文字の中点です。

北海道･青森･岩手	北海道	青森	岩手
茨城･栃木･群馬			
新潟･富山･石川			
静岡･愛知･三重			

上で、得た4県について、データの結合を行ってみましょう。「フラッシュフィル」を用います。

岩手	県	岩手県	
群馬			
石川			
三重			

第7節　グラフ

グラフは、ある内容や傾向を見つけ出す“道具”であり、何かを伝えるための“情報”を持つものです。つまり、どのような“道具”を使って“情報”を見つけ出し、それを伝えるかを考えると、選択するグラフがおのずと決まります。これを意識しないとグラフを作る意味も価値もありません。

■ 4つの基本形

散布図、円グラフ、棒グラフ、折れ線グラフの基本を押さえましょう。

●散布図（XY グラフ）

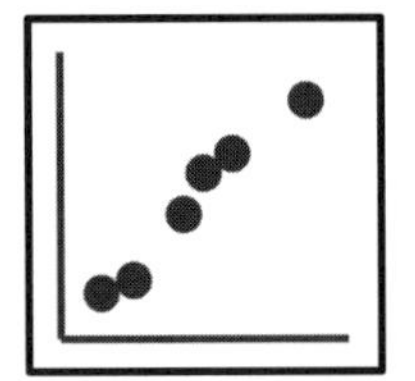

二つの変数の連関の程度（強さ）を知りたい時や、一方（X）でもう一方（Y）を予測したい場合に使用します。XY グラフとも呼ばれます。

●円グラフ

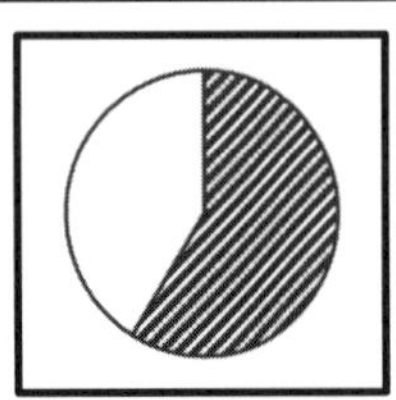

全体に対する比率を示したい時に、使用します。データが百分率になっていなくても、比率で表します。ただし、円グラフは二つ以上使うと比率の比較は困難になります。その場合は、横帯グラフで比率を表し、上下に配置すると、比率の比較が視覚的に可能になります。

●棒グラフ（時にヒストグラム）

項目別の比較、頻度、時系列にも使用できます。棒グラフは適用範囲が広いため、グラフの作成には、より注意が必要です。

(a) 横軸が項目別で量的な比較を行う場合。横軸の並びに数値的な意味はない（折れ線グラフは不適）。
(b) 階級幅毎の頻度を表す場合。棒と棒との間に間隔を空けない。
(c) 横軸が等間隔の時間である場合の時系列比較の場合

(a)

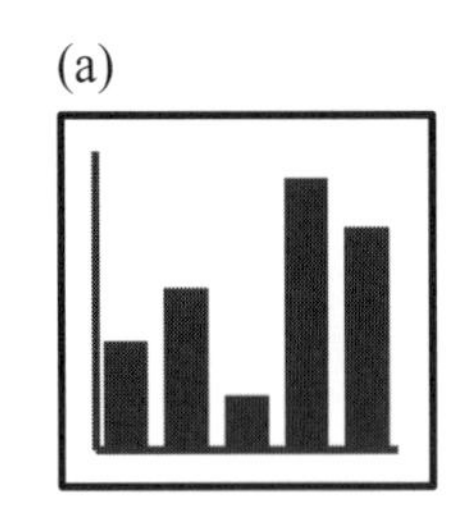

(b)

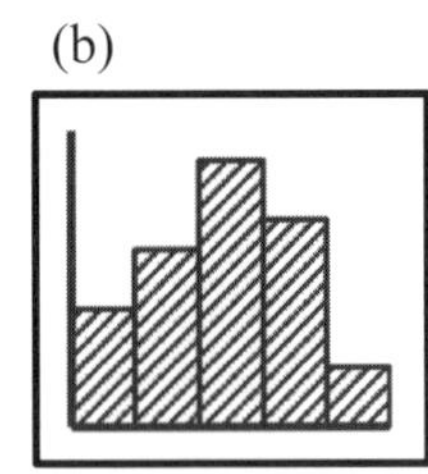

(c)

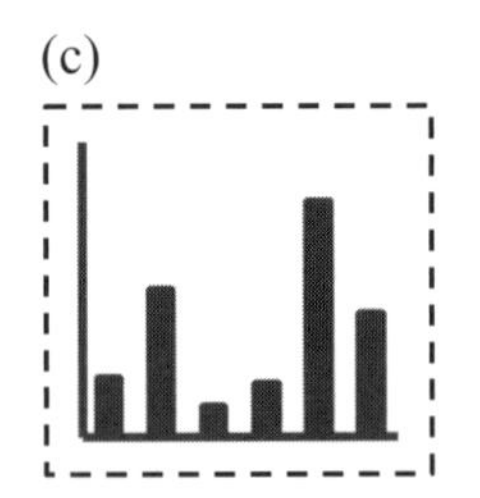

●折れ線グラフ

時系列データに使用しますが、ヒストグラムにも使用する場合があります。

●ここで、このページを上から下へ眺めると

↑相関↑　↑構成比↑　↑項目別↑　↑頻度↑　↑時系列↑

■グラフの作成（挿入）

入力値や計算結果を簡単にグラフにできます。グラフの作成は、レポート作成には欠かせません。様々な種類のグラフを作成することが可能です。

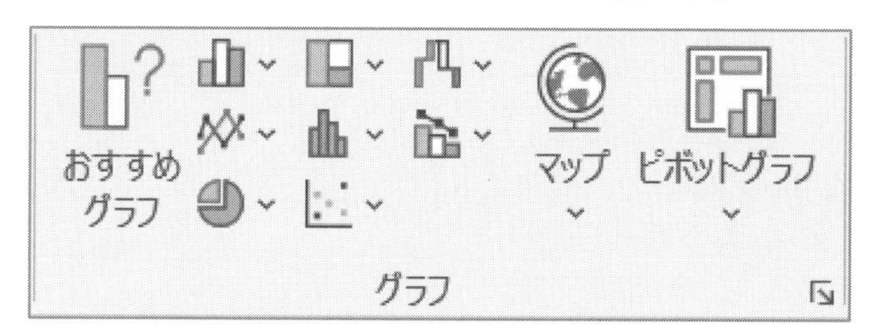

ここでは棒グラフ、散布図、円グラフ、折れ線グラフを取り上げて、グラフの要素と書式設定について説明します（一部統計解析を含む）。棒グラフでは、グラフ要素と書式設定を詳しく説明します。他のグラフでも要素と書式を区別してグラフを編集してください。

■棒グラフ

棒グラフの作成手順です。下の図7－1のデータ（出典：林野火災による被害、消防庁調べ、平成12年度、一部データ抜粋）を入力してください。

グラフを作成するデータの範囲（A1 から B6）を選択（図7－1）して、「挿入」タブの「グラフ」グループから「縦棒グラフ」のアイコンをクリックして、2-D 縦棒の一番目の集合縦棒（図7－2）を選択すれば、シート中にグラフ（図7－3）が自動挿入されます。

	A	B	C	D
1		件数	焼損面積（ha）	損傷額（千円）
2	岐阜	46	9	1968
3	静岡	110	31	64141
4	愛知	106	5	4094
5	三重	64	21	11999
6	滋賀	15	6	2816
7				

図7－1

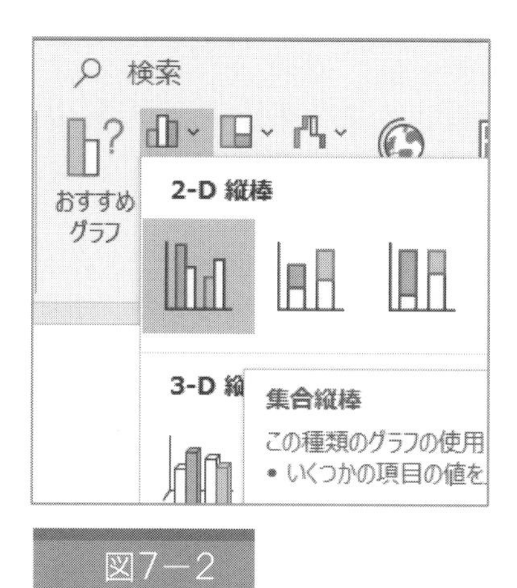

図7－2

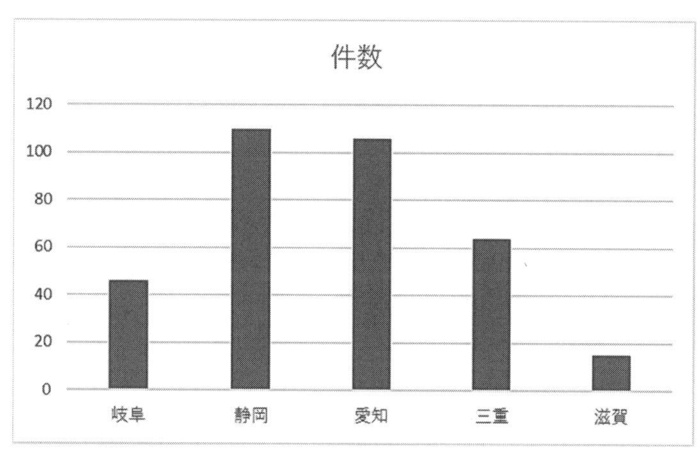

図7－3

■グラフの編集における要素と書式

グラフの編集作業は、ツールタブ「グラフツール」の「デザイン」タブのグラフ要素の追加と削除と、これらのグラフ要素に対する「書式」タブの書式設定の二つに大別されます。この二つの関係を理解してグラフを編集しましょう。

グラフ ツール
ルプ　デザイン　書式

「デザイン」タブ
グラフ要素の追加（削除）

「書式」タブ
グラフ要素の書式設定

■グラフ要素の追加と削除

＜「グラフツールのレイアウト」で追加・削除できる要素（グラフの種類によって異なる）＞

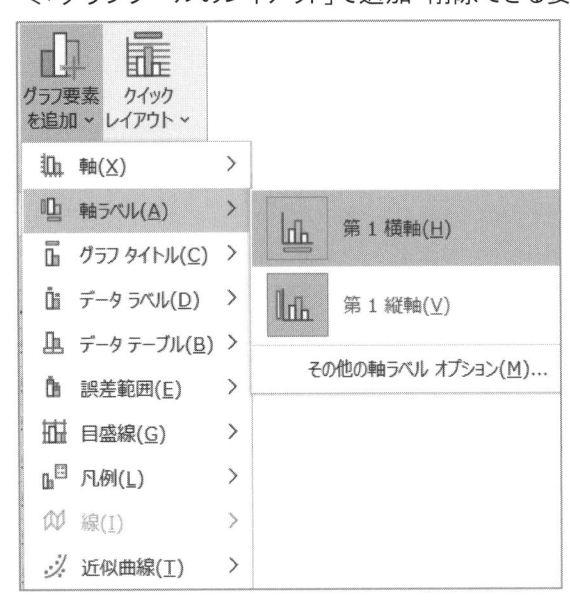

グラフ要素は、グラフに必要な横軸や縦軸の項目名などをグラフ上に表示するかどうかを決めるコマンドです。Excel にはグラフに必要な要素が初期設定で表示されていない場合や逆に不要な要素が表示されている場合があるため、グラフ要素の追加と削除はかかせません。

ツールタブ「グラフツール」の「デザイン」タブの「グラフレイアウト」グループにおける「グラフ要素を追加」から、グラフの要素は追加・削除ができます。

グラフで必要な横軸や縦軸の項目名や単位を記載する要素として、例えば表示されていない「軸ラベル」が、挿入できます。

グラフをクリックして右側に表示される「グラフ要素」のメニューは、上記の方法で追加・削除するグラフ要素とまったく同じものです。これら二つのいずれかの方法で、要素の追加と削除を行ってください。

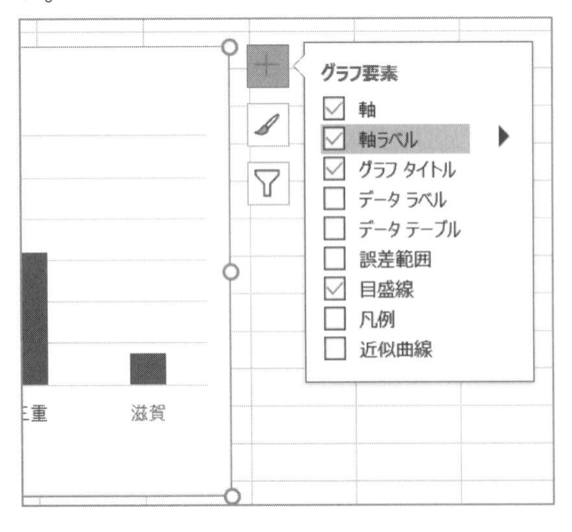

このコマンドで挿入した要素の設定変更は、次のページの書式設定で行います。

なお、グラフ要素の削除は、要素をグラフ上で選択して［Delete］キーを押すことでも簡単できます。

■グラフ要素の書式設定

ツールタブ「グラフツール」の「書式」タブの「現在の選択範囲」グループの一番上にある現在の選択範囲を指定するドロップダウンリストから、項目を選び、「選択対象の書式設定」をクリックすると、該当する書式設定の作業ウィンドウが表示されます。「図形のスタイル」グループのダイアログボックス起動ツールでも作業ウィンドウは表示可能です。なお、ダイアログボックス起動ツールの一部は、この例のように作業ウィンドウが表示されます。

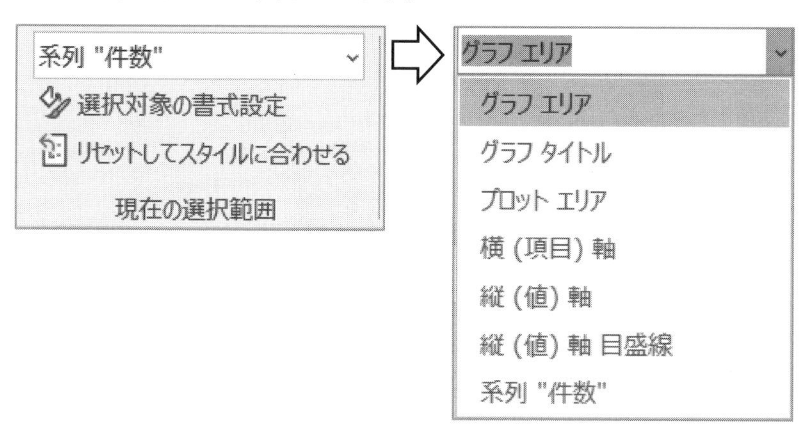

グラフの棒を右クリックして表示される際の「データ系列の書式設定」のメニューから表示される作業ウィンドウは、上記の方法で表示する作業ウィンドウとまったく同じです。これら二つのいずれかの方法で、要素に対する書式設定を行ってください。

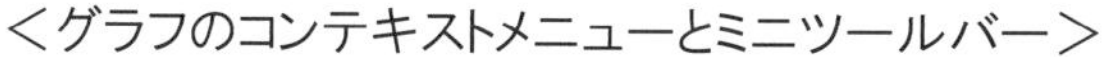
＜グラフのコンテキストメニューとミニツールバー＞

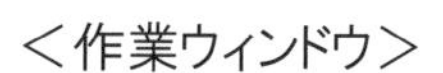
＜作業ウィンドウ＞

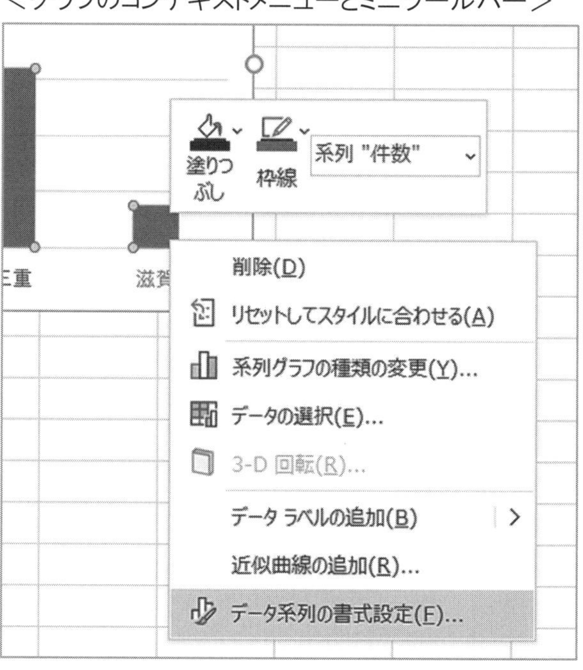

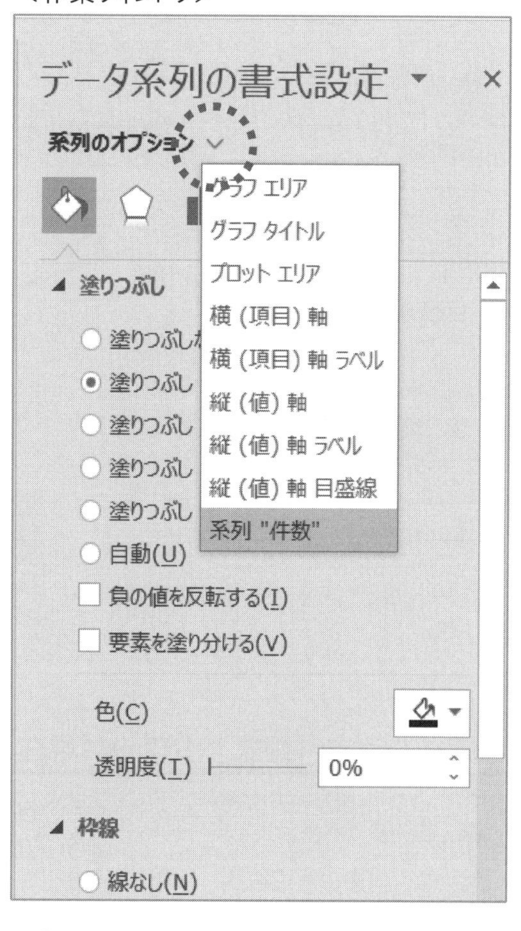

選択している項目によって、書式設定の作業ウィンドウの名称の「データ系列の書式設定」の「データ系列の」の部分が、「グラフエリアの」、「グラフタイトルの」、「プロットエリアの」、「軸の」、「目盛線の」に変わります。

また、書式設定の「系列のオプション」の横にあるドロップダウンリストから、項目を変えることができます。

■グラフの編集手順

＜論文で用いられる形式＞

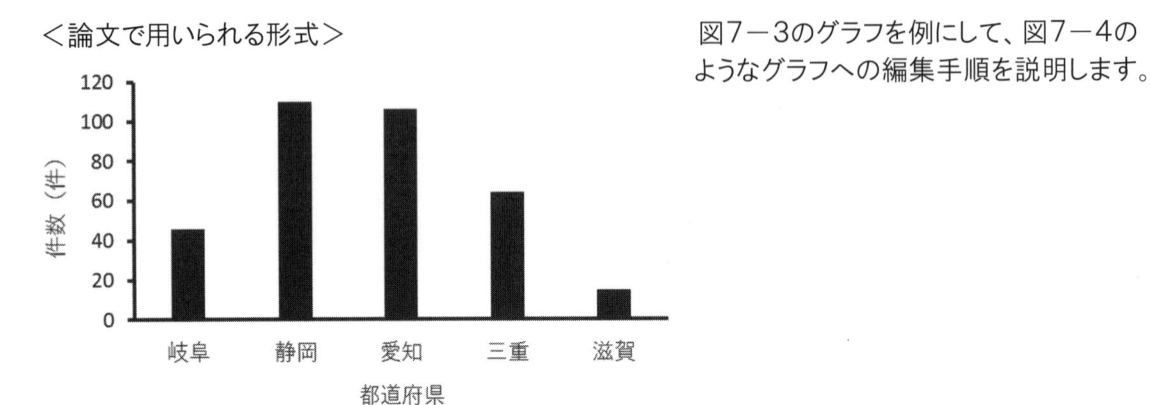

図－１．火災による被害件数（平成12年度）

図7−4

図7−3のグラフを例にして、図7−4のようなグラフへの編集手順を説明します。

①要素を追加、場合によっては削除し、
②書式を設定し、
③配置やサイズを整える手順で行います。

①過不足な要素を「デザイン」タブ→「グラフのレイアウト」グループから

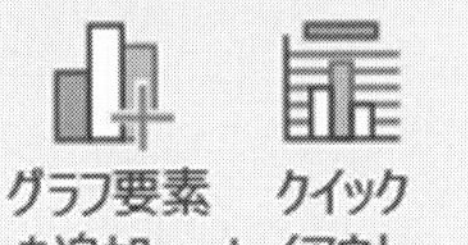

「グラフ要素を追加」のドロップダウンリストで

1.「軸ラベル」の「第1縦軸」、「第1横軸」を追加し、それぞれに件数（件）と都道府県を入力、

2.「目盛線」の「第1主横軸」を削除、

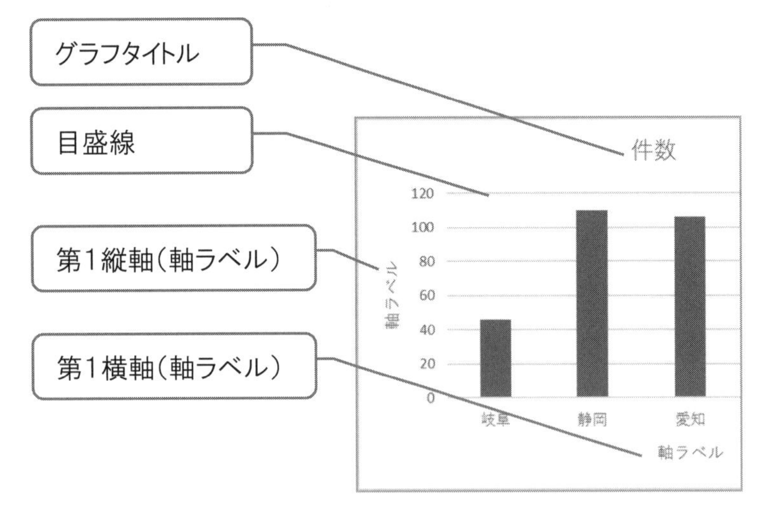

要素の追加ではありませんが、すでに表示されている「グラフタイトル」要素の「件数」と表示されている文字列（図7−1のB1の入力値を参照して自動的に表示されている）を、

3.「図－1．火災による被害件数（平成 12 年度）」と入力し、変更します。

②書式設定を「書式」タブ→「現在の選択範囲」グループから

縦 (値) 軸 ラベル
選択対象の書式設定
リセットしてスタイルに合わせる
現在の選択範囲

ドロップダウンリストで、項目を表示し、「選択対象の書式設定」をクリックして表示される作業ウィンドウで設定を変更します。

ドロップダウンリストに表示されている項目は最後に選択した項目や現在選択している項目です。左の図とは異なることがあります。

＜作業ウィンドウ上部の切り替えアイコン等＞

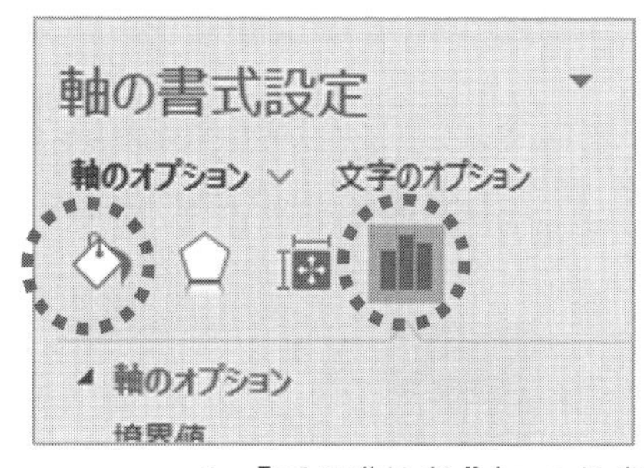

選択対象によって表示される項目やアイコンが異なりますが、これらの項目とアイコンを切り替えることによって様々な書式の変更が可能です。

主に使用するのは、左端の「塗りつぶしと線」と右端の「軸のオプション」です。

1. 「系列“件数”（この件数という表記は、図7－1の B1 の入力値を参照して自動的に表示されています。「系列」は必ず見出しに付きます。）」を選び、「選択対象の書式設定」をクリックして、データ系列の書式設定から、棒（データマーカー）の色を「塗りつぶしと線」から、「塗りつぶし（単色）」の色に「黒」を選択、
3. 「横（項目）軸」と「縦（値）軸」のそれぞれについて、軸の書式設定から、「塗りつぶしと線」のアイコンをクリックし、「線（単色）」の色に「黒」を選択し、幅を 2 pt と設定、
4. 「縦（値）軸」の「軸のオプション」から、「目盛の種類」を「外向き」に設定、
5. 「グラフエリア」のグラフエリアの書式設定から、枠線を「線なし」に設定、
6. 「横（項目）軸、縦（値）軸、タイトル、軸ラベル等」の書式を一括して変更するため、グラフエリアを選択し、「ホーム」タブ→「フォント」グループでフォントサイズを 12 pt に設定（文字列の変更は、主にセルでの書式設定の機能を使用します。なお、項目毎に文字サイズを変更したい場合は、個別の項目を選択します。）、
7. すべての文字の色を（初期設定ではグレーであるため）黒へ変更します。

※なお、書式設定は、要素を右クリックして表示されるコンテキストメニューの書式設定から作業ウィンドウを表示させる方が、簡単な場合が多くあります。

③配置やサイズを整える

グラフタイトルをグラフの下へ移動し、グラフのサイズや位置をタイトルと重ならないようにマウスで調整します。その他グラフのサイズ、縦横比などを調整します。

●論文でのグラフ

論文ではほとんどは白黒の図表が用いられます（少なくとも、カラーであっても、白黒印刷やコピー機で白黒コピーをした時に、情報が読み取れることが必要です）。また、図は、原則的にタイトルを下に書きます。補助線もほとんど使いません。なぜなら、グラフでは数値が 45 であるか 46 であるかなどの小さな差には興味がないからです。知りたいのは、グラフ（値）の傾向です。小さな数値の差に意味がある時は、「表」にするべきなのです。図7－4のグラフを見て、静岡県と愛知県が同じぐらいだなということを示したいだけなのです。Excel が何でもやってくれるわけではありません。本当にいいもの、本当に求められているものというのは、自分自身で、論文や先輩のゼミ資料などを参考にして、スタイルを真似る（学ぶ）ことが重要です。

3D グラフ

3D グラフも作れますが、学術論文ではほとんど使用しません。軸を傾けると、グラフから読み取るべき値の傾向が正しく読み取れないためです。

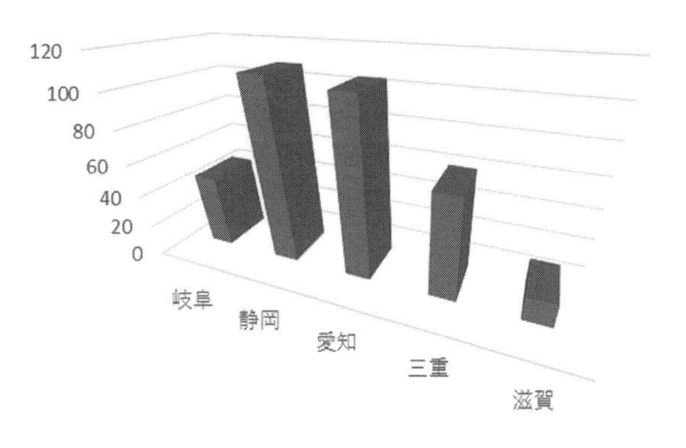

■棒グラフとヒストグラム（頻度分布図）の違い

＜棒グラフ＞

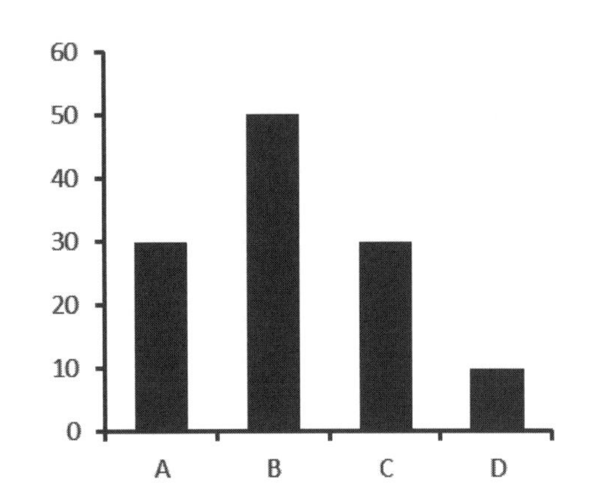

＜ヒストグラム＞

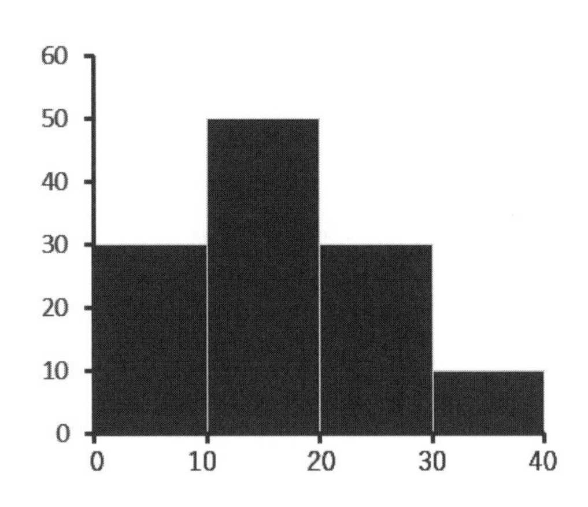

棒グラフは、項目毎に表示され、その横軸の並びに数値的な意味はありません（時系列の棒グラフを除く）。一方、ヒストグラム（頻度分布図、または度数分布図）は、階級幅毎に示され、かつ棒と棒との間に間隔を空けてはいけません。

ヒストグラムでは、棒の面積が頻度そのものを表しています。もし、ある一部の階級幅だけ、他の階級幅と異なる場合は、グラフでも階級幅に応じて、幅を変更して表示しなければなりません。

＜ヒストグラムとしては、認められない形状＞

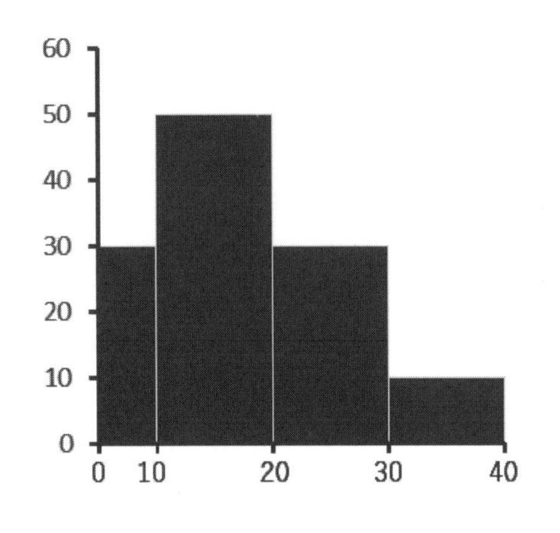

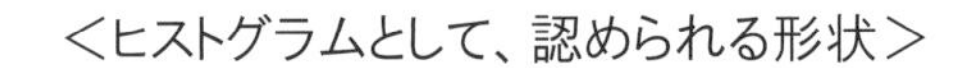
＜ヒストグラムとして、認められる形状＞

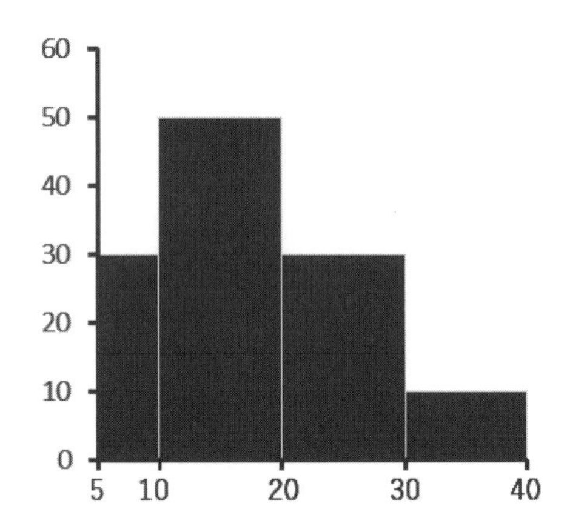

実際にこのような階級幅の頻度分布を書くことは稀ですが、面積が頻度を表しているということを理解してください。

Excel では作れない

Excel のグラフ機能にはヒストグラムの階級の境界値を、上記のように表示する設定がありません。そのため上記のようなヒストグラムを作成するためには、目盛りの値の表示を消し、テキストボックスで境界の値を入力して表示する以外の解決策はありません。

さらに Excel の頻度分布を求める FREQUENCY 関数と分析ツール（p.183 参照）のヒストグラムのコマンドには問題があり、二重の意味で、頻度分布の作成には手間がかかります。

■頻度の算出

データを整理する際によく使う手法に頻度を求めるという作業があります。関数を使って求めることができます。

＜関数を用いた頻度の計算方法＞

	A	B	C	D	E	F	G	H	I
1									
2		5	20	32		<5	=COUNTIF($B$2:$D$9,$F2)	=G2	0
3		5	20	38		<10	=COUNTIF($B$2:$D$9,$F3)	=G3-G2	2
4		10	20	38		<15	=COUNTIF($B$2:$D$9,$F4)	=G4-G3	3
5		11	20	38		<20	=COUNTIF($B$2:$D$9,$F5)	=G5-G4	3
6		11	24	42		<25	=COUNTIF($B$2:$D$9,$F6)	=G6-G5	6
7		18	24	42		<30	=COUNTIF($B$2:$D$9,$F7)	=G7-G6	2
8		18	26	49		<35	=COUNTIF($B$2:$D$9,$F8)	=G8-G7	1
9		18	26	56		<40	=COUNTIF($B$2:$D$9,$F9)	=G9-G8	3
10						<45	=COUNTIF($B$2:$D$9,$F10)	=G10-G9	2
11						<50	=COUNTIF($B$2:$D$9,$F11)	=G11-G10	1
12						<55	=COUNTIF($B$2:$D$9,$F12)	=G12-G11	0
13						<60	=COUNTIF($B$2:$D$9,$F13)	=G13-G12	1

G 列と H 列は、入力すべき数式がわかるように数式が表示してあります。I 列には、H 列の計算結果を、表示しています。

メモ：FREQUENCY 関数や分析ツール（p.183 参照）のヒストグラムのコマンドを使用して頻度を求めるには問題点があります。

一般に、頻度は、0以上5未満（0≦x＜5）という「以上・未満」で求めます。しかし、Excel をはじめ表計算アプリのコマンドは、そのまま実行すると、0より大きく5以下（0＜x≦5）というようになってしまい、正しい階級幅を指定できません。データ区間をうまく変更して回避する方法がありますが、煩雑なのでここでは省略します。

以下に、FREQUENCY 関数を使用して求めた頻度分布を示します。違いを確認しましょう。

＜FREQUENCY 関数を用いて求めた頻度分布＞

5	2
10	1
15	2
20	7
25	2
30	2
35	1
40	3
45	2
50	1
55	0
60	1

■散布図（XY グラフ）

散布図は、二つの変数の関係をみるためによく用いられるグラフです。

　図7－5のように、C 列と D 列のデータ範囲（C1 から D6）を選択して、同じようにグラフを作るアイコンから、散布図（X, Y）を選んでください。

　棒グラフと同様にして、図7－6のようなグラフが挿入されます。

	A	B	C	D
1		件数	焼損面積（ha）	損傷額（千円）
2	岐阜	46	9	1968
3	静岡	110	31	64141
4	愛知	106	5	4094
5	三重	64	21	11999
6	滋賀	15	6	2816

図7－5

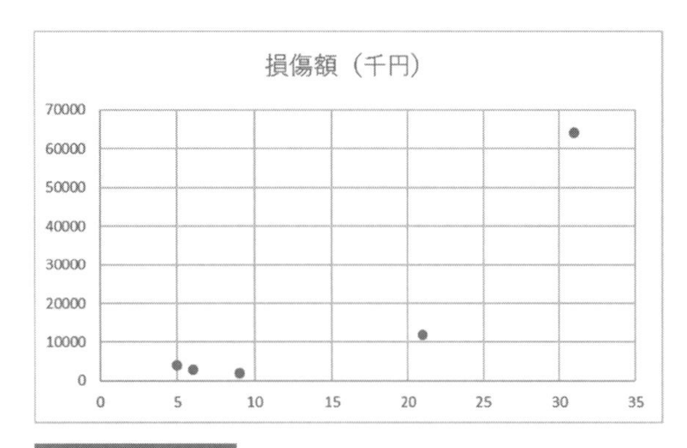

図7－6

　棒グラフでの変更と同様にグラフ要素で不足するものを追加し、不要な要素を削除し、書式設定により、下の例のように変更をしてみましょう。

　先の棒グラフとグラフ要素で異なるのは、マーカー（点、印）の設定があること、書式設定で異なるのは、軸の書式設定の作業ウィンドウから、縦軸の「軸のオプション」で、「境界値」の「最大値」を80000、「単位」の「主」を 20000 に設定を変更することです。横軸も同様に変更しています。

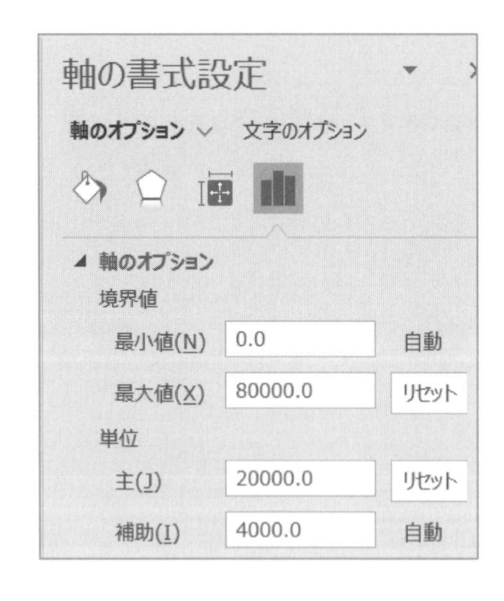

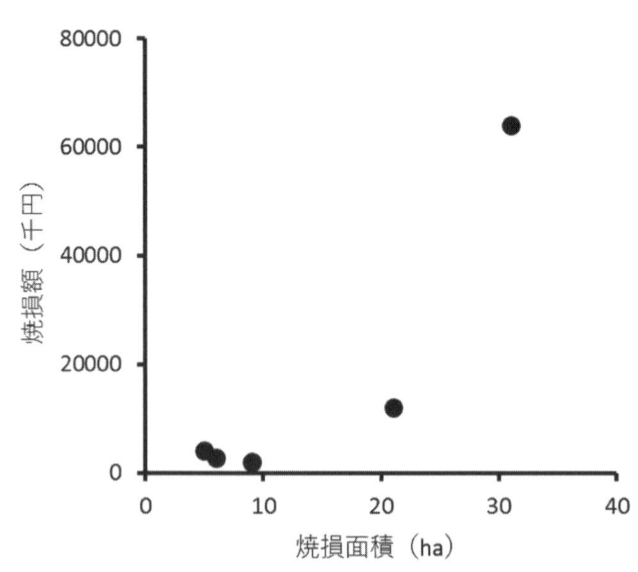

図－２．焼損面積と損傷額の関係

●マーカー（点、印）

棒やマーカーを一つだけ選択すると、一つだけの色や記号を変えることもできますが、変えてしまうと要素の一括変更が難しくなります。適切に選択できているかを確認してから、色などの書式設定を変更してください。

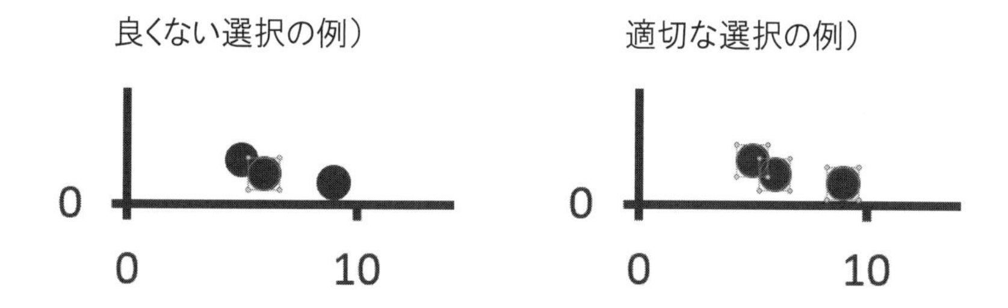

○マーカーの「塗りつぶし」と「枠線」

マーカーは、色を塗りつぶすことができる図形自身（「塗りつぶし」）とそれを囲う線（「枠線」）で構成されています。

　マーカーの色を変えても、マーカーを囲う線の色は自動的には変わりません。各自、マーカーそれ自体の色だけではなく、マーカーの周りの線の色の設定も確認しましょう。

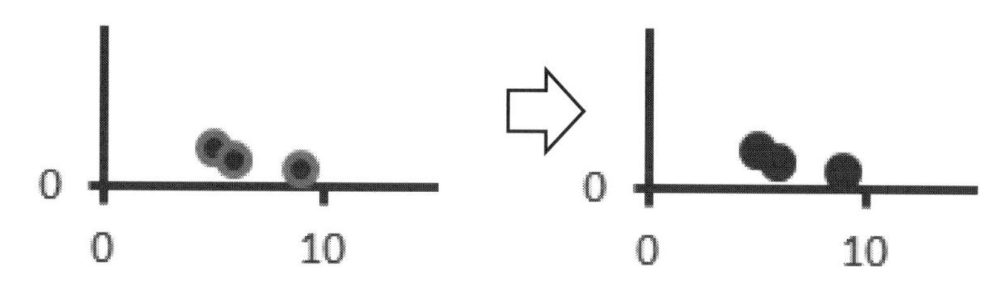

※ここでは、線があることがわかるように、初期設定より太さを、極端に太くしてあります。

> メモ：棒グラフの棒でも、マーカーの設定同様に、「塗りつぶし」と「枠線」で構成されています。必要に応じて、棒の書式を見直しましょう。

　マーカーと異なる色に設定することも可能ですが、その必要があるときだけにします。例えば、塗りつぶしを白、または塗りつぶしなしとして、枠線を黒とすると、白抜きの丸（○）のマーカーが作れます。とくに、塗りつぶしなしの場合は、マーカーの一部が重なっても、マーカーの中が透過するので、複数のマーカーが重なり合って、マーカーが見づらい場合には、使い勝手のよいマーカーとなります。

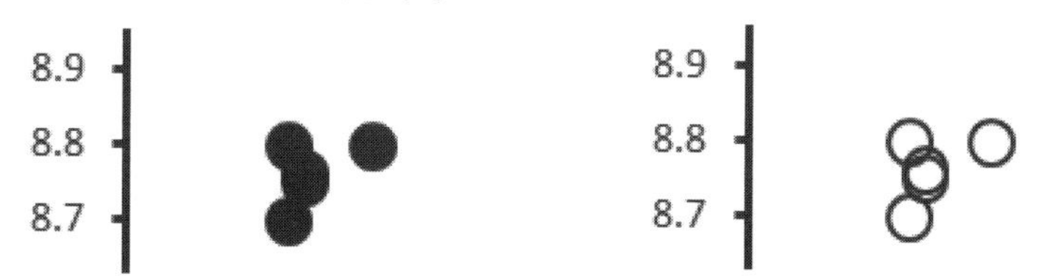

●凡例

グラフの記号であるマーカーの意味を定義する説明を行うのが、凡例です。マーカーが二つ以上の場合は、必ずマーカーのそれぞれの記号が、何を表すものなのかを説明する必要があります。

　グラフ内に書く場合と、図のタイトルの下に説明文として書く場合があります。グラフ内に書く場合は、グラフの読み取りに影響を与えないように、線で囲って凡例であることが明確にわかるように書きましょう。

■グラフを作る意味

前述のようにグラフは傾向をみるために、メッセージを伝えるためにあります。あなたなら、どんな傾向を読み取り、どんなメッセージを発しますか？

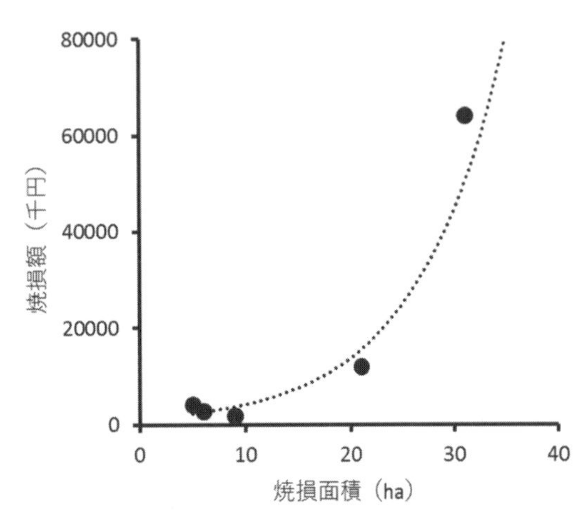

図－２．焼損面積と損傷額の関係

図7－7

焼損面積が増えると急激に損傷額が増えているのでは？ と思いませんか？ 指数近似を行うと比較的良く当てはまっているようです（ただし、他の都道府県のデータも入れて、統計解析をしてから判断する必要があります）。

グラフというのは、結果の中に含まれる傾向を見つけ出して、新たな解析へつなげる役割もします。XとYの関係が描けたことで終わらず、その現象に隠されているなぞを解くための一つの手段です。考える空間をグラフ上に新たに作り出している作業です。

そして、このグラフから見出した傾向が正しいかどうかを他のデータや統計的に解析した結果から、焼損面積の増加は、損傷額を格段に増加させる傾向があるというメッセージを発することができます。

グラフ作成の本当の意義がわかってもらえたでしょうか？ 大学の情報処理教育で学ばなければならないことは、どのようにしてデータから、その現象に含まれている傾向・仕組みを見出すかという視点です。講義等でグラフが提示されたら、これらのことを注意してよく見てください。新たな世界が広がることでしょう。

■散布図の応用

二種類の樹木の直径と樹高の関係のデータ（複数のXに複数のYがある場合）で、一つのグラフに二つの関係性を一度に表示させたい場合、表7－4のような配置に移動して、範囲を指定してグラフを作れば、図7－8のように、一つのグラフに2種類のマーカーが表示されるグラフが作成できます。ばらばらに二つのグラフを作っては関係性が読み取れません。マーカーが複数の場合は、必ず凡例を表示します。

表7－1

ブナ	
直径（cm）	樹高（m）
1	8
5	10
9	20
15	17
19	25
28	26

表7－2

ミズナラ	
直径（cm）	樹高（m）
3	5
4	9
9	15
16	21
19	26
25	33

表7－3

スギ	
直径（cm）	樹高（m）
3	7
6	9
11	16
17	17
20	27

表7－4

ブナとミズナラの直径(cm)	ブナの樹高(m)	ミズナラの樹高(m)
X1とX2	Y1	Y2
1	8	
5	10	
9	20	
15	17	
19	25	
28	26	
3		5
4		9
9		15
16		21
19		26
25		33

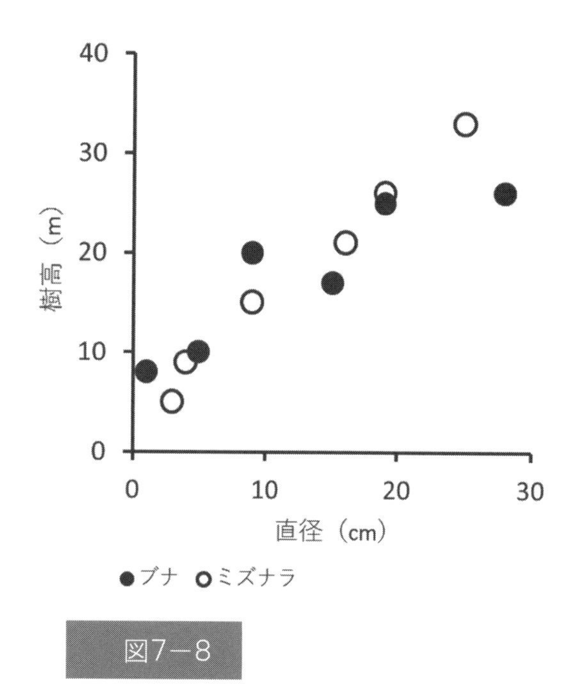

図7－8

X1、X2、Y1、Y2 という表記は、X と Y の関係を表すために記載したもので、グラフ作成には必要ありません。表7－4のままでは凡例にブナやミズナラとは自動で表示されません。データの先頭行のY1、Y2 のセルへの適切な修正が必要です。Y1 と Y2 のセルの値をブナとミズナラに変更して、グラフの表記が変更されるか確認をしてみましょう。

> メモ：グラフは常にセルの値を参照しています。グラフが参照しているセルの値や名称を修正すると自動的にグラフも修正されます。セルの値を削除すれば、グラフからも棒やプロットされたマーカーが消えます。

練習7－1

1. 表7－4のデータを用いて、マーカーが2種類表示される散布図を作ってみましょう。

2. 表7－4に表7－3のスギのデータを追加して、マーカーが3種類表示される散布図を実際に作ってみましょう。いずれも詳細な設定変更を行う必要はありません。

練習7－2

一つの X に複数の Y がある場合は簡単にできます。しっかりと違いを理解するために、練習してみましょう。右のデータをこのままの状態で範囲を指定して散布図を作ってみましょう。詳細な設定変更を行う必要はありません。

表7－5

直径(cm)	樹高(m)	樹高(m)	樹高(m)
X1	Y1	Y2	Y3
1	2	1	8
5	3	2	9
9	4	11	15
15	9	20	18
19	15	25	29
28	20	30	34

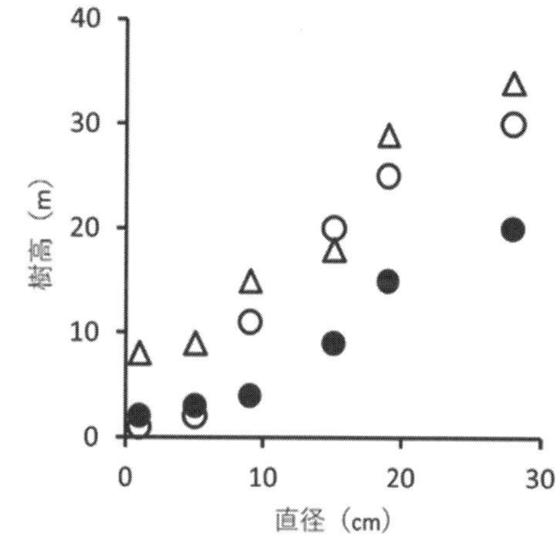

■近似曲線

グラフに近似曲線が追加できます。近似曲線には、指数近似、線形近似、対数近似、累乗近似があり、それぞれ仮定する式が異なっています(多項式近似、移動平均については省略)。

図7−6の散布図を用いて、グラフ編集が可能な状態でグラフ上にプロットされたマーカーを右クリックして、「近似曲線の追加」を選択してください(図7−9)。

<マーカーを右クリックして表示されるコンテキストメニュー>

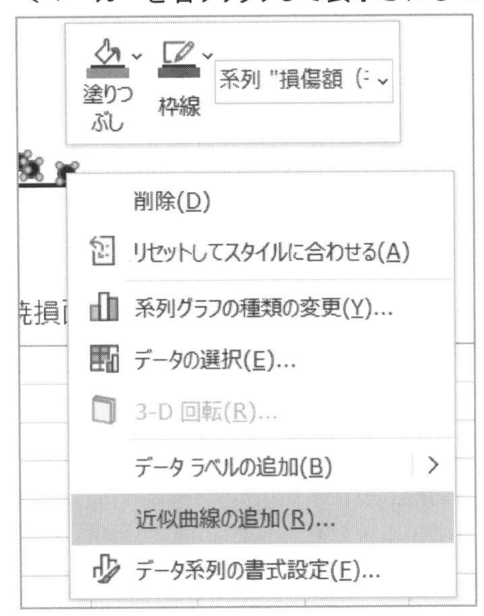

図7−9の作業ウィンドウが表示されます。初期設定で「線形近似」が選択されていますので、「指数近似」とすると、図7−7のような線が引けます。

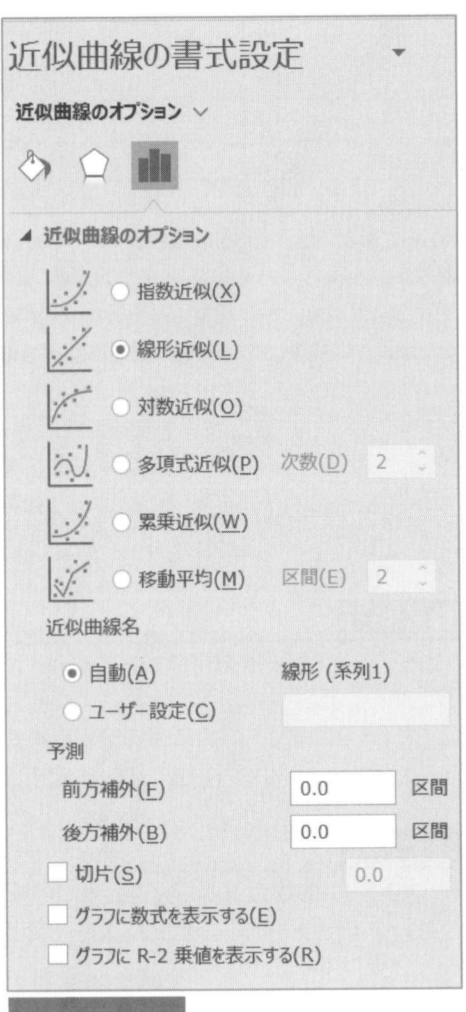

図7−9

○線形近似

Y= a X + b、普通軸のグラフで直線となります。

○指数近似

LogY= a X + b で近似したものであり、自然対数で Y イコールの式に直して考えると、$Y = b' \cdot e^{aX}$ となります。Y 軸が対数目盛の場合、直線となる式です。指数近似の対数の底は、通常 *e*(自然対数)を使います。

○対数近似

Y= a LogX + b で近似したものであり、X 軸が対数目盛の場合に直線となる式です。対数近似の対数の底は、通常 *e*(自然対数)を使います。

○累乗近似

$Y = b X^a$ で近似したものであり、式を変形すると LogY= a LogX + Logb となり、両対数グラフ(Y 軸と X 軸の両方が対数目盛)上で直線となる式です。また、両対数軸上で、a は傾き、b は切片となります。累乗近似では、対数の底は、10(常用対数)を使います。

●説明変数と目的変数

厳密な説明は、統計学等の講義に譲ることとして、大雑把な説明をここで少しします。近似曲線を追加する上で、非常に重要なことがあります。それはいずれをXに取り、いずれをYに取るかという問題です。どちらでも、一緒ではないのです。

近似計算するデータのXとYを入れ替えると、同じ式にはなりません。A(X)に対するB(Y)の誤差を最小にするか(Aに誤差はないものとして、Bの誤差を最小にするように計算)、Bに対するAの誤差を最小にするかは、AとBが完全な直線関係でないかぎり、異なります。XでYを説明するということは、Xに対するYの誤差を最小にするという計算をすることをしています。誤差は、ここでは最小二乗法で求めています。

いずれをXに取るとよいかは、仮説や観察などによって異なります。氷の溶ける量と経過時間を計測した時は、普通、Xに経過時間、Yに氷の溶ける量を取るでしょう。なぜなら、経過時間は絶対で、氷の溶ける量が時間に影響を与えることはまずありえないからです。説明変数(X)と目的変数(Y)の選択を誤らないようによく考えるようにしましょう。

■相関

相関は、どちらがX、どちらがYということを考える必要はありません。二つの変数間に連関があるかどうかをみる統計量です。$-1 \leqq r \leqq 1$の範囲の値を取り、1や－1に近いほどその連関の程度が強いことを表します。rの値の有意性は、サンプル数によって変化するので、1に近いからといって有意とは限りませんし、0に近いからといって有意でないということでもありません。相関係数はCORREL関数で簡単に求めることができます(ただし、有意水準を判定する統計量は、別途算出する必要があります)。

相関でも回帰分析でも、二つのデータセットの傾向をみてから統計解析をするのが、基本です。前述しましたが、グラフから傾向を見出して仮説を立て、検証していくのが、大切な作業手順です。これを怠ると、悲惨な結末を迎えます。

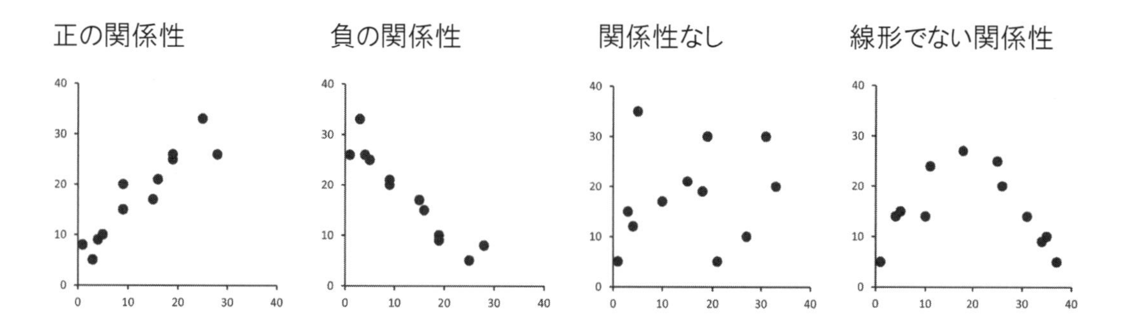

よく例にだされますが、4つの図の上の右側のグラフを見てください。これは、一山型の点の並びをしています。グラフを見る前に、相関分析や回帰分析をすると、「なんだ、二つの変数の関係はない」という結論を導く統計量が計算されます。しかし、どうでしょう？　グラフをみると、酵素などの反応でみられる最適曲線のような点の配置をしています。

相関や回帰分析は万能ではありません。観察にもとづかない単なるデータいじりの結果に振り回されないようにしましょう。

■回帰分析

二つの変数の間の関係性について、一方を説明変数（X）とし、もう一方を目的変数（Y）として回帰式を求める分析方法です。ここでは、Y= a X + b の線形近似による方法を説明に用います。

表7－6のデータを利用して、SLOPE 関数で傾きを求めます。最初の引数に Y の範囲を入力し、次に X のデータ範囲を入力します。反対に入力すると Y と X の関係が逆転してしまいます。以下の例では、5.012･･･と計算されます。同じように、INTERCEPT 関数を用いて切片を求めます。切片は、-6.466･･･です。

表7－6

	A	B	C
1		X	Y
2		1	1
3		2	5
4		3	9
5		4	10
6		5	15
7		6	25
8		7	29
9		8	30
10		9	42
11		10	45

相関係数	=CORREL(B2:B11,C2:C11)	=0.985･･･
傾き	=SLOPE(C2:C11,B2:B11)	=5.012･･･
切片	=INTERCEPT(C2:C11,B2:B11)	=-6.466･･･

問題7－1

1. 表7－6のデータを入力し、グラフを作成し、線形近似の線を挿入してみましょう。「グラフに数式を表示する」（図7－9）のチェックボックスにチェックを入れ、回帰式を挿入してください。この回帰直線は、上の関数で求めた数値と一致します。

2. このデータに累乗近似を行った場合は、結果はどうなるでしょうか？　1と同様に検討してみましょう。グラフは新しく作成し、累乗近似の曲線を挿入しましょう。グラフは軸設定を X 軸、Y 軸ともに対数目盛に変更してください。また、単にデータをそのまま関数で計算しても正しい近似曲線の値とはなりません。どのようにしたらよいでしょうか？　近似式の定義をよく考えてください。

対数目盛にしたい場合は、それぞれの軸で、「軸の書式設定」を選択し、表示された作業ウィンドウ内で、「対数目盛を表示する」のチェックボックスにチェックを入れます。

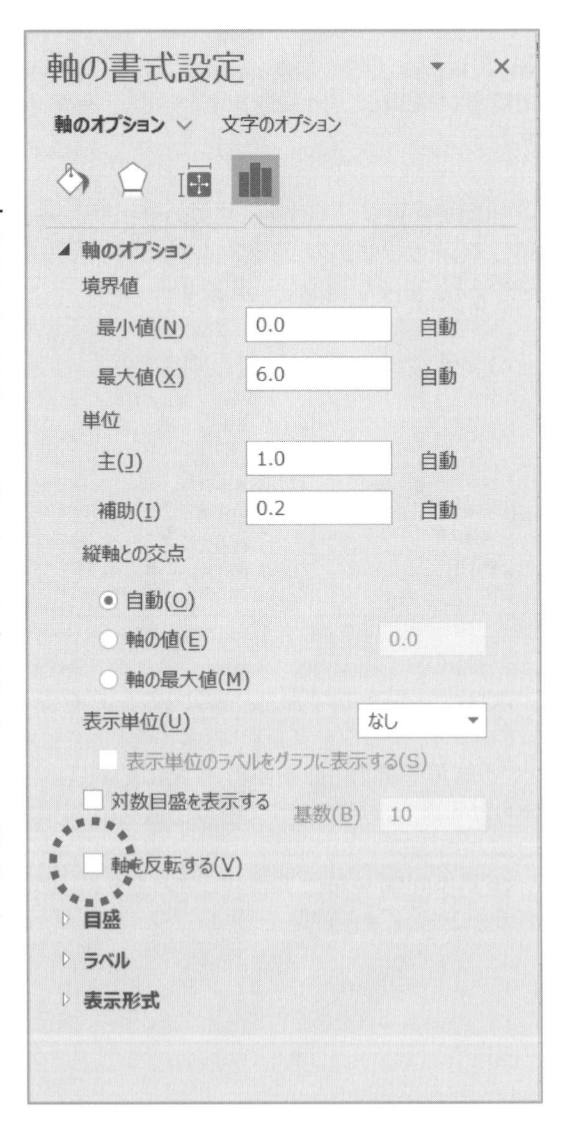

■分析ツール

分析ツールは、簡易的な統計解析を行うことができます。

　初期設定では Excel には導入されていないため、アドインを組み込む作業が必要です。組み込むためには、「ファイル」タブ→「オプション」→「アドイン」で管理が「Excel アドイン」になっている状態で、「設定」ボタンを押し、「分析ツール」のチェックボックスにチェックを入れ、「OK」を押してください。再度、「オプション」を確認して「アクティブなアプリケーションアドイン」に分析ツールが表示されていれば、成功です。

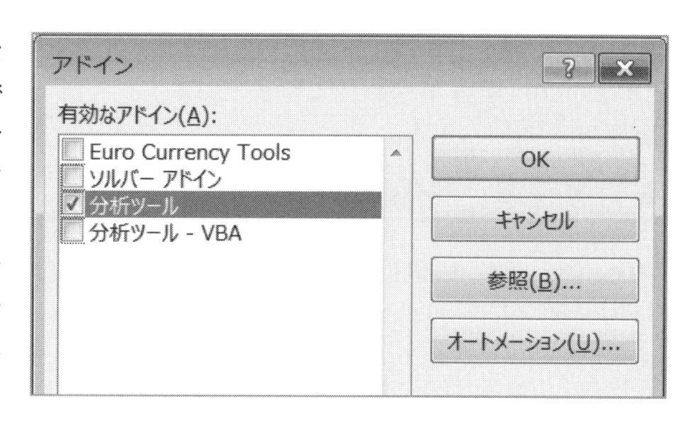

「データ」タブ→「分析」グループに、「データ分析」から、次のような解析が可能です。

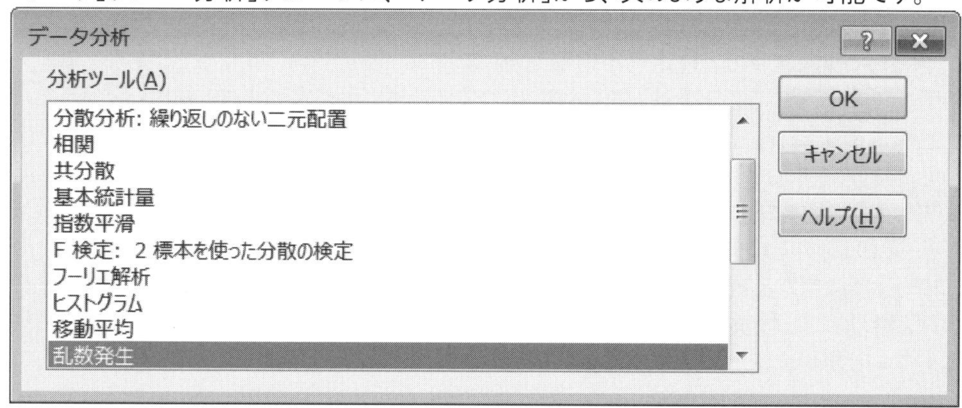

メモ：アドインとは、Excel に限らず、アプリに標準で搭載されていない機能を組み込む方式の一つです。アドオンも同様の意味です。

＜回帰分析の表7－6のデータでの実行例＞

概要

回帰統計	
重相関 R	0.98528
重決定 R2	0.97078
補正 R2	0.96712
標準誤差	2.79258
観測数	10

分散分析表

	自由度	変動	分散	観測された分散比	有意 F
回帰	1	2072.512	2072.51	265.7583058	2.018E-07
残差	8	62.38788	7.79848		
合計	9	2134.9			

	係数	標準誤差	t	P-値	下限 95%	上限 95%	下限 95.0%	上限 95.0%
切片	-6.4667	1.907693	-3.3898	0.009503004	-10.86581	-2.067519	-10.86581	-2.067519
a	5.01212	0.307453	16.3021	2.01785E-07	4.3031343	5.7211081	4.3031343	5.7211081

■統計的有意性

統計解析で有意性を判定する際に必ず出てくる有意水準について説明します。5%水準で有意という基準を少し説明すると、100 回に5回起きる確率より低い事象であるということです。1%水準で有意という基準は 100 回に1回起きる確率より低い事象ということです。いずれの基準値をもって、有意とするかは科学者が暗黙的に決めています。

●有意確率と関係性

この二つには基本的に関係性はありません。傾向や平均値の差異の確率が非常に高くても、たった 0.001 しか2群の間の平均値が離れていない時は、統計的有意性はあるものの、実質的な差異はないと考えるのが妥当な場合があるでしょう。逆に平均値の差異の確率が非常に低くても、2群の間の平均値が 10 も 100 も離れている時もあります。この場合は、解釈が難しいですが、サンプルを増やして、同じような平均値の差異の傾向があるか、その差異が減少するかなどを検討する必要があります。

●同じであると証明する方法はない

統計解析には、AとBが同じであると検定する方法はありません。検定では、異なっているか、異なっていないかが、検定されます。ここを理解してください。つまり、「同じ」と「異なっていない」という二つの概念はイコールではありません。

統計検定は次のように比喩的に考えてみましょう。リンゴが二つ並んでいたとしましょう。そのリンゴを見て、「どうやら、この二つはリンゴとして特段、区別するほどの違いはない」あるいは「どうやら色と形状からこの二つのリンゴは異なる品種のようだ」ということはわかっても、「その二つのリンゴが同じものだ」と証明するのは無理です（現実にありえません）。統計検定ではこれと同じことを判定していると理解すると理解しやすいと思います。

●出版バイアス

事故と月の満ち欠けの関係を解析すると、"満月"の日に事故が多いといった統計的有意性のある結果が得られる場合があります。しかし、よく考えてください。この世の中の現象を、闇雲に統計で検定すれば、5%水準で有意基準として判定した場合、100 個中 5 個は有意となる確率があります。つまり、20 個中 1 個は有意と判定されるということになります。満月が関係した場合に統計的有意性が面白いというだけで世間に公表され、皆さんの目に触れる（耳に入る）ということです。関係していないことも多数あり、統計的に有意でも因果関係がない場合もあります。有意とならなかった結果は一般に公表されません。これがいわゆる出版バイアスです。

科学的探求の結果、これらの統計的有意性が実質的な因果関係を持つという可能性はありますが、このような統計的有意性が実質的な因果関係を持つということは証明されていません。つまり、統計的有意性は、因果関係そのものを示しているのではないことを忘れないようにしてください。

メモ：よくインターネットには、A の仕組みを導入したところ、B の側面の成績が上昇したというような研究成果が報告されます。しかし、それが本当に科学的に客観性をもった研究なのかを正しく判断する統計的センスを持ちましょう。例えば、A の仕組みを導入することで、B の側面の成績は上昇したかもしれませんが、A の仕組みを導入したことで、他の C の側面の成績は下降しているかもしれません。人は、観測できない事象を見落としがちです。

■円グラフと帯グラフ

グラフ一覧でも説明したように円グラフより帯グラフの方が、比率の提示として適切な場合があります。使い分けるようにしましょう。

円グラフでは、全体に対して部分のおおよその比率を一瞥して把握したいときに使用します。一方、帯グラフでは、複数の比率のグラフの各要素の割合を比較したいときに使用します。

●円グラフ

円グラフを作成するには、2-D 円の円を使用します。

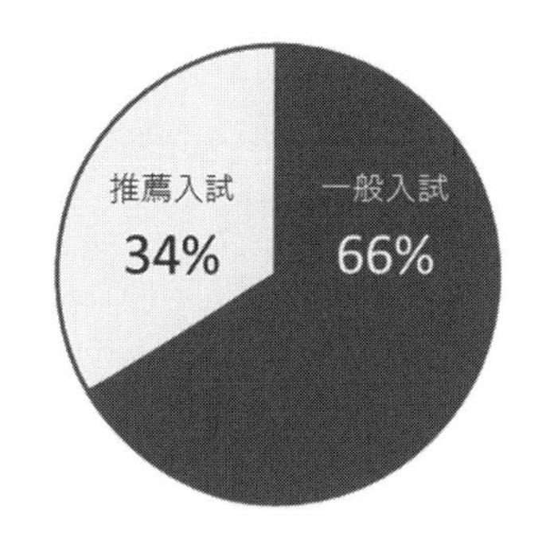

＜練習5－3のデータの一部＞

表7－7

	農学科	林学科
一般入試	67	25
推薦入試	34	20

右のグラフは、表7－7の農学科のデータで描き、要素と書式の設定変更をしたものです。数値のままでも自動的に比率となって、グラフが描かれます。円グラフでも凡例がわかるようにすることは必要ですが、凡例そのものよりも、データラベルでそれを示す場合があります。

データラベルを追加するためには、円グラフ内で右クリックし、コンテキストメニューの「データラベルの追加」を選んでください。数値が自動的に円内の扇の要素の中に表示されます。

数値を選択し、右クリックし、コンテキストメニューの「データラベルの書式設定」し、作業ウィンドウを表示させます。ラベルオプションの項目のチェックボックスの「分類名」と「パーセンテージ」にチェックを入れてから、値のチェックボックスのチェックをはずします。フォントサイズや色などの書式設定を適切に変更してください。

●帯グラフ

帯グラフを作成するには、棒グラフの機能を利用します。ここでは横棒で説明します。

下のグラフは、表7－7のデータで 100％積み上げ横棒で描き、要素と書式の設定を変更したものです。

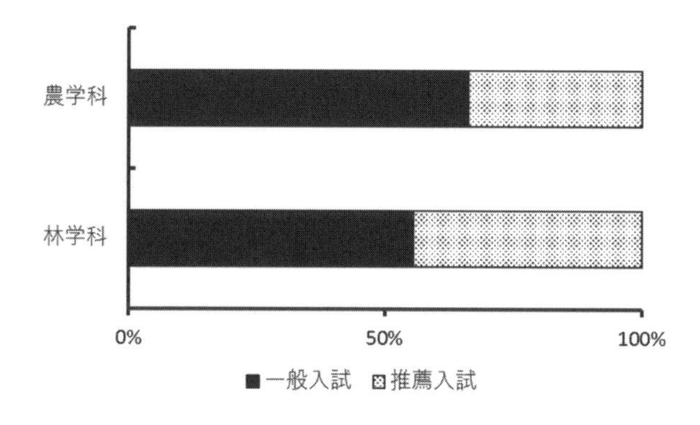

2-D 横棒では、左列のデータが、帯グラフの下の段から描かれます。逆にしたい場合は、「軸の書式設定」の「軸のオプション」のさらに「軸のオプション」から「軸を反転する」のラジオボタンを選択します。または、下に描かれて欲しい項目のデータを左から順に配置します。

必要なグラフ要素は、初期設定で表示されているため、不要な要素を削除し、すでにある要素の枠線の太さ調整し、目盛の種類を選び、整えます。

■折れ線グラフ

折れ線グラフは、横軸に時間経過を、縦軸に時間経過によって変化する値をとって、その変化を直線でつないで表すものです。この説明では、一般名称としての折れ線グラフは、散布図のマーカーを線でつないだものと見かけ上変わりませんが、Excel 上では、いずれのグラフを選択するかによって、とくに軸の書式設定が異なっています。以降、折れ線グラフという用語は、Excel のグラフ作成機能上の名称として用いて説明します。まず、折れ線グラフと散布図の軸の書式設定の作業ウィンドウの軸のオプションの違いを確認することで、二つのグラフの機能上の違いを理解しましょう。

＜折れ線グラフの横軸の軸のオプション＞

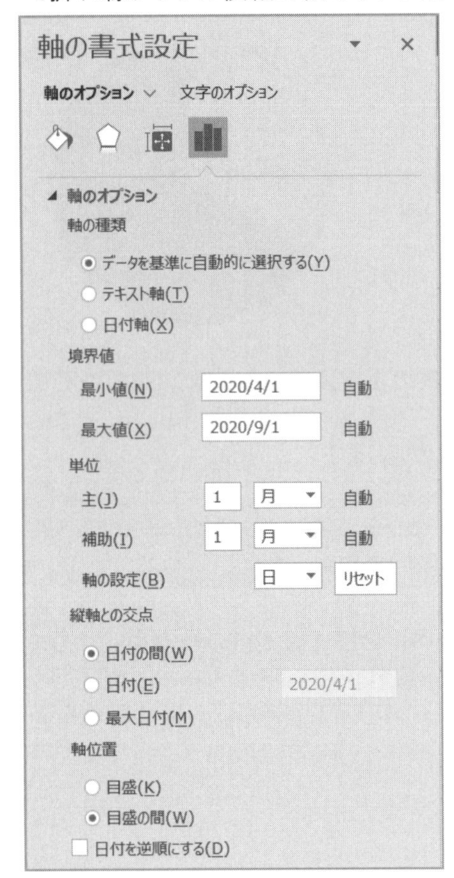

折れ線グラフと散布図での
軸の書式設定の主要な相違点は、

折れ線グラフでは、
1. 軸の種類で、「テキスト軸」と「日付軸」の選択ができること、
2. 単位という目盛間隔に「年月日」がドロップダウンリストで選択できること、
3. 軸位置の「目盛」と「目盛の間」の選択ができること、

散布図では
1. 「対数目盛を表示する」に変更できることです（p.182 参照）。

表7－8

4 月 1 日	39
5 月 1 日	67
6 月 1 日	60
7 月 1 日	110
8 月 1 日	115
9 月 1 日	130

表7－8のデータを用いてグラフを作成した場合の両グラフの違いを含めて説明します。日付は、文字列ではなくシリアル値による日付で入力されているものとします。

＜表7—8のデータを元に「2D 折れ線」の「折れ線」を使用して作成したもの＞

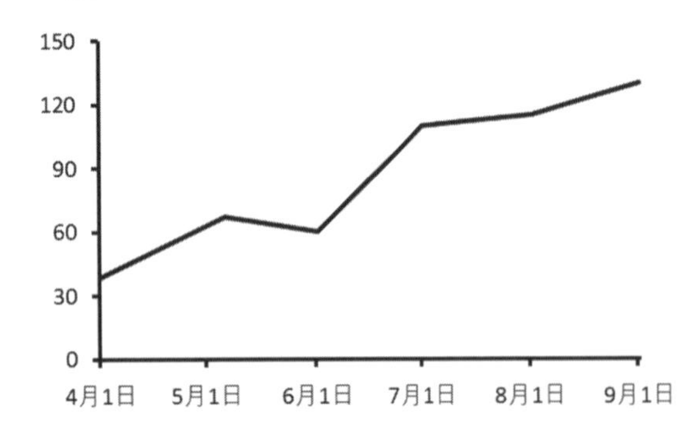

折れ線グラフでは、月単位の目盛に設定することが可能です。ただし、1ヶ月が 31 日であるか、28 日であるかは考慮されずに目盛が作成されます。

メモ：横軸が文字列である場合は、テキスト軸となるため、境界値の設定などの表示はされません。

○折れ線グラフの機能を使う場合

横軸がシリアル値での年月日の場合で目盛間隔を月単位に取りたい場合や、数値軸ではなく文字列で入力する等間隔の横軸（例：1月、2月、3月・・・。春、夏・・・。前期、中期、後期という文字列）の場合は、折れ線グラフがよい。

折れ線グラフの横軸は、シリアル値で入力されている日付を含めて数値でも、文字列でもかまいせん。シリアル値で入力されている年月日の横軸の場合、とくに"ひと月"を単位とする場合は、折れ線グラフの軸の書式設定により、月単位が選べるため、折れ線グラフを選択するとよい。

折れ線グラフで不等間隔の日付は不適切

不等間隔の日付（例：4 月 1 日、4 月 11 日、5 月 5 日・・・というような不等間隔）を、文字列として入力して折れ線グラフを作成すると、期間の日数が異なるのに一定の間隔の目盛となるため、適切とは言えません。数値（シリアル値を含む）として表すことができる場合に、不等間隔の場合は、散布図を使うようにしましょう。

○散布図の機能を使う場合

横軸が数値の場合や、シリアル値での年月日でも目盛間隔を月単位に取る必要がないような場合は、散布図がよい。

散布図に用いることができる横軸は、シリアル値で入力されている日付を含めて数値のみです。文字列を用いた場合は、散布図ではグラフを作成することはできません。横軸が年月日の場合に、とくに"ひと月"を単位とすることは基本的に無理なため、可能な目盛の設定は、年、週、日単位での設定に限られます。日付データを用いると、セル上で日付はシリアル値の数値であるために、目盛の間隔を30日にすると、各月の日数が異なるため、ひと月の間隔を適切に指定することができず、月単位の目盛にすることはできません。

＜表7—8のデータを元に散布図で線をつないで作成したもの＞

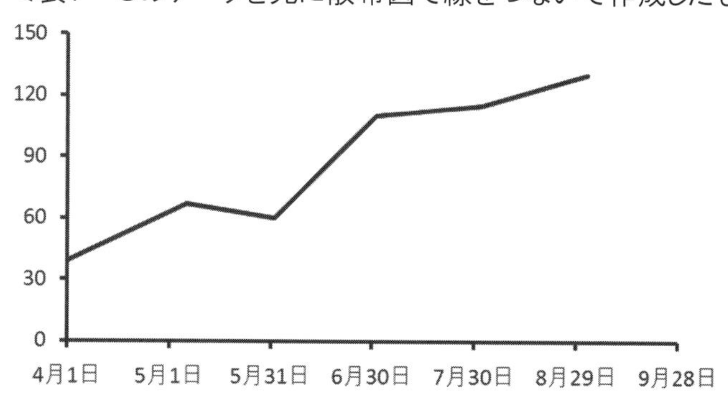

なお、散布図でシリアル値での日付を利用している場合は、境界値の最小値や最大値は、シリアル値で入力する必要があります。グラフの書式設定で、例えば最小値を 2020 年 4 月 1 日とする場合は、43922 と入力する必要があります。

第8節　印刷

Excelでは、WordやPowerPointとは異なり、A4用紙サイズが基本的な作成サイズではないため、印刷のための設定や、印刷に関して少し工夫が必要な場合があります。

■印刷プレビュー

「ファイル」タブから印刷を選択すると、印刷画面がプレビューされます。この画面から様々な設定を行うことができます。まず、印刷プレビューの画面の右隅のアイコンで余白を表示させます。この画面が印刷状態を確認する基本画面となります。

この画面の左下のページ番号を変えて、印刷内容を確認します。ここで問題がなければ印刷してください。問題がある場合は、印刷プレビュー画面で希望するページサイズに収まるように列幅や余白を調整します。

印刷プレビュー画面の上部や下部に、余白マーカーや列マーカー等があります。これらのマーカーを利用して、マウスや余白や列幅を変更できます。

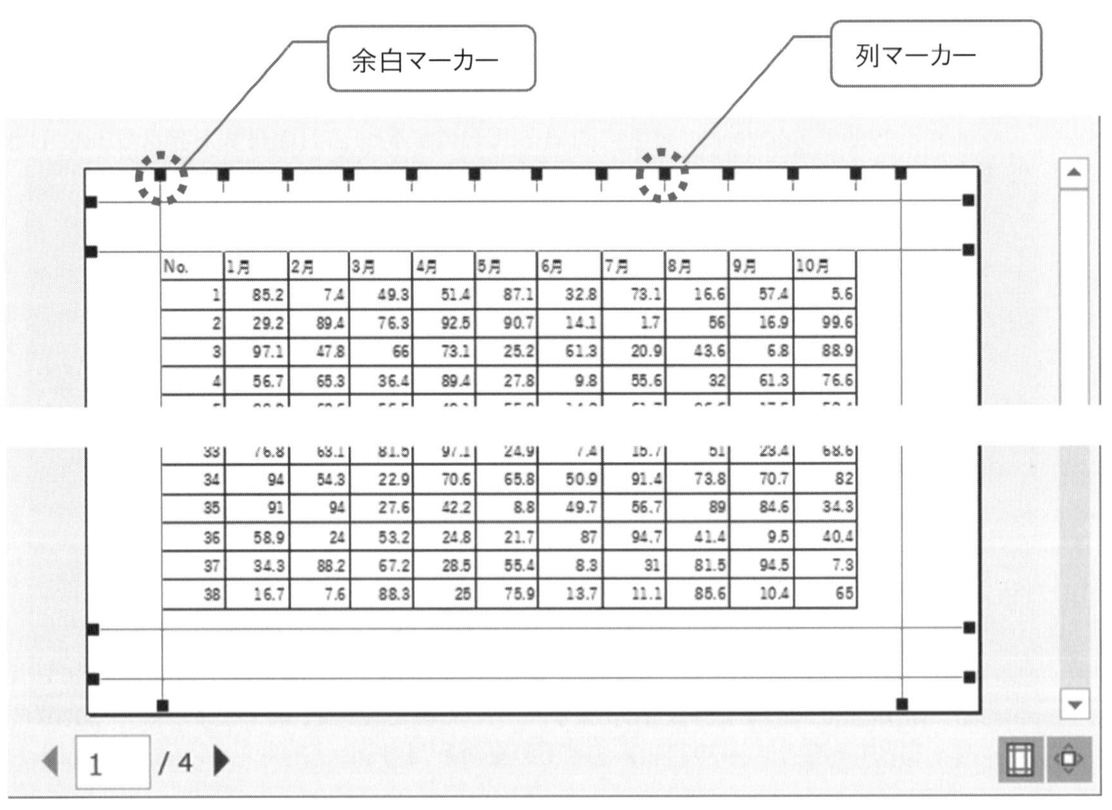

No.	1月	2月	3月	4月	5月	6月	7月	8月	9月	10月
1	85.2	7.4	49.3	51.4	87.1	32.8	73.1	16.6	57.4	5.6
2	29.2	89.4	76.3	92.5	90.7	14.1	1.7	56	16.9	99.6
3	97.1	47.8	66	73.1	25.2	61.3	20.9	43.6	6.8	88.9
4	56.7	65.3	36.4	89.4	27.8	9.8	55.6	32	61.3	76.6
33	76.8	63.1	81.5	97.1	24.9	7.4	15.7	51	23.4	68.6
34	94	54.3	22.9	70.6	65.8	50.9	91.4	73.8	70.7	82
35	91	94	27.6	42.2	8.8	49.7	56.7	89	84.6	34.3
36	58.9	24	53.2	24.8	21.7	87	94.7	41.4	9.5	40.4
37	34.3	88.2	67.2	28.5	55.4	8.3	31	81.5	94.5	7.3
38	16.7	7.6	88.3	25	75.9	13.7	11.1	85.6	10.4	65

元のデータは1月から12月の項目があるものを用いていますので、A4縦向き用紙1枚に、12月までの項目が収まるように印刷する場合、いくつか方法があります。

１．余白の変更

余白を減らしすぎると綴じたときにデータが読み取りづらくなりますので、適切な余白を確保した上で、減らしてください。

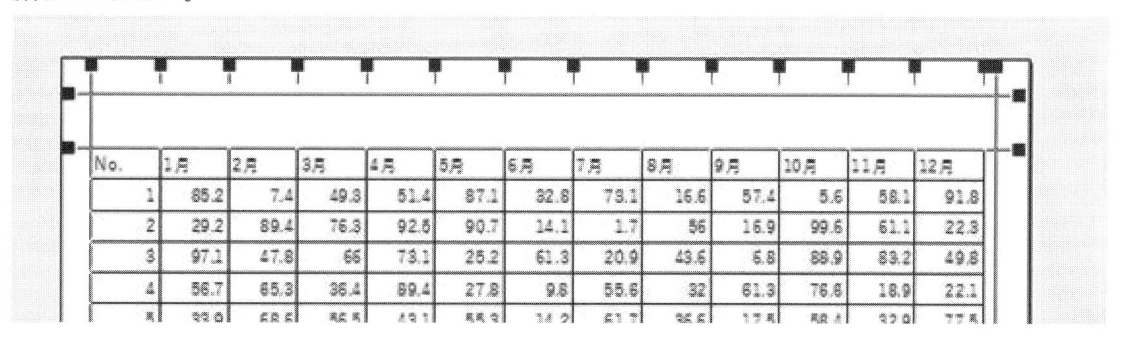

No.	1月	2月	3月	4月	5月	6月	7月	8月	9月	10月	11月	12月
1	85.2	7.4	49.3	51.4	87.1	32.8	73.1	16.6	57.4	5.6	58.1	91.8
2	29.2	89.4	76.3	92.5	90.7	14.1	1.7	56	16.9	99.6	61.1	22.3
3	97.1	47.8	66	73.1	25.2	61.3	20.9	43.6	6.8	88.9	83.2	49.8
4	56.7	65.3	36.4	89.4	27.8	9.8	55.6	32	61.3	76.6	18.9	22.1

２．列の幅の変更

印刷プレビュー画面でも単独の列幅は変更できますが、複数の列を選択できないため、標準画面に戻り、列幅を調整します（p.150　参照）。やむを得ない場合を除き、一部だけを狭くせず、すべての列の列幅が同じになるように列幅を狭くします。

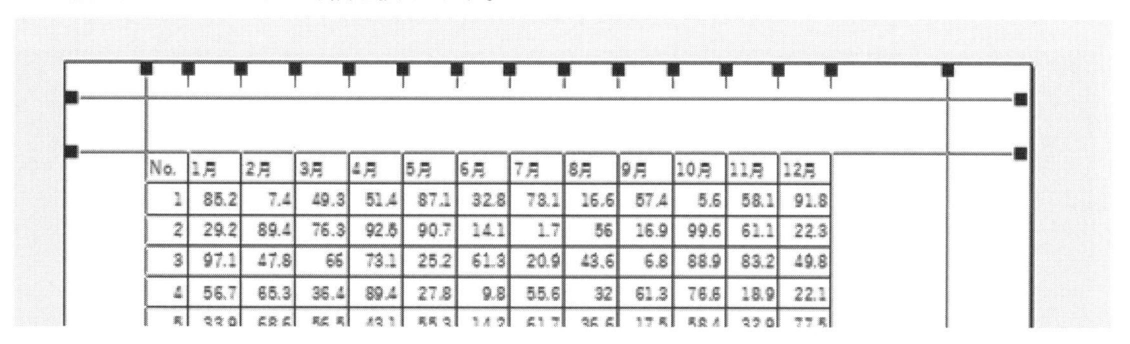

No.	1月	2月	3月	4月	5月	6月	7月	8月	9月	10月	11月	12月
1	85.2	7.4	49.3	51.4	87.1	32.8	73.1	16.6	57.4	5.6	58.1	91.8
2	29.2	89.4	76.3	92.5	90.7	14.1	1.7	56	16.9	99.6	61.1	22.3
3	97.1	47.8	66	73.1	25.2	61.3	20.9	43.6	6.8	88.9	83.2	49.8
4	56.7	65.3	36.4	89.4	27.8	9.8	55.6	32	61.3	76.6	18.9	22.1

３．拡大縮小

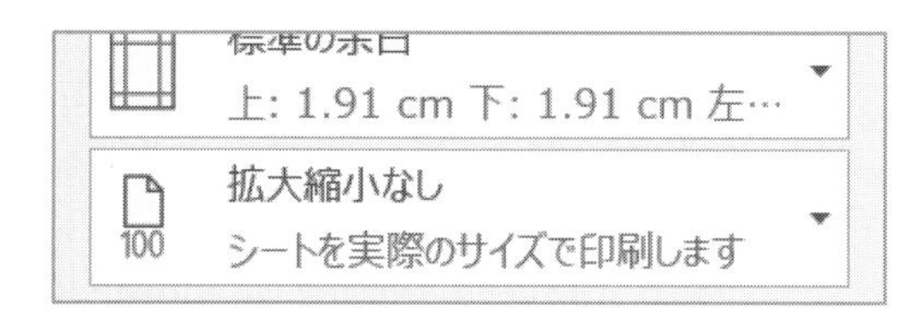

印刷プレビュー画面の「拡大縮小なし」と書かれたドロップダウンリストから、「すべての列を１ページに印刷」を選択します。データのある列の範囲が余白設定を保ったまま、印刷用紙の横幅に収まるように縮小されます。このコマンドの場合、当然、文字サイズが小さくなります。なお、このドロップダウンリストからは、倍率を指定した拡大縮小などの設定も可能です。

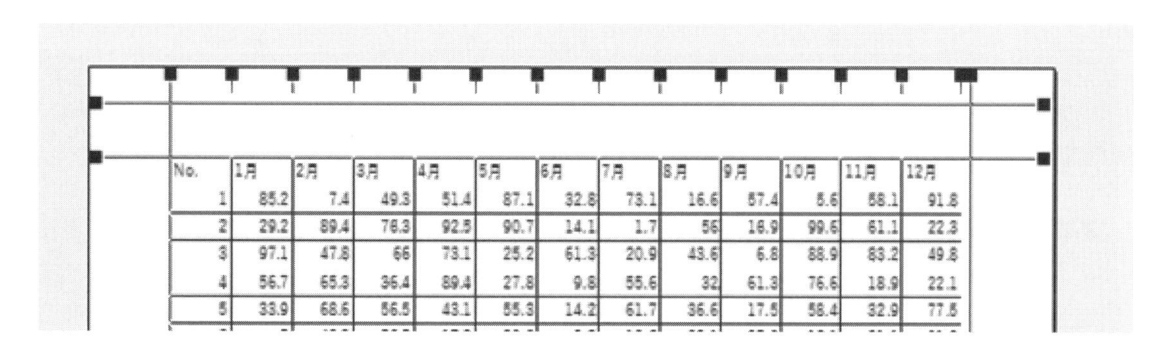

No.	1月	2月	3月	4月	5月	6月	7月	8月	9月	10月	11月	12月
1	85.2	7.4	49.3	51.4	87.1	32.8	73.1	16.6	57.4	5.6	58.1	91.8
2	29.2	89.4	76.3	92.5	90.7	14.1	1.7	56	16.9	99.6	61.1	22.3
3	97.1	47.8	66	73.1	25.2	61.3	20.9	43.6	6.8	88.9	83.2	49.8
4	56.7	65.3	36.4	89.4	27.8	9.8	55.6	32	61.3	76.6	18.9	22.1
5	33.9	68.6	56.5	43.1	55.3	14.2	61.7	36.6	17.5	58.4	32.9	77.5

メモ：印刷プレビュー画面では、倍率によっては罫線が表示されず、一部が見えづらい場合があります。

●印刷範囲の設定

印刷範囲をあらかじめ指定することができます。印刷したい範囲をあらかじめ選択した状態で、「ページレイアウト」タブの「ページ設定」グループの「印刷範囲」のドロップダウンリストから「印刷範囲の設定」を選択して指定します。

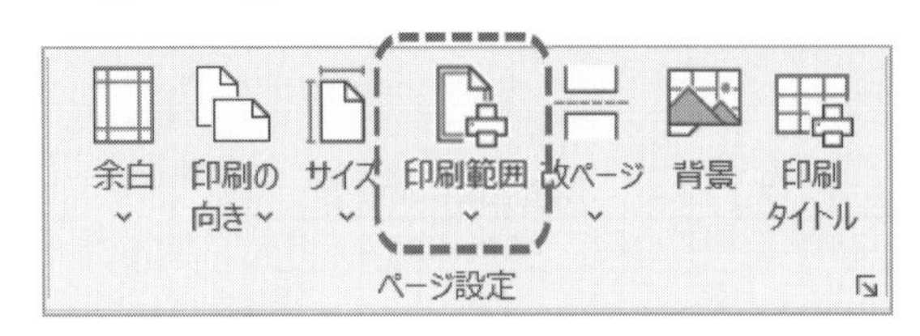

●改ページ

「ページ設定」グループの「改ページ」のコマンドを実行することで、ページを変えて印刷することができます。改ページしたい以降の行を選択します。例えば、行番号6(No.5)までを1ページ目として、行番号7(No.6)から改ページするためには、行番号7を選択してコマンドを実行します。

「表示」タブ→「ブックの表示」グループの「改ページプレビュー」で確認できます。この改ページプレビューを使用すると、改ページの位置をマウスで移動することができます。

標準　改ページプレビュー　ページレイアウト　ユーザー設定のビュー　ブックの表示
ルーラー　数式バー　目盛線　見出し　表示
ズーム　100%　選択範囲に合わせて拡大/縮小　ズーム
新しいウィ…を開…

J19　39

	A	B	C	D	E	F	G	H	I	J	K	L	M
1	No.	1月	2月	3月	4月	5月	6月	7月	8月	9月	10月	11月	12月
2	1	85.2	7.4	49.3	51.4	87.1	32.8	73.1	16.6	57.4	5.6	58.1	91.8
3	2	29.2	89.4	76.3	92.5	90.7	14.1	1.7	56	16.9	99.6	61.1	22.3
4	3	97.1	47.8	66	73.1	25.2	61.3	20.9	43.6	6.8	88.9	83.2	49.8
5	4	56.7	65.3	36.4	89.4	27.8	9.8	55.6	32	61.3	76.6	18.9	22.1
6	5	33.9	68.6	56.5	43.1	55.3	14.2	61.7	36.6	17.5	58.4	32.9	77.5
7	6	5	42.8	56.5	17.8	89.3	3.8	12.6	38.1	25.9	16.1	21.1	91.3

1ページ

●ページレイアウト

「表示」タブ→「ブックの表示」グループで「ページレイアウト」が表示できます。「改ページプレビュー」や「ページレイアウト」では、編集することも可能です。複数の列幅の変更も可能なため、「印刷プレビュー」画面を使用してレイアウトを整えることや、ヘッダー、フッター(p.192参照)も、「ページレイアウト」画面で入力する方が容易な場合もあります。

標準画面の右下のアイコンでも、「改ページプレビュー」表示と「ページレイアウト」表示を切り替えることができます。

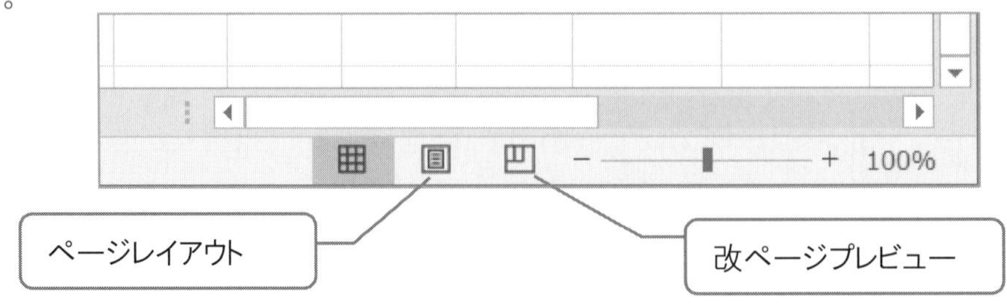

■印刷タイトルの固定

シートの1行目などに表の見出しの項目名がある場合に、印刷用紙1枚に入りきらないデータが行の方向に多くある場合に2ページ目から項目名がないため、印刷した表の読み取りに不便をきたします。こんなときに使用するのが、印刷タイトルの固定です。

「ページレイアウト」タブ→「ページ設定」グループの「印刷タイトル」から、印刷タイトルの項目のタイトル行を行単位で設定します。2ページ以降も、ここで設定した行が表の列頭に表示されて印刷されます。

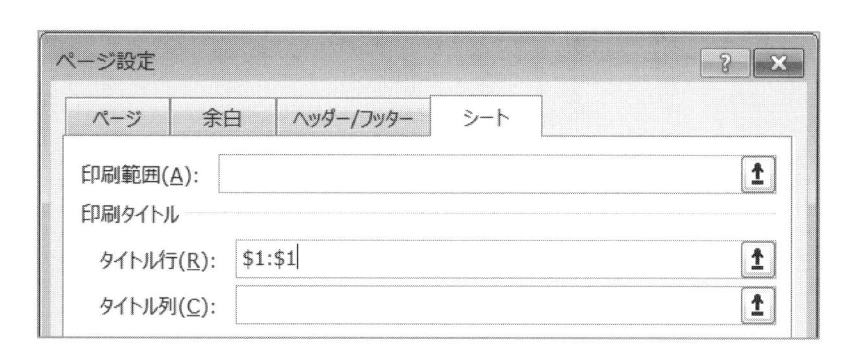

「シート」タブの印刷タイトルの項目「タイトル行」の枠内をクリックし、カーソルが点滅している状態にし、行タイトルとしたい行番号をクリックすれば、上記の表示($1:$1)となり、選択されます(直接、枠に $1:$1 のように入力してもかまいません)。選択後に、印刷プレビューの画面で、2ページ目に列頭の項目名(ここでは1月、2月・・・、12月)が表示されていることを確認します。

＜タイトル行を指定して、タイトル行が2枚目の用紙にも印刷タイトルとして印刷された様子＞

No.	1月	2月	3月	4月	5月	6月	7月	8月	9月	10月	11月	12月
44	29.2	65.2	31.9	28.2	9.2	5.3	75.1	67.5	68.8	60.6	82.8	61.9
45	70.5	75.8	11.4	37.7	61.8	85.1	2.2	95	39.5	41.8	76.1	2.9
46	35.3	26.6	54.2	86.9	74.5	22.1	65.3	40.7	93.8	20.6	50.4	95.9
47	36	2.5	86.7	7.5	54.7	8.4	38.8	84	63.9	24.4	18.9	8.3
48	99.6	39.1	96.1	62.5	26.7	89.3	95	41.2	32.6	91.5	32.7	36.6
49	2	9.8	14.2	38.8	50.3	81.6	86.9	31.6	43	11.9	70.1	34.4
50	81.5	38.1	58.7	87.2	24.2	89.7	88.9	48.2	79.8	73.1	81.4	1.7

No.	1月	2月	3月	4月	5月	6月	7月	8月	9月	10月	11月	12月
1	85.2	7.4	49.3	51.4	87.1	32.8	73.1	16.6	57.4	5.6	58.1	91.8
2	29.2	89.4	76.3	92.5	90.7	14.1	1.7	56	16.9	99.6	61.1	22.3
3	97.1	47.8	66	73.1	25.2	61.3	20.9	43.6	6.8	88.9	83.2	49.8
4	56.7	65.3	36.4	89.4	27.8	9.8	55.6	32	61.3	76.6	18.9	22.1
5	33.9	68.6	56.5	43.1	55.3	14.2	61.7	36.6	17.5	58.4	32.9	77.5
6	5	42.8	56.5	17.8	89.3	3.8	12.6	38.1	25.9	16.1	21.1	91.3
7	37.5	47.3	75.5	92.1	99.2	28.9	1.3	68.8	3	60.4	47.2	6.1
8	91.4	33.6	1	2.7	86.7	6.2	60.4	84	58.7	55.9	77.7	56.7
9	40.9	56.2	16.2	71.8	46.5	81.1	1.1	92.6	65.6	99	41.3	66.2
10	1.4	83.5	38.3	19.2	10.1	68.1	91.6	95.4	39.8	51.5	83.5	83.8
11	10.4	76.7	47.3	50.6	14.9	76.1	42.3	97.4	27.5	88.8	3.4	6.9
12	24.6	99.5	57.3	81.1	35.8	79.6	74.4	4.6	33.4	10.5	39.4	26
13	58.3	82.4	9.4	25.3	23.5	94.8	85.4	11.8	8.8	56.9	48.7	56.2

この例ではタイトル行を指定することで、No.43 と No.44 の間に、データそのものにタイトル行にあたるデータを挿入することなく、50 行のデータに対して、A4 サイズの1ページに入らない7行分の一番上に、1ページ目と同じタイトル行が自動で挿入され印刷されています。

■ヘッダーとフッター

「ページレイアウト」タブ→「ページ設定」グループのダイアログボックス起動ツールから「ページ設定」の「ヘッダー/フッター」タブで設定します。

大きな二つの枠は、表示用の枠で、ここで直接編集することはできません。「ヘッダーの編集」または「フッターの編集」のボタンを押し、挿入を行います。

<フッターの編集ボタンを押して表示されるページ番号の挿入アイコン>

ページ番号やファイル名など様々な情報をヘッダーやフッターに表示できます。ページ番号の場合、フィールドとして挿入されるため、「&[ページ番号]」が挿入されます。例えば、1ページと表記したい場合は、アイコンでページ番号を挿入した後に、「&[ページ番号]ページ」となるように、「ページ」という文字列を入力します。後ろに総ページ数をつけたい場合は、後ろに総ページ数の数（ここでは 2）を、「 &[ページ番号]/2」とします。

<フッターにページ番号と総ページ数を表示した例>

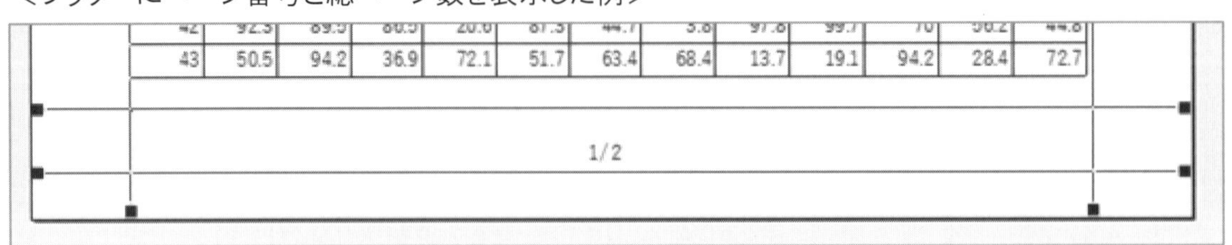

メモ：印刷を“コピーする”と表現する方が多くいますが、紙（ときにデジタルファイル）に出力する方法の一つが印刷です。コピーは同じものを複製するという意味ですから、ファイルの内容を印刷することはコピーではありません。印刷（プリント）とコピーは区別して使いましょう。

■グラフサイズの不用意な変更を防ぐ

印刷のために列のセルの幅を変更した際に、変更するセルの上にグラフがある場合、グラフのサイズが変わってしまうため、大変困ります。セル幅の変更によってグラフサイズが変わってしまわないように、グラフの設定を変更します。

＜グラフサイズが列サイズの変更によってグラフが変形してしまった例＞

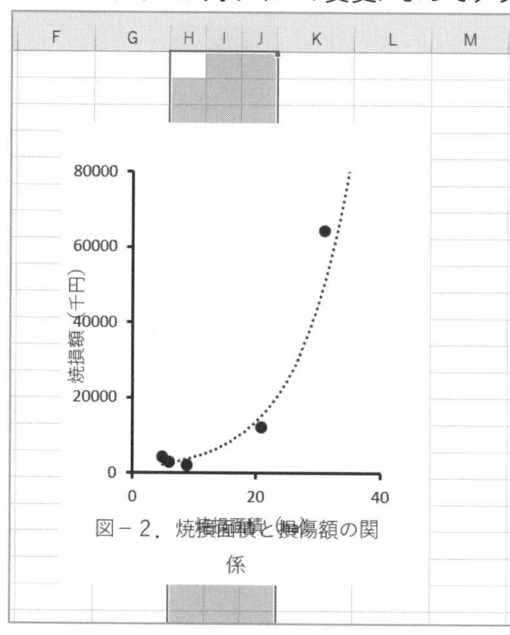

図が縦長になったために、軸ラベルやタイトルなどが重なってしまい配置が乱れています。

グラフを選択した状態で、ツールタブ「グラフツール」の「書式」タブの「サイズ」グループのダイアログボックス起動ツールから「グラフエリアの書式設定」の作業ウィンドウの「プロパティ」を表示し、
「セルに合わせて移動するがサイズ変更はしない」
あるいは、
「セルに合わせて移動やサイズ変更をしない」を選択してください。

＜グラフサイズが列サイズを変更しても変形しない設定をした例＞

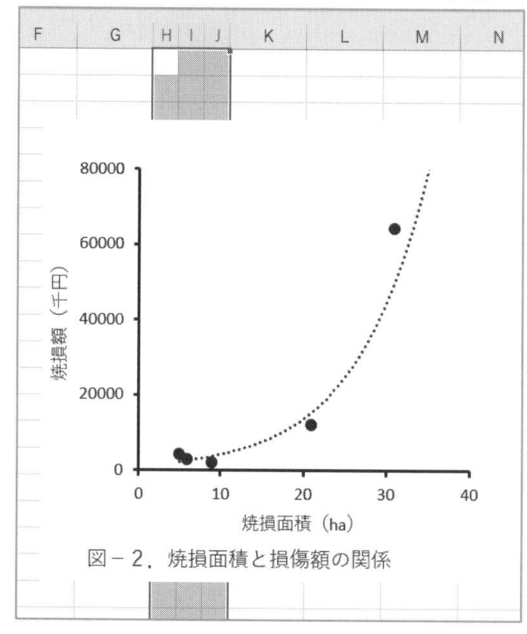

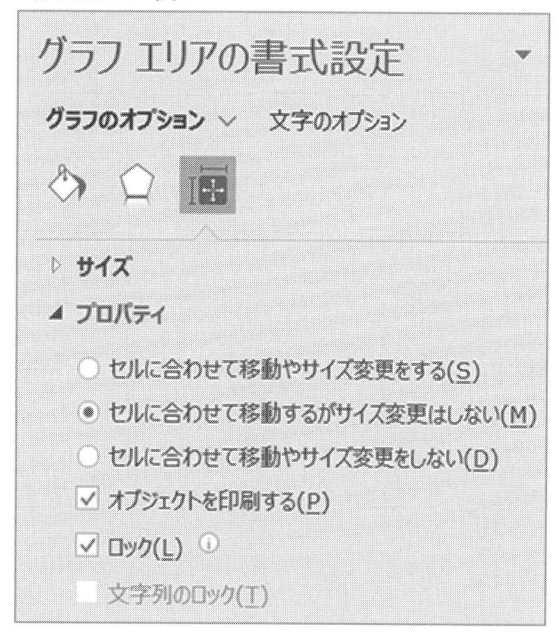

メモ：同様の手法で、セル上の図形のサイズもセルサイズ変更にしたがって変更しないように、設定可能です。

■おわりに

図表は考えるために作る

IT（Information Technology、情報技術）化という言葉が叫ばれていますが、その基本は人の側にあることを忘れてはいけません。何もパソコンがすべてをやってくれるわけではありませんし、インターネット（Internet）で得られる情報を得ることが IT 化でもありません。

この章で得たことは何でしたか？　我々人類は、進化の過程で、石や土に絵を描き、そして紙の上にあらゆる記録を残してきました。日進月歩で進む計算機（パソコン）も、その中の一つの道具なのです。そして、これまで人類は自分の脳以外の考える空間として紙を最も多く利用してきました。それが少し、計算機の上に移っただけのことなのです。紙が勝手に何かしてくれなかったことと同じようにパソコンも勝手に何かしてくれるわけではないのです。考えるのはあなた自身です。それをちょっと手助けしてくれるのが、アプリです。卒論でも、社会人になってからでも、単に数値から出た計算結果を鵜呑みにするのではなく、感覚に合わない結果が出たら、なぜそうなったのかを考えてください。手順を間違えた？　バグがある？　感覚のどこが間違っていたのかな？　こういう思考や書籍で調べる作業をしないと落とし穴に、はまってしまいます。ここまで読んだあなたは、もう落とし穴にはまることはないですね。おしまい。

第5章

プレゼンテーション

第5章　プレゼンテーション

PowerPoint を利用して、口頭発表によるプレゼンテーション（視覚化方法および発表方法）を学習します。

第1節　基本操作

PowerPoint で実現可能な機能とプレゼンテーションで有効な方法とは必ずしも一致しません。すべての機能を使うと、逆に情報が伝わらなくなることがあります。その点に注意して、PowerPoint のコマンドを学習してください。

■起動

PowerPoint を起動すると、初期設定では様々なテンプレートが表示されるスタート画面が表示されます。装飾されたテンプレートを使用せず、「新しいプレゼンテーション」という白紙のスライドを「クリック」して選択してください（初期設定の「Office　テーマ」というシンプルなテンプレートが使用されます）。新規のプレゼンテーションファイルが作成され、「タイトルスライド」というレイアウトが適用されたスライドが表示されます。サムネイルは、縮小されたスライド表示です。

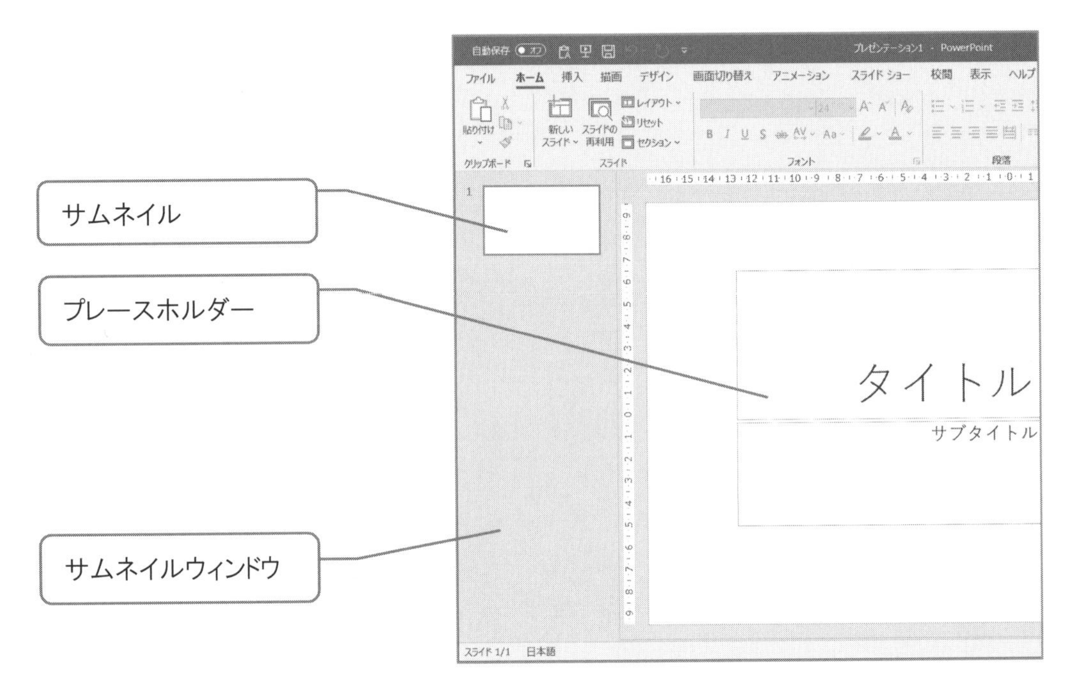

プレースホルダー内でマウスカーソルが点滅しているとWord のように、文字入力が可能です。プレースホルダー内にマウスカーソルが点滅していない場合は、プレースホルダー内をクリックします。

このプレースホルダー内に、タイトルを入れ、下にあるプレースホルダーの「サブタイトルを入力」に、自分の所属と氏名を入れることが、通常よく使われます。タイトルのプレースホルダーから下のサブタイトルのプレースホルダーへ移動する時は、[Ctrl]+[Enter]キーでも移動できます。

メモ：スタート画面を表示せず、白紙の1枚目のスライドを表示したい場合は、「ファイル」→「オプション」→「全般」で、起動時の設定の「このアプリケーションの起動時にスタート画面を表示する」のチェックボックスのチェックをはずします。Word でも Excel でも同様に変更することができます。

■スライドの追加

「ホーム」タブ→「スライド」グループ内の「新しいスライド」のアイコンから、新しいスライドのレイアウトを選んで挿入することができます(「挿入」タブ→「スライド」グループも同様です。)。

＜新しいスライド｜「スライド」グループ｜「ホーム」タブ＞

初期設定の「Office テーマ」のレイアウトは、11 種類用意されています(テーマによっては、さらに多数のレイアウトが用意されています)。「タイトルスライド」以外には、「タイトルとコンテンツ」と「タイトルのみ」が、よく使われるレイアウトです。

また、追加したスライドのレイアウトを挿入後に変更したい場合は、「スライド」グループ→「レイアウト」から、異なるレイアウトに変更できます。

レイアウトにおけるタイトルやコンテンツのプレースホルダーなどは、スライドマスター(p.216 参照)の機能によって、その有無やレイアウト内の配置が決まっています。

○コンテンツのプレースホルダー

コンテンツのプレースホルダーには、テキスト以外にも、薄くアイコンが表示されて示されている様々なオブジェクト(表、グラフ、図など)が挿入可能です。

• マスター テキストの書式設定
• 第 2 レベル
• 第 3 レベル
• 第 4 レベル
• 第 5 レベル

○簡易なスライド追加

簡易なスライドの挿入は、サムネイルウィンドウ内で右クリックし、「新しいスライド」を選択して行います。「タイトルスライド」の次には「タイトルとコンテンツ」というレイアウトのスライドが追加されます。また、「タイトルスライド」以外のスライドの場合は、一つ前のレイアウトと同じレイアウトのスライドが挿入されます。

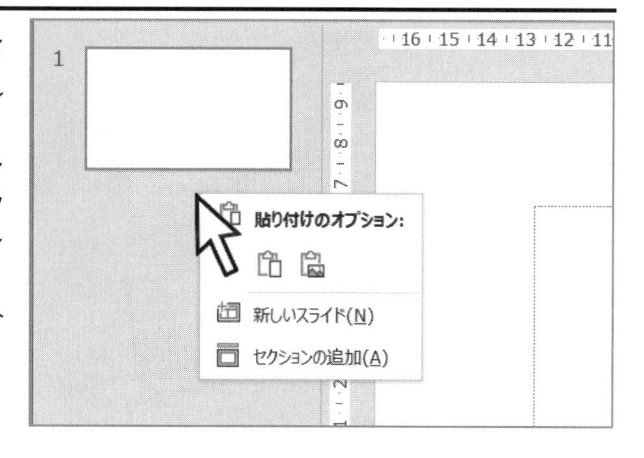

■スライドの縦横比

<ワイド画面（16:9）の縦横比の画面>

はじめに

- 文書作成
- 数値処理
- プレゼンテーション
  - 基本操作

プログラミング教育の
必要性は？

<標準（4:3）の縦横比の画面>

はじめに

- 文書作成
- 数値処理
- プレゼンテーション
  - 基本操作

プログラミング教育の
必要性は？

PowerPoint 2013 からスライドは、ワイド画面（16:9）という縦横比の画面が予め設定されています。旧来の標準サイズにするためには、「デザイン」→「スライドのサイズ」→「標準（4:3）」で設定変更をすることができます。スライド完成後も、縦横比は相互に変換可能ですが、変換すると図のサイズや配置の変更、文字列のずれの調整が必要になります。

研究発表では4:3の縦横比を利用することが多いため、変更する場合は、タイトルスライドのみの状態で変更するとよいでしょう。なお、この変更は、スライドマスター（p.216 参照）も自動的に変更されます。

■アウトライン表示

プレースホルダーに入力した文字は、アウトラインとして表示可能です。「表示」タブ→「プレゼンテーションの表示」グループから「アウトライン表示」で表示方法をアウトライン表示に変更すると、サムネイルウィンドウのスライドのサムネイル（スライドの縮小）表示から、アウトラインウィンドウになりアウトライン表示として、タイトルとテキストが階層構造になった文字列が表示されます。

<「タイトルとコンテンツ」のレイアウトの場合>

スライドに入力した文字列がアウトラインウィンドウに文字列として表示されていない場合は、プレースホルダー内に文字を入れていないということを意味します（次ページ、テキストボックスの追加参照）。

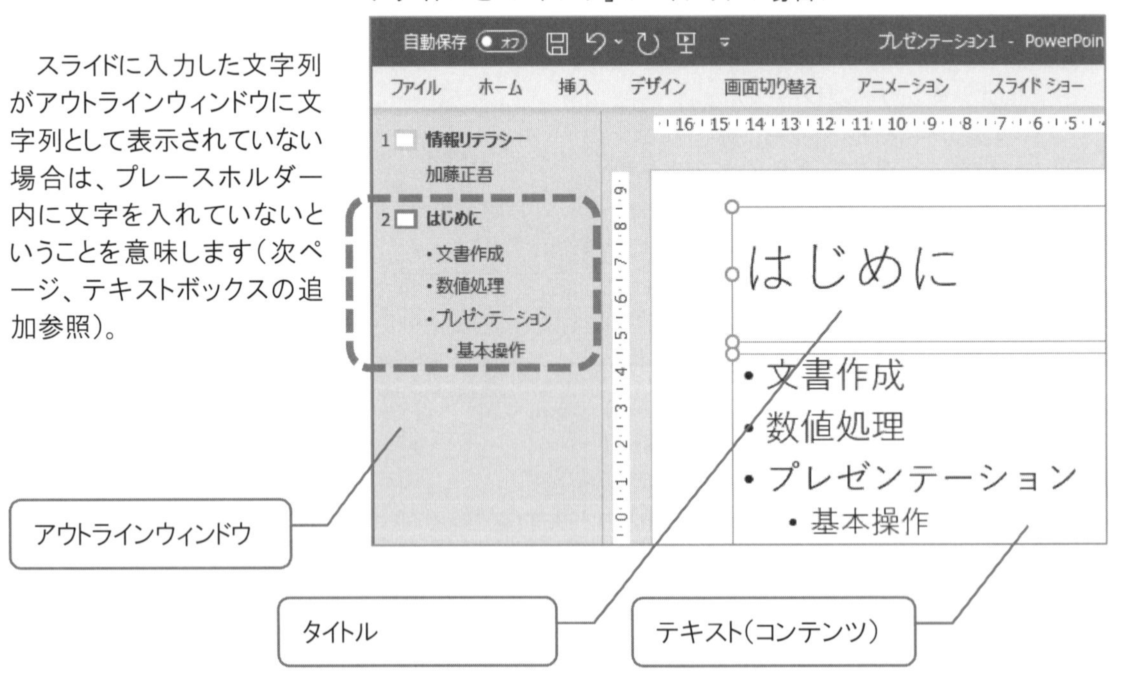

アウトライン表示のままアウトラインウィンドウの中の文字列は編集可能です。アウトライン表示を用いて編集すると、スライドの流れに沿って、スライドごとのタイトルや内容の全体の構造を見渡しながら、編集可能です。

■テキストボックスの追加

プレースホルダーの移動やサイズの変更だけでは表現できないレイアウトにしたい場合は、プレースホルダー以外にも、文字列を入れる枠を増やす必要があります。サイズ変更は、p.203 を参照してください。

一つ目の方法

既にスライド上にあるテキスト(コンテンツ)のプレースホルダーをコピー＆貼り付けをすることで、同じスライド内にテキストボックスを用意することができます。

二つ目の方法

「挿入」タブの「テキストボックス」の「横書きテキストボックス」を選び、スライドの画面上で、挿入するためにおおまかな範囲をドラッグ操作によって指定します。

プレースホルダーとテキストボックスとの違い

これらの二つの方法で、テキストボックスを新しく挿入した場合には、プレースホルダーを利用していないため、アウトラインウィンドウに表示されません。

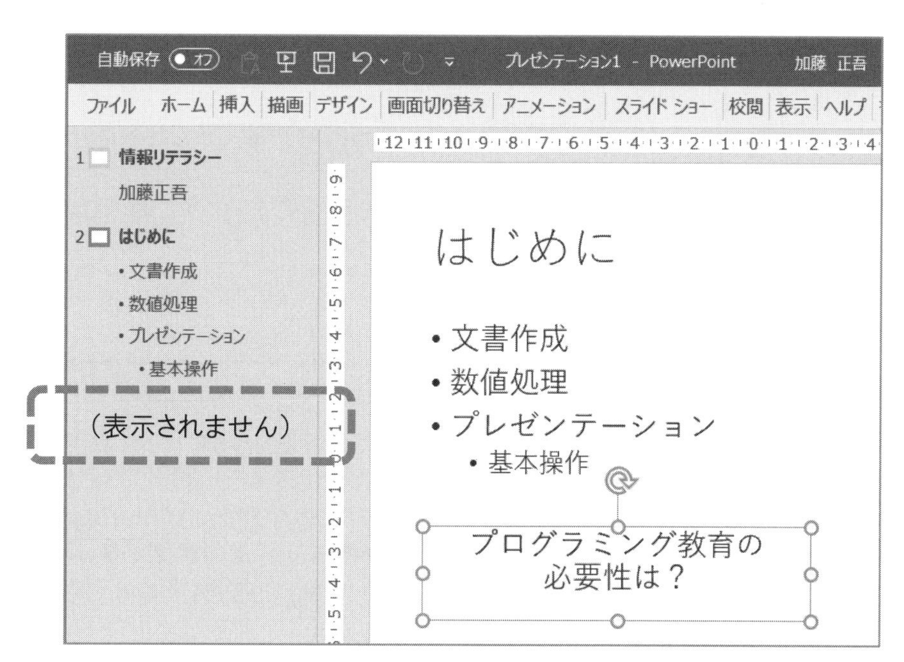

このため、テキストボックスを利用するのは、その必要がある時だけにします。アウトラインウィンドウに表示されないため、一括した編集が難しくなり、階層による構造化ができません。

> メモ：用意されていない新しい文字入力枠をプレースホルダーとして作成するためには、スライドマスター(p.216 参照)で、プレースホルダー枠を増やす必要があります。スライドマスターを利用して作成した文字列入力枠は、プレースホルダーとして作成できるため、アウトラインウィンドウにも表示されます。

プレゼンテーションでの文字・図形・画像の扱い方を学びます。

■フォント

「フォント」グループで設定できるのは、フォントの種類をはじめ、フォントサイズ、色、装飾などです。

●フォントサイズ（文字サイズ）

文字サイズは、スライド全体で多くて3つ程度までにします。同じ階層の文字列は同じサイズに統一します。

岐阜県
- 岐阜市
- ・・・
- 下呂市
- 高山市
  - 荘川町
  - 清見町
  - ・・・

愛知県
- 名古屋市
- ・・・

岐阜県
- 岐阜市
- ・・・
- 下呂市
- 高山市
  - 荘川町
  - 清見町
  - ・・・

愛知県
- 名古屋市
- ・・・

　文字サイズは、ポイントの差を大きく変えると、スライド内に文字サイズの違いによるリズムが生まれ、聴衆の視線を誘導できます。この文字サイズの差異は、ジャンプ率と呼ばれます。

　左の例のような、いずれのジャンプ率の差異が、発表の目的にあっているかを、よく検討し、視線の誘導とあわせて文字サイズを指定してください。

　また、リズムだけではなく、適度な文字サイズを選択することも重要です。必ず、プレゼンテーション会場とスクリーンの大きさにあった文字サイズを選択しましょう。

●日本語用の文字フォント

游ゴシック：　森林
游明朝：　森林

フォントは、游ゴシックのようなゴシック体を利用します。游明朝のような明朝体のフォントは、文書ではスマートな感じで好まれますが、先細りの字体なので、スクリーン上では読みにくくなります。特定の意図がない場合、プレゼンテーションで使用するのは止めましょう。

> メモ：特定のパソコンにしかインストールされていないフォントをプレゼンテーションで使用する場合は、ファイルの保存時に、「オプション」→「保存」→「ファイルにフォントを埋め込む」のチェックボックスにチェックを入れ、使用したフォントをファイル内に保存するようにしてください。ただし、ファイルサイズが通常の保存より、大きくなります。
>
> ファイルサイズを小さくするためには、多くの PC 環境で閲覧可能な PDF ファイルで保存するのも解決策の一つです。

　また、日本語用フォントと英数字用フォントの組み合わせの相性（文字の太さなど）があります。相性のよい英数字用のフォントを選びましょう。

●フォントの色

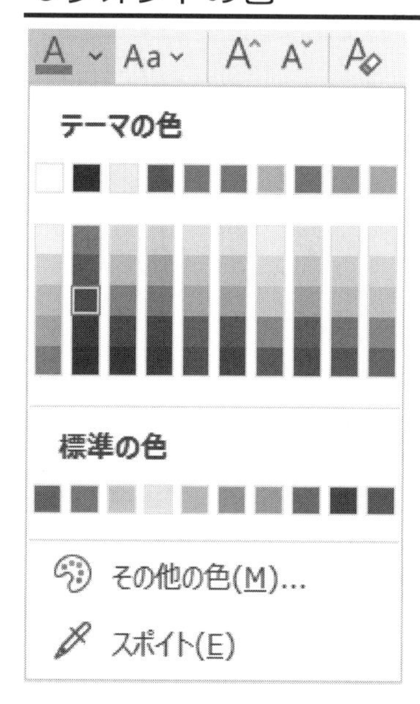

文字にカラフルな色を付けるのは、背景色との関係で見やすくするために行うことはかまいません。しかし、行毎に文字色を変えることや、強調のつもりで一部分の文字だけの色を変えることは控えましょう。色を付けることは強調どころか逆に読み取りにくくなることがあります。

色については、p.238 も参照してから利用するようにしてください。

文字は、黒ではなく、少しグレーがかった色の方が、スライドでの文字と白地の背景との間でのコントラストが下がるために、読み取りやすくなります。黒の中の「白＋基本色 25%を基本」の文字の色とするとよいでしょう。

●文字の効果（図形の書式設定-文字オプション）

文字の効果を設定すると、文字自身を囲う輪郭の線や影を設定することができます。

情報 PowerPoint

文字をこの効果で加工することは、ポスター発表の作成の際によく使われます。あまり奇をてらったデザインにすることなく、定番のデザインから利用してみましょう。なお、口頭発表のプレゼンテーションでは使用を控えましょう。

デザインを変更したい文字列を選択して、右クリックして表示される「文字の効果の設定」を選び、「図形の書式設定」の「文字のオプション」から、「文字の塗りつぶし」、「文字の輪郭」、「影」等を利用して、変更します。

> メモ：Word では文字の効果について説明していませんが、同様に設定可能です。Word での文字の効果は、フォントによる文字の書式設定の「文字の効果」から設定可能です。

図形の書式設定の作業ウィンドウ

Office アプリの中では、PowerPoint の書式設定のウィンドウの一部では、作業ウィンドウの名称と設定できる内容に違和感がある場合があります。文字の効果やプレースホルダーの書式設定では、「図形の書式設定」という作業ウィンドウで設定変更します。「図形の書式設定」ウィンドウの中に、「図形のオプション」と「文字のオプション」という項目（p.208 参照）があります。また、プレースホルダーの設定変更にもかかわらず、「図形の書式設定」ウィンドウの中の「テキストボックス」という項目であることもあります。これは、プレースホルダーが、テキストボックスと、ほぼ同等の機能を備えていることによります。

■文字サイズの自動調整

プレースホルダーの既定の設定では、枠から文字列が「はみ出す場合だけ自動調整する」になっているため、多くの行数（箇条書きの段落）を入力すると、文字サイズが指定のサイズから自動的に変更されてしまいます。書式設定を変更すると自動調整をとめることができます。

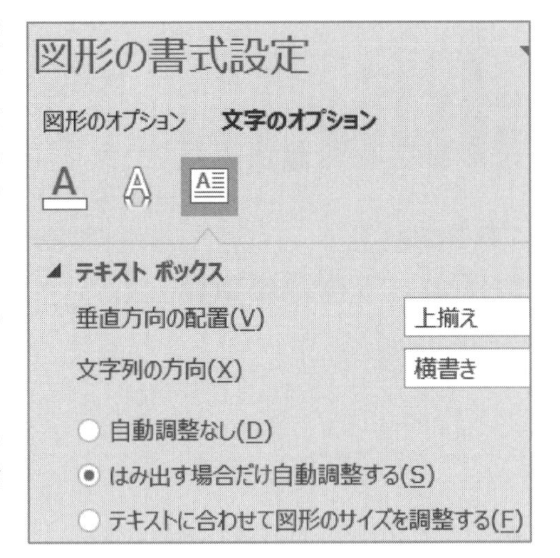

「ホーム」タブ→「図形描画」グループのダイアログボックス起動ツール、またはプレースホルダーを右クリックして表示されるコンテキストメニューの「図形の書式設定」で表示される図形の書式設定の作業ウィンドウの「文字オプション」のテキストボックスのアイコンをクリックし、「テキストボックス」の表示を確認します。

必要に応じて、「はみ出す場合だけ自動調整する」のラジオボタンを「自動調整なし」に設定変更します。

なお、自動調整が有効のままの場合、段落の行間を変更した場合にも、レイアウトによっては、文字サイズが変更されることがあります。

文字列の枠の大きさ

プレースホルダーやテキストボックスに文字を入れますが、この枠は文字列が入るぎりぎりのサイズにしないようにします。サイズ変更は、次のページを参照してください。

＜枠をぎりぎりにした例（上）＞と
＜枠をぎりぎりにした例で、フォントが入れ替わった際の意図しない改行の例（下）＞

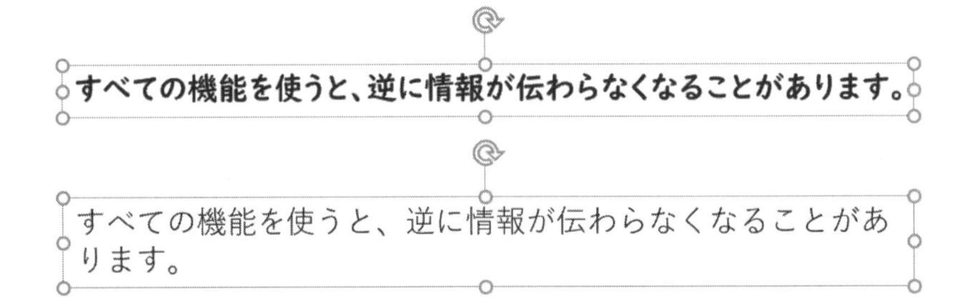

＜枠に余裕を持たせた例＞と
＜枠に余裕を持たせた例で、フォントが入れ替わった際でも問題がない例＞

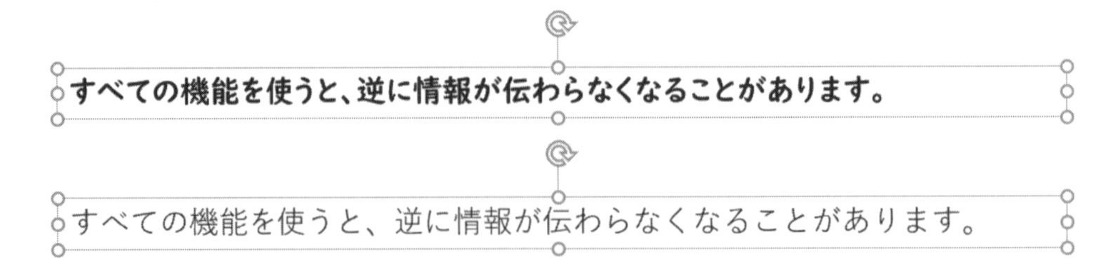

保存したファイルを異なる使用環境で開いた時、フォントの入れ替わりや、相性の問題によって、文末の文字が右端の枠内に入りきらず、文末の文字が次の行へ送られてしまうことがあります。デザインを崩さない範囲で、少しだけ枠に余裕をもたせた文字配置を行いましょう。

■サイズ変更ハンドル・回転ハンドル

プレースホルダーやテキストボックスを選択すると、ハンドルと呼ばれるサイズ等を調整する基点のようなものが表示されます。上部の丸まった矢印状のものを回転ハンドル、図形の周りに白丸の8点の頂点で示されるものをサイズ変更ハンドルと呼びます。

ハンドルを使って、プレースホルダーやテキストボックスのサイズの変更や回転をします。

＜回転ハンドル＞

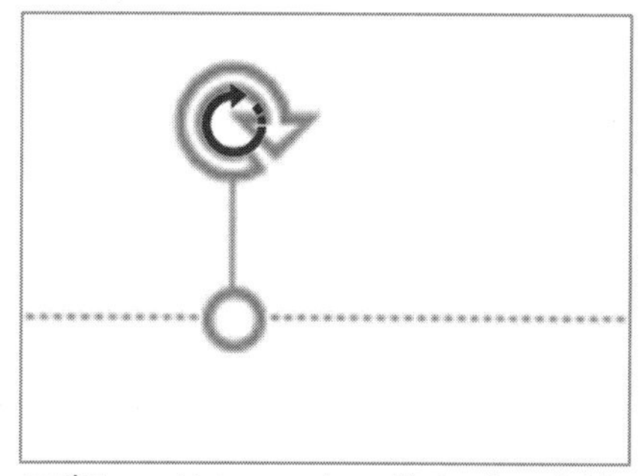

回転ハンドルへマウスポインターを持っていくと、マウスポインターの形が回転した矢印になります。ただし、プレースホルダーで回転ハンドルを使用することは、ほとんどありませんが、テキストボックスや図形では、利用することがあります。

＜サイズ変更ハンドル＞

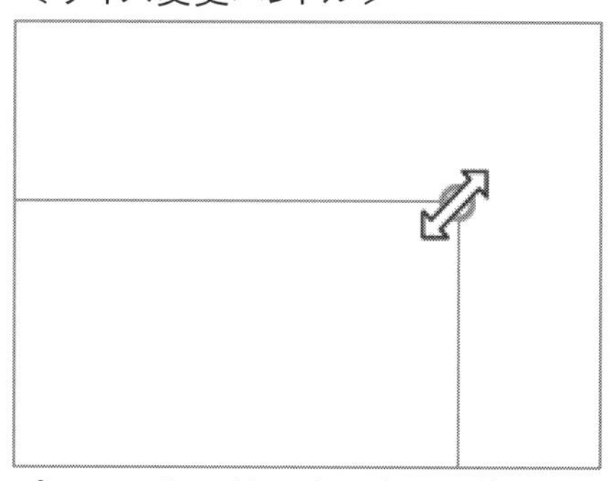

プレースホルダーやテキストボックスのハンドル上にマウスポインターを持っていくと、マウスポインターの形が両端矢印になり、サイズが変更できます。

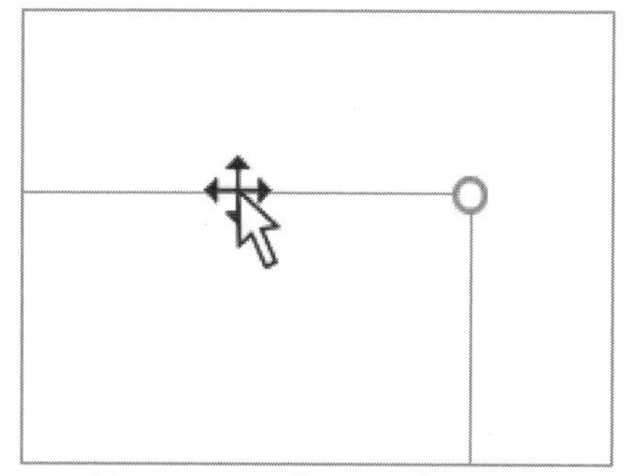

ハンドルではありませんが、プレースホルダーやテキストボックスの線上にマウスポインターを持っていくと、マウスポインターの形が矢十字に矢印を重ねた形となり、マウスの左ボタンを押すと、矢十字のみに変わり移動ができます。マウスポインターの形をよく見て、操作してください。

個々に変更せず、スライドマスターを変更する

ここまで説明してきたフォントのサイズや色の設定、プレースホルダーの枠のサイズの変更は、個々のスライド毎に可能です。しかし、操作方法に慣れてきたら、スライドマスターを活用して、スライドのひな型から変更するようにしてください（p.216 参照）。スライド全体の印象を統一するのが容易です。

プレースホルダーのサイズや位置と、プレースホルダー内の書式設定は、個々のスライドを変更するのではなく、スライドマスターを変更するのが、本来の変更方法です。

■段落

「タイトルとコンテンツ」のレイアウトでは、タイトルのプレースホルダーと、テキスト(コンテンツ)のプレースホルダーがあります。テキスト(コンテンツ)のプレースホルダーの初期設定は、段落設定が箇条書きになっています(スライドマスターによって設定されています。p.216 参照)。

●箇条書き

箇条書きは、Word と同様の機能ですが、PowerPoint には段落記号を表示する機能がないため、Word の段落の項(p.66、p.76 参照)で説明した改段落と改行(段落内改行)とあわせて理解し、表示されていない段落記号をイメージすることで、機能の利用が容易になります。

実際には表示できない段落記号の表示機能があるとしたら、右のような表示となります。

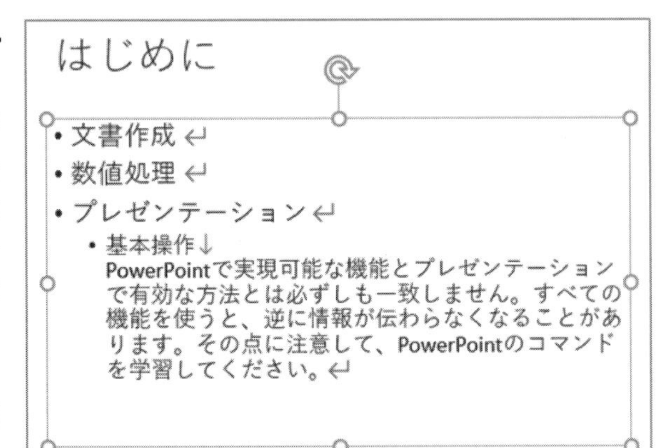

＜上記の設定前の4つの段落での箇条書きの状態＞

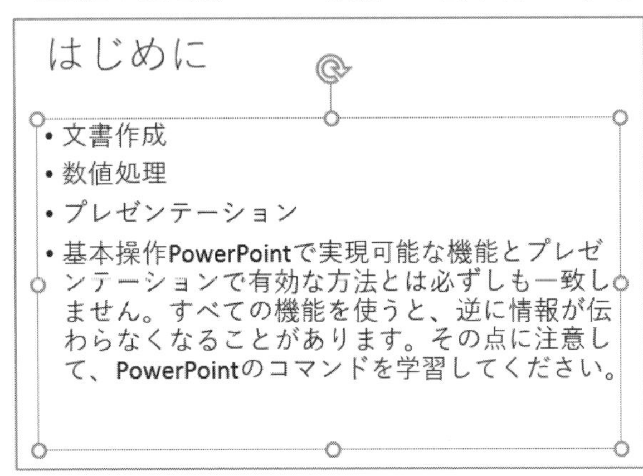

左の状態から上のスライドのように変更するための操作を説明しながら、箇条書きの段落について説明します。

「基本操作・・・」の段落の階層を一つ下げるためには、箇条書き記号と段落文頭の間にカーソルを移動させ、[Tab]キーを押します。

また、階層が下がった「基本操作」文字列の後に、段落に改行(段落内改行)を行うためには、[Shift]+[Enter]キーを押します。

• プレゼンテーション
• 基本操作
PowerPointで実現可能な機
で有効な方法とは必ずし
機能を使うと、逆に情報
ります。その点に注意し
を学習してください。
• プログラミング教育の
必要性は？

次に、階層を一つ上げる操作を説明します。

「・・・学習してください。」のあとに改段落するため、[Enter]キーを押し、続けて同じプレースホルダー内に「プログラミング教育の必要性は？」と文字を入力すると、同じ階層の段落となります。

ここではさらに、「プログラミング教育の」のあとで、[Shift]+[Enter]キーにより、改行(段落内改行)を行っています。

• プレゼンテーション
• 基本操作
PowerPointで実現可能な機
で有効な方法とは必ずし
機能を使うと、逆に情報
ります。その点に注意し
を学習してください。
• プログラミング教育の
必要性は？

「文書作成」、「数値処理」、「プレゼンテーション」と同じ階層にするためには、箇条書き記号と文字列の文頭の間にカーソルがある状態で、[Shift]+[Tab]キーを押します。

左の状態のように、「プログラミング教育の必要性は？」の階層が、一つ上の階層に上がります。

箇条書きによる段落の機能を使用せずに、文頭を揃えることは非常に手間がかかり、多くの場合、全角と半角の文字サイズの違いなど、様々な要因で揃いません。内容が階層化されている場合は、[Enter]キー、[Shift]+[Enter]キー、[Tab]キー、[Shift]+[Tab]キーの4つのキーを利用して、プレースホルダー内の箇条書きの段落の階層性を管理してください。

> メモ：行頭記号や段落番号の変更は、Word 同様可能です。ただし、行頭記号を変更すると、インデントの幅の調整が必要な場合があります。

練習2−1

1. 「文書作成数値処理プレゼンテーション基本操作PowerPoint」の文字列を入力して[Enter]キーで4つの段落として箇条書きにしたのち、[Tab]キーと、[Shift]+[Enter]キーを利用して、階層を下げる操作や、改行（段落内改行）を行ってみましょう。
（スライドに表示されている次の文章、「で実現可能な機能と・・・のコマンドを学習してください。」は、入力の負担を減らすために省略します。）

2. 「PowerPoint」の文字列の後に、[Enter]キーで改段落をした後に、「プログラミング教育の必要性は？」を入力し、[Shift]+[Tab]キーを利用して、階層を上げる操作を行ってみましょう。

3. 最後に「プログラミング教育の必要性は？」の「の」の後で、[Shift]+[Enter]キーを利用して、改行を行ってみましょう。

●段落の間隔と行間

段落の間隔や行間の設定は、Word と基本的に同様の考え方です（p.72 参照）。プレースホルダーを選択して設定することと、プレースホルダー内の一つ一つの段落を選択して設定することができます。レイアウトを統一するためには、プレースホルダーを選択して、設定を行う必要があります。

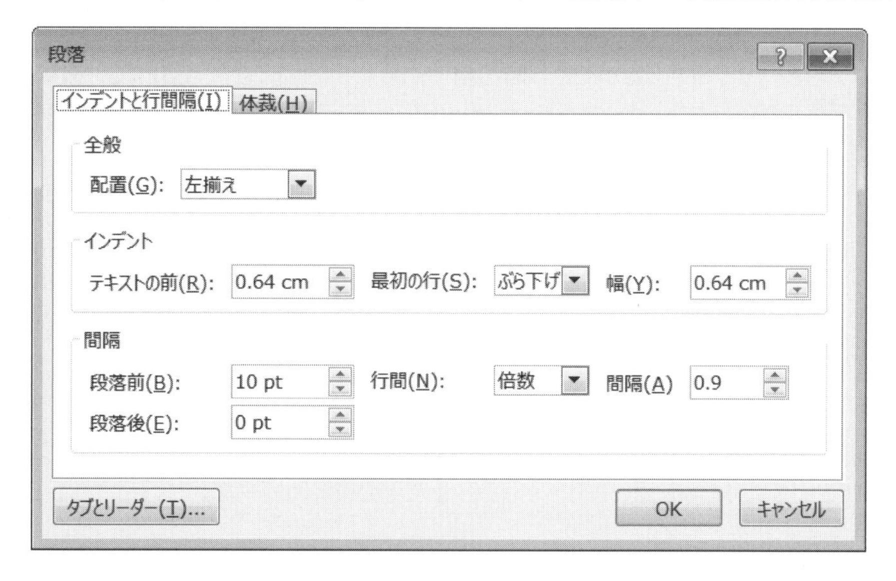

なお、段落のダイアログボックスにある「インデント」の設定は、箇条書きのレイアウトの段落に対しては、「字下げ」や「ぶら下げ」は、箇条書きではない通常の段落への設定とは、動作が異なります。PowerPoint には Word にある「リストのインデントの調整」のコマンドもないため、PowerPoint の箇条書きの段落では、Word のようなインデントの調整による「ぶら下げ」はできません（p.76 参照）。

第3節　図形・画像

■図形

＜挿入可能な図形（一部）＞

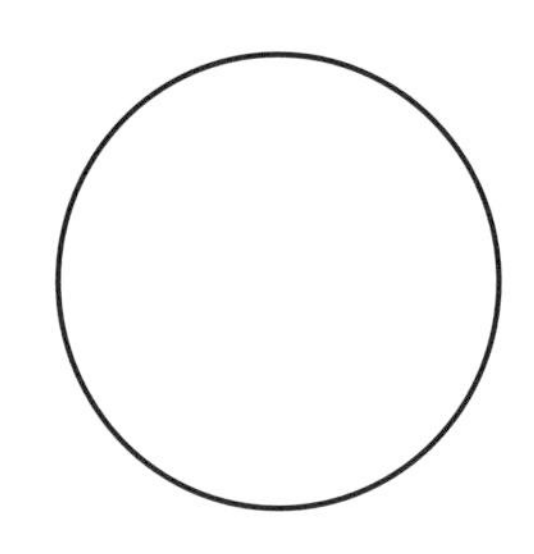

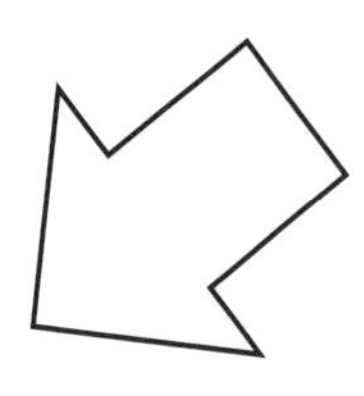

図形の描画方法は、Office アプリで共通する操作方法です。このデータはベクタ形式です。ベクタ形式は、図形を描画に必要な点の座標とそれを結ぶ曲線などの方程式の変数などを描画情報の集合として表現したものです。拡大縮小によっても、描画のたびに再計算し、再表示するため、写真のようなラスタ形式の画像(p.214 参照)とは異なり、ギザギザすることはありません。

「挿入」タブ→「図」グループの「図形」から様々な図形を挿入することができます。描画したい図形や線や矢印などを選択し、ドラッグ操作により、目的のサイズの図形を描くことができます。サイズは描画後にも変更可能です。

■図形の書式設定

図形は、色を塗りつぶすことができる図形自身とそれを囲う線で構成されています。「図形の書式設定」から「塗りつぶし」と「線」の設定を確認しましょう。文字の効果の設定と同様です。

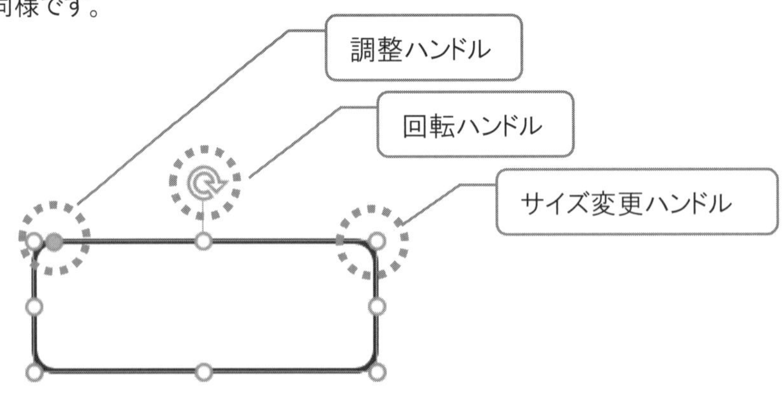

図形を選択すると、プレースホルダーと同様に、ハンドルと呼ばれる図形を調整する基点のようなものが表示されます。それぞれここでは、図形上部の丸まった矢印状のものを回転ハンドル、図形の周りに白丸の9点の頂点で示されるサイズ変更ハンドル、また白丸以外に着色(オレンジ色)された調整ハンドル(一部の図形のみ、複数点の場合もあり)と呼ぶこととします。

図形を選択している状態（ハンドルが表示されている状態）で、メニューに表示されるツールタブ「描画」の「書式」をクリックすると表示されるリボンの「図形のスタイル」グループから、塗りつぶしと図形の枠線（「図形の書式設定」では線と表記されています）が変更できます。

＜書式のタブ表示画面＞

描画ツール（ツールタブ）

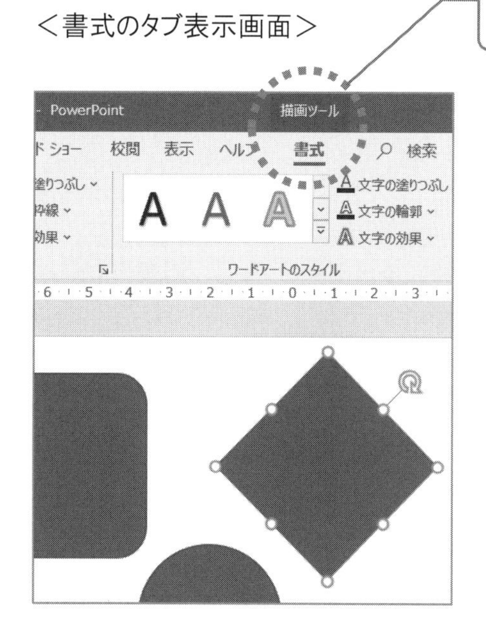

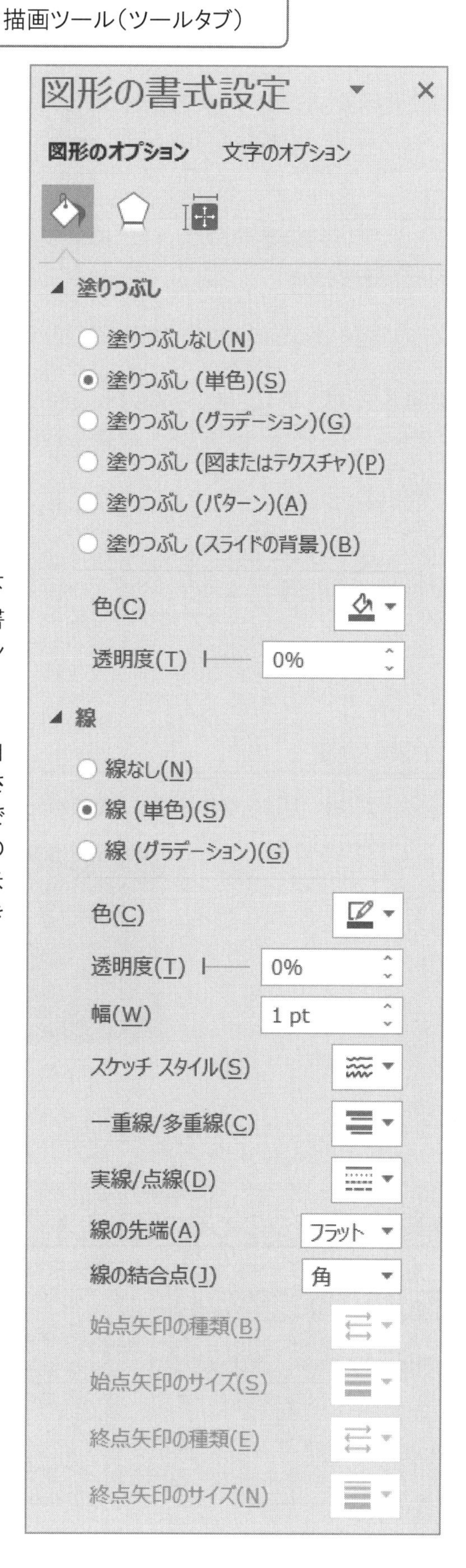

ツールタブ「描画ツール」の「書式」の下に下線が表示されていない場合は、「書式」をクリックすると、書式のタブのアイコンが表示されます。

図形の書式変更は、「図形のスタイル」のダイアログボックス起動ツールから表示される「図形の書式設定」の作業ウィンドウでも行えます。他にも、「図形の書式設定」の作業ウィンドウは、図形を右クリックして表示されるコンテキストメニューから、表示できます。

[Shift] キーを押しながらの図形の描画

[Shift]キーを押しながら、図形を描画すると、縦と横が同じサイズとなり、真円や、正方形を描くことが容易にできます。また、[Shift]キーを押しながら、拡大・縮小すると、一旦描画した図形の縦横比が崩れず、拡大・縮小が可能です。

なお、作図後に[Ctrl]キーを押しながら拡大・縮小を行うと、図形の中心位置がズレません。

練習3−1

1. 真円と正方形の図形を描きましょう。また、描いた後に、縦横比を変化させずに拡大・縮小を行えるかを試してみましょう。

2. 真円の図形の枠線(線)を破線にし、塗りつぶしをパターンに変更してみましょう。

3. 正方形の図形を、45° 回転させてみましょう。回転ハンドルで行う場合は、[Shift]キーを押しながら回転させると、15° 単位で回転します。「書式」から行う場合は、角度を入力します。

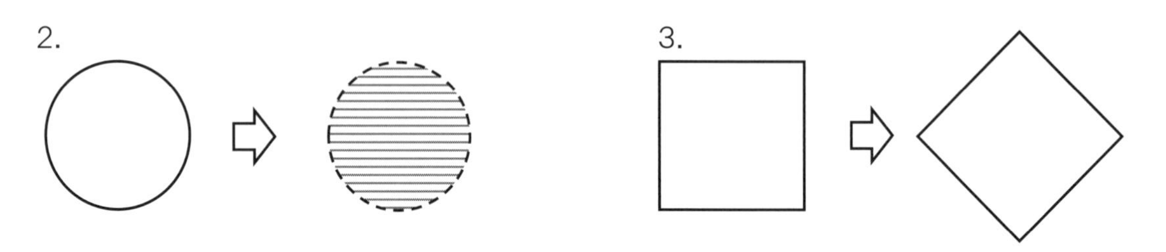

●図形サイズの指定

サイズは、「書式」タブの「サイズ」グループで、数値を入力して設定できます。

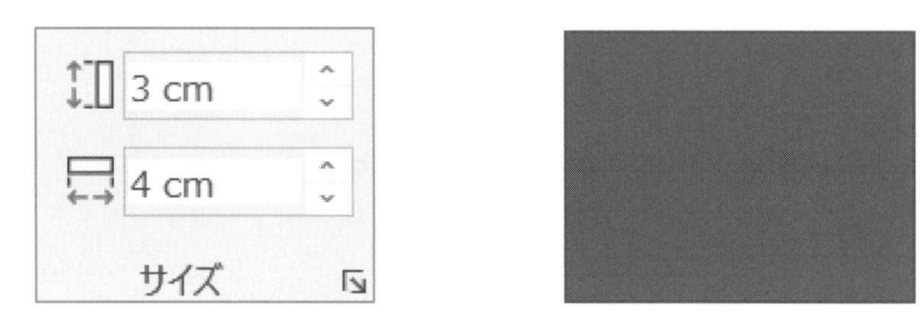

メモ：Word では整数値に設定できない場合があります。

作業ウィンドウの上部の図形のオプションと文字のオプション

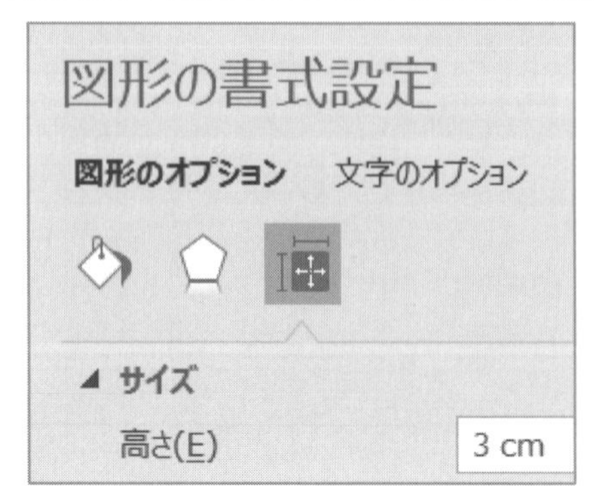

図形の作業ウィンドウの上部では、図形と文字の書式設定を切り替えることや、アイコンをクリックすることで、様々な設定変更が可能です(図形のサイズ指定の作業ウィンドウに限ったことではありません)。

なお、作業ウィンドウは、作業ペインと呼ばれることもあります。

●調整ハンドルの利用

調整ハンドルをドラッグすることで、図形の形状を変更できます。「四角形：角を丸くする」という図形の四隅の丸みの部分を変形させる際に、よく使用します。

＜調整ハンドルをドラッグするときのマウスポインターの状態（左）から、左へ移動した後の状態（右）＞

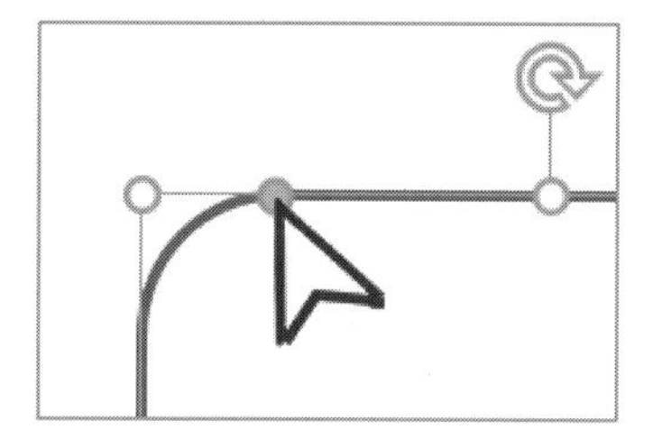
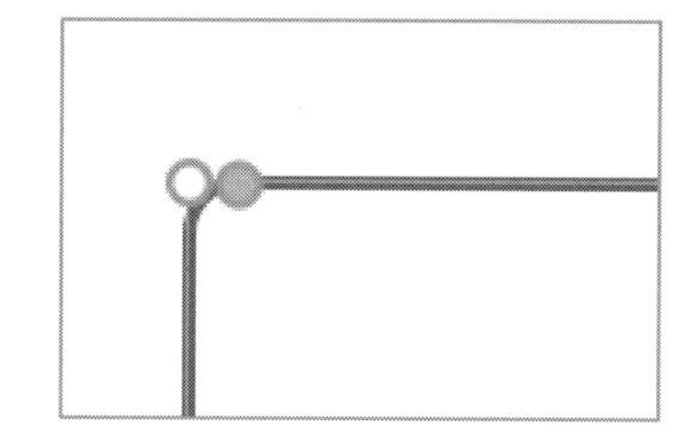

四角形の場合、四隅の部分の丸みが、すべて同様に変形します。

■図形への文字の挿入

図形をダブルクリックすると、テキストが入力できます。テキストのフォントやサイズも変更可能です。

プレゼンテーション術

メモ：先にテキストボックスを、プレースホルダーの文字入力の機能の代用として説明しましたが、塗りつぶしに色の設定がない図形にテキストを入力することとテキストボックスはまったく同じです。テキストボックスがプレースホルダーとして扱われず、アウトラインに表示されないのは、図形の一種だからです。PowerPoint では、図形選択をしている状態で[F2]キーを押すと、図形への文字入力ができます。

＜テキストボックス＞　＜図形に文字を挿入した場合＞

テキストボックスに文字列を入れた場合

図形に文字列を入れて、文字配置を上揃え、左揃えにしたもの

Office アプリ間の操作方法や機能の相違

Word、Excel、PowerPoint は同一の会社のアプリですが、アプリ毎に、同じ機能でも多少設定方法が異なることや、アプリの目的によって同じ機能がないということがあります。少しだけ臨機応変な対応が必要です。

例えば、図形へのテキストの追加は、PowerPoint では図形をダブルクリックすると、テキストが入力できますが、Word では図形内で右クリックし、「テキストの追加」から同様の機能が利用できます（ただし、Word で「新しい描画キャンバス」を作成し、その中で作図した場合は、ダブルクリックで、テキストが入力できます）。一方、先に説明したように編集記号は、Word では表示できますが、PowerPoint には表示機能そのものがありません。

●図形の連結

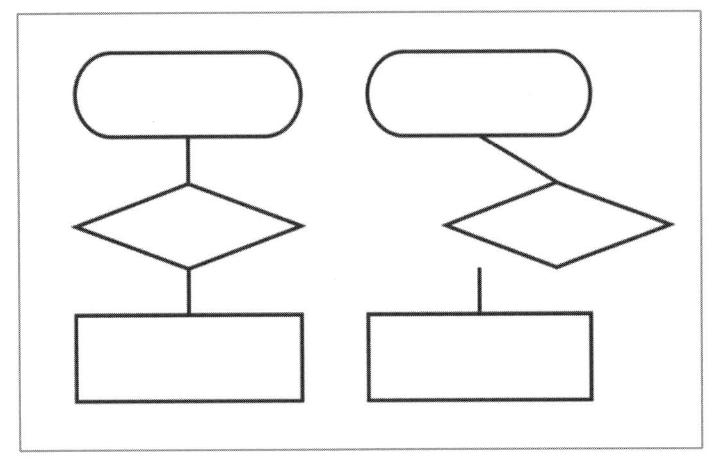

図形は線によって連結することができます。ただし、正しく連結しないとただの線と図形となり、図形を動かした時に、右の図の下の菱形と長方形の間の例のように連動して動きません。

連結するためには、図形を描き、図形を選択して表示されるハンドルが表示された状態で、ツールタブ「描画ツール」→「書式」タブの「図形の挿入」から線を選択し、マウスポインターを図形の上へ移動させると、ハンドルが、白丸から薄く塗りつぶされた色（灰色に白縁取り）の丸に変わります。この点が結合点です。図形の灰色の点の結合点から、もう一方の図形の結合点へドラッグ＆ドロップ操作をすると、線で連結されます。連結するとハンドルが濃く塗りつぶされた色（緑色）が変わります。連結後、線の太さ等は変更できます。

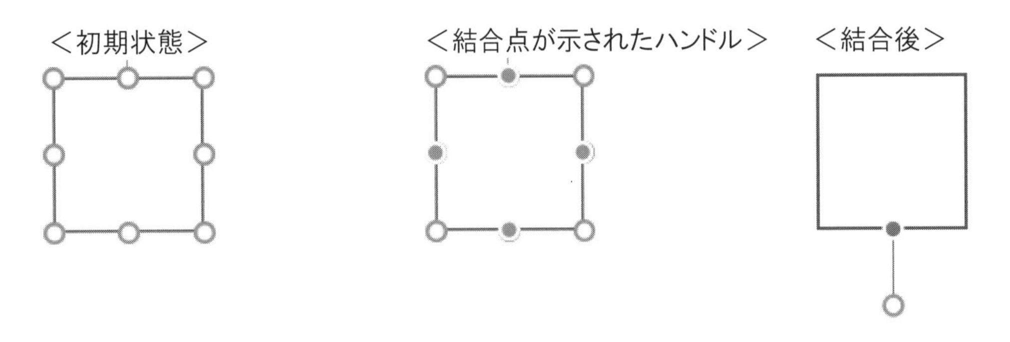

○文字列の折り返し（回り込み）

PowerPoint では、図形に対する文字列の折り返しに相当する機能がないため、Word で作成したデータを利用したオブジェクトの挿入をすることで PowerPoint でも同様の表示を行うことが可能です。

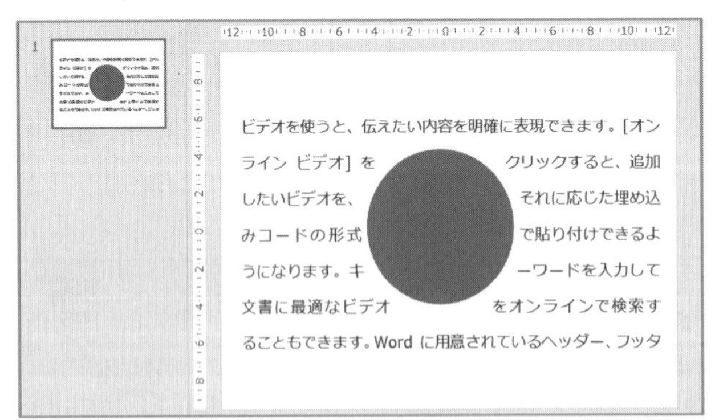

手順はやや複雑なため、オブジェクトの挿入という機能で、Office アプリ間で、データを相互に利用可能という紹介にとどめます。「挿入」→「オブジェクト」で「オブジェクトの種類を「Microsoft Word Document」を選び、貼り付けることで挿入できます。p.110 も参照してください。

■オブジェクトの順序

図形やテキストボックスなどの複数のオブジェクトを同一のスライド上に重なるように配置すると、後から配置（挿入）したオブジェクトが最前面になります。

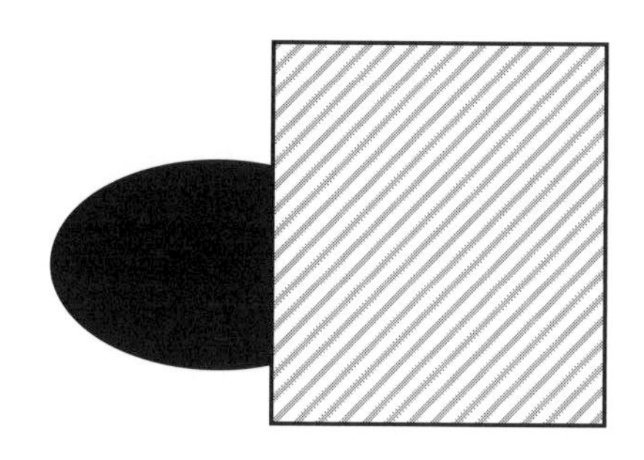

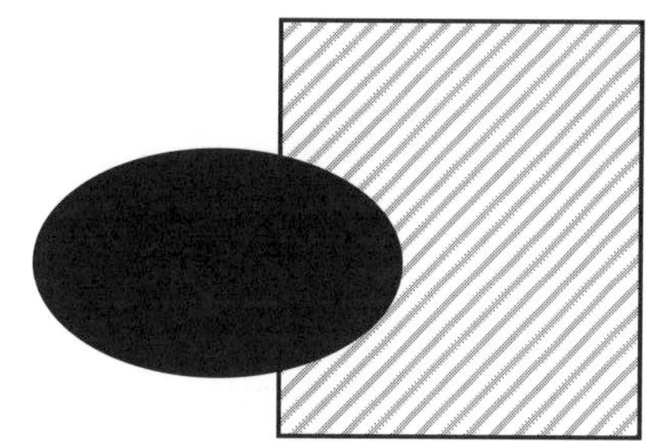

表示順序を変更したい場合は、オブジェクト上で、右クリックして表示されるメニューの「最前面へ移動」や「最背面へ移動」の中から、適切なコマンドを選択して変更できます。「ホーム」タブの「配置」からも変更可能です。

図形だけではなく、プレースホルダーや図形の一種であるテキストボックスも図形と同様に前面背面に移動できます。

順序の入れ替えは、オブジェクトごとのみ

右図のような互いが入れ子に重なり合っているような図形は、オブジェクトの順序で入れ替えて表現することはできません。

なお、いくつもの図形を組み合わせて、右のような作図をすることはできます。

練習3－2

オブジェクトの順序を入れ替えてみましょう。まず、1～3のテキストボックスへの入力と図形を作成します。

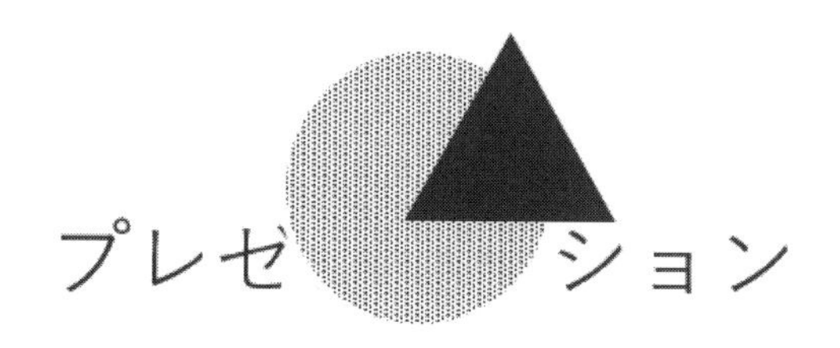

1. テキストボックスで「プレゼンテーション」を入力し、作成。
2. 次に図形で丸（塗りつぶしをパターン、線を白）を作成。
3. 最後に三角（塗りつぶしを単色、線を黒）の順に作成し、重ねます。

オブジェクトの順序を変えて、上の状態の配置から下のような状態の配置に変更します。

■位置調整

図形やテキストボックスなどの複数のオブジェクトを、左や中央などに揃えたい時があります。こんな時に使用するのが、オブジェクトの位置の配置を揃えるコマンドです。

＜元の配置＞

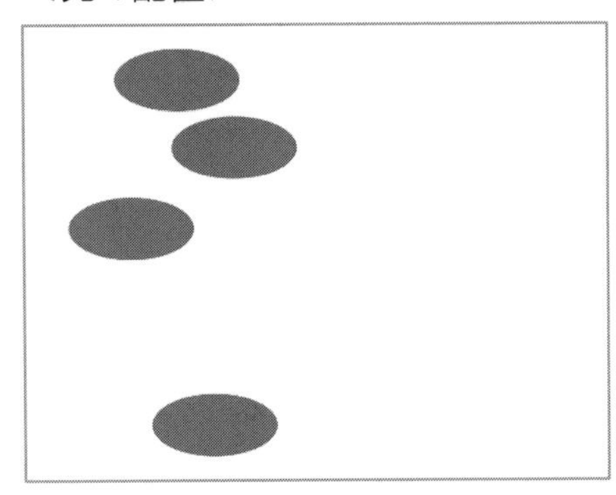

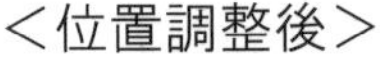

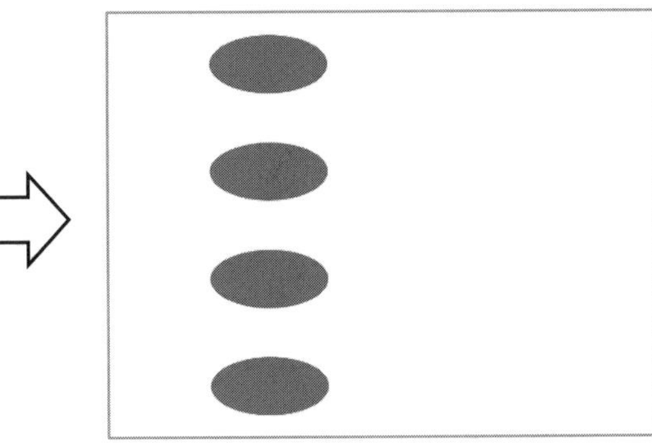

まず、複数の図形を、[Ctrl]キーを押しながら、選択したいオブジェクトをクリックします（または、選択したいオブジェクト全体をドラッグ操作で範囲指定して選択します）。

次に、「ホーム」タブの「図形描画」グループ→「配置」のオブジェクトの位置の「配置」の中から、適切なコマンドを選択して変更してください。例えば、上の例のように揃えるためには、「左右中央揃え」を選び、次に、複数のオブジェクトの上端と下端を基準にオブジェクトを均等間隔に配置する「上下に整列」を選んでください。

なお、このような同じ図形を複数作成したい場合は、ショートカットキーの[Ctrl]+[D]キーで選択している図形の複製が可能です。

> メモ：Office アプリでは、オブジェクトの複数選択は、[Ctrl]キーでも、[Shift]キーでも可能ですが、エクスプローラーでのファイル選択や Excel でのセルの複数選択は、[Ctrl]キーでのみ可能です。一方、エクスプローラーでのファイル選択や Excel でのセルの選択で[Shift]キーを用いると連続したファイルの選択や連続したセルの選択が可能です。

○簡易的な位置調整

図形をドラッグしようとすると、オブジェクトの端の位置が揃った場合や間隔が等間隔となった場合に、スマートガイドと呼ばれる補助線が表示され、オブジェクトの位置揃えに利用することができます。

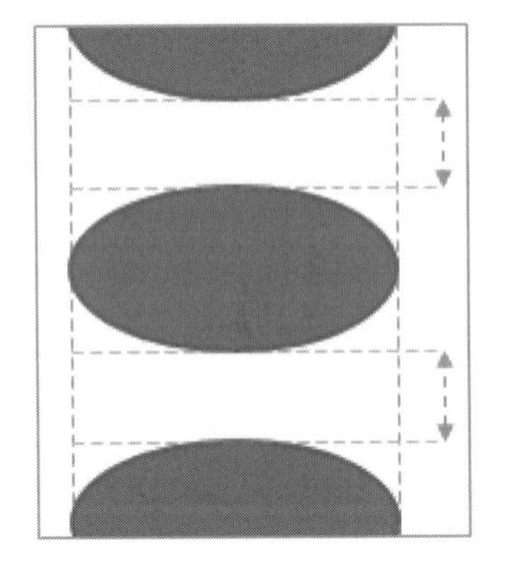

図形の形状や間隔の設定が単純な場合は、利用するとよいでしょう。

スマートガイドが表示されない場合は、「表示」タブ→「表示」グループのダイアログボックス起動ツールから、「グリッドとガイド」を表示（p.232 参照）し、「図形の整列時にスマートガイドを表示する」のチェックボックスにチェックを入れてください。

なお、「グリッドとガイド」のダイアログボックスでは、オブジェクトの位置を設定したグリッドに位置揃えする設定も可能です。

＜テキストボックスと図（画像）の位置揃え＞

図形だけではなく、図形（図形の一種であるテキストボックス）と画像（p.214 参照）や、図（画像）同士の位置揃えも可能です。

■グループ化

複数図形を選択し、グループ化するというコマンドがあります。通常は、図形をクリックすると一つのオブジェクトしか選択されません。しかし、二つ同時に動かしたい場合や図形をあわせて一つのような図形にしたい場合に利用します。

＜個別のオブジェクトの複数選択状態（左）、グループ化した場合のオブジェクトの選択状態（右）＞

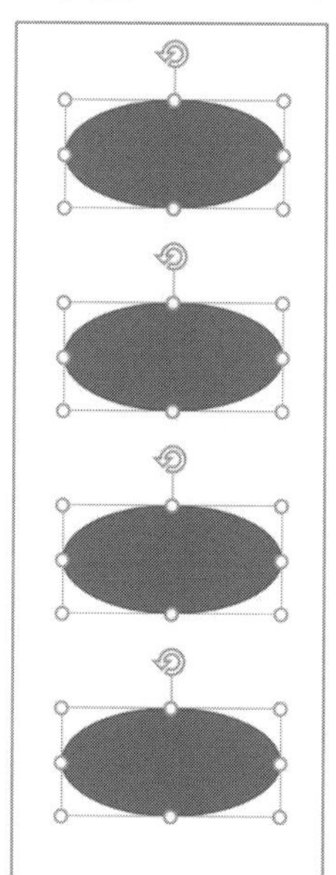

図形の位置調整の際と同様にして、複数の図形を選択してください。この状態のままいずれかの図形の上で、マウスの右クリックで表示されるコンテキストメニューの「グループ化」というメニューを選べば一つの図形として扱えます。

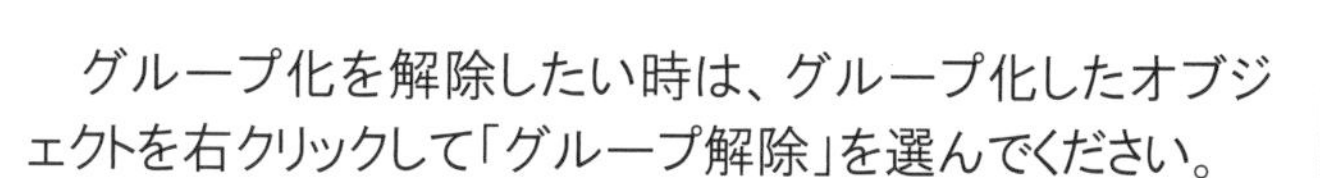

グループ化を解除したい時は、グループ化したオブジェクトを右クリックして「グループ解除」を選んでください。

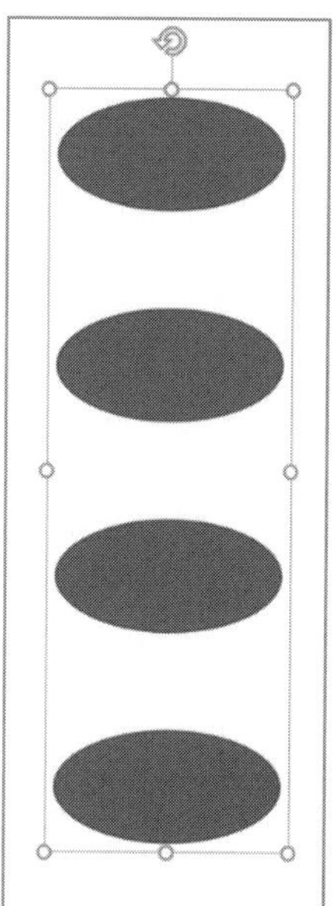

メモ：複数の図形を選択する方法は、削除するものを複数選択する時や一緒に移動させたい時やコピー＆貼り付けをして同じ図形を増やしたい時などにも使うことができます。複数選択すると、図形の書式を一括して変更することもできます。

なお、Word では、図形の文字列の折り返しが、「文字列の行内」の場合には、グループ化できません（p.110 参照）。

練習3－3

図形を二つ以上描き、グループ化したら、グループで一緒に移動するかを試してみましょう。

■画像

パソコンで写真などの画像を表示する際には、ラスタ形式の画像が使われます。ラスタ形式は画像を点（正方形のドット）の集まりにより、表現する画像描画方法の一つです。ベクタ形式の図形とは異なり画像は、拡大して表示すると、ドットの集まりであることがわかります。

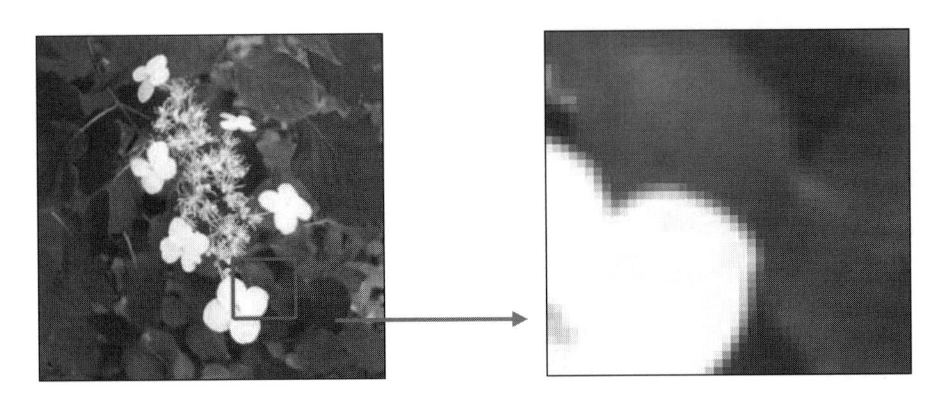

　ラスタ形式の画像は、拡大すると画像のギザギザが目立つことがあります。ビットマップ画像の代表的な形式は、jpg、png です。その他、画像処理アプリ等で扱える画像形式には、bmp、tiff など様々な形式が存在します。デジタルカメラで撮影した画像の記録には、jpg が最も一般的に用いられています。

　画像の挿入は、「挿入」タブ→「画像」グループの「画像」を選び、画像の保存してあるフォルダーから、ファイルを選択して、「開く」ボタンを押します。

　画像も他のオブジェクト同様に複数の画像の上下関係の順序を変えることができます。また、グループ化も可能です。

[Shift] キーを押しながらの画像の拡大・縮小

[Shift]キーを押しながら、サイズ変更ハンドルを使ってマウス操作により画像を拡大・縮小すると、画像の縦横比が崩れません。画像では縦横比の変更（歪み）は、不適切です。[Shift]キーを使用した拡大・縮小を行いましょう。

＜元の縦横比の画像＞

写真素材　足成
http://www.ashinari.com/

＜不適切な縦横比の変更をした画像＞

メモ：文字を画像にした場合も、縦横比を変更しないように利用しましょう。

●トリミング

画像の不要な部分を非表示にすることができる機能です。画像処理アプリがない場合でも簡易な変更が可能です。画像の表示範囲を変えるだけであり、元に戻すことができます。

編集したい画像を右クリックすると表示されるミニツールバーの「トリミング」のアイコンをクリックします（アイコンは、コンテキストメニューの上に表示されることもあります。）。

<左端中央のトリミングハンドルにより画像の左端の切り取りを行っている状態>

8カ所の黒いマークの部分をトリミングハンドルと呼びます。ドラッグ操作で移動させると、トリミングする範囲を決めることができます。完了したら、[Esc]キーを押すか、画像の外側をクリックします。

また、逆に余白を増やすということも可能です。なお、図形はトリミングできません。

トリミング後に不要な表示範囲を削除したい場合やファイルサイズを小さくしたい場合は、ツールタブ「図ツール」の「書式」タブの「調整」グループの「図の圧縮」から、「図のトリミング部分を削除する」を実行すると、非表示の画像部分のデータを削除できます。

練習3－4

以下の様々な図形を作成してみましょう。厳密な大きさは問いません。形や線の太さやを似せてみてください。

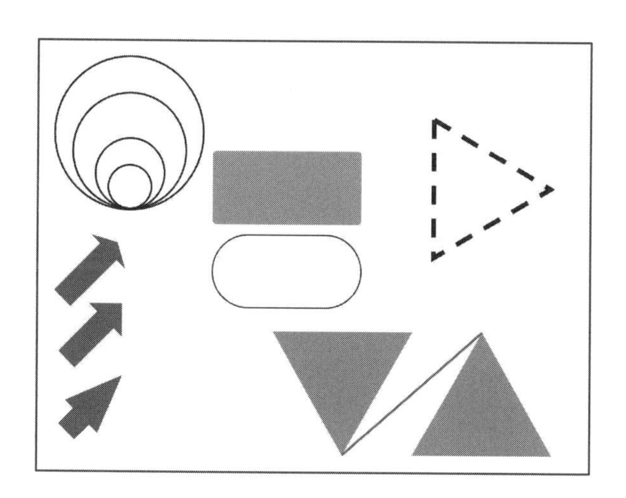

第4節　スライドマスター

スライドマスターとプレースホルダーを理解しないとPowerPointは使いこなせません。第1節、第2節で、フォントのサイズや色、段落設定の箇条書き記号や行間は、個々のスライド上で変更する説明を行ってきましたが、スライドのデザインのひな型であるスライドマスターを書き換えるのが、統一されたデザインの基本となります。

スライドマスターという用語は、スライドのひな型を決定している機能やメニューのタブの呼称としての「スライドマスター」という意味と、「スライドマスター」の設定の機能の中で、「タイトルスライド」や「タイトルとコンテンツ」のマスターとなる〔レイアウトマスター〕の元になるマスターの名称としての〔スライドマスター〕という意味の2つの内容を表すものとして使われています。これ以降、括弧の形状で区別しています。〔レイアウトマスター〕もあわせて括弧で表記します。

■〔スライドマスター〕と〔レイアウトマスター〕

「表示」タブ→「マスター表示」グループの「スライドマスター」をクリックすると、「スライドマスター」タブの表示とともに、マスター設定用の〔スライドマスター〕と〔レイアウトマスター〕のサムネイルと選択していたスライドのマスターの編集画面が表示されます。

マスターには、〔スライドマスター〕と〔レイアウトマスター〕がありますが、マスターに対する編集作業は、区別して行う必要があります。

●〔スライドマスター〕

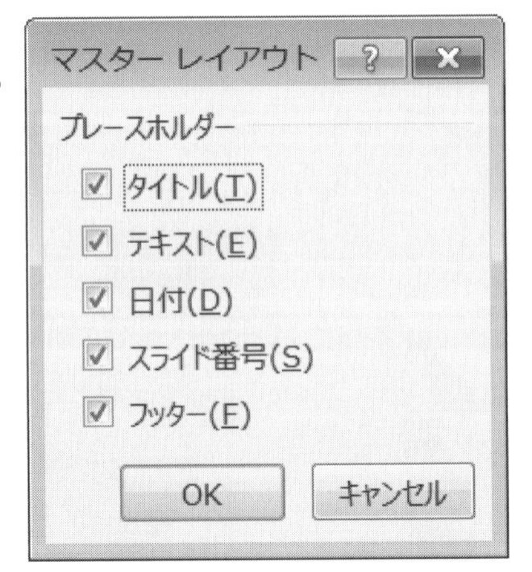

「スライドマスター」タブ→「マスターレイアウト」グループの「マスターレイアウト」をクリックすると、プレースホルダーに配置される5つの基本要素を確認できます。スライド番号や日付のように、マスターに設定しておくことで、ヘッダーとフッターの表示の設定(p.220参照)をすることで、表示が可能になります。不要な項目は、チェックを外してもかまいません。

〔スライドマスター〕は、ロゴの挿入、スライド番号の位置、タイトルや本文のフォントといったすべてのスライドに対して統一した変更を行う際に使用します。各レイアウトにおけるプレースホルダーの位置変更といった設定は、〔レイアウトマスター〕で個々に変更します。

●〔レイアウトマスター〕

〔レイアウトマスター〕は、〔スライドマスター〕によって統一して設定された書式等を、各レイアウトによって、プレースホルダーの位置や数の構成変更や、箇条書き記号の変更、特定のプレースホルダーのみのフォントの変更、フォントサイズの変更といったデザイン変更に使用します。

例えば、〔スライドマスター〕でフォントをゴシック体に設定しているが、タイトルスライドのタイトルのフォントのみを明朝体に変更したい場合は、〔レイアウトマスター〕の「タイトルスライド」のレイアウトの「マスタータイトル」のプレースホルダーのフォントを明朝体に変更します。つまり、〔スライドマスター〕の設定は、各〔レイアウトマスター〕に影響しますが、個々の〔レイアウトマスター〕の変更で上書きして変更することが可能です。言い方を変えると〔スライドマスター〕の設定より、〔レイアウトマスター〕の設定が優先されます。

〔レイアウトマスター〕で設定していても、個々のスライドの編集で設定変更することで、〔レイアウトマスター〕の設定も上書き設定が可能ですが、必要がないかぎり、個々のスライドで設定変更しなくてよいように、〔スライドマスター〕と〔レイアウトマスター〕で設定を整えます。

変更が済んだ後は、「スライドマスター」タブ→「閉じる」グループの「マスター表示を閉じる」を押すと、元の編集画面に戻ることができます。

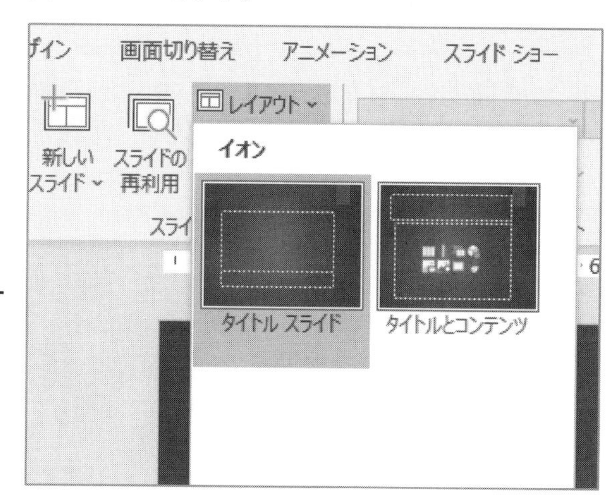

〔レイアウトマスター〕の削除

場合によっては、不要な〔レイアウトマスター〕を削除すると、「レイアウト」で新しく挿入するスライドの種類が限定されるので、使いやすくなります。この例は、二つのみにしたものです。

○プレースホルダーの挿入

「マスターレイアウト」グループの「プレースホルダーの挿入」から、必要に応じて様々なプレースホルダーを挿入することができます。挿入したいプレースホルダーをまず選び、テキストボックスや図形の挿入と同様のドラッグ操作で、挿入範囲を指定して配置します。挿入後にもサイズ変更が可能です。

プレースホルダーを増やすのは、既存のプレースホルダーをマスター内で複製することでも可能です。プレースホルダーの変更については、次のページ以降を参照してください。

■〔レイアウトマスター〕のプレースホルダーの変更

「タイトルとコンテンツ」のレイアウトと、そのマスターを例として示しました。ただし、「プログラミングの必要性は？」という枠は、プレースホルダーではなく、テキストボックスをスライドに挿入したものです。プレースホルダーやテキストボックスが確認できるように、ここでは枠がみえるように表示しています。

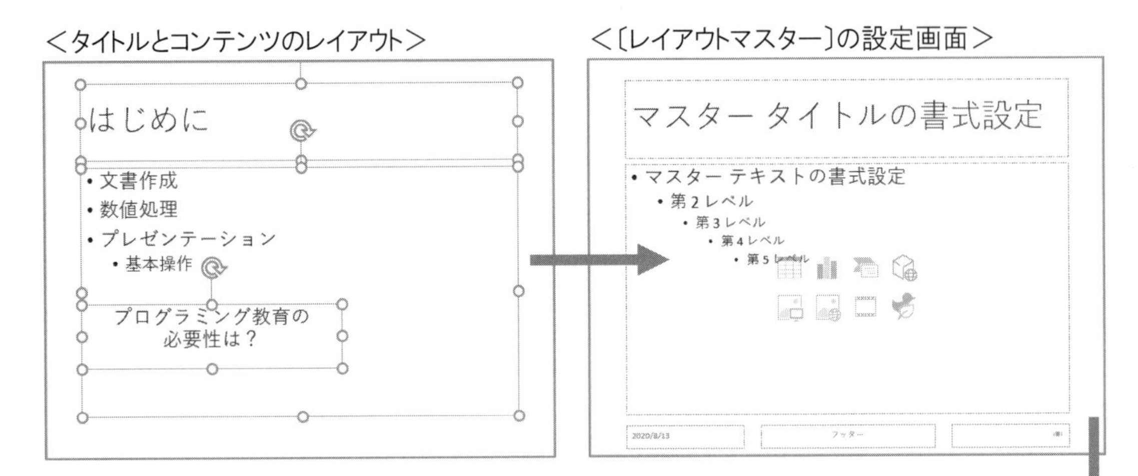

マスターには、「タイトルとコンテンツ」を設定するためのタイトルのプレースホルダーやテキスト(コンテンツ)のプレースホルダーがあります。テキスト(コンテンツ)のプレースホルダーには、箇条書き記号や文字サイズ、インデントが設定されていることが確認できます。また、テキストボックスは、ひな型であるマスターには、表示されません。

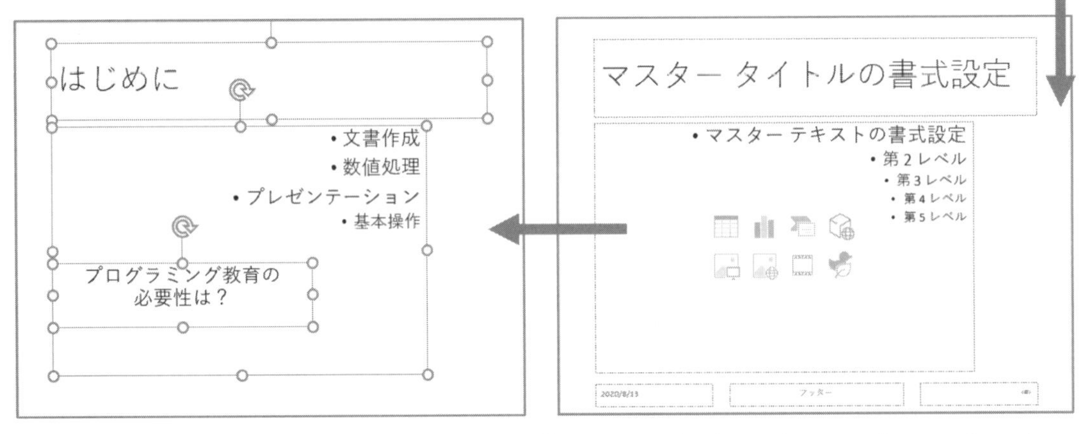

テキスト(コンテンツ)のプレースホルダー内の箇条書きを右揃えに変更し、プレースホルダーの右端を狭めたデザインに変更した場合(変更点がわかりやすいように変更は不自然な例を示しています。)、スライドの標準表示に戻ると、テキスト(コンテンツ)のプレースホルダー内の箇条書きが右揃えになっています。一方で、中央揃えで入力されたテキストボックスの位置や内容は、何も変更もされていないことが確認できます。

タイトルやテキスト(コンテンツ)のプレースホルダーの設定を〔レイアウトマスター〕において変更すると、マスターを利用しているスライドに設定変更内容が適用されますが、個々のスライドに設定した内容によっては、再適用(「ホーム」タブ→「スライド」グループの「リセット」を押す)が必要な場合があります。そのため、〔スライドマスター〕や〔レイアウトマスター〕の変更は、スライド作成の初期段階で行っておく必要があります。

新しく挿入するスライドでは、マスターを変更した新しいレイアウトのデザインのスライドが挿入されます。

<〔レイアウトマスター〕表示内でプレースホルダーをコピー＆貼り付けをし、二つのサイズを調整したもの>

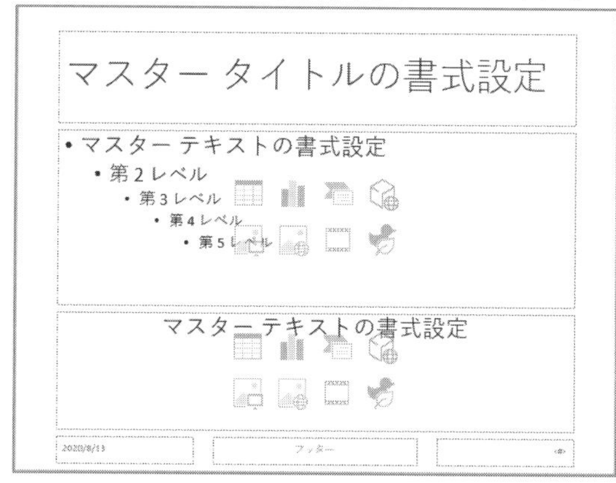

〔レイアウトマスター〕の編集画面で、プレースホルダーをコピーして貼り付けすると、プレースホルダーの追加として扱われます。アウトライン表示で、テキスト（コンテンツ）のプレースホルダーに番号が付与されて、文字列が表示されます。

<変更されたタイトルとコンテンツのレイアウト>

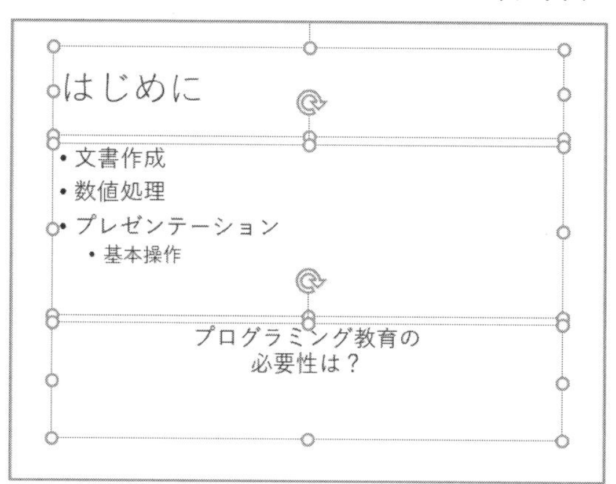

<左のレイアウトのアウトライン表示>

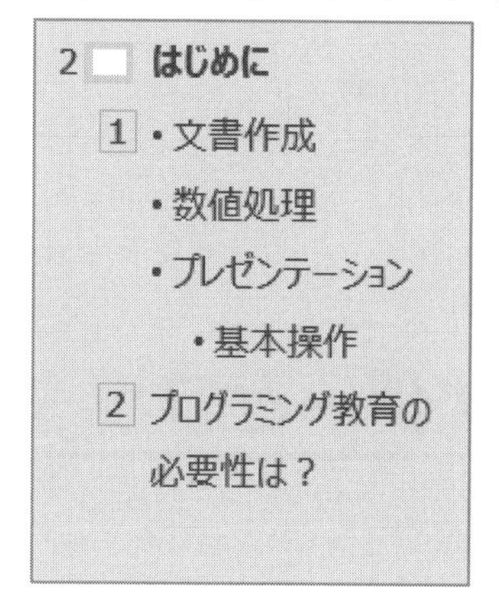

「プログラミング教育の必要性は？」の文字列を、左のページのテキストボックスを利用した文字列の入力ではなく、新しく作成したプレースホルダーに入力してあります。テキストボックスと、マスターで作成したプレースホルダーとの違いを理解しましょう。

●図のプレースホルダーの活用

初期設定のマスターに設定されているコンテンツのプレースホルダーは、テキストにも、様々なオブジェクト（表、グラフ、図など）にも使えるように設定されています（p.197 参照）。図しか利用しないプレースホルダーが必要な場合は、図のみで利用できるプレースホルダーを挿入して利用しましょう。

複数のスライドの同じ位置で異なる図を配置するような場合、〔レイアウトマスター〕に図のプレースホルダーを挿入（p.217 参照）しておくと、各スライドで同じデザインにすることできます。

図のプレースホルダーで設定したサイズに対して、挿入する元の図の縦横のサイズのいずれか小さい方に合わせて自動でトリミングされて、縦横比が崩れることなく挿入されます。自動でトリミングされて表示されても問題ない場合、例えば、図（写真画像）のどの部分が表示されても、図のイメージとして印象が変わらない場合、プレースホルダーのサイズを正方形に設定しておくと、横長の図でも、自動で正方形にトリミングされて表示されるため、デザインが崩れません。なお、「図の書式設定」の作業ウィンドウのトリミングの項目のトリミング位置から、トリミングを調整することができます。

> メモ：プレースホルダーもテキストボックスと同等の機能を持つため、「図形の書式」タブ→「図形の挿入」グループの「図形の編集」のドロップダウンリストの「図形の変更」から、四角形の形状から、円形や三角形に変形できます。このように変形すると図のトリミングの形状が、円形や三角形になります。

■繰り返し同じレイアウトデザインを使う

〔スライドマスター〕や〔レイアウトマスター〕を使うことで、プレゼンテーション全体で同じデザインのスライドを提示することができます。統一感が生まれ、聴衆はスライドが変わったときにスライドのどこに視点をもっていけば、タイトルを見ることができるのか、あるいは、どこを見ればタイトルの次の情報を見ることができるのかということを事前に把握できます(p.230 参照)。スライド毎のタイトルの位置を揃えることや、プレースホルダーの左端から文頭の位置が常に一定の余白が取るということを、マスターを用いずに揃えることは非常に労力がかかります。「スライドマスター」をしっかり活用しましょう。

<(例)タイトルの位置がバラバラ>

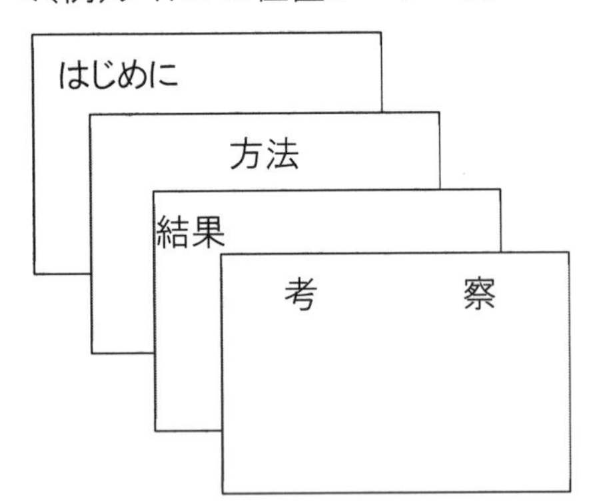

<(例)タイトルの文頭位置が揃っている>

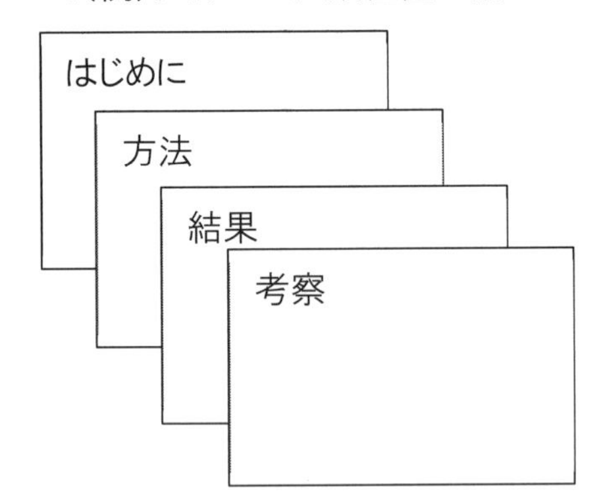

■ヘッダーとフッター

〔スライドマスター〕にあるヘッダーとフッターで、有効なのは、スライド番号の表示です。

左の例では、マスターでスライド番号のフッターの枠を大きくし、塗りつぶしを黒色として、文字の色を白にしたものです。

ただし、〔スライドマスター〕に設定されていても、「挿入」タブ→「テキスト」グループの「ヘッダーとフッター」の設定のチェックボックスがチェックされていないと表示されません。

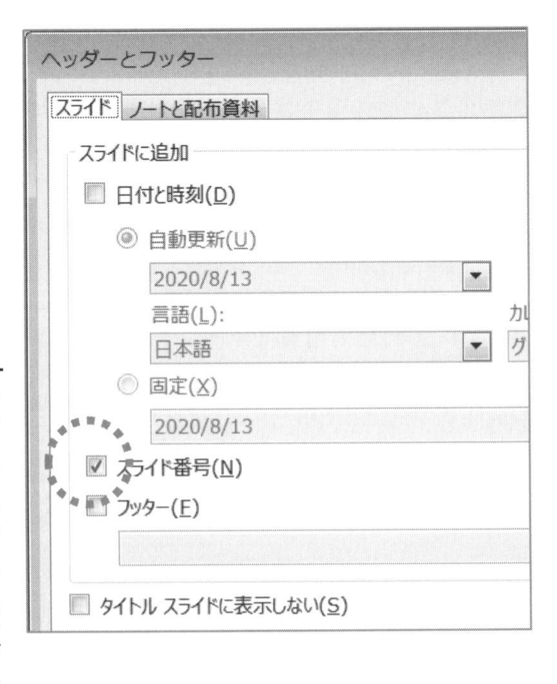

スライド番号のチェックボックスにチェックを入れ、「すべてに適用」ボタンを押します。スライドのすべての隅に、スライド番号が表示されます。タイトルスライドにはいれないことが多いですが、ここでは入れた例を示しています。フッターは通常下部にありますが、位置は〔スライドマスター〕上で変更可能です。

スライドには番号を

プレゼンテーションが終わったあと、聴衆から質問がでますが、スライド番号を入れておくと何枚目のスライドだったかわからないということが減り、お互いに右往左往することが防げます。例えば、合計 13 枚のスライドであれば、総スライド枚数を、〔スライドマスター〕に入力し、ページ数をフッターで設定し、1/13、2/13・・・というように各スライドに自動でスライド番号が変わる表示する設定にすると、あと何枚で終わるのかがわかり、聴衆は落ち着いて、発表を聞くことができます。

第5節　その他の機能

■背景

スライドの背景を色で塗りつぶすことや、画像を入れることができます。背景に写真を設定すると、他の操作のときに、誤って移動させることがありません。

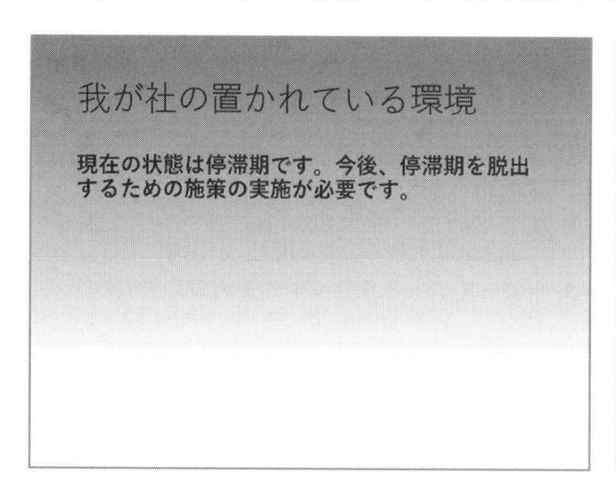

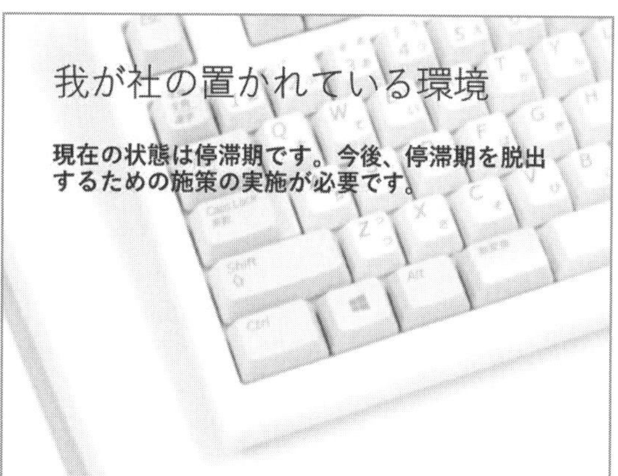

「デザイン」タブ→「ユーザー設定」グループの「背景の書式設定」を選択してください。「背景の書式設定」では、単色やグラデーションでの「塗りつぶし」の他、画像を利用することもできます。画像ファイルを利用する場合は、「塗りつぶし（図またはテクスチャ）」を選び、画像ソースの「挿入する」のボタンを押してください。なお、スライド上で、右クリックしても、同様に「背景の書式設定」の作業ウィンドウが表示されます。

＜画像の読み込み先を指定するウィンドウ＞

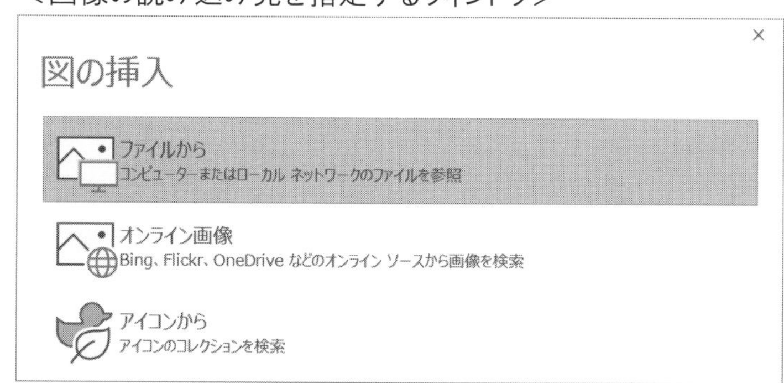

設定変更は、表示している1枚のスライドのみに行われますが、設定後に最下部にある「すべてに適用」のボタンを押すと、すべてのスライドに変更が反映されます。なお、すべてに適用すると、個々のスライドを変更するのとは異なり、〔スライドマスター〕や〔レイアウトマスター〕も一括して変更されます。

練習5－1

1. 3枚の白紙のスライドを作成し、複数枚あるスライドのうち、スライド1枚だけの背景を「塗りつぶし」で、何か別なものに変えてみましょう。

2. 3枚の白紙のスライドを作成し、複数枚あるスライドのうち、スライド1枚だけの背景に画像を挿入して変えてみましょう。

写真素材 足成
http://www.ashinari.com/

■検索と置換

検索と置換機能は、Word や Excel と同様に使えます。PowerPoint の有用な機能として、フォントの置換機能があります。

●フォントの置換

例えば、共同作業で、それぞれ異なる PC 環境で制作したファイルを統合した際に、フォントが統一されていないことが、よく生じます。フォントを統一するには、「ホーム」タブ→「編集」グループの「置換」から「フォントの置換」を選んでください。

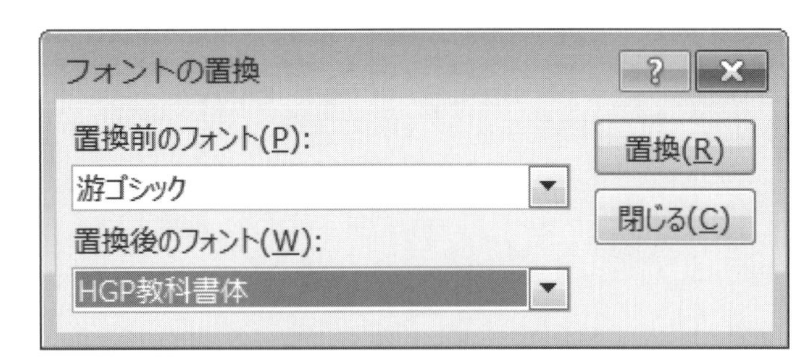

「フォントの置換」のダイアログボックスでは、置換前のフォントに使用されているフォントの一覧がドロップダウンリストに表示されるため、その中から置換したいフォントを選び、「置換後のフォント」の一覧から希望のフォントを選択し、「置換」のボタンを押します。

〔スライドマスター〕や〔レイアウトマスター〕で設定されているフォントの場合には、「スライドマスター」の設定画面を開いていないときでも、〔スライドマスター〕や〔レイアウトマスター〕で設定されているフォントも変更されます。

■テンプレート・テーマ・デザインアイデア

テンプレート、テーマ、デザインアイデアを利用して、デザイン性の高いプレゼンテーションを作成することができます。

<テンプレートの一つ>

これらの利用は、誰が制作しても同じデザインとなってしまうため、その利用は、簡易なプレゼンテーションにとどめるか、デザインの参考にする程度にしましょう。

テンプレート、テーマ、デザインアイデア適用後のマスターを確認してください。どのようにこれらのデザインが実現されているのかを確認することができます。例えば、画像が配置されているだけなのか、あるいはプレースホルダーが塗られているのか等を確認し、設定変更によるデザイン構築の理解につなげましょう。

<適用前>

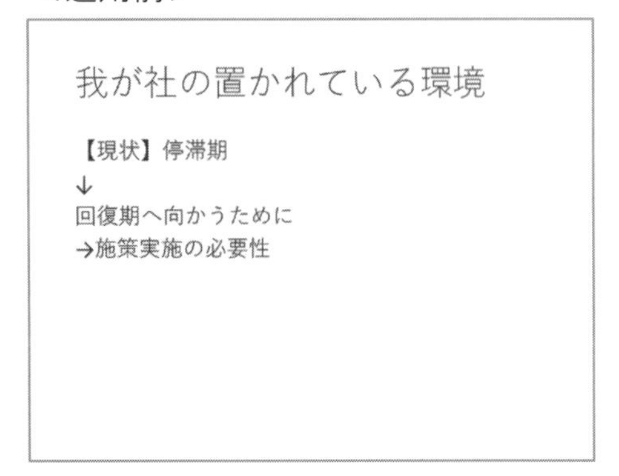

<テーマ、デザインアイデア適用後>

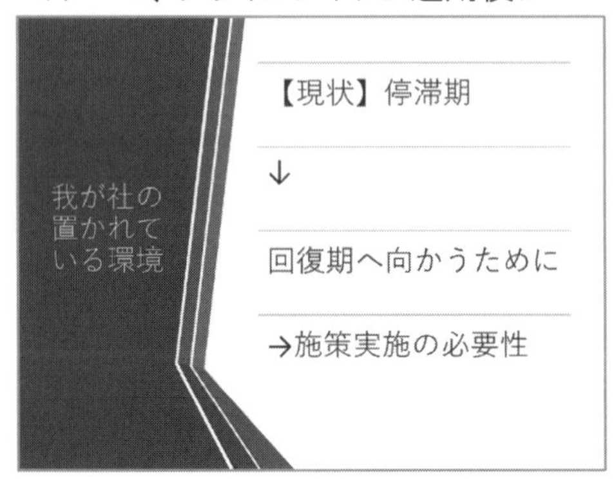

■アニメーション

スライド中の文字や図形などのオブジェクトを動かすことができます。この機能は「アニメーション」と呼ばれるものです。

アニメーションを使うとなんだか格好のいいプレゼンテーションになった気がします。しかし、たいていの場合、満足しているのは作者だけで、聴衆は飽きたり、いらいらしたりします。文字や絵が動かない方が、スライドを注視できます（p.236 参照）。ここでの説明は、ごく一部にとどめます。

アニメーションを設定した図形や文字列を選択して、「アニメーション」タブ→「アニメーション」グループから、アニメーションを設定します。「効果」、「効果のオプション」、「アニメーションの詳細設定」グループ→「アニメーションウィンドウ」や「タイミング」グループから、アニメーションのタイミングなどを変更できます。

＜アニメーションの種類＞

＜効果のオプション＞

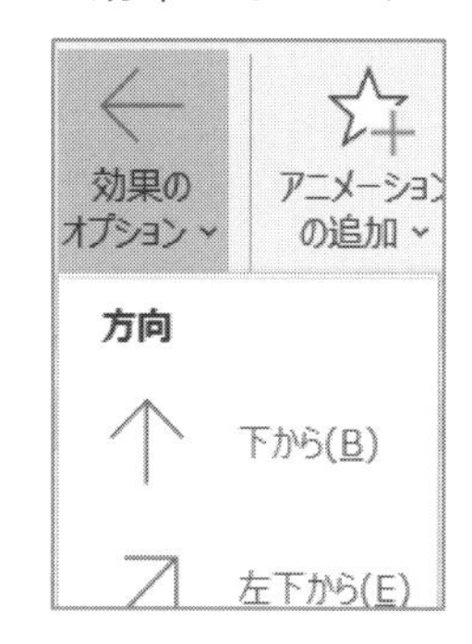

＜アニメーションウィンドウ＞

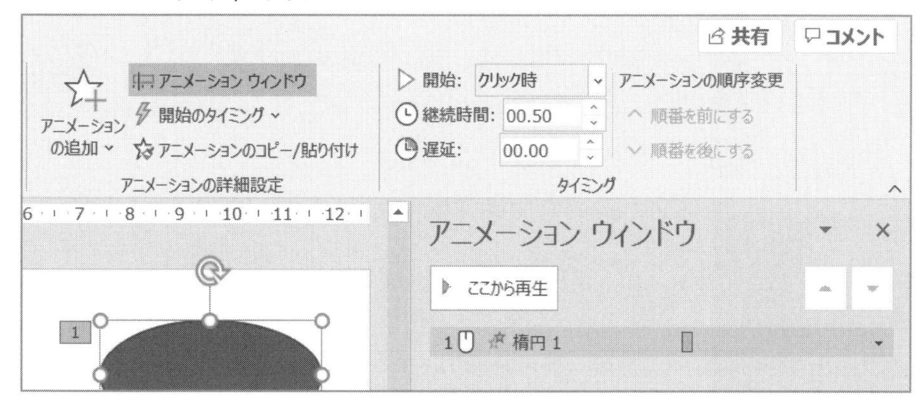

＜スライドインのダイアログボックス＞

効果の設定後に、「アニメーション」グループのダイアログボックス起動ツールが、オンになります。ダイアログボックスでも詳細な設定変更ができます。なお、アニメーションの種類によって表示されるダイアログボックスの設定内容は異なります。

■画面の切り替え

「画面の切り替え」タブで、指定できます。アニメーションに比べ、画面の切り替えは効果的に使用する方法があります。同じようなレイアウトのスライドが続くと、スライドが変わったかどうかわかりにくい時があります。動作の極端なものを避けて利用するとよいでしょう。

「画面の切り替え」タブ→「画面の切り替え」グループの「アンカバー」を選びます。「アンカバー」は、紙芝居のような切り替え処理です。

＜画面の切り替えの例(アンカバー)＞

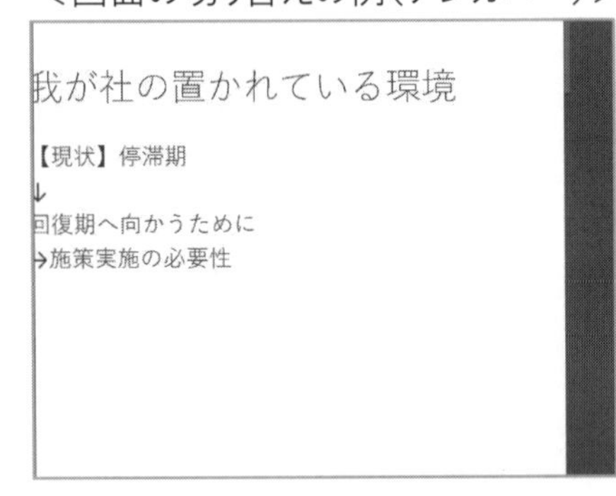

「タイミング」グループの「期間」を、「01.25」程度に設定すると、スライドが変わったことがはっきりと聴衆にわかるのでよいでしょう。

（左の例では、コマ送りで表現しています。）

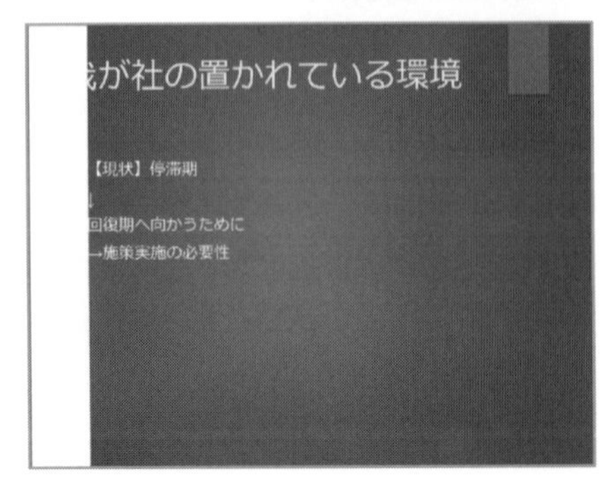

■様々な表示画面

標準とアウトライン表示以外にも、スライド一覧、ノート、閲覧表示があります。

＜スライド一覧の例＞

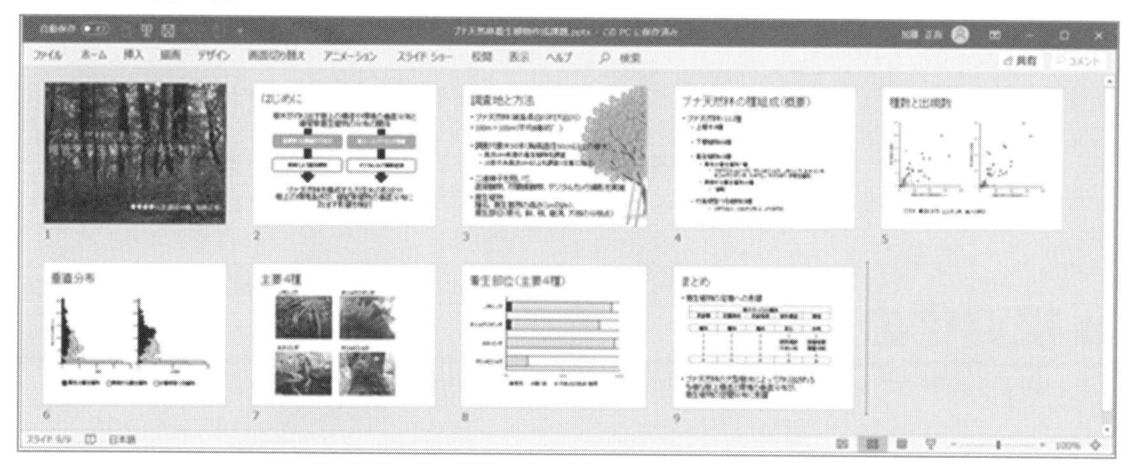

「表示」タブ→「プレゼンテーションの表示」グループから変更可能です。

スライド一覧は、作成したスライドを縮小して表示できます。同時に複数枚のスライドをみることで、話の流れなどがおかしくないかを確認し、スライドを入れ替える際に使用します。スライドの順番は、ドラッグ＆ドロップ操作で自由に入れ替えられます。

標準とアウトライン表示でのノートは、スライド下部のステータスバーのアイコンから表示させることができます。

■配布資料

配布資料として複数のスライドを１枚にまとめて印刷することができます。

＜配布資料（A4 縦向き用紙）の例＞

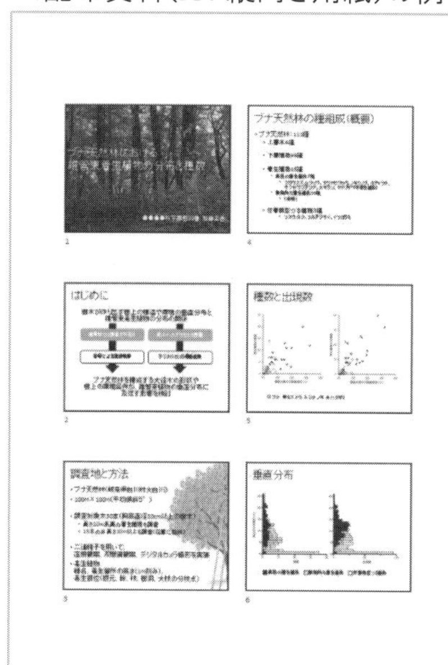

「ファイル」タブ→「印刷」→「フルページサイズのスライド」のドロップダウンリストで「配布資料」から、最大１枚に9枚のスライドをまとめて印刷することができます。

ただし、スライドの縮小版の配布資料をプレゼンテーション前に配付すると、プレゼンテーションへの集中力がそがれます。また、配布資料だけをみて、内容を理解することはできないため、プレゼンテーションの内容の本質を理解してもらうためには、プレゼンテーションの内容を文書資料として再構築し、配付すべきでしょう。研究内容の発表を例に取れば、スライドで研究内容をプレゼンテーションし、論文を配付するというイメージです。

第6節　情報の配置・提示

テキストや図形の配置は、適切に提示すると聴衆によりわかりやすくなります。情報の配置や提示で気をつける二つの点（負荷を減らす、障害を作らない）に注意して情報を配置・提示しましょう。

無駄な装飾を省き、複数枚のスライドを全体で統一的な情報配置にしましょう。例えば、スライドや図のタイトルの位置を統一するのはもちろん、フォントや色もいずれのスライドでも同一とする、図解で矢印を使うのであれば、常に同じ色や大きさの矢印で話の流れを作る、同じ横軸を使ったグラフであれば、すべてのスライドで横軸の幅や目盛設定を同一にする、横書きであればスライドの左上から右下に向かって話の流れが進むなどです。情報を適切に配置すると、短い時間で内容を聞き取らなければならない聴衆の理解を助けます。

■視覚化の意味

人が、視覚、聴覚、嗅覚を使える場合、主に視覚に頼って情報を得ます。

＜五感による知覚割合＞

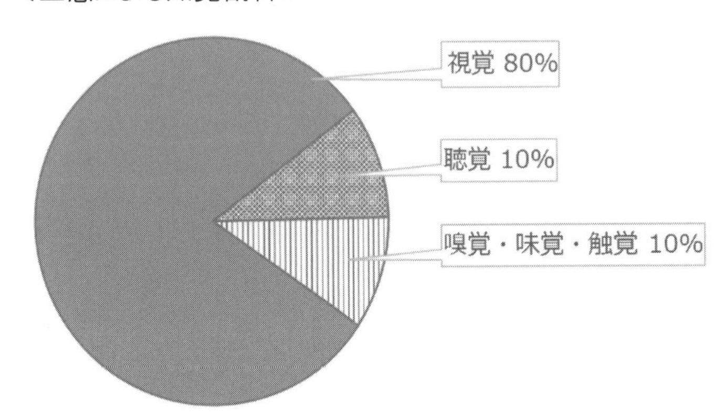

情報を得るために占める割合が高い視覚や聴覚を利用するためにも、視覚化（視覚資料）し、聴覚化（口頭発表）することがプレゼンテーションで必要です。

■プレゼンテーションの表現

文字による文章や箇条書き、数による数値や表やグラフ、イメージによる記号や地図や写真、またこれらの文字や数やイメージの要素を図形化して、構造や関係や変化などを表す図解があります。

文字　→文章、箇条書き
数　→数値、表、グラフ
イメージ　→記号、地図、写真
図解　→要素を図形化（構造、関係、変化）

研究の世界では、グラフが一番使われますが、箇条書き、表、グラフ、画像以外にも、図解によって視覚化することがあります。

●図解

図解とは、図表や画像、文字や図形などを組み合せて、概念やアイデアを表現したものです。図解には大きく分けて二種類あり、人への情報伝達を目的としたものと、自分自身の思考を整理するためのものがあります。ここでは、プレゼンテーションに必要な前者のみを簡単に説明します。研究発表の場合は、はじめに、目的、解析方法などで図解を用います。

プレゼンテーションでの図解は、図表や文章だけを用いる説明より、聴衆に理解してもらえることがあります。図解で表現する場合に重要なのは、論理的な考えを元に作成することです。項目を図の中に入れ込むということは分類・グループ化するということを表現します。図と図の位置関係・並びや線・矢印で結ぶということは連関や上昇・下降や拡散・集合や因果関係といったつながりを表現します。あるいは線で結ばない時は独立していることを表現する場合もあります。因果関係や時間的順序のないものを矢印で結ぶことのないように注意しましょう。

ただし、文字や数値のように形式化された以外の情報や属人的要素を持つため、一般的な構造・ルールを守っていない図解の場合は相手に情報が伝わりません。また、守っていても共通理解があるかどうかは容易には判断できません。下の例をみてみましょう。

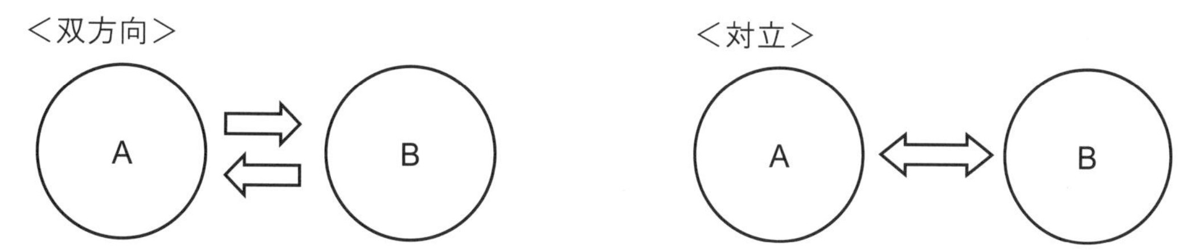

例えば、矢印が双方の因子に向いていても、双方向性の表し方と、対立の表し方は違います。場合によっては、対立を聴衆が対立の図解と捉えるという共通理解があるかも、難しい場合もあります。下の例の方が、対立を表せているかもしれません。対立ではなく衝突と取る人もいるかもしれません。矢印だけではなく、文字を入れるのもよいかもしれません。図解に関する書籍を参考にして共通理解が得られる（得られやすい）図解を選択してください。

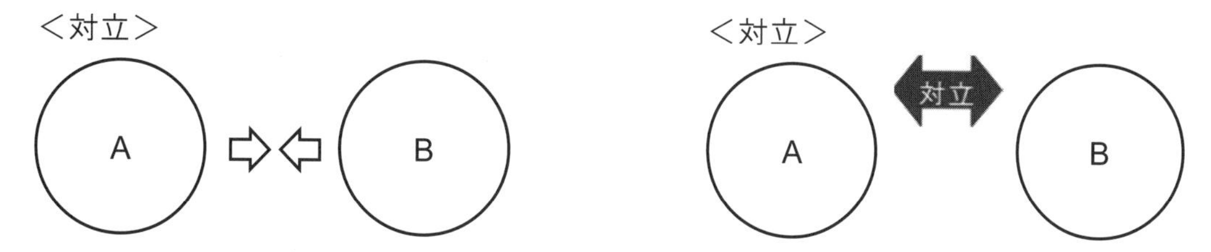

図解で注意が必要なことは、図を説明するプレゼンテーションに陥りがちだという点です。プレゼンテーションで重要なのは、図で説明することです。つまり、図解を使う時に、図の構造を説明することが目的ではなく、図解により伝えたい情報の理解を促すことが目的です。気をつけましょう。

●SmartArt グラフィック

より複雑な構造をもった図形群がはじめから用意されている SmartArt グラフィックがあります。情報の構造化の参考にするのもよいでしょう。

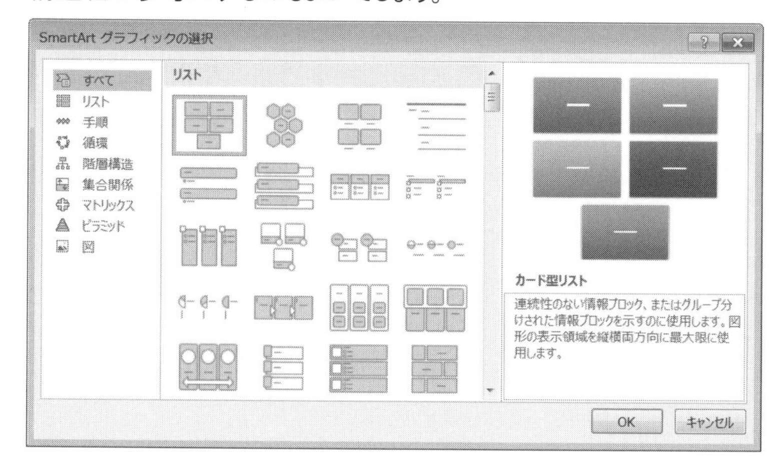

「挿入」タブ→「図」グループの「SmartArt」を選択して、選択画面を表示することができます。

■負荷を減らし、障害を作らない

短時間で理解してもらうためには、提示する情報について、1枚のスライドあるいは複数枚のスライドを通して、視線の誘導を意識したり、属性を減らしたり、構造化をする必要があります。構造化すれば、口頭発表時も説明を容易にすることができるようになります。

視線の誘導、揃える、虚飾の排除、構造化、作業記憶の節約、色を情報として使わないの6点を理解することで、プレゼンテーションが相手に理解してもらえる割合があがります。これら6点は、相互に関連している部分もあります。

■視線の誘導

視線の誘導、配置、行間などでリズムを作ります。

良い例）左揃えを基本とした視線の誘導

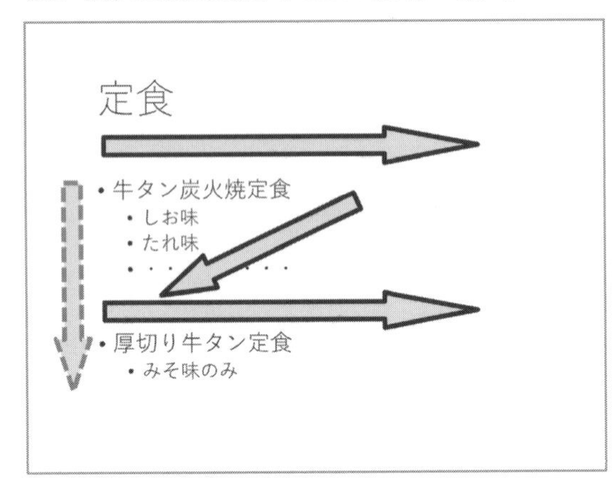

良い例）中央揃えを基本とした視線誘導

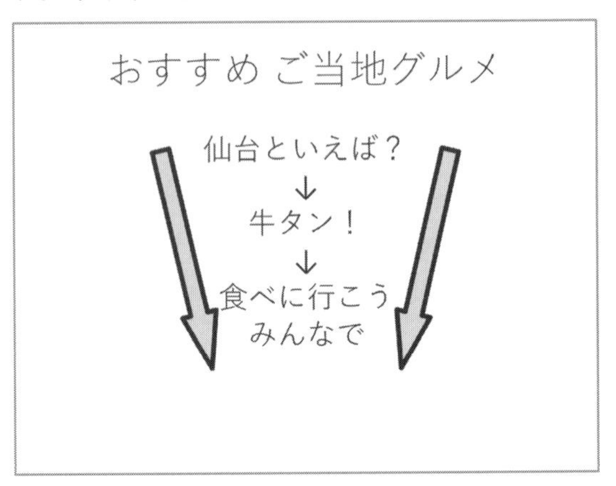

左揃えを基本とした箇条書きのような場合では、Z 型のような視線の誘導となりますし、最後に結論があるような場合では、中央揃えのような視線の誘導となります。学会発表では、多くの場合は、Z型が多く用いられます。

悪い例）行間が詰まりすぎ。

クローナル成長の例
• 非散布型
  • 枝
    • 萌芽枝：カツラ、コナラ
    • 匍匐枝：シロツメクサ、チドメグサ
    • 走出枝：オランダイチゴ、ユキノシタ
  • 地下茎
    • 鱗茎、球茎、塊茎（ほぼ移動せず）
      順に、タマネギ、コンニャク、ジャガイモ
    • 根茎（移動する）
      モウソウチク、チシマザサ
  • 根
    • 根上不定芽：ヤブカラシ、アカメガシワ
    • 塊根：サツマイモ、ヤブラン

良い例）行間や段落間が適切に空いている。

クローナル成長の例
• 非散布型
  • 枝
    • 萌芽枝：カツラ、コナラ
    • 匍匐枝：シロツメクサ、チドメグサ
    • 走出枝：オランダイチゴ、ユキノシタ

  • 地下茎
    • 鱗茎、球茎、塊茎（ほぼ移動せず）
      ：順に、タマネギ、コンニャク、ジャガイモ
    • 根茎（移動する）
      ：モウソウチク、チシマザサ

  • 根
    • 根上不定芽：ヤブカラシ、アカメガシワ
    • 塊根：サツマイモ、ヤブラン

左の例では、行間が詰まりすぎています。段落の間が空いていないため、階層が判別しにくくなっています。右の例では、同じフォントサイズを使っていますが、行間を適切に設定し、段落間も間隔をとり、一定のリズムがあるように文字列を配置して、階層を捉えやすくしています。

●文頭に配置される語句を選ぶ

長い文章を書く必要がある場合、プレースホルダーの右端にたどり着く前に、文頭にくるとよい字句を選び、[Shift]+[Enter]キーによる改行（段落内改行）を行います。連続して読んで欲しい語句が切れないように、かつ可能な範囲で重要な語句が文頭に来るようにします。

悪い例）

**•現在の状態は停滞期です。今後、
停滞期を脱出するための施策の実
施が必要です。**

良い例）

**•現在の状態は停滞期です。
今後、停滞期を脱出するための
施策の実施が必要です。**

ただし、このように長い文章は、箇条書きや記号を利用した図解を用いた方が、よりよい場合があります。

練習6－1

段落の設定を、改段落と改行（段落内改行）と合わせて、箇条書きのダミー文章を用いて設定をしてみましょう。なお、ダミー文章の内容は、Word とは異なります。

「タイトルとコンテンツ」の新規スライドを用いて、テキスト（コンテンツ）のプレースホルダーに「=rand(4,1)」と入力して得られるダミー文章を利用します。入力後、4つ箇条書きの間にある3つの改段落を削除して、右図のようにしてから行ってください。

• The quick brown fox jumps over the lazy dog.
• The quick brown fox jumps over the lazy dog.
• The quick brown fox jumps over the lazy dog.
• The quick brown fox jumps over the lazy dog.

テキスト（コンテンツ）のプレースホルダーに以下の設定を行います。

1. テキストボックス（プレースホルダー）：自動調整なし（p.202 参照）。
2. フォント：Arial、サイズ：28（p.200 参照）。
3. インデント、テキストの前：0.5cm、最初の行：ぶら下げ：0.5cm（p.205 参照）。
4. 段落前：0 pt、段落後：24 pt、行間：倍数—間隔：0.8（p.205 参照）。

上記の設定を行った後、以下の箇条書きの設定をしてください。画像には、PowerPoint では表示されない段落記号を加工して加えています。箇条書きの段落では、各文末の改段落は、すでに入力されています。したがって、1から4の設定を指定すれば、改行（段落内改行）のみで、以下の表示が実現できます。

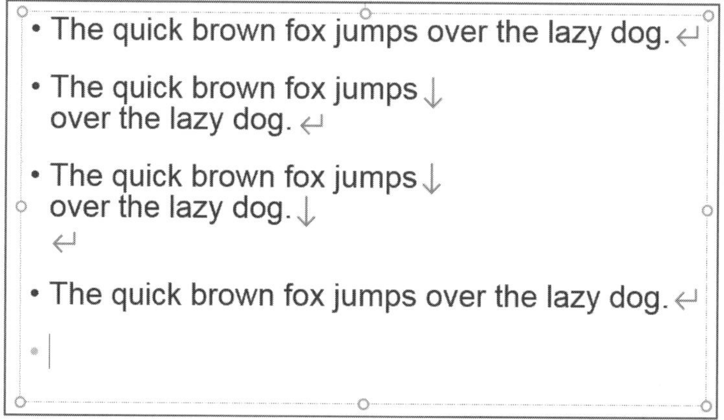

すべての段落間は、段落後の 24 pt の設定で空いていますが、三つ目と四つ目の段落の間はその設定に加えて、文頭記号が付かずに、行に文字のない1行分が空いています。この三つ目と四つ目の間の行の空け方は、段落前後の間隔を空けない設定の際に行を空ける有効な方法の一つです。改段落の前に改行（段落内改行）を行うと、行に文字のない行を作れます。つまり、三つ目は、二つ目の段落の文章の後に改行によって空白の1行を付け加えていた状態になっています。

■揃える

視線を誘導するためには、揃えるべきところが揃え、余白をとる必要があります。

●余白をとって揃える

左右上下とも、適切な余白をとることは、視線の誘導にとって重要です。余白をとった上で、「タイトル」と「テキスト(コンテンツ)」のプレースホルダーの左端が揃うようにしましょう。テンプレートでは、一般に良い例のレイアウトに、プレースホルダーが配置されています。

悪い例)

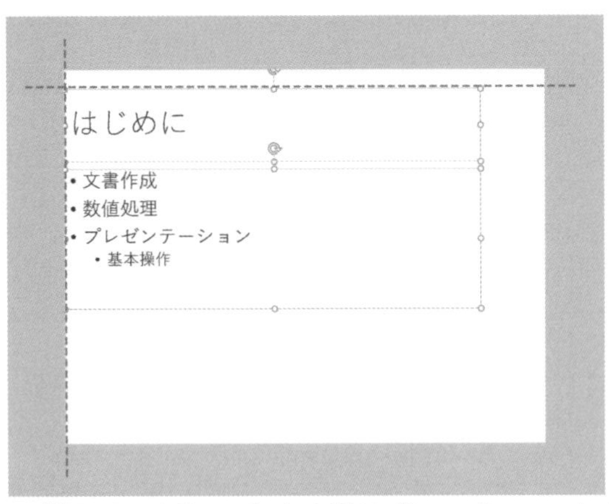

良い例)

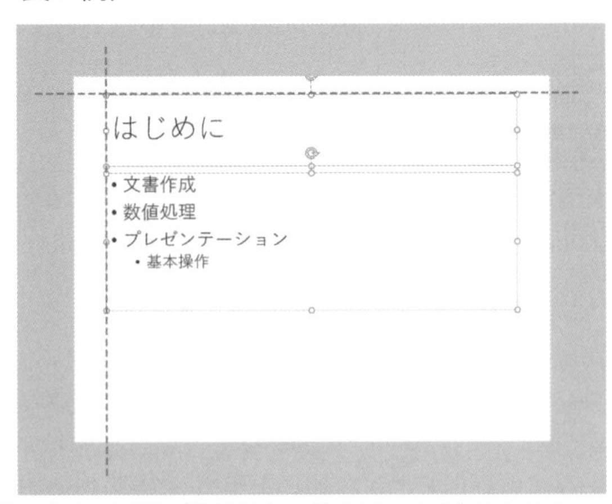

揃えるつもりで、余白を設けずに、プレースホルダーを左の端に揃えるというのは、よくありません。

○タブセレクターによって項目の間隔を揃える

Word と同様にタブセレクターが使用できます(p.74 参照)。PowerPoint には編集記号がないため、少しわかりにくいですが、Word 同様に語句を[Tab]キーにより区切り、タブセレクターを用いて、揃えます。下の例では小数点揃えタブにより、3つの数値の小数点の位置を揃えています(異なる桁数でも、小数点の位置で揃えることができることを示すために、桁数が不自然に異なるものを使用しています)。

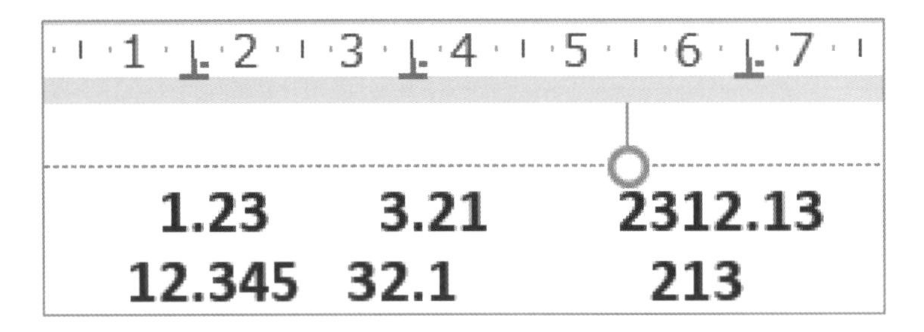

ここでは、1.5 字、3.5 字、6.5 字のところに小数点揃えのタブマーカーを設定しています。桁数に関係なく、小数点の位置を揃えることができます。なお、文頭の数字の前にもタブが入力することで、一つ目の項目にも小数点揃えタブが設定可能です。

1行の段落単位でも、複数の段落単位でも設定が可能です。なお、文が2行以上に渡る場合、[Tab]キーにもとづくタブセレクターでの段落の設定は困難です。

> メモ:ルーラーの表示は、「表示」タブ→「表示」グループの「ルーラー」のチェックボックスにチェックを入れてください。

●文字だけではなく、図形や画像も位置を揃える

グリッドデザインは、誰にでもシンプルで安定したデザインの構築が可能です。皆さんがよく目にする雑誌や Web サイトの多くはこのようなグリッドデザインで構築されています。

正方形を基本とし、長方形や余白の取り方などで、画面の分割による情報の整理を行います。

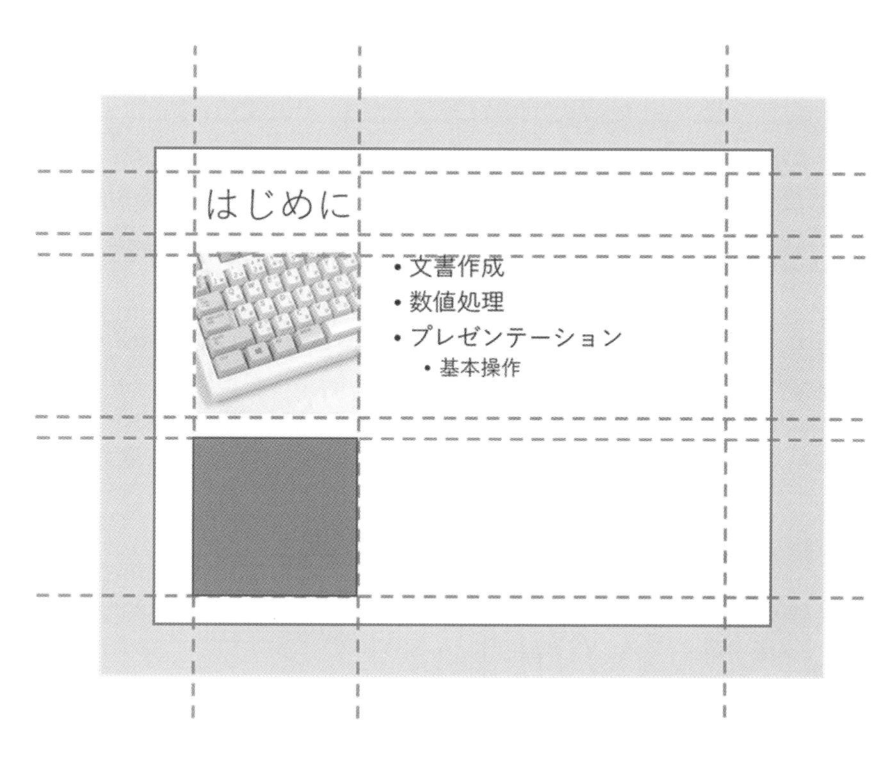

例えば、上のデザインに、同じように下部に写真を追加する場合は、同じ縦横比のサイズの写真を挿入します（ここでは図形の塗りつぶしで表しています）。追加の文字列は示していませんが、上のレイアウトと同じよう配置します。

練習6−2

「タイトルとコンテンツ」の新規スライドを用いて、テキスト（コンテンツ）のプレースホルダー内で、タブセレクターを用いて、以下のように4つの項目を揃えてみましょう。No.と都道府県も[Tab]キーによるタブで区切られていることに注意してください。文頭にも[Tab]キーによるタブの入力が必要です。段落の箇条書き設定は、解除（クリア）して行ってください。

No.	都道府県	市町村	スコア
33.	岐阜県	岐阜市	125
12.	愛知県	名古屋市	80
1.	三重県	津市	10
9.	鹿児島県	鹿児島市	1100

●グリッド線とガイド

基本的な構造は、プレースホルダーによって設定しますが、様々な図形や画像をグリッドデザインのように揃えるには、グリッド線やガイドを用います。

詳しく設定するためには、「表示」タブ→「表示」グループのダイアログボックス起動ツールによって「グリッドとガイド」のダイアログボックスから行います。

○グリッド線

「描画オブジェクトをグリッド線に合わせる」のチェックボックスにチェックを入れると、グリッドの設定で指定されたドットがスライドに描画され、図形などのオブジェクトの位置が揃います。グリッドはスライドの中心を基準に配置されます。「グリッド線」という名称ですが、表示されるのは線ではなく、点です。また点は、間引かれて表示されます。

なお、図形の描画時もグリッドに揃うため、自身が思った自由な形状の図形を描くことが難しい場合があります。図形の描画時やサイズ変更時に[Alt]キーを押しながらドラッグすると、図形のサイズがグリッドに固定されずに描くことができます。同様に、図形の位置をグリッドに合わせたくない場合も[Alt]キーを押しながら、ドラッグ&ドロップすると、任意の位置に配置できます。

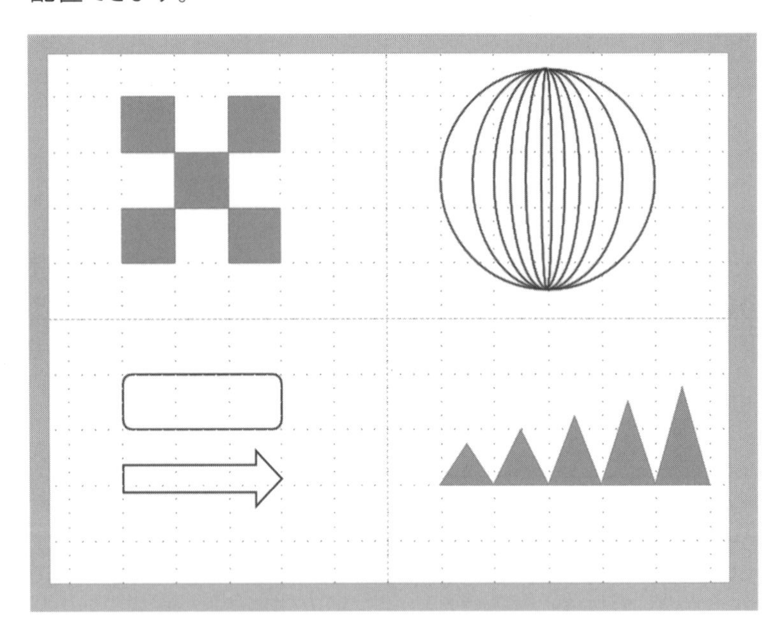

○ガイド

ガイドは位置を揃えるためのただの補助線です。ガイドの点線は、マウスでドラッグ&ドロップにより動かすことができます。ガイドを選択し、右クリックすると線の追加などの設定を表示することができます。なお、ガイドの点線の上にマウスポインターを合わせ、ポインターの形状が左右矢印の状態で、[Ctrl]キーを押しながら、マウスでドラッグ&ドロップすることでも増やすことができます。

■虚飾の排除

図形の配置から、どこを見るべきかという視線の誘導や、論理が配置から理解しやすいように整列します。

●形状を統一する

同じ意味で使う図形の大きさ、形、色、配置を統一します。

悪い例）色も形状も不統一

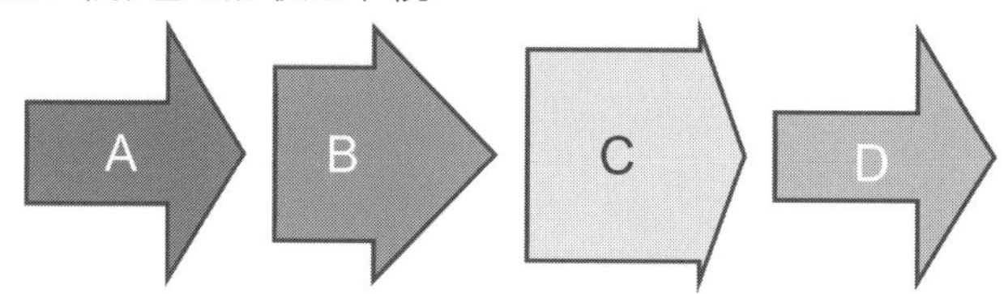

良い例）色も形状も統一

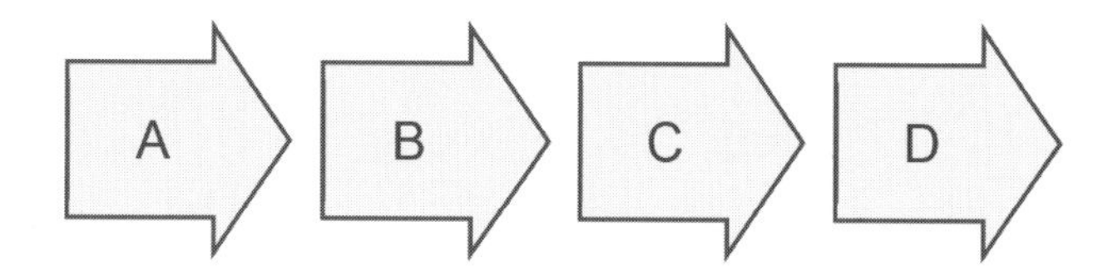

●整列する

図形の配置から、どこを見るべきかという視線の誘導や、論理が配置から理解しやすいように整列します。

悪い例）結論の向きがバラバラ

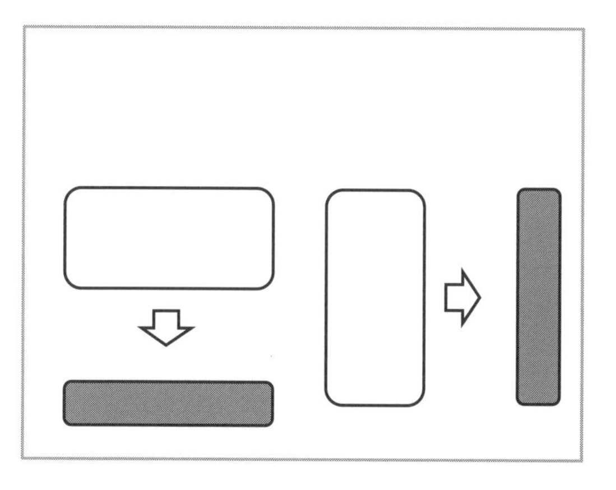

良い例）結論の向きを統一

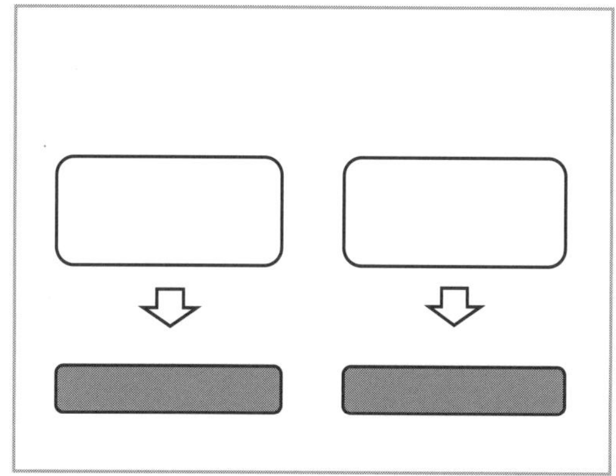

■構造化

分けることで、属性を明確にし、要素に分解したもの同士の、構造や関係性や変化などを、項目立てや図形の位置関係として情報を提示することが構造化です。また、構造化して、視線を左上から右下へ誘導します。

●文章の構造化

体言止めや括弧などを用いて、箇条書きにして簡潔に表現しましょう。言葉で説明する文をスライドにするのではなく、その要素・要点だけをスライドにし、説明する時は逆にスライドだけに書いたことを読むのではなく、文として説明するという、使い分けが必要です。表にして示すのも構造化の表現の一つです。

悪い例）

パソコン必携化の現状

- パソコンを必携化している大学には、尾張大学、美濃大学があるが、パソコンを必携化していない大学は、三河大学、飛騨大学がある。

良い例）

パソコン必携化の現状

- 必携化している大学
  - 尾張大学
  - 美濃大学
- 必携化していない大学
  - 三河大学
  - 飛騨大学

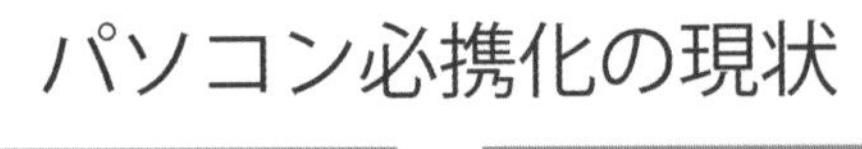

必携化	必携化せず
尾張大学	三河大学
美濃大学	飛騨大学

●作図の構造化

図と図の位置関係・並びや線・矢印で結ぶことで、グループや因果関係や時間的順序を表します。

悪い例）構造が、見えない。

手順

① → ② → ②−1 → ②−2 → ②−3

→ ③ → ④ → ⑤ → ⑤−1 → ⑤−2

→ ⑤−3 → ⑤−4 → ⑥ → ⑦

良い例）構造が見える。

手順

① → ② → ③ → ④ → ⑤ → ⑥ → ⑦

②の下（↓）：②−1、②−2、②−3

⑤の下（↓）：⑤−1、⑤−2、⑤−3、⑤−4

●分けること—MECE

項目立てするためには、MECE（Mutually Exclusive, Collectively Exhaustive、ミーシー）と呼ばれる互いに重なり合いがない相互背反で、全体を網羅するという集合網羅という状態である必要があります。ダブりなく、モレなくということです。

この前提として、項目立てするための項目が並列できる、あるいは比較できる同じカテゴリー（種類・範疇）であることは言うまでもありません。

○MECE

例えば、実数においては、有理数と無理数の区分は、MECE です。モレもダブりもありません。

有理数　無理数

○ダブリ

例えば、実数においては、有理数と無限小数の区分は、モレはありませんが、ダブりがあります。循環小数は、有理数のためダブっています。

○モレ

例えば、整数においては、正の整数と負の整数の区分ではモレがあります。0（ゼロ）がモレています。

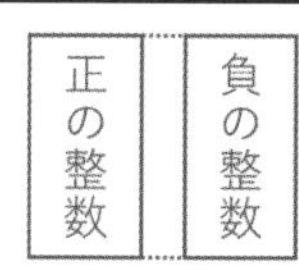

●並べること—LATCH

データを分類する手段は、LATCH（ラッチ）と呼ばれる方法を参考にしてください。これは、Location（位置）、Alphabet（アルファベット）、Time（時間）、Category（分類）、Hierarchy（階層）の5つのアルファベットの頭文字をとったものです。

- ✧ LATCH
  - ➢ Location　（位置）
  - ➢ Alphabet　（序列）
  - ➢ Time　（時間）
  - ➢ Category　（属性）
  - ➢ Hierarchy　（階層）

■作業記憶の節約

作業記憶は、情報を処理するために、一時的に情報を脳に保持し、処理することができる記憶容量です。人が短い時間内に考えるために覚えておける情報量には、かなりの制限があります。作業記憶を越えるような情報量を与えないための情報提示をしましょう。ここまで説明してきた揃えることや構造化も作業記憶の節約に寄与していますが、ここでは主にアニメーションの機能に関連した説明を行います。

●アニメーションは使い方しだい

アニメーションは、使うべきでない場合がほとんどですが、使い方によっては、作業記憶を減らすことができます。ポイントは出し惜しみしない、隠さないということです。

紙の上ではアニメーションは表現できませんので、紙芝居のようにコマ送りで説明することとします。

悪い例）情報を最初に提示しない。

情報伝達の手段

情報伝達の手段
• 文字　→文章、箇条書き etc.

情報伝達の手段
• 文字　→文章、箇条書き etc.
• 数　→数値、表、グラフetc.

良い例）最初から情報を提示する。

情報伝達の手段
• 文字　→文章、箇条書き etc.
• 数　→数値、表、グラフetc.
• イメージ　→記号、地図、写真 etc.
• 図解　→要素を図形化

情報伝達の手段
• 文字　→文章、箇条書き etc.
• 数　→数値、表、グラフetc.
• イメージ　→記号、地図、写真 etc.
• 図解　→要素を図形化

情報伝達の手段
• 文字　→文章、箇条書き etc.
• 数　→数値、表、グラフetc.
• イメージ　→記号、地図、写真 etc.
• 図解　→要素を図形化

悪い例では、文字が提示されるたびに、何が表示されたか読み取る必要があります。良い例では、まず聴衆に何を話すのか提示します。その後、一つ一つの項目について説明するようにアニメーションで、マークして、ポイントを示します。

アニメーションの機能が使いこなせない場合は、不充分な設定のアニメーションを使用するより、すべての項目を提示してから、スライドを順序よく説明してください。

悪い例）情報を後から隠してしまう。

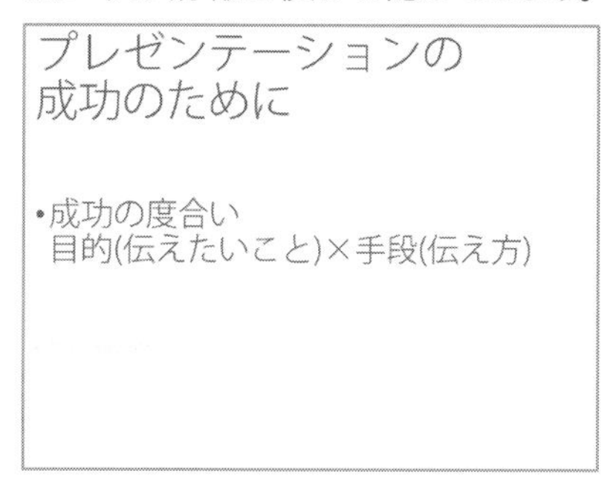

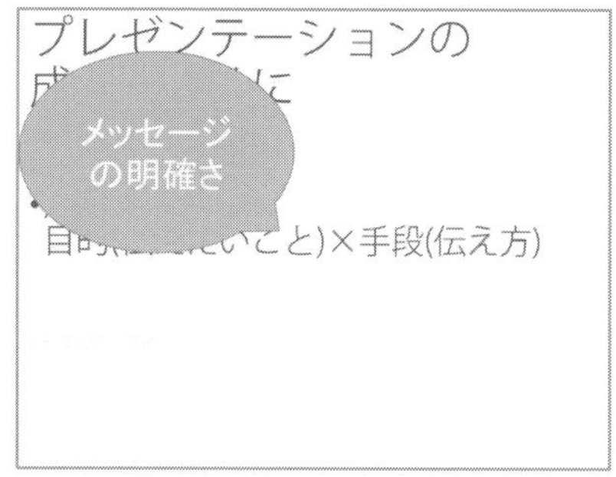

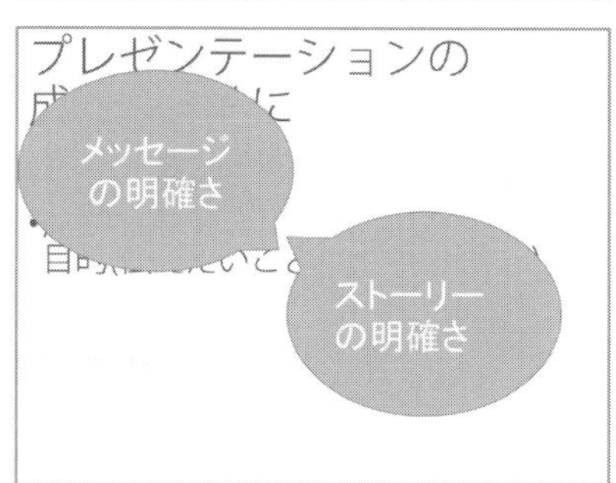

良い例）最初からすべての情報を出しておく。

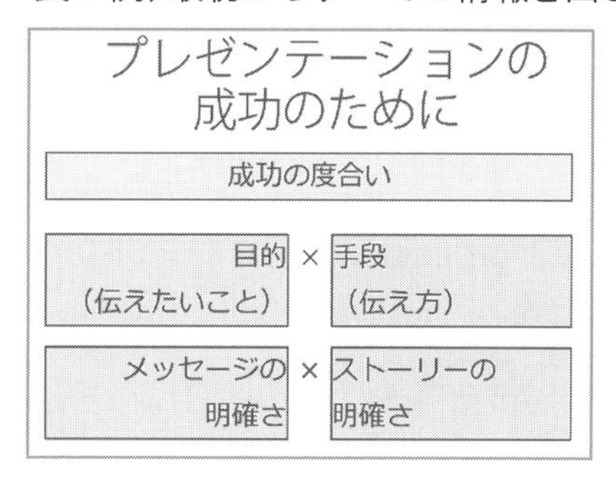

スライドに提示していた情報をアニメーションによって、他の情報で上書き（上乗せ）するような使い方は、最も使うべきではありません。聴衆は、直前まで提示されていた情報は何だったかを考えてしまうため（作業記憶を浪費するため）、内容の理解を妨げてしまいます。

作業記憶（ワーキングメモリー）は、４つ

ワーキングメモリーは、人によって異なりますが、平均的には4つとされています。項目立てや説明の際には、数が増えすぎないように注意しましょう。電話番号のように、3つ、4つ、4つというようにわかれていると、多くの項目を扱うこともできます。項目の数が多いときは、区切ってグループ分けするといった工夫をしましょう。

○読み取りやすさの工夫

論文ではシンプルな表を作成しますが、プレゼンテーションでは読み取りやすさを重視する必要があります。このような工夫も行の判別のストレスや探す労力を減らすことで、作業記憶の節約につながります。ただし、行の強調と誤解されないように使うことに注意し、濃淡のみで行の判別ができるようにします。

樹種	plot 1	plot 2	plot 3	plot 4
ブナ	○		○	
ナラ	○		○	○
カンバ	○	○		
マツ		○		○
クリ			○	○
クス		○		

■色を情報として使わない

●下線や図形で囲むことで強調

色の区別は人によっては難しいため、フォント（文字）を色でのみしか区別できないような強調や指示をしてはいけません。

悪い例）最高のプレゼンとは（最高のプレゼンを赤色で着色）

良い例）<u>最高のプレゼン</u>とは　［最高のプレゼン］とは

色も読み上げない

口頭発表で、色を指し示して特定することも同様に避けましょう。例えば、この赤色の印は、といっても、黒っぽく見える人もいます。色を指し示さなくてよい情報提示をすれば、結果的に無駄な情報を減らすことができます。

マーカー（凡例）でも、不要な色を付ける必要はありません。悪い例としては、赤い三角（▲）と青い四角（■）という凡例です。両方とも同じ色で、三角（▲）と四角（■）という凡例にすれば色の区別の問題は起きません。もう少し区別したい場合は、三角（△）と四角（■）や、白丸（〇）と黒丸（●）といった塗りわけでマーカーにしましょう。

●色以外の情報で区別できる工夫を

色を使う場合は、縁取りで、色と色の間に境目を設けたり、色だけではなく斜線などのパターンを組み合わせたり、線の太さや種類を変えて用いると良い。

＜塗りに境目がない例＞

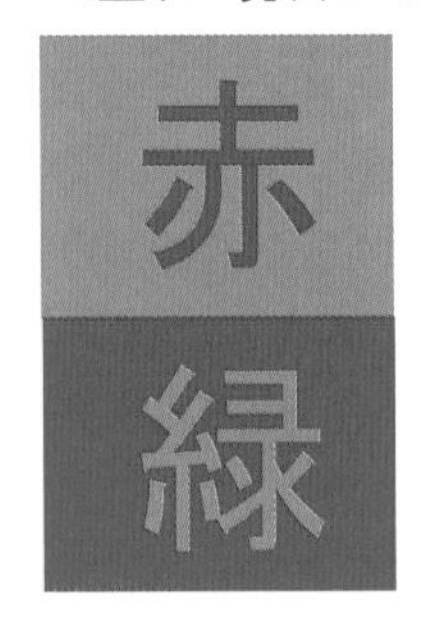

＜縁取りにより、境目の判別を容易にする例＞

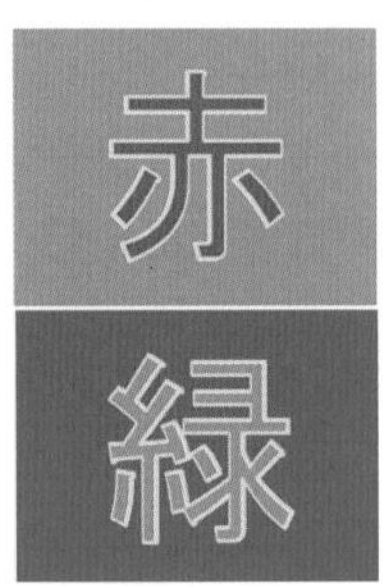

＜色のみで情報とした例＞

＜パターンにより、特定の色だけの情報としない例＞

＜赤と緑のみで二つの線の区別をした例＞

＜色だけではなく、実線と点線で線の区別をした例＞

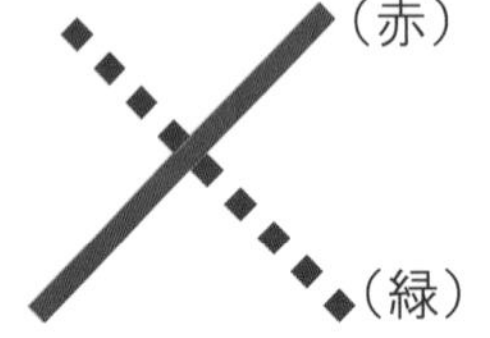

●濃淡の利用

色を使って、等高線などを表すのではなく、同色の濃さの違いを利用して、値の差異を示します。虹色のような、赤・橙・黄・緑・青・藍・紫の配色で、等高線を表してはいけません。

＜良くない例＞

＜改善例＞

両図とも右半分は、カラーからグレースケールに変換したものです。グレースケールでみると、カラーで色分けした左図は、濃淡が上から下へのグラデーションにはなっていません。真ん中の黄色が、最も明るいグレーで表現されてしまっています。緑系統の色で塗った右図は、濃淡のみで上から下へグラデーションとなっています。なお、左の図中に色名を示したのは、説明上の色覚バリアフリーのためで、色名を使わざるを得ない状況では、書くことで説明の補助となる場合があります。

色を使いたい場合は、ユニバーサルカラーの利用を検討してください。ユニバーサルカラーは、色覚の感覚の差異に依存することを極力減らした配色で、多様な色覚に配慮して、情報がなるべく多くの人に伝わるようにしたものです。なお、これらの色を利用する場合でも、実際の印刷物や投影したスライドでは、色が異なってしまうことがあるため、色に頼らないプレゼンテーション資料の作成を心がけましょう。

障害はどこに？

障害とは何かを考えることが、プレゼンテーションの情報提示で重要です。例えば、色覚異常といわれますが、異なる色覚を持つものの間に障害があるのであって、赤緑色盲と呼ばれる人に障害があるのではありません。また、色覚異常とされる人の中には、多くの人が持つ通常とされる色感覚より、より区別できる色がある場合があります。

もし、赤緑色盲と呼ばれる人が大多数を占めていれば、赤と緑を区別できる人は色が区別できる障害があると呼ばれていたことでしょう。少数のグループが障害者と呼ばれ、多数のグループが正常と呼ばれているケースがほとんどです。

このような考え方をきっかけにして、お互いの間にある障害に理解が深まることを希望します。

練習6−3

「色覚　バリアフリー」を Web ブラウザで検索をしてみましょう。

第7節　スライドショー

プレゼンテーション資料を、モニターやスクリーン全体に写し、スライドを順番に表示できる機能が「スライドショー」です。この機能を使うことで、プレゼンテーションを始めることができます。

■スライドショーの設定

「スライドショー」タブ→「設定」グループの「スライドショーの設定」からスライドショー実行中の様々な設定をすることができます。

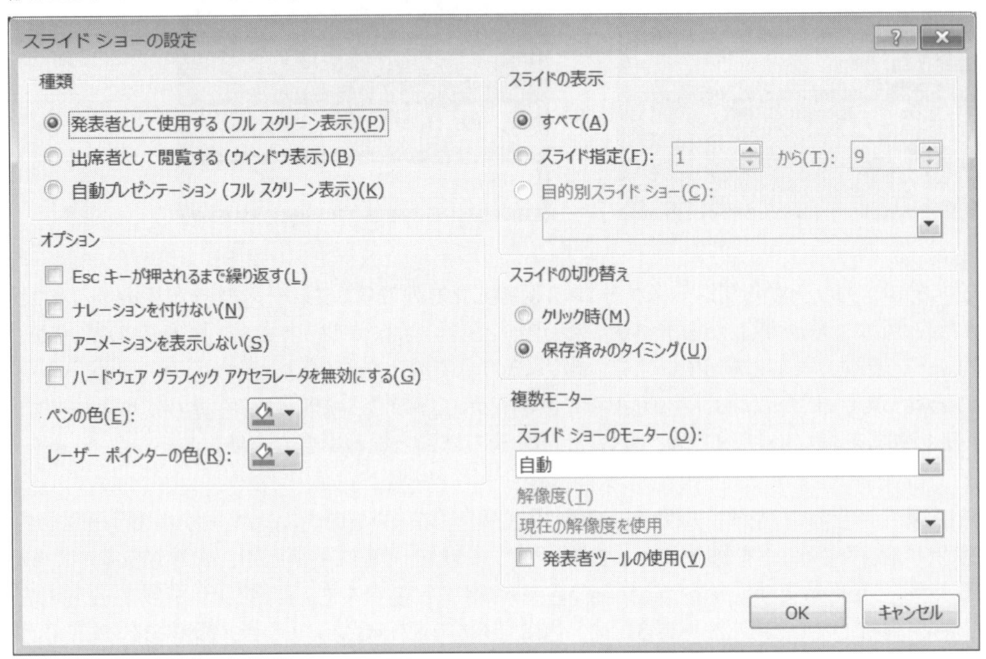

メモ：全体のスライドから、目的別に抜き出し組み合わせたスライドショーを実行したい場合に用いる目的別のスライドショーを設定することができます。目的別スライドショーを使用するためには、予め「スライドショー」タブ→「スライドショーの開始」グループの「目的別スライドショー▼」から使用するスライドの組み合わせを作成しておく必要があります。

パソコンとプロジェクターの接続

通常、プレゼンテーションはノートパソコンで行いますが、ノートパソコンから液晶プロジェクターへケーブルをつなぐだけでは、パソコン画面の表示内容がスクリーンに表示されないこともあります。これは、ノートパソコン画面の情報が液晶プロジェクターに出力されていないためです。[Fn]というファンクションキーとキーボードの上部に位置する[F1]～[F12]までのキー中に画面を模したアイコンがキーの上に書かれています。ノートパソコンによってショートカットキーの組み合わせは異なりますが、[Fn]キーを押しながらその該当キーを押すと、外部出力のみになったり、ノートパソコンと外部出力の両方になったりして、切り替わります。

なお、[Windows キー]+[P]キーの組み合わせのショートカットキーで、複製や拡張などの外部出力の方法を変えることもできます。

■スライドショーの実行

●最初のスライドからスライドショーを始める時

[F5]キーを押す。または、「スライドショー」タブ→「スライドショーの開始」グループの「最初から」を選びます。

メモ：スライドショーを始める時は、マウスポインターで操作するより、[F5]キーを押して始めるのがスマートです。[F5]のキーは、実行するという命令に割り当てられているアプリが多いことを覚えておくとよいでしょう。

●表示中の現在のスライドからスライドショーを始める時

「スライドショー」タブ→「スライドショーの開始」グループの「現在のスライドから」を選ぶ。またはステータスバーの「スライドショー」のアイコンをクリックすることでも、表示中の現在のスライドからスライドショーを始めることができます。ショートカットキーの[Shift]+[F5]キーでも実行可能です。

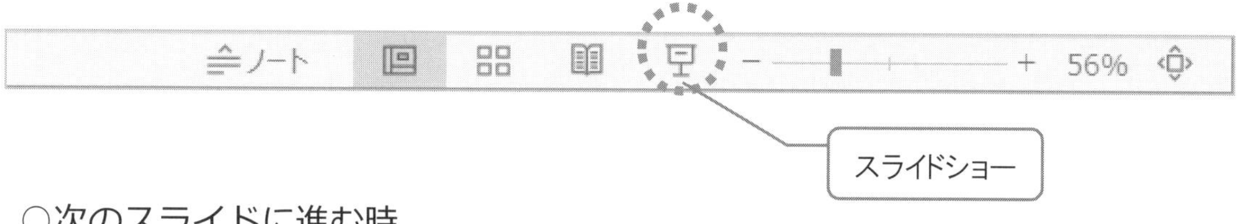

○次のスライドに進む時

下矢印([↓]キー)、右矢印([→]キー)のカーソルキー、[Enter]キー、[Space]キー、[N]キー、[PageDown]キーを押す。またはマウスの左ボタンをクリックする。

○一つ前のスライドに戻る時

上矢印([↑]キー)、左矢印([←]キー)のカーソルキー、[Back Space]キー、[P]キー、[PageUp]キーを押す。

○特定のスライドに移動したい時

移動したいページの数字を入力し、[Enter]キーを押す。スライドを変える作業をスマートに行うと、質疑応答の時間を有効に利用することができます。[Ctrl]+[S]キーで、スライドページとタイトルの一覧から選択することもできます。

　または、ヘルパーボタン(次ページ)や、[Ctrl]+[-]キーのショートカットキーを使ったスライド一覧から、該当スライドを選択して表示させる。

○画面を一時的に表示させたくない時

スクリーンを黒くする：[B]のキーを押す。元の表示に戻る時も[B]のキーを押す。一時的に画面を見せないようにして、画面以外の配布資料に集中して欲しい時などに有効です。

スクリーンを白くする：[W]のキーを押す。元の表示に戻る時も[W]のキーを押す。

　元の表示に戻る際には、[Esc]キーでも元の表示に戻れますが、二度押してしまうと、スライドショーが終了してしまうため、利用しない方が無難でしょう。

●スライドショー中のスライドへの書き込み

＜スライドショー中の左隅に表示されるヘルパーボタンのアイコンをクリックして表示されるメニュー＞

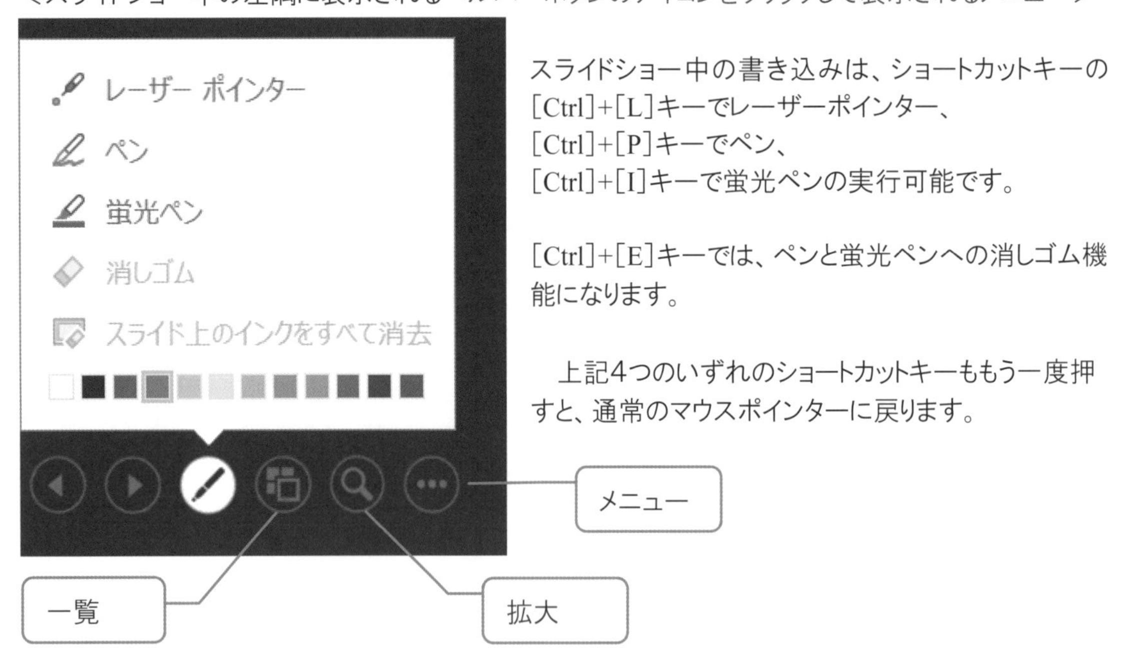

スライドショー中の書き込みは、ショートカットキーの[Ctrl]+[L]キーでレーザーポインター、[Ctrl]+[P]キーでペン、[Ctrl]+[I]キーで蛍光ペンの実行可能です。

[Ctrl]+[E]キーでは、ペンと蛍光ペンへの消しゴム機能になります。

上記4つのいずれのショートカットキーももう一度押すと、通常のマウスポインターに戻ります。

[E]キーを押すと、ペンと蛍光ペンでの書き込みが、すべて消去されます。レーザーポインターとペンの色は、「スライドショーの設定」(p.240 参照)のダイアログボックスでスライドショーの実行前に設定可能です。

●スライドショーを続けたままの一覧表示

＜ヘルパーボタンで、スライドショーを継続したままでのスライドの一覧表示を実行した画面＞

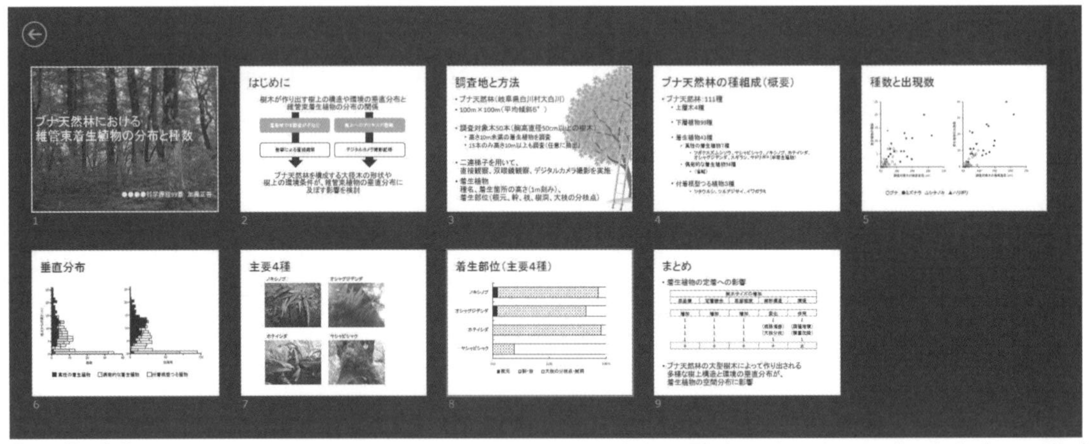

[Ctrl]+[-]キーのショートカットキーでもスライドショーのまま一覧表示を行うことができます。一覧表示で、[Ctrl]+[-]キーと[Ctrl]+[+]キーで、縮小と拡大も行えます。

[Enter]キーを押すと選択しているスライドが、元の表示に戻るため、編集画面で一覧表示(p.225 参照)するよりもプレゼンテーションの継続性が保てます。

> メモ：発表者ツールでは、次のスライドを発表者のパソコンのスクリーンだけに表示する機能やスライドショー開始からの経過時間など、プレゼンテーションをスムーズに行うための様々な表示上の工夫がなされるようになりました。ただし、非常に情報量が多いので、使いこなすには練習が必要です。

第８節　プレゼンテーション

卒業論文の発表会のような研究発表を行うものとして説明していきます。プレゼンテーションを成功させるために必要なのは、伝えたいことがあり、それをどう伝えるかです。どのように構想するかという手順を覚えましょう。

■目的（伝えたいこと）×手段（伝え方）

目的（＝伝えたいこと）×手段（＝伝え方）が成功の度合いを決めます。これは、メッセージの明確さ×ストーリーの明確さでもあります。

●焦点を絞る－メッセージの明確さ－

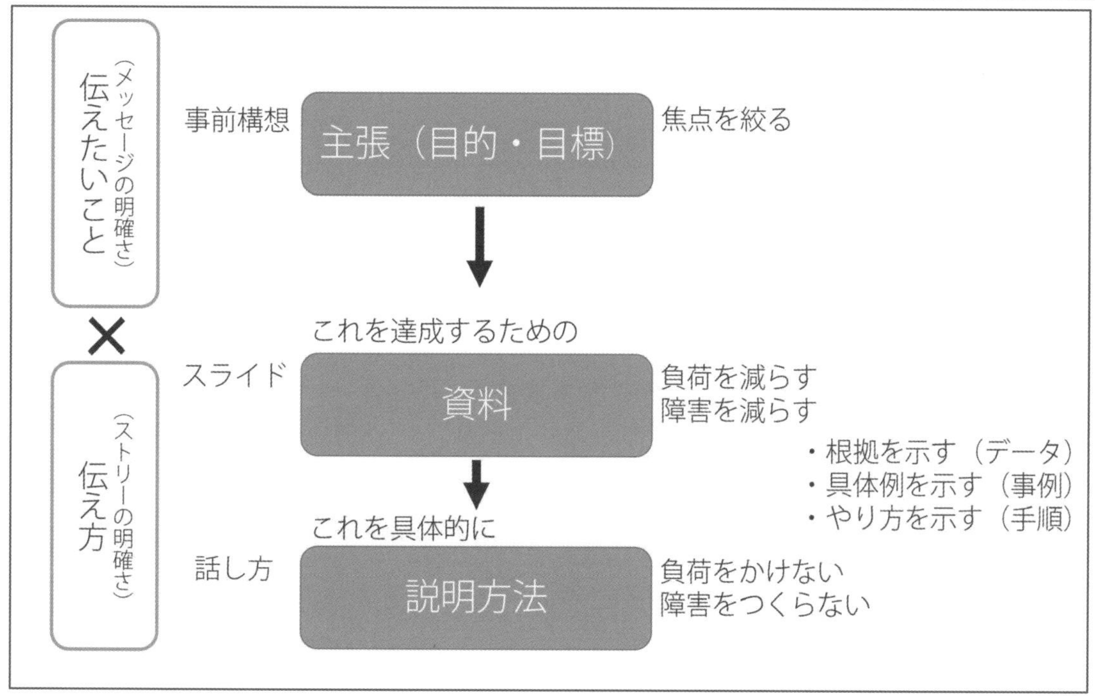

あれも、これもではなく、あれか、これかにしましょう。話したいことはいっぱいあるかもしれませんが、したいことではなく、すべきことを選んでください。スライドセット全体を通じて、かつ、スライド1枚の中でも、内容を明確にする必要性があります。1スライド、1メッセージを守りましょう。

●流れを一つにする－ストーリーの明確さ－

前のスライドに聴衆が記憶を辿らなくてもわかる話しの流れとなるようにしてください。横道にそれたり、前のスライドに記憶を辿ったりする必要があるような説明では、作業記憶を消費してしまいます。

誰に対して行うかを把握

聴衆の知識レベルにあわせて、そして誰に今回のプレゼンテーションの内容を伝えたいのかを事前にわかる範囲でよく考えてください。どんなにすばらしい内容でも聴衆に理解されなければプレゼンテーションの意味はありません。会場に入ってから、誰を相手にするのかなと考えているようでは手遅れです。

■プレゼンテーションの構想

プレゼンテーションは、プレゼンテーションで提示するスライド順とは異なり、伝えたい内容を決めてから発表内容を決めます。タイトル、まとめ、はじめに、結果、方法という順に、まずプレゼンテーションの構想をまとめます。

研究発表では、科学的論理性が成立している上で、目的の有意義さや興味深さ、結論の妥当さや意外さ、知識の裏打ちと科学的根拠にもとづく説明も重要ですが、ここでは、スライドの作成方法と話し方について説明します。

1．論じる視点を決める

どのような内容を伝えたいのか、強調したいのかをよく考え、自分なりの切り口や尺度から、論じる視点を決めます。

2．タイトルを決める

論じる視点にあうタイトルを決め、そのタイトルに沿って、発表内容を検討していくことが重要です。全角 30 字前後で、一つのタイトル（ときに副題を付ける手もある）で何を話すのかを表すタイトルを付けます。口頭発表は、質疑応答を含めて 15 分前後ですから、30 字前後で表すことができるタイトルの内容しか話すことはできません。そのタイトルに伝いたい内容を的確に表現する必要があります。

悪い例）A 班の発表（池浄化活動）、水質改善効果の発表
良い例）池浄化活動における問題点、池浄化活動による水質改善効果について

3．まとめ（結論）

タイトルを決める時に考えた論じる視点に応える結論を書き出します。この時に結論は、一つに絞る必要があります。

4．はじめに（序論）

研究の背景･これまでの研究の流れを、そしてこの発表で何を目的としたかを、箇条書きで書き出します。

5．結果（本論）

結論を科学的に説明する証拠の提示です。いくつかある図表の中から、プレゼンテーションで使用するものを選びます。論文用に作成した図表が必ずしもプレゼンテーション用に最適であるとは限りません。スライド作成時には、プレゼンテーション用に新たな図表を、構築し直すことも検討します。

6．方法（資料）

科学的な証拠を得るために行った実験方法などの提示です。結果を提示するのに用いた研究手法や方法を抜き出します。材料や試料（資料）なども含めて、説明する必要のある項目を書き出します。

■伝えたい内容を決めてから発表内容を決める

主題（論じる視点）

____

【タイトル】

____

【まとめ（結論）】

____

【はじめに（序論）】

____

具体的に例示（提示）する内容や解析結果等（結果・本論）

____

具体的な対象、方法、期間等（調査地・方法）

____

二つのタイプのプレゼンテーション

大学でのほとんどのプレゼンテーションは、報告型です。本書では、起業のためのプレゼンテーションや会社での新しい企画の提案などの提案型は扱いません。

- 報告型
  - 知的発見：　研究報告
  - 調べ物：　講義での発表等
  - 体験：　野外の実習等
- 提案型

■スライドの作成

プレゼンテーションの構想を形にする作業をします。まずは、手書きで、事前構想した内容をスライドに描きおこします。

＜スライドの原案となる手描きのラフ＞

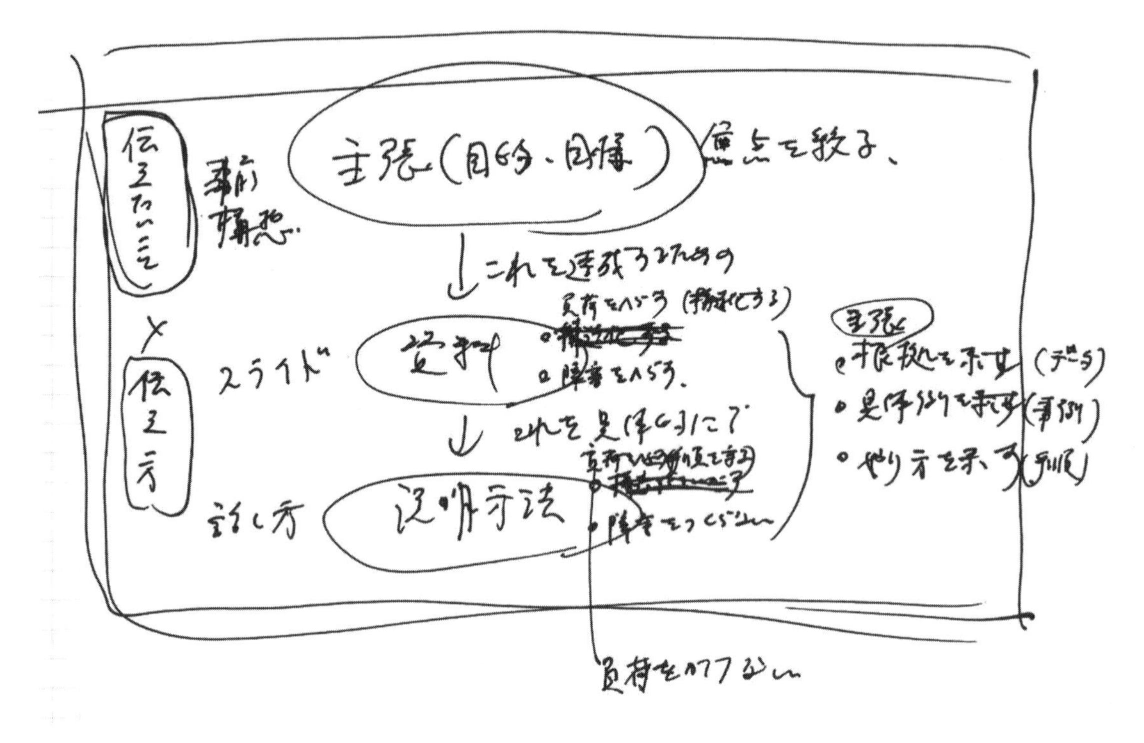

（3ページ前に示したスライドは、手描きで描いたものから、少し改変されたものとなっています。）

下書きのスライドを必要な枚数を作成します。この時点では、デザインに凝る必要はありません。

A4の紙を横向きにして、紙の上にサインペンなどで1枚1枚描き出してもよいでしょう。紙芝居のように紙をペラペラとめくって話の流れ、内容が、充分かどうかを検討します。

1. タイトル（1枚目）。必ずタイトル、発表者名、所属を出します。

2. 目的（2枚目）。研究の背景と目的で2枚程度、必要な場合もあります。

3. 方法（3枚目）。試料や調査地などについて写真などを含めてもよいでしょう。解析方法が込み入った方法の場合は、結果を解析した図のスライドの直前に方法のスライドを挿入して説明した方がよい場合もあります。

4. 結果（4枚目）。細かい表は見えませんから、行と列が少なく、明確に数値が読み取れるようにし、図ではマーカー（点、印）を大きくして、はっきり読み取れる図をだします。2枚から4枚程度、発表内容に応じて決めます。

5. まとめ（10枚目）。目的、方法、結果の枚数は内容に応じて変化しますので、10枚前後がまとめのスライドになります。

内容の多少によって枚数は適宜変わるので枚数自体はあまり気にしなくてかまいません。ただし、研究に関する発表で、持ち時間が10分の場合、相手に伝わる発表をするためには、10枚前後が適切です。20枚も出されれば、聴衆はもうお手上げです。

タイトルの重要さ

スライド毎のタイトルは、非常に重要です。説明文が不充分でも、適切なタイトルがあると何を話そうとしているスライドなのかわかると、スライドの印象が変わります。

（タイトル、無し）
白い四角の箱のフタをあけて、中へ、様々なものが適量投入されます。またあわせて水も適量入れます。スプーンで、量った粉も入れます。よく撹拌した後………

＜パン焼き器の使い方＞
白い四角の箱のフタをあけて、中へ、様々なものが適量投入されます。またあわせて水も適量入れます。スプーンで、量った粉も入れます。よく撹拌した後………

＜洗濯機の使い方＞
白い四角の箱のフタをあけて、中へ、様々なものが適量投入されます。またあわせて水も適量入れます。スプーンで、量った粉も入れます。よく撹拌した後………

スライドだけではなく、当然、プレゼンテーション全体のタイトルでも同様です。

完璧と思えるスライドを作っても、原稿を作成して読んでみると、イメージしていた内容がうまく表現できていなかったりします。したがって、この時点では、先にイメージした仮のスライドをデジタルで作ってみるという程度でも構いません。手を抜く部分は、聴衆から見やすいかどうかという点です。グラフの点が小さいとか、色が白黒であっさりしすぎているとかそういった見やすさや見栄えの部分です。見やすさや見栄えはあとで直しましょう。なお、プレゼンテーションの図表作成に慣れてくれば、この作業時から見やすさと見栄えのする図表を作成して、スライド完成させても構いません。

プレゼンテーションを作り上げた後に、タイトルをもう一度見直し、タイトルと発表内容が一致しているか確認します。もし、相違がある場合は、内容を修正します。無論、タイトルの付け方が悪かった場合は、タイトルに戻って修正をします。

感性やアイコンタクト

感性にもとづくスライドデザインや、発表時のジェスチャーやアイコンタクトは、プレゼンテーションの内容を受け止めてもらうのに必要な技術です。しかし、まずは、論理的にスライドを作成し、それを機械的でよいので、まずは説明できるようにしてください。その後、感性やジェスチャーなどを身につけて発表してください。

■発表原稿

プレゼンテーションの構想がスライドの形になったら、発表原稿を書きましょう。プレゼンテーション用の発表原稿で注意が必要なのは、一字一句すべて話し言葉で書くことです。また、次のスライドへ移る時の言葉も書いておきましょう。基本的に完全な原稿を書きます。声に出して読みにくいと感じたら、すぐさま原稿を直して、読みやすい用語、説明の流れに変えていきます。この作業を怠ると、書き言葉の原稿棒読みの発表になってしまいます。原稿を書いてみて、伝えたいことが説明できない図表は、図表に問題がある場合がほとんどです。図表の修正も頭において、原稿を読みましょう(次の口頭発表の発表方法も参考にして原稿を完成させてください)。

一所懸命にやった成果で、もちろんいっぱい言いたいことがあります。しかし、発表時間を守れないようでは、その成果に対する評価も下がってしまいます。時間をオーバーすると、発表内容を掘り下げて検討する質疑応答の時間が不足することになります。まずは、綿密に原稿を作って、自分が1分間にどれくらいのスピードで話せるかを練習します。あとは、Word の「文字カウント(p.88 参照)」のコマンドで文字数をカウントして、調節すればよいでしょう。人によって異なりますが、おおよそ1分間に 300 字前後のスピードで話すことができます。話す速度が速いからといって、1分間に 400 字も話すと、情報量が多すぎて、聴衆は発表を覚えきれません。速度を落として内容を充実する原稿を考えましょう。

音読みを避ける

口頭発表では、できるだけ音読みを避けましょう。例えば「太陽光(たいようこう)」ではなく「太陽の光(たいようのひかり)と言うのが望ましいです。あまり使いすぎるとくどいですが、いきなり「たいかんせい」と言われると、耐寒性なのか耐乾性なのかわかりません。この場合は、「寒さに対する強さ、耐寒性は……」とことわってから使うようにすべきです。

悪い例)研究大賞を受賞した研究の研究対象は、対称図形を対照するという新しい研究手法で……

■発表練習

必ず、スライドを投影して、事前に発表練習をしましょう。時間を計り、実際の図表を指し示す動作なども交えて、指導者や友人に聞いてもらいましょう。パソコンの画面や印刷した紙では気が付かなかった読み取りにくい図表や意味の取りにくい発表表現などを指摘してもらうことができます。また、スライド1枚あたりの時間も記録します1枚のスライドに対して説明が長すぎると聴衆も少し飽きてしまいます。指摘された点を、発表原稿・図表ともに変更します。再度、発表練習し、最終的には、スライドを見なくても、原稿を諳んじることができるようになるぐらい練習し、本番に備えます。

メモ:発表会場を事前に下見できる場合は、必ず下見しましょう。発表の際に、立つ位置はスライドの右か左か、ワイヤレスマイクなのか、スタンドマイクなのか、スライド操作は自分自身で行えるか、操作者が配置されるのか、スクリーンのサイズと聴衆との距離はどの程度か、発表時の明るさはどの程度か、といった点をチェックしましょう。

■声

聴衆が聴きやすい声を少しだけ意識して、声を出すようにしましょう。聴衆の全体の平均的な声の高さに近づけるようにします。聞き慣れた声の高さが、聞く人にとっては聞き取りやすいからです。例えば、発表者の声が平均に比べて高い場合は少し低く、低い場合は少し高くします。

■口頭発表の方法

個々のスライドやプレゼンテーションの全体の流れの中で、原稿を作成する際や実際のプレゼンテーションでは、「前振りをする」、「間合いをとる」、「概観を伝える」、「説明手順を守る」、「まとめを言う」の5つの点を常に意識しましょう。

１．所作

プレゼンテーションは、メールとは異なり対面で行うものですから、非言語（ノンバーバル）コミュニケーションは重要な役割を果たします。聴衆を見る、身振り手振りでグラフを指し示す、といった所作が、発表内容とともに聞いて欲しいという気持ちを伝えます。結果として、その気持ちの分、聴衆はよく内容を聞き取ろうとして、内容が伝わることになります。研究内容が良くても、発表態度・発表に取り組む姿勢が悪いと、研究内容の論理が伝わる前に、聴衆は発表方法に対する不快な感情が先に立ってしまい、内容を聞くのを止めてしまいます。

スライドの替え方にも注意が必要です。１枚のスライドを説明し終えたら、一拍おいてからスライドを替えましょう。聴衆は、説明を聞き終えた直後は、まだそのスライドを見て理解しようとしています。一拍おく代わりに、次のスライドに替える前に、「次に、●×▲の解析結果についてお見せします」と言ってから、スライドを替えるのも良いでしょう。

最後のスライドの後に

最後のスライドの後に「スライドショーの最後です。クリックすると終了します。」と上部に書かれた黒い画面が表示されますが、この画面はプレゼンテーションの最後に表示すべきではありません。また、「ご清聴ありがとうございました」というスライドを最後に用意するのもやめましょう。結論やまとめを表示している状態のまま発表を終了し、質疑応答の時間に移りましょう。聴衆に研究の結論を充分に知ってもらい、理解してもらい、そしてその内容について議論するために、重要な主張を提示し続けることが必要です。スライドショーのまま一覧表示（p.242　参照）にして、聴衆が質問したいスライドを選択できるように見せることも有効です。

２．発表原稿

発表内容は、暗記または原稿を見ないで発表した方が、原稿とスライドと聴衆の間を視線がいったりきたりしないのでよい面があり、原稿を見ないでやることが成功の秘訣とされています。一方で、プレゼンテーションの目的は伝えたいことを伝えることです。原稿を見るかどうかは、発表方法の手法の一部分であり、話し下手な人やあがり症の人は原稿やメモを読めばよいでしょう。自分自身にあった（あるいはちょっとだけ頑張った）プレゼンテーションを指導者の指導のもとに行って、経験を積みましょう。

原稿を見ないかどうかだけが発表の成否を決めるのではありません。原稿を読まないで発表する人の発表に説得力があるように聴衆から“見える”だけです。原稿の棒読みの場合はさすがに聞きづらいですし、人は原稿を読んで発表している人の内容を信用しづらいだけです。例えば、販売員が車の良い点について原稿を見て説明していると、信用できないでしょう。原稿を読まないというのは、少しだけ説得力を増すための手法だと理解してください。それより大切なことは、何を伝えようとするか、何を伝えたいかです。原稿を読まないからといって中身や個性がなければプレゼンテーションに何の意味もありません。原稿を暗記することが苦手な人や対面では緊張してしまう人は、棒読みにならないように気をつけ、暗記できているところや図表を見れば説明できる説明は、原稿から目を離し、聴衆や図表に視線を移して発表すればよいでしょう。

3．説明方法

手順を守って説明します。個々のスライドの中でもスライド全体を通じても、次の5つの点に注意します。

■流れの中で前振りをする：これから話す内容が、どんな位置づけなのかを聴衆に伝えます。聴衆の知識と、これから話す話しの位置関係を理解してもらいます。

■間合いをとる：一つの図の説明が終わったときやスライド変えたあとに、一息吸うような間を入れます。スライドの説明が終わった途端、スライドの内容を理解しようとしていた聴衆は、急に次のスライドに変わると、考えが前のスライドにひっかかったまま、次のスライドの話しを聞くことになります。

■概観を伝える：どんな話しをするのかという前提を聴衆に伝えます。いまから何を聞かされるのかわからないと、話しに集中できません。

■説明手順を守る：グラフの説明のように手順が決まっているものはもちろんのこと、それ以外でも、左から右へ、上から下へという聴衆が期待するであろう順序に説明します。また、どこを説明しているかということを説明します。例えば、左の図をみてください。と言葉を添えてから、図の説明を始めます。

■まとめを言う：図やスライドでわかったことを、説明します。根拠を示した上で、概念化できたことや傾向として得られたことを聴衆に伝えます。

●タイトル・発表者名スライド

最初の 20 秒ぐらいは、聴衆はあまり話しを聞いていません（というより聞く体勢が整っていません）。いきなり本題の目的を話すより、「岐阜大学の加藤です（自分の所属）」や「よろしくお願いします」と言ったりします。あるいは、研究の対象をわかりやすく一言いうこともあります。

　タイトルのスライドの背景として研究対象の写真を貼っておき、「今回、研究の対象にしたのは、皆さんになじみの深いソメイヨシノについてです。」と言います。この一言で、聴衆はよく知ったサクラの話だなと聞く体勢が整います。

●はじめに・研究の背景・目的スライド

必ず、プレゼンテーションの最後のスライドで話すまとめや結論の話と結びつく、研究の目的や意義を述べなければなりません。

（例）本研究では、人工的な環境下で、気温とウシ、ブタの体温の関係性を明らかにすることを試みました。

●方法スライド

スライドの最初に、「方法です」、「方法に移ります」、「実験対象についてです」といった言葉で、目的から、調査地の説明や実験方法の説明に、移行したことがわかるようにします。

●結果スライド

「はじめに」のスライドから方法を話して、結果に移る時は、方法を説明した場合と同じように、必ず、「ここからは結果を示す」ということを聴衆に伝えなければなりません。例えば「結果に移ります」、「結果です」などと一言、言ってから、結果を説明します。

結果のスライドは、「はじめに」や「方法」とはかなり異なるセンスで話さなければなりません。「はじめに」や「方法」のスライドは上から下へ話が流れる箇条書きや矢印で因果関係を図解しているので、聴衆にあまり説明をしなくても、話の流れが伝わります。しかし、図表は、情報量が多く、以下に述べる手順を守って説明しないと、聴衆には理解されません。風景を説明するバスガイドの方のように視線を誘導します。

・グラフを端的に一言で！

まず、そのスライドがどんな関係性を表したグラフ（表）なのかを一言で説明します。例えば「このシートは、気温と体温の関係をみたものです」とか。タイトルを読んでもよいし、タイトルを端的に説明する言葉でもよいでしょう。こうすることで、聴衆は、今から、気温と体温の話が始まるぞという、聞く体勢が整います。

・軸の説明は欠かさずに！

グラフであれば、必ず横軸、縦軸を説明します。

「横軸に気温、縦軸に体温が、とってあります」単位については、あまりにも一般的であれば省略してよいですが、見慣れない、あるいは特殊な単位の時は説明すべきです。

・凡例も説明を忘れるな！

グラフであれば、必ず凡例も説明します。「三角がウシで、丸がブタです」もし、同じ2種関係のグラフが次のスライド以降も続くならば、「以降、すべてこの凡例を用います」と、言えばよい。

・やっとグラフの説明だ！

「レーザーポインター」や「差し棒」などで必ず、説明している場所を指し示しながら、説明します。先の軸の説明や凡例も同じです。はじめて見る人には、読み取りにくい情報を発信している場合は、そこも説明してください。

例）「Y= X の線より点が上にあるものは体温が気温の影響を受けていることを意味しています。」

・これを忘れちゃダメだぞ！

最後にこのスライドで言えることは何なのかを言おう！　例えば「この人工環境下では、ウシに比べてブタの体温変化が気温の影響を受けていることがわかります」というように、一つのスライドでは一つのことに焦点を絞って説明していないと、これができないぞ！

> メモ：他者の結果（グラフ、数値等）を引用する場合は、自分の結果と他者の結果を聴衆が容易に区別できるようにスライドを作成しましょう。

●まとめ・結論スライド

結論として何が言えたのかを聴衆に伝えよう。結論は、必ず目的に応えたものとなっていなければならないぞ！

４．質疑応答

発表が終わっても安心してはいけません。貴重な質疑応答の時間です。この時間のために、緊張して説明してきたのです。竜頭蛇尾にならないよう緊張感を維持して、質問に備えましょう。質問がわからなければ、「もう一度お願いします」などとお願いします。実験設定で、実施していないことにも質問されることがあります。「やってないからわかりません」も立派な回答ですし、あまり無責任に類推するのもよくありません。しかし、自分の研究結果や論文調べからあわせて考えて、「実験していないのでわかりませんが、スミスの論文とあわせて考えると、ブタの結果がニワトリにも、●□▼△■な理由で適用できると考えています」などと言えるといいでしょう。また、スライドに提示していない結果を聞かれることもあります。スライドとして作成しなかったデータも、重要な数値や傾向を記憶しておき、質疑応答の時間に、適切な回答ができるように心がけましょう。

メモ：学会発表では多数の発表があるため、時間の制約からポスター発表が行われることが多くなってきました。しかし可能であれば、口頭発表し、短い時間で自分の考えを伝える鍛錬を行う機会を設けましょう。

■おわりに

互いの間にある障害を理解してプレゼンする

PowerPointの使い方ではなく、いかに情報を伝わるようにするかというノウハウを様々な書籍も参考にして身に付けてください。研究者だけではなく、会社で取引相手を説得する場合、上司を説得する場合、自分の世界を伝える場合、プレゼンテーションのノウハウはきっと役に立ちます。卒業論文作成や発表会などで、技を磨いてください。

また、原稿を読んでいるというだけで、プレゼンテーションをしている内容を見下すことや、聞くのをやめてしまうことは、聞き手のあなた自身が損をすることになります。原稿を見ないように努力している発表者のプレゼンテーションを、聞き手の側として情報を受け取る姿勢・理解する姿勢を取りましょう。理解というのは一方向からの努力だけで得られるものではありません。相手のことを理解する能力は、相手に思いを伝えることと同様に重要です。おしまい。

最後に

『あなたはコンピューターを理解していますか？（梅津伸幸著、技術評論社）』という著書の中に、これからの皆さんの進むべき道が書かれています。かぎ括弧内が引用部分です（この書籍はなかなか面白いですよ。機会があったら読んでみてください）。

「……（略）……社会のコンピューター化が進むと、代替可能な労働力が大量に供給されることになります。コンピューターによって、仕事が簡単に覚えられて、楽な作業になり、頭も使わなくなり、手先が器用でなくてもよくなって、力仕事もしなくなり、暗算も必要ないし、記憶もしなくてよくなっていきます。つまり、コンピューターに囲まれた仕事場では、誰がその仕事をやってもほとんど同じになってしまうのです。……（中略）……世界の国々を分けている国境は年々低くなって、飛び越えるのが簡単になっていくでしょう。そうすると、代わりになる人は世界中から探すことができます。……（中略）……。では、私たちはいったいどうしたらいいでしょうか。答えは単純。代替不可能な労働力になることです。これしかありません。……（略）……」。

パソコンやアプリの使用方法を学んだ皆さんは、次に、さらに向上させるべき能力は、代替不可能な能力です。「情報ネットワークの理解」、「レポート作成能力」、「グラフの見方」、「プレゼンテーションの技術」などは代替不可能な能力を相手にアピールする手段です。情報リテラシーを獲得し、専門的知識を身に付けた研究者・職業人として、代替不可能で、世界でたった一人の貴重な個性を発揮できる、また、個性を発揮していることが相手に伝わるように、学習を続けてください。少し、話がそれたかな？　いやいやそれてはいませんよ。おしまい。

【付録】

ショートカットキー

【付録】ショートカットキー

ショートカットキーについて本文で随時説明していますが、ここにその一部をまとめて紹介します。ショートカットキーは、マウスポインターでメニューを選択しなくても、キーボード上から簡単に、コマンドを実行するキーの組み合わせコマンドです。非常に多くあるため全部覚える必要はありませんが、ここに掲載したものは、マウス操作とうまく使い分けて活用するとよいでしょう。

以下の中には、ショートカットキーではないものもありますが、キーの組み合わせやキーとマウスを使うことで行える使用頻度の高いコマンドです。主に順に二つ以上のキーを押すことで、命令を実行できます。一つのキーでも実行できるものや、稀に順番が逆でも同じ命令が実行できるものがあります。二つ目のキーは大文字で示してありますが、キーボードのキー表示としての意味しかありません。

<OS でのみ、使用>

[Alt]+[Tab]：複数のアプリのウィンドウの切り替え
[F2]：ファイル名・フォルダー名の編集（エクスプローラーにおいて）

<IME でのみ、使用>

[F7]：入力した全角ひらがなを全角カタカナに変換

<多くのアプリで共通>

[Ctrl]+[C]：コピー
[Ctrl]+[V]：貼り付け
[Ctrl]+[X]：切り取り
[Ctrl]+[A]：すべて選択

[Ctrl]+[S]：上書き保存
[Ctrl]+[O]：既存のファイルを開く
[Ctrl]+[P]：印刷
[Ctrl]+[N]：新しいファイルの作成
[Alt]+[F4]：アプリの終了

[Ctrl]+[F]：検索
[Ctrl]+[H]：置換

[Esc]：コマンドの確定前の取り消しなど
[Ctrl]+[Z]：操作を元に戻す
[Ctrl]+[Y]：操作を繰り返す

[Shift]+[F10]
：セルやオブジェクトなどで、右クリックに相当するメニュー（コンテキストメニュー）の表示

[Ctrl]+[Tab]：ダイアログボックス内のタブの切り替え

[Ctrl]+マウスクリック：オブジェクトの複数選択

[Shift]を押しながらマウスのドラッグ操作による図形描画
：縦横比が同一の図形の描画や、
縦横比を保ったままの拡大・縮小（図形だけではなく、図（画像）の拡大・縮小でも使用可）

＜Word で主に使用＞

［Ctrl］+［I］：斜体（イタリック体）指定

［Ctrl］+［U］：下線（アンダーライン）指定

［Ctrl］+マウスクリック：カーソルのある1文の選択
［Ctrl］+［Enter］：改ページ

＜Excel で主に使用＞

［F2］：セルの再編集
［F4］：絶対参照、複合参照、相対参照の設定
（キーを押す毎に、4つの参照指定方法が循環して変更される）

［Shift］+カーソルキー（［→］［↓］［←］［↑］）：セルの範囲指定
［Ctrl］+マウスクリック：複数セルの選択
［Shift］+マウスクリック：アクティブセルからクリックしたセルまでの連続選択
［Shift］+［Ctrl］+カーソルキー（［→］［↓］［←］［↑］）：連続して値の端のセルまでの範囲指定
［Ctrl］+カーソルキー（［→］［↓］［←］［↑］）
：カーソルキーの方向のデータの端へジャンプ（データがない場合は、シートの端までジャンプ）

［Ctrl］+［A］：すべてのセルの選択、またはアクティブセル領域の選択
［Ctrl］+［A］のあとに［Ctrl］+［A］：アクティブセル領域の選択の後に、すべてのセルの選択

［Ctrl］+［D］：一つ上のセルの入力値と同じ入力値を入力する
［Ctrl］+［R］：一つ左のセルの入力値と同じ入力値を入力する

［Ctrl］+［Enter］：書式を除くセルの入力値（数値や式）を一括して複写する

＜PowerPoint で主に使用＞

［F2］：図形選択時に、文字入力・編集を可能にする

［Tab］：箇条書き記号の階層下げ
［Shift］+［Tab］：箇条書き記号の階層上げ
［Shift］+［Enter］：改行（段落内改行）

［F5］：スライドショーの実行
［Shift］+［F5］：現在のスライドからスライドショーの実行

（スライドショー中のみ）
［Ctrl］+［L］：レーザーポインター

［Ctrl］+［P］：ペン

［Ctrl］+［I］：蛍光ペン

［Ctrl］+［E］：ペンと蛍光ペンに対する消しゴム

［E］：ペンと蛍光ペンの書き込みの一括消去
［Ctrl］+［-］：スライドショーのまま、スライド一覧表示

※［F2］は、エクスプローラーでファイル名・フォルダー名の編集、Excel ではセルの再編集、PowerPoint では図形での文字の編集ができます。このようにある程度、ショートカットキーなどには、弱いながらも共通性のあるコマンドが割り当てられています。アプリ間の多少の違いを意識しながら共通性を見出して覚えるようにするといいでしょう。

【索引】

■あ

■か

あとがき

コロナ禍の中、リモート講義やリモートワークなどでは、自らアプリケーションを使いこなして、レポートや資料を作成することを余儀なくされる状況が増えてきました。できるだけ自習でも技能が身につくように説明内容を見直しました。また、皆さん一人一人が行動を起こすことを期待して、できるだけ見開き2ページで内容がわかるように読みやすさを含めたレイアウトの構築を試みました。今後も利用者の皆様からのご意見を参考に時代の要請に応えるものにしていきたいと考えています。

2021年1月
加藤正吾

＜＜著者紹介＞＞
■加藤正吾（かとう しょうご）
国立大学法人東海国立大学機構 岐阜大学応用生物科学部准教授
E-mail：shogo@gifu-u.ac.jp

著書に『大学生のための情報リテラシー レポートの書き方からプレゼンテーションまで、編著：加藤正吾、三恵社、2005』、『OpenOffice.org による大学生のための情報リテラシー：情報検索・レポートの書き方・図表作成・プレゼンテーション術、編著：加藤正吾、三恵社、2007』、『岐阜から生物多様性を考える、小見山章・荒井聡・加藤正吾編、小見山章監修、岐阜新聞社、2012』がある。

●参考資料

〇大学生のための情報リテラシー
http://www1.gifu-u.ac.jp/~shogo/informationliteracy/

参考情報を掲載する場合がありますが、現在は、更新を休止しています。永続的な情報提供を約束するものではありません。

ファイルの閲覧にパスワードが必要な場合があります。
レベル1（本書利用者の方のみ利用可能）： Aq738nG
レベル2（教科書採用された講師の方のみ利用可能）： （非公開）

レポート・図表・プレゼン作りに追われない情報リテラシー
大学生のためのアカデミック・スキルズ入門
[OfficeアプリのWord・Excel・PowerPointを365日駆使する]

2021年4月1日 初版発行

著 者 加藤 正吾

発行所 株 式 会 社 三 恵 社
〒462-0056 愛知県名古屋市北区中丸町2-24-1
TEL:052(915)5211
FAX:052(915)5019
URL:http://www.sankeisha.com

乱丁・落丁の場合はお取替えいたします。
ISBN978-4-86693-388-7